PSICOLOGÍA INTEGRAL

Conciencia, espíritu, terapia

PSICOLOGÍA INTEGRAL

Conciencia, espíritu, terapia

KEN WILBER

Traducción de Karime
Hermoso Parra

Papel certificado por el Forest Stewardship Council®

Título original: *Integral Psychology. Consciousness, Spirit, Psychology, Therapy*

Primera edición: mayo de 2025

© 2000, Ken Wilber
Publicado por acuerdo con Shambhala Publications, Inc.
© 2022, Penguin Random House Grupo Editorial, S.A. de C.V.
Blvd. Miguel de Cervantes Saavedra núm. 301, 1er piso,
colonia Granada, alcaldía Miguel Hidalgo, C.P. 11520, Ciudad de México
© 2025, Penguin Random House Grupo Editorial, S. A. U.
Travessera de Gràcia, 47-49, Barcelona 08021
© 2022, Karime Hermoso Parra, por la traducción

Penguin Random House Grupo Editorial apoya la protección de la propiedad intelectual. La propiedad intelectual estimula la creatividad, defiende la diversidad en el ámbito de las ideas y el conocimiento, promueve la libre expresión y favorece una cultura viva. Gracias por comprar una edición autorizada de este libro y por respetar las leyes de propiedad intelectual al no reproducir ni distribuir ninguna parte de esta obra por ningún medio sin permiso. Al hacerlo está respaldando a los autores y permitiendo que PRHGE continúe publicando libros para todos los lectores. De conformidad con lo dispuesto en el artículo 67.3 del Real Decreto Ley 24/2021, de 2 de noviembre, PRHGE se reserva expresamente los derechos de reproducción y de uso de esta obra y de todos sus elementos mediante medios de lectura mecánica y otros medios adecuados a tal fin. Diríjase a CEDRO (Centro Español de Derechos Reprográficos, http://www.cedro.org) si necesita reproducir algún fragmento de esta obra.
En caso de necesidad, contacte con: seguridadproductos@penguinrandomhouse.com

Printed in Spain – Impreso en España

ISBN: 978-84-03-52542-9
Depósito legal: B-4.737-2025

Impreso en Black Print CPI Ibérica
Sant Andreu de la Barca (Barcelona)

AG25429

ÍNDICE

Nota para el lector: Visión del día 9

PRIMERA PARTE
El terreno: principios básicos 17
1. Niveles básicos u olas 23
2. Líneas o corrientes de desarrollo 51
3. El Ser 56
4. Las corrientes relacionadas con el Ser 62

SEGUNDA PARTE
El camino: de lo premoderno a lo moderno 87
5. ¿Qué es la modernidad? 91
6. Integrar lo premoderno y lo moderno 99
7. Pioneros modernos fundamentales 109

TERCERA PARTE
Resultado: un modelo integral 123
8. La arqueología del Espíritu 127
9. Algunas corrientes importantes del desarrollo 160
10. ¿Etapas de espiritualidad? 178
11. ¿Hay espiritualidad en la infancia? 190
12. Evolución sociocultural 195

13. De la modernidad a la posmodernidad 213
14. El 1-2-3 de los estudios de conciencia 232
15. La adopción integral 249

Gráficas 259
Notas 303

Nota para el lector
Visión del día

La palabra *psicología* significa el estudio de la psique, y la palabra *psique* significa "mente" o "alma". En el *Diccionario de sinónimos de Microsoft* encontramos los siguientes resultados para *psique*: "yo: alma, espíritu; subjetividad: yo superior, yo espiritual, espíritu". Se nos recuerda, una vez más, que las raíces de la psicología se encuentran profundamente dentro del alma y el espíritu humanos.

La palabra *psique* o su equivalente tiene fuentes antiguas, que se remontan al menos varios milenios antes de Cristo, donde casi siempre significaba la fuerza animadora o espíritu en el cuerpo o vehículo material. En algún momento en la Alemania del siglo XVI, la *psique* se combinó con *logos* ("palabra" o "estudio") para formar el término *psicología*, el estudio del alma o el espíritu, tal y como se muestra en los seres humanos. Todavía se debate sobre quién utilizó por primera vez la palabra *psicología*; algunos dicen que fue Melanchthon; otros dicen que Johann Thomas Freig o Goclenio de Marburgo. Pero para 1730 estaba siendo utilizada en un sentido más moderno por Wolff en Alemania, Hartley en Inglaterra, Bonnet en Francia y, sin embargo, incluso entonces, la psicología era definida como "la ciencia de la psique o el alma", tal y como lo publicaba *The New Princeton Review* en 1888.

Alguna vez empecé a tomar notas para un escrito de psicología y filosofía que estaba planeando realizar. Decidí hacerlo porque, al ver la mayor parte de la historia disponible de los libros de texto de psicología, me sorprendió un hecho extraño y curioso: que todos contaron la historia de la psicología —y de la psique— como si surgiera abruptamente alrededor de 1879 en un laboratorio de la Universidad de Leipzig, encabezado por Wilhelm Wundt, quien de hecho era el padre de un cierto tipo de psicología anclada en la introspección y el estructuralismo. Sin embargo, ¿la psique *per se* acaba de saltar a la existencia en 1879?

Algunos libros de texto se fueron un poco más atrás: a los precursores de la psicología científica de Wundt, incluyendo a Sir Francis Galton, Hermann von Helmholtz, y en particular a la figura predominante de Gustav Fechner. Como se escribió sin pausa en un libro de texto: "La mañana del 22 de octubre de 1850, una fecha importante en la historia de la psicología, Fechner tuvo la idea de que la ley de la conexión entre la mente y el cuerpo se puede encontrar en una declaración de relación cuantitativa entre la sensación mental y el estímulo material". La ley de Fechner, como pronto fue conocida, se establece como $S = K\ log\ I$ (la sensación mental varía como el logaritmo del estímulo material). Otro texto explicaba su importancia: "A principios de siglo, Immanuel Kant había predicho que la psicología nunca podría convertirse en una ciencia, porque sería imposible medir experimentalmente los procesos psicológicos. Gracias al trabajo de Fechner, por primera vez los científicos podían medir la mente; a mediados del siglo XIX los métodos de la ciencia se aplicaban a los fenómenos mentales. Wilhelm Wundt tomaría estos logros y los organizaría e integraría en los principios 'fundadores' de la psicología".

Todos los libros de texto parecían estar de acuerdo en que Gustav Fechner era una de las principales figuras innovadoras en la fundación de la psicología moderna, y texto tras texto se desbordaban en elogios hacia el hombre que descubrió la manera de aplicar la medición cuantitativa a la mente, haciendo así finalmente que la psicología fuera "científica". Incluso Wilhelm Wundt fue enfático: "Nunca se olvidará", sentenció, "que Fechner fue el primero en implementar métodos precisos, principios exactos de medición y observación experimental para la investigación de fenómenos psíquicos y, por lo tanto, para abrir la perspectiva de una ciencia psicológica, en el sentido estricto de la palabra. El mérito principal del método de Fechner es éste: que no tiene nada que aprehender de las vicisitudes de los sistemas filosóficos. La psicología moderna ha asumido un carácter realmente científico, y puede mantenerse al margen de toda controversia metafísica".[1] Este doctor Fechner, supuse, había salvado la psicología de la contaminación por el alma o el espíritu, y había reducido felizmente la mente a artilugios empíricos medibles, marcando así el comienzo de la era de la psicología verdaderamente científica.

Eso es todo lo que escuché de Gustav Fechner, hasta varios años después, cuando estaba hurgando en una tienda llena de libros viejos de filosofía y allí, sorprendentemente, hallé un volumen con un título llamativo: *Vida después de la muerte*, escrito en 1835 por nada menos que Gustav Fechner. Tenía las líneas iniciales más fascinantes: "El hombre vive en la Tierra no una, sino tres veces. Su primera etapa de la vida es un sueño constante; la segunda, una alternancia entre el sueño y la vigilia; la tercera es una guardia eterna".

Y así procedió este tratado sobre la guardia eterna:

En la primera etapa el hombre vive solo en la oscuridad; en la segunda, vive asociado con (pero separado de) sus semejantes, en una luz reflejada desde la superficie de las cosas; en la tercera, su vida se entrelaza con los otros espíritus… el espíritu universal… es una vida superior.

En la primera etapa su *cuerpo* se desarrolla a partir de su germen, preparando órganos para la segunda; en la segunda etapa su *mente* se desarrolla a partir de su germen, preparando órganos para la tercera; en la tercera el germen *divino* se desarrolla a sí mismo y yace oculto en toda mente humana.

La transición de la primera a la segunda etapa la llamamos nacimiento; el de cambiar de la segunda etapa a la tercera, muerte. Nuestro camino de la segunda etapa a la tercera no es más oscuro que nuestro camino de la primera a la segunda: un camino nos lleva a ver el mundo desde el exterior; el otro, a verlo hacia el interior.

Del cuerpo a la mente al espíritu, las tres etapas del crecimiento de la conciencia; y es sólo entonces, cuando los hombres y las mujeres mueren al Ser separado, es que despiertan a la expansión del Espíritu universal. Ahí estaba la verdadera filosofía de Fechner de la vida, la mente, el alma y la conciencia, entonces, ¿por qué los libros de texto no se molestaron en decirnos *eso*? Fue cuando decidí que quería escribir una historia de la psicología, simplemente porque "alguien *tiene* que hacerlo".

(Afirmar que la noción del inconsciente fue popularizada por la *Filosofía de lo inconsciente*, libro publicado en 1869 —treinta años antes que

Freud— y que tuvo ocho ediciones, algo sin precedentes, a lo largo de diez años, donde su autor, Von Hartmann, manifestaba la filosofía de Schopenhauer, y que el mismo Schopenhauer declaró explícitamente que ésta derivaba sobre todo del misticismo oriental, el budismo y los upanishads: bajo la conciencia individual yace una conciencia cósmica, que para la mayoría de la gente es "inconsciente", pero que se puede despertar y lograr plenamente; afirmar esto, hacer consciente el inconsciente, es el mayor bien de hombres y mujeres. Que Freud tomó directamente el concepto del *id* de *El libro del Ello* de Georg Groddeck, basado en la existencia de un Tao cósmico o espíritu universal orgánico. Eso... bueno, es una larga historia, que nos recuerda enfáticamente que las raíces de la psicología moderna se encuentran en las tradiciones espirituales, precisamente porque la psique misma está conectada a las fuentes espirituales. En los recovecos más profundos de la psique uno no encuentra instintos, sino Espíritu, y el estudio de la psicología idealmente debería ser el estudio de *todo* eso: de cuerpo a mente a alma, de subconsciente a autoconsciente a superconsciente, de sueño a medio sueño a vigilia completa.)

De hecho, Fechner hizo extraordinarias contribuciones a la psicología empírica y medible. *Elementos de la psicofísica* es justamente considerado como el primer gran texto de la psicometría, y que merece plenamente todos los elogios que psicólogos, a partir de Wundt, le dieron desde entonces. Sin embargo, el punto central de la psicofísica de Fechner era que el espíritu y la materia eran inseparables, dos lados de una gran realidad, y sus intentos por medir aspectos de la mente estaban destinados a señalar esta inseparabilidad: no reducir el espíritu o el alma a objetos materiales, y ciertamente no negar el espíritu y el alma por completo, que parece haber sido, sin embargo, su destino en manos de investigadores menos sensibles.

Fechner sostuvo, como lo resumió un académico, "que todo el Universo es de carácter espiritual, el mundo fenoménico de la física es meramente la manifestación externa de esta realidad espiritual. Los átomos son sólo los elementos más simples en una jerarquía espiritual que conduce a Dios. Cada nivel de esta jerarquía incluye todos los niveles por debajo de ella, de modo que Dios contiene la totalidad de los espíritus. La conciencia es un rasgo esencial de todo lo que existe… Las evidencias del alma son la coherencia sistemática y la conformidad con la ley exhibida en el comportamiento del todo orgánico. Fechner consideraba la Tierra, 'nuestra madre', como un todo orgánico contaminado".[2]

El propio Fechner explicó que "así como nuestros cuerpos pertenecen al cuerpo individual más grande y superior de la Tierra, así nuestros espíritus pertenecen al espíritu individual más grande y superior de la Tierra, que comprende a todos los espíritus de las criaturas terrenales, así como el cuerpo terrenal comprende sus cuerpos. Al mismo tiempo, el espíritu de la Tierra no es una mera asamblea de todos los espíritus de la Tierra, sino una unión más elevada e individualmente consciente de ellos". Y la Tierra-Espíritu (Fechner daba un esbozo preciso de Gaia) es en sí misma simplemente parte del espíritu divino, y "el espíritu divino es uno, omnisciente y todo-consciente, es decir, contiene toda la conciencia del Universo y así abarca cada conciencia individual… en una conexión más elevada y en la más elevada de las conexiones".[3]

Pero esto no significa la destrucción de la individualidad, sino sólo su concreción e inclusión en algo aún más grande. "Nuestra propia individualidad e independencia, que son innatas, pero de carácter relativo, no se ven perjudicadas, sino condicionadas por esta unión." Y así continúa la jerarquía anidada de la inclusión creciente: "Así como la Tierra, lejos de separar nuestros cuerpos del Universo, nos conecta e incorpora con el Universo, así el espíritu de la Tierra, lejos de separar nuestros espíritus del espíritu divino, forma una conexión individual superior de cada espíritu terrenal con el espíritu del Universo".[4]

El enfoque de Fechner a la psicología era un tipo de *enfoque integral*: deseaba utilizar la medición empírica y científica, no para negar el alma y el espíritu, sino para ayudar a dilucidarlos. "Considerar todo el universo material como interiormente vivo y consciente, es tomar lo que Fechner llamó *visión del día*. Considerarlo como materia inerte, carente de cualquier significado teleológico, es tomar lo que él llamó *visión de la noche*. Fechner abogó fervientemente por la visión del día y esperaba que pudiera ser respaldada inductivamente por medio de sus experimentos psicofísicos".[5]

Psicología integral

Bueno, parece que la visión de noche ha prevalecido desde entonces, ¿no? Pero hubo un periodo, más o menos desde Fechner (1801-1887) a William James (1842-1910) y a James Mark Baldwin (1861-1934), cuando la ciencia emergente de la psicología todavía estaba hablando con la antigua sabiduría de las eras, con la filosofía perenne, con el Gran Nido del Ser, con los sistemas idealistas y con los simples hechos de la conciencia, como casi todas las personas los conocen, por mucho que podamos debatir los detalles: la conciencia es real, el ser observante interior es real, el alma es real; y así estos grandes psicólogos fundadores tienen mucho que enseñarnos sobre una visión integral, una visión que intenta incluir las verdades del cuerpo, la mente, el alma y el espíritu, y no reducirlas a exhibiciones materiales, *bits* digitales, procesos empíricos o sistemas objetivos (tan importantes como lo son todos). Estos pioneros psicólogos modernos lograron ser totalmente científicos y totalmente espirituales al mismo tiempo, y no encontraron la menor contradicción o dificultad en esa generosa amalgama.

Éste es un libro sobre esa psicología integral. Mientras intenta incluir lo mejor de la investigación científica moderna en psicología, conciencia y terapia, también se inspira en ese periodo integral de la propia génesis de la psicología (marcado por nombres como Fechner, James y Baldwin, junto con muchos otros que pronto conoceremos). Este volumen comenzó ese día en aquella maravillosa librería de viejo, con el asombroso descubrimiento de que la verdadera historia de Fechner rara vez se había contado, y la posterior investigación histórica que de ahí devino. El resultado fue un libro de texto muy largo en dos volúmenes, que incluyen una discusión de alrededor de doscientos teóricos, de Oriente y Occidente, antiguos y modernos, todos trabajando, a su manera, por una visión más integral; además, contiene gráficas que resumen alrededor de cien de estos sistemas.[6] Por varias razones he decidido publicarlo primero en una forma muy condensada y editada (el presente volumen), junto con la mayoría de las gráficas (véanse las 11 gráficas que comienzan en la página 259).

Así, lo que sigue es simplemente el esbozo más breve de cómo podría verse un tipo de psicología integral. Intenta incluir e integrar algunos de los conocimientos más duraderos de fuentes premodernas, modernas y posmodernas, bajo el supuesto de que todos ellos tienen algo sumamente importante que enseñarnos. Y trata de hacerlo, no como un mero eclecticismo, sino con una compresión sistemática, con el método que hay en la locura.

Con todo, el objetivo principal de este libro es ayudar a iniciar una discusión, no terminarla; actuar como un principio, no como un final. La razón por la que decidí publicar esta versión del libro primero fue compartir una visión general, sin llenarlo con muchos de mis propios detalles particulares, y así estimular a otros a saltar a la aventura: estar de acuerdo o en desacuerdo conmigo; corregir cualquier error que pudiera cometer, llenar los muchos vacíos, subsanar cualquier insuficiencia y llevar adelante la empresa por su propia mano.

Para los maestros que usan esto como libro de texto, y para el estudiante serio, he incluido extensas notas finales. De hecho, se trata realmente de dos libros: un texto bastante corto y accesible, y notas finales para los lectores más exigentes. Como ya es costumbre, recomiendo saltarse las notas hasta una segunda lectura (o leerlas por sí mismos después de la primera). Las notas hacen dos cosas en particular: perfeccionar el esqueleto con algunos detalles de estilo personal (especialmente para los estudiosos de mi trabajo) y hacer una serie de recomendaciones específicas para lecturas posteriores de otros investigadores, sobre cada uno de los temas principales. Así, los profesores, por ejemplo, podrían consultar algunos de estos otros textos (además de sus favoritos personales), hacer fotocopias y folletos para sus clases, y complementar el trazado general con muchas otras lecturas más especializadas. Los no iniciados que se sientan interesados pueden seguir las notas y continuar leyendo en cualquiera de las áreas de su interés. Estas recomendaciones no son exhaustivas, sino sólo representativas. Para los libros recomendados sobre psicología y terapia transpersonal realicé una encuesta a muchos colegas e informé los resultados.

No he incluido una bibliografía separada; las referencias en las gráficas ya son lo suficientemente generosas. Además, en esta época ya es bastante fácil buscar en internet y encontrar los catálogos de las grandes editoriales al respecto de las más diversas publicaciones (razón por la cual tampoco he incluido información específica sobre las editoriales). Del mismo modo, a menudo simplemente he enumerado los nombres de algunos autores notables, para que los lectores puedan hacer una búsqueda de las obras disponibles.

Personalmente creo que la psicología integral (y los estudios integrales en general) serán cada vez más frecuentes en las décadas venideras, a medida que el mundo académico salga a tientas de su obstinada visión nocturna del Kosmos.

Lo que sigue, entonces, es una versión de una visión del día. Y, querido Gustav, es para ti.

K. W.
Boulder, Colorado
Primavera de 1999

PRIMERA PARTE

EL TERRENO:
principios básicos

La psicología es el estudio de la conciencia humana y sus manifestaciones en el comportamiento. Las *funciones* de la conciencia incluyen percibir, desear, querer y actuar. Las *estructuras* de la conciencia, algunas (cuyas facetas pueden ser inconscientes), incluyen el cuerpo, la mente, el alma y el espíritu. Los *estados* de la conciencia incluyen normal (por ejemplo, despertar, soñar, dormir) y alterado (por ejemplo, no-ordinario, meditativo). Los *modos* de conciencia incluyen estética, moral y científica. El *desarrollo* de la conciencia abarca todo un espectro, desde lo prepersonal a lo personal y a lo transpersonal, desde lo subconsciente a lo autoconsciente y a lo superconsciente, desde el id al ego y al Espíritu. Los aspectos *relacionales* y *conductuales* de la conciencia se refieren a su interacción mutua con el mundo objetivo, exterior y el mundo sociocultural de valores y percepciones compartidas.

El gran problema con la psicología tal como se ha desarrollado históricamente es que, en su mayoría, las diferentes escuelas de pensamiento psicológico han tomado sólo uno de esos aspectos del fenómeno extraordinariamente rico y multifacético de la conciencia y declaran que es el único aspecto que vale la pena estudiar (o incluso que es el único aspecto que realmente existe). El conductismo redujo notoriamente la conciencia a sus manifestaciones observables y conductuales. El psicoanálisis redujo la conciencia a las estructuras del ego y su impacto por el id. El existencialismo redujo la conciencia a sus estructuras personales y modos de intencionalidad. Muchas escuelas de psicología transpersonal se centran meramente en estados alterados de conciencia, sin una teoría coherente del desarrollo de estructuras de conciencia. Las psicologías asiáticas generalmente sobresalen en su cuenta del desarrollo de la conciencia de lo personal a los dominios transpersonales, pero tienen una comprensión muy pobre del desarrollo anterior de lo prepersonal a lo personal. La ciencia cognitiva admirablemente apela a un empirismo científico para tratar el problema, pero a menudo termina simplemente reduciendo la conciencia a sus dimensiones objetivas, mecanismos neuronales y funciones similares a las de una biocomputadora, aniquilando con ello el mundo de la conciencia misma.

¿Y si, por otro lado, todos los relatos anteriores fueran una parte importante de la historia? ¿Y si todos ellos poseyeran percepciones verdaderas, pero parciales, dentro del vasto campo de la conciencia? Al menos reunir sus conclusiones bajo un mismo techo ampliaría enormemente nuestras ideas de lo que es la conciencia y, lo que es más importante, en lo que podría convertirse. El esfuerzo por honrar y acoger cada aspecto legítimo de la conciencia humana es el objetivo de una *psicología integral*.

Un esfuerzo así, al menos al principio, tiene que llevarse a cabo a un nivel muy alto de abstracción. Al coordinar estos diferentes planteamientos estamos trabajando con sistemas de sistemas de sistemas, y tal coordinación sólo puede efectuarse al "orientar generalizaciones".[1] Estas generalizaciones interparadigmáticas pretenden, ante todo, simplemente ponernos en el campo correcto y ampliar nuestra red conceptual lo más posible. Se requiere una lógica de inclusión, una lógica de nidos dentro de nidos dentro de nidos, cada uno tratando de incluir legítimamente todo lo que pueda incluirse. Es una lógica de enfoque, una lógica no sólo de los detalles, sino también del panorama completo.

No es que los detalles puedan ser ignorados. La lógica de redes es una dialéctica del todo y de las partes. Se verifican tantos detalles como sea posible. Luego se ensambla una imagen general tentativa, se compara con más detalles y se reajusta la imagen general. Y así indefinidamente, con cada vez más detalles que alteran constantemente el panorama general, y viceversa. El secreto del pensamiento contextual es que el conjunto revela nuevos significados no disponibles para las partes, y por lo tanto los panoramas generales que construimos darán un nuevo significado a los detalles que los componen. Debido a que los seres humanos están condenados al significado, están condenados a crear visiones generales. Incluso los posmodernistas "antipanorama global" nos han dado una visión muy amplia de por qué no les gustan estos acercamientos, una contradicción

El terreno: principios básicos

interna que los ha llevado a varios tipos de enfado, pero que simplemente termina demostrando que los seres humanos están condenados a crear panoramas generales.

Por lo tanto, elija su visión global con cuidado.

Cuando se trata de una psicología integral —un subconjunto de estudios integrales en general— tenemos una enorme riqueza de teorías, investigaciones y prácticas, y todas se vuelven detalles importantes en el panorama integral. En las siguientes páginas, repasaremos muchas de ellas, siempre con la mirada puesta en una adopción integral.

Los elementos de mi propio sistema, desarrollados en una docena de libros, se resumen en las gráficas 1a y 1b. Éstas incluyen las estructuras, los estados, las funciones, los modos, el desarrollo y los aspectos conductuales de la conciencia. Discutiremos cada uno de ellos, uno por uno. También recurriremos a fuentes premodernas, modernas y posmodernas, con miras a una reconciliación, pero comenzaremos con la columna vertebral del sistema: los niveles básicos de conciencia.

1
Niveles básicos u olas

El Gran Nido del Ser

Una psicología verdaderamente integral abarcaría los conocimientos duraderos de fuentes premodernas, modernas y posmodernas.

Para empezar con las fuentes premodernas o tradicionales, el acceso más directo a su sabiduría es a través de lo que se ha llamado la filosofía perenne, o el núcleo común de las grandes tradiciones espirituales del mundo. Como han señalado Huston Smith, Arthur Lovejoy, Ananda Coomaraswamy y otros especialistas de estas tradiciones, el núcleo de la filosofía perenne es la visión de que la realidad se compone de varios *niveles de existencia* (niveles de ser y de saber), que van de la materia al cuerpo, a la mente, al alma, al espíritu. Cada dimensión superior trasciende, pero incluye a sus inferiores, de modo que ésta es una concepción indefinida de enteros dentro de enteros dentro de otros enteros, que abarcan desde la tierra hasta la Divinidad.

En otras palabras, esta "Gran Cadena del Ser" es en realidad un "Gran Nido del Ser", con cada dimensión superior envolviendo y acogiendo a sus inferiores, al igual que una serie de círculos concéntricos o esferas, como se indica en la figura 1. (Para aquéllos que no están familiarizados con el Gran Nido, la mejor introducción sigue siendo *Una guía para los perplejos*, de E. F. Schumacher. Otras excelentes introducciones incluyen *La verdad olvidada*, de Huston Smith, y *Shambhala: La senda sagrada del guerrero*, de Chögyam Trungpa, que demuestra que el Gran Nido estaba presente incluso en las primeras culturas chamánicas).[1] El Gran Nido del Ser es la columna vertebral de la filosofía perenne y, por lo tanto, sería un ingrediente crucial de cualquier psicología verdaderamente integral.

Durante los últimos tres mil años, aproximadamente, los filósofos perennes han estado en un acuerdo casi unánime y transcultural en cuanto

Psicología integral

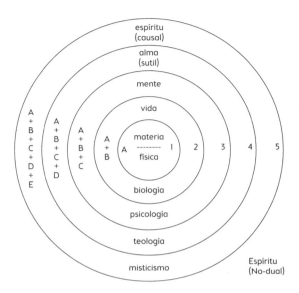

FIGURA 1. *El Gran Nido del Ser. El Espíritu es tanto el nivel más alto (causal) como el Terreno no-dual de todos los niveles*

a los niveles generales del Gran Nido, aunque el número de divisiones de esos niveles ha variado considerablemente. Algunas tradiciones han presentado sólo tres niveles o reinos principales (cuerpo, mente y espíritu; u básico, sutil y causal). Otras presentan cinco (materia, cuerpo, mente, alma y espíritu). Otras proponen siete (por ejemplo, los siete chakras kundalini). Y la mayoría de las tradiciones también tienen desgloses muy sofisticados de estos niveles, a menudo dando 12, 30, e incluso 108 subdivisiones de los niveles del Ser y el Conocimiento que se pueden encontrar en este Kosmos extraordinariamente rico.

Pero muchos de los filósofos perennes —Plotino y Aurobindo, por ejemplo— han encontrado que alrededor de *una docena de niveles de conciencia* son los más útiles, y eso es aproximadamente lo que he presentado en las gráficas (pp. 259-301).[2] Mis niveles o estructuras básicas se enumeran en la columna izquierda de todas las gráficas. Éstos son simplemente los niveles básicos en el Gran Nido del Ser; cada uno trasciende e incluye a sus predecesores, ya sea que usemos un esquema simple de cinco niveles

1 | Niveles básicos u olas

(materia, cuerpo, mente, alma, espíritu) o una versión ligeramente más sofisticada (como la que he presentado en las gráficas, y que explicaré a medida que avancemos: materia, sensación, percepción, exocepto, impulso, imagen, símbolo, endocepto, concepto, regla, formal, visión-lógica, visión, arquetipo, amorfo, no-dual).

Para introducir un término útil: estos niveles básicos son *holones* de la conciencia. Un holón es un todo que es parte de otros enteros. Por ejemplo, un átomo entero es parte de una molécula entera, una molécula entera es parte de una célula entera, una célula entera es parte de un organismo entero, y así sucesivamente. Como veremos a lo largo de este volumen, el Universo está compuesto fundamentalmente por holones, enteros que son partes de otros enteros. Las letras forman palabras que componen oraciones que articulan idiomas. Una persona es parte de una familia dentro de una comunidad que es parte de una nación dentro de un continente, dentro de un planeta, y así sucesivamente.

Dado que cada holón pertenece a un holón más grande, los holones mismos existen en jerarquías anidadas —u *holarquías*— tales como átomos a moléculas a células a organismos a ecosistemas. El Gran Nido es simplemente un panorama general de esos niveles de totalidad creciente, exactamente como se indica en la figura 1.[3] En resumen, los niveles básicos son los holones básicos (etapas, ondas, esferas, nidos) en el Gran Nido del Ser.

Utilizo los tres términos —*niveles* básicos, *estructuras* básicas y *olas* básicas— indistintamente, como refiriéndome esencialmente al mismo fenómeno; pero cada uno tiene una connotación ligeramente distinta que comunica información importante. El "nivel" enfatiza el hecho de que éstos son niveles *cualitativamente* distintos de organización, dispuestos en una jerarquía anidada (u holarquía) de creciente inclusión holística (cada nivel trasciende pero incluye a sus predecesores, como se muestra en la figura 1). La "estructura" enfatiza el hecho de que éstos son *patrones holísticos* duraderos de ser y conciencia (cada uno es un holón, un todo que es parte de otros enteros). Y "ola" enfatiza el hecho de que estos niveles no están rígidamente separados y aislados, sino que, como los colores de un arcoíris, se sombrean y desvanecen infinitamente entre sí. Las estructuras básicas son simplemente los colores básicos en ese arcoíris. Para ofrecer otra metáfora: son las olas en el Gran Río de la Vida a través del cual corren sus muchos arroyos.

No hay nada lineal o rígido en estas diversas olas. Como veremos extensamente, el desarrollo individual a través de las diversas ondas de conciencia es un asunto muy adaptable. Los individuos pueden estar en varias olas en diferentes circunstancias; los aspectos de su propia conciencia pueden sortear olas diferentes; incluso las subpersonalidades en el propio ser de un individuo pueden navegar en distintas olas. ¡El desarrollo general es un asunto complicado! Los niveles básicos o las olas básicas simplemente representan algunas de las curvas más notables en el Gran Río de la Vida.

Las gráficas 2a y 2b (páginas 265-268) describen los niveles básicos u ondas básicas tal como se conciben en una docena de sistemas diferentes del Este y Oeste. Hablaremos de muchos otros a medida que avancemos. Pero se debe comprender desde el principio que estos niveles y subniveles presentados por los estudiosos perennes no son el producto de la especulación metafísica o la sutil filosofía abstracta. De hecho, en casi todos los sentidos son las codificaciones de las *realidades experienciales directas*, abarcando desde la experiencia sensorial a la experiencia mental a la experiencia espiritual. Los "niveles" en el Gran Nido simplemente reflejan todo el espectro del ser y la conciencia disponibles para la revelación experiencial directa, que van desde el subconsciente hasta el autoconsciente y el superconsciente. Además, el descubrimiento y validación de estas ondas, a lo largo de los años, se ha generado comunitariamente y validado de manera consensuada. El hecho de que dondequiera que aparezcan, a menudo son bastante similares, a veces casi idénticos, simplemente nos dice que vivimos en un Kosmos modelado, y estos patrones ricamente texturizados pueden ser, y fueron, descubiertos por hombres y mujeres brillantes pertenecientes a casi todas las culturas.

Cada dimensión superior en el Gran Nido —de la materia al cuerpo a la mente al alma al espíritu— trasciende e incluye a sus inferiores, de modo que los cuerpos vivos trascienden pero incluyen minerales, las mentes trascienden pero incluyen cuerpos vitales, las almas luminosas trascienden pero incluyen mentes conceptuales, y el espíritu radiante trasciende e incluye absolutamente todo. El Espíritu es, por lo tanto, la ola más elevada (puramente trascendental) y el terreno siempre presente de todas las ondas (puramente inmanentes), yendo más allá de Todo, abrazando Todo. El Gran Nido es un entramado multidimensional de amor —eros, ágape, karuna, maitri, llámalo como quieras—, que no deja ningún rincón del Kosmos intacto por el cuidado, ni ajeno a los misterios de la gracia.

Ese punto es tan importante como a menudo se olvida: el espíritu es totalmente trascendente e inmanente. Si vamos a tratar de conceptualizar el Espíritu absoluto, al menos debemos tratar de respetar ambos puntos. Éstos se muestran en la figura 1, donde la esfera más alta representa el espíritu trascendental (que se escribe con una *e* minúscula para indicar que es un nivel entre otros niveles, aunque el más alto), y el papel en sí representa el Espíritu inmanente como el Terreno igualmente presente de todos los niveles (con una *E* mayúscula para indicar que no tiene otro). Las religiones patriarcales tienden a enfatizar el aspecto trascendental "sobrenatural" del espíritu; y las religiones matriarcales neopaganas tienden a enfatizar el aspecto plenamente inmanente o "terrenal" del Espíritu. Cada uno de ellos es importante y una visión verdaderamente integral encontraría amplio espacio para ambos. (El contexto determinará a qué aspecto del espíritu/Espíritu me refiero, pero ambos siempre están implícitos.)

La Gran Holarquía del Ser y del Conocer: tal es el regalo inestimable de los tiempos. Éste es el núcleo de la filosofía perenne, y, podríamos decir, es la parte de la filosofía perenne que se sabe, empíricamente, más duradera. La evidencia continúa aumentando abrumadoramente a su favor: los seres humanos tienen a su disposición un extraordinario espectro de conciencia, que va desde estados prepersonales a personales y transpersonales. Los críticos que intentan negar este espectro general no lo hacen presentando contraevidencias, sino simplemente negándose a reconocer la evidencia sustancial acumulada, pero ésta, sin embargo, permanece. La evidencia apunta a que existe un arcoíris de abundante textura de la conciencia, que abarca desde el subconsciente hasta el autoconsciente y el superconsciente.

Al mismo tiempo, el hecho de que los filósofos perennes fueran los primeros en detectar muchos de los colores en este extraordinario arcoíris no significa que la modernidad y la posmodernidad deban silenciarse. Nadie dilucidó la naturaleza del pensamiento operacional concreto y formal como Piaget. Y, bueno, se necesitó de un Freud para explicar las formas en que se pueden reprimir algunos aspectos de las primeras etapas. La modernidad y la posmodernidad no están exentas de sus genios; la filosofía perenne no está libre de sus limitaciones e insuficiencias; un espectro más completo de conciencia necesariamente incluirá y equilibrará todas sus percepciones y descubrimientos. Pero al respecto de la naturaleza general de las olas en el Gran Río de la Vida, los filósofos perennes tenían la razón.

A menudo me referiré a la filosofía perenne (y el Gran Nido) como la "sabiduría de la premodernidad". Esto no es peyorativo. Tampoco significa que no pueda encontrarse algún rastro de la filosofía perenne en la modernidad o la posmodernidad (aunque, francamente, es algo poco frecuente). Esto sólo significa que la filosofía perenne se originó en lo que llamamos tiempos premodernos. También —y éste es un punto importante que a menudo confunde a la gente— decir que la premodernidad tuvo acceso a todo el Gran Nido del Ser no significa que todos en la premodernidad hayan estado conscientes de cada uno de los niveles en el Gran Nido. De hecho, los chamanes, yoguis, santos y sabios que despertaron a los niveles más altos del alma y el espíritu son escasos. El individuo promedio (como veremos en el capítulo 12) pasó gran parte de su tiempo en niveles de conciencia prerracionales, no transracionales. Sin embargo, *sabiduría* significa "lo *mejor* que cualquier era tiene para ofrecer" y los estudiosos sensibles a menudo han encontrado que los filósofos perennes, desde Plotino hasta Shankara, Fazang y Lady Tsogyal, son un depósito de sabiduría extraordinaria.

Llegar a ellos es más que la interiorización de algunas verdades importantes. Es una manera de afirmar nuestra continuidad con la sabiduría de las eras; una forma de reconocer a nuestros propios antepasados; una suerte de trascender e incluir lo que nos precedió, y así fluir con la corriente del Kosmos; y, sobre todo, un modo de recordarnos que estamos apoyados en hombros de GIGANTES.

1 | Niveles básicos u olas

Lo que he tratado de hacer al presentar las olas básicas del Gran Nido es examinar la filosofía perenne para los perfiles generales de los diversos niveles; y luego complementar significativamente esa comprensión con los muchos refinamientos (y a veces correcciones) ofrecidos por la modernidad y la posmodernidad.

Tomemos a Aurobindo, por ejemplo (ver gráfica 2b). Note que Aurobindo se refirió a los niveles intermedios como la mente inferior, la mente concreta, la mente lógica y la mente superior. Además, dio descripciones verbales de todas estas estructuras básicas, que son muy útiles. Pero esos niveles intermedios también han sido estructuras intensamente investigadas por la psicología occidental del desarrollo y cognitiva, respaldadas con cantidades considerables de evidencia clínica y experimental. Por lo tanto, para los niveles intermedios tiendo a usar términos tomados de esa investigación, como la mente regla-rol, el pensamiento operacional concreto ("conop") y el pensamiento operacional formal ("formop"). Pero todas estas diversas codificaciones de los niveles de desarrollo son simplemente diversas instantáneas tomadas desde varios ángulos, usando diferentes cámaras, del Gran Río de la Vida, y todas tienen su propia utilidad. (Por supuesto, las fotografías borrosas y desenfocadas no son muy útiles; podemos de hecho rechazar cualquier investigación que no esté a la altura de los estándares. He tratado de incluir en las gráficas sólo el trabajo de las mentes más notables.)

En todas las gráficas, las correlaciones que he dado entre las diversas etapas y teóricos son muy generales, con la única intención de estar cerca de la cantidad correcta (e iniciar correlaciones más refinadas y cuidadosas). Sin embargo, muchas de estas correlaciones han sido dadas por los propios teóricos, y en general creo que la mayoría de ellos tienen una precisión de más o menos 1.5 etapas. Esto también es cierto para las etapas superiores (transpersonales), aunque la situación se vuelve más difícil. En primer lugar, a medida que nos acercamos a los confines del espectro de la conciencia, la investigación psicológica occidental ortodoxa comienza a abandonarnos, y debemos recurrir cada vez más a los grandes sabios de todos los puntos cardinales. En segundo lugar, las características de la superficie cultural son, a menudo, drásticamente diferentes, lo que hace que la búsqueda de cualquier característica profunda intercultural sea más exigente. Y tercero, pocos practicantes de un sistema están familiarizados con los detalles de otros sistemas, por lo que se han realizado menos comparaciones entre ellos. No obstante, estudios sustanciales, algunos de los cuales veremos a continuación, han hecho un gran avance en estas correlaciones, e informo muchos de sus resultados en las gráficas de este volumen. El hecho de que exista una similitud intercultural general de las etapas superiores, transracionales y transpersonales es una señal segura de que estamos mostrando auténticas corrientes en un río de gran caudal.

El Gran Nido no está dado, es un potencial alcanzable

No es necesario imaginar las estructuras básicas o los holones básicos como esencias permanentemente fijas e inmutables (platónicas, kantianas, hegelianas o husserlianas). Pueden, en parte, ser entendidas como hábitos de evolución, más como una memoria cósmica que como un molde.[4] Pero de cualquier manera queda un punto crucial: el hecho de que los grandes yoguis, santos y sabios *ya hayan* experimentado muchos de los reinos transpersonales (como veremos) nos muestra inequívocamente que *tenemos presente* en nuestra composición el potencial para llegar a estos niveles superiores. El organismo humano y su cerebro, en su forma actual, tienen la capacidad para estos estados superiores. Tal vez surjan otros estados en el futuro; tal vez se desarrollen nuevos potenciales; posiblemente amanezcan comprensiones más elevadas. Pero el hecho es que *en este momento* estos extraordinarios reinos transpersonales están disponibles para nosotros. Y si decimos que estos potenciales superiores nos han sido eternamente dados por Dios, o que primero fueron creados por los santos y sabios pioneros evolutivos y luego legados al resto de nosotros como campos morfogenéticos y surcos evolutivos, o que son formas platónicas incrustadas para siempre en el Kosmos, o que aparecieron por mutación ciega, muda y natural, insulsa y falta de sentido, no cambia en lo absoluto el simple hecho de que esos potenciales estadios superiores se encuentran ahora disponibles para todos nosotros.

1 | Niveles básicos u olas

Las estructuras básicas u holones básicos que generalmente presento —y que se enumeran en la primera columna desde la izquierda en cada una de las gráficas— representan una plantilla maestra tomada de fuentes premodernas, modernas y posmodernas, usando cada una para llenar los vacíos en las otras. A modo de comparación, las gráficas 2a y 2b muestran algunos de los niveles básicos concebidos en otros sistemas. Bajo la "Gran Cadena General" he enumerado los cinco más comunes: la materia, el cuerpo (en el sentido de vivir, los cuerpos vitales, el nivel emocional-sexual), la mente (incluyendo la imaginación, los conceptos y la lógica), el alma (la fuente supraindividual de identidad) y el espíritu (tanto el terreno sin forma como la unión no-dual de todos los demás niveles). Estos niveles, como dije, son como colores en un arcoíris, así que los he dibujado superpuestos. Pero incluso eso es engañoso; una representación más precisa sería una serie de esferas concéntricas, con cada esfera superior envolviendo a sus inferiores (como en la figura 1). El modelo aquí no son peldaños de una escalera apilados uno encima del otro, sino holones en una holarquía como átomos/moléculas/células/organismos, con cada superior envolviendo a sus inferiores.

Al mismo tiempo —y esto no se puede enfatizar lo suficiente— los niveles más altos en el Gran Nido son *potenciales*, no dones absolutos. Los niveles inferiores —materia, cuerpo, mente— ya han emergido a gran escala, por lo que ya existen completos en este mundo manifiesto. Pero las estructuras superiores —psíquicas, sutiles, causales— todavía no se manifiestan conscientemente a escala colectiva; siguen siendo, para la mayoría de las personas, potenciales de la mente del cuerpo humano, realidades no actualizadas plenamente. Lo que el Gran Nido representa, en mi opinión, es básicamente un gran *campo morfogenético* o *espacio de desarrollo*, que se extiende de la materia a la mente al espíritu, en el que varios potenciales se desarrollan en la actualidad. Aunque por conveniencia, a menudo hablaré de los niveles superiores como si fueran simplemente un hecho, en muchos sentidos todavía son plásticos, todavía abiertos a ser formados a medida que más y más personas coevolucionan en ellos (por lo que, como dije, las estructuras básicas son más como hábitos cósmicos que moldes prefabricados). A medida que estos superiores en potencia se actualicen, se les dará más forma y contenido y así se convertirán cada vez más en realidades cotidianas. Hasta entonces son grandes potenciales que ejercen una atracción innegable, están presentes de muchas maneras muy profundas, se pueden lograr directamente mediante un mayor crecimiento y desarrollo, y muestran una gran similitud dondequiera que aparezcan.[5]

Estructuras y estados

La versión más reconocida, y probablemente la más antigua, del Gran Nido es la del Vedanta (gráfica 2b), que también incluye las distinciones extremadamente importantes entre estados, cuerpos y estructuras. Un *estado* significa un estado de conciencia, como despertar, soñar y dormir profundamente. Una *estructura* es una capa o nivel de conciencia, de la cual el Vedanta enumera cinco de los más importantes: el nivel material, el nivel biológico, el nivel mental, el mental superior y el espiritual. Un cuerpo es el soporte energético de los diversos estados y niveles de la mente, de los cuales el Vedanta da tres: el cuerpo ordinario del estado de vigilia (que respalda a la mente material); el cuerpo sutil del estado de ensueño (que soporta los niveles emocionales, mentales y mentales superiores); y el cuerpo causal del sueño profundo (que apoya la mente espiritual).[6]

Note que un cierto estado de conciencia —como estar despierto o soñando— puede albergar varias estructuras o niveles de conciencia diferentes. En términos occidentales diríamos que el *estado* de vigilia de la conciencia puede contener varias *estructuras* de conciencia muy diferentes, como sensomotriz, preoperacional ("preop"), operacional concreta y operacional formal. En otras palabras, aunque los estados de conciencia son importantes, las estructuras de conciencia conceden información mucho más detallada sobre el estado real del crecimiento y desarrollo de cualquier individuo, y por lo tanto un enfoque de espectro completo querría incluir tanto estados como estructuras.

En mi propio sistema, las *estructuras* son de dos tipos principales: las estructuras básicas (que ya hemos presentado) y las estructuras en las

1 | Niveles básicos u olas

diversas líneas de desarrollo (que examinaremos a continuación). Las estructuras, tanto en la psicología como en la sociología, son simplemente *patrones estables* de eventos. Las estructuras psicológicas se pueden dividir y subdividir de numerosas maneras: profunda y superficial, niveles y líneas, perdurable y transicional, y yo uso todas esas distinciones.[7] Pero, como dije, la mayoría de las veces uso sólo dos: las estructuras en los niveles básicos de conciencia (como la sensación, el impulso, la imagen, la regla, el formop, la visión lógica, psíquica, sutil, etcétera) y las estructuras en las líneas de desarrollo de la conciencia (como las etapas de cognición, afecto, necesidades, moral, etcétera). En resumen, las estructuras son los *patrones holísticos* que se encuentran tanto en los niveles de desarrollo como en las líneas de desarrollo.

Los *estados* principales también son de dos tipos generales: naturales y alterados. Los *estados naturales de conciencia* incluyen aquéllos identificados por la filosofía perenne, a saber, despertar/básico, soñar/sutil, y sueño profundo/causal. Según la filosofía perenne, el estado de vigilia es el hogar de nuestro ego cotidiano. Pero el estado de sueño, precisamente porque es un mundo creado enteramente por la psique, nos da un tipo de acceso a los estados del alma. Y el estado de sueño profundo, al ser un reino de falta de forma pura, nos da un tipo de acceso al espíritu sin forma (o causal). Por supuesto, para la mayoría de las personas, el sueño y el estado de sueño profundo son menos reales, no más reales, que la realidad "despierta", que es lo suficientemente auténtica desde un ángulo. Pero de acuerdo con la filosofía perenne, a estos estados más profundos se puede entrar con plena conciencia, pues es ahí donde nos entregarán sus extraordinarios secretos (como veremos más adelante). Mientras tanto, podemos simplemente notar que la filosofía perenne sostiene que los estados de sueño profundo, sueño y vigilia ofrecen un tipo de acceso al ego básico, al alma sutil y al espíritu causal, respectivamente.

(A menudo subdivido los estados sutiles en un reino inferior o "psíquico" y el reino "sutil" propiamente dicho, porque el reino inferior sutil o psíquico —mintiendo como lo hace justo al lado del reino básico— a menudo implica una intensa sensación de unión con todo el reino básico, como en el *misticismo de la naturaleza*; mientras que el reino sutil, propiamente dicho, trasciende tanto el reino básico que generalmente involucra estados puramente trascendentales de *misticismo de la deidad*. El causal, por supuesto, es el reino del cese no manifiesto, y es el hogar del *misticismo sin forma*. Integrarlos a todos es *misticismo no-dual*. Examinaremos todos estos reinos superiores y transpersonales a lo largo de este libro, por lo que la mayoría de las preguntas sobre su significado exacto se aclararán mediante una lectura adicional.)

La importancia de estos tres (o cuatro) estados naturales es que cada ser humano, en cualquier etapa, estructura o nivel de desarrollo, *tiene disponibilidad del espectro general de la conciencia* —de alma a espíritu— al menos como estados temporales, por la sencilla razón de que todos los seres humanos despiertan, sueñan y duermen.

Un *estado alterado de conciencia* es un estado de conciencia "anormal" o "no-ordinario" que incluye todo, desde estados inducidos por drogas hasta experiencias cercanas a la muerte y trances meditativos.[8] En una *experiencia cumbre* (un estado alterado temporal) una persona puede experimentar brevemente, mientras está despierta, cualquiera de los estados naturales de conciencia psíquica, sutil, causal o no-dual, y éstos a menudo desencadenan *experiencias espirituales* directas (como el misticismo de la naturaleza, el misticismo de la deidad y el misticismo sin forma; véase más adelante). *Las experiencias cumbre le pueden ocurrir a los individuos en casi cualquier etapa de desarrollo*. La noción, entonces, de que los estados espirituales y transpersonales están disponibles sólo en las etapas superiores del desarrollo es directamente incorrecta.

Sin embargo, aunque los estados principales de básico, sutil, causal y no-dual están disponibles para los seres humanos en prácticamente cualquier etapa de crecimiento. *La forma en que esos estados o reinos se experimentan e interpretan* depende en cierta medida de la etapa de desarrollo de la persona que tiene una experiencia cumbre. Esto significa, como sugerí en mi libro *Un dios sociable*, que podemos crear una retícula de los tipos de experiencias espirituales que generalmente están disponibles para los individuos en diferentes etapas de crecimiento.

Por ejemplo, simplemente llamemos a las primeras etapas arcaicas, mágicas, míticas y racionales. Una persona en cualquiera de esas etapas puede tener una experiencia cumbre temporal de lo psíquico, sutil, causal o no-dual. Esto nos da una retícula de alrededor de dieciséis tipos diferentes de experiencias espirituales.

Para dar algunos ejemplos: una persona en la etapa mágica del desarrollo (que no puede tomar fácilmente el papel de otro) podría tener una experiencia cumbre de nivel sutil (de, digamos, una radiante unión con Dios), en cuyo caso esa persona tenderá a experimentar la unión de Dios aplicada sólo a sí misma (ya que no puede tomar el papel de otro y así darse cuenta de que todas las personas, de hecho, todos los seres sintientes, son uno con Dios). Por lo tanto, tenderá a sufrir un gran aumento del ego, tal vez incluso en dimensiones psicóticas. Por otro lado, una persona en el nivel mítico (que ha expandido su identidad de egocéntrica a sociocéntrica, pero que es muy concreta-literal y fundamentalista) experimentará la sutil unión de Dios como una salvación que se le da, no exclusivamente a él (como lo hace el egocéntrico), sino exclusivamente a aquéllos que aceptan los mitos particulares ("Si quieres ser salvado, debes creer en mi dios/a, que es la única y verdadera Divinidad"); así esta persona podría convertirse en un fundamentalista renacido, decidido a convertir el mundo entero a su versión de un dios revelado. La experiencia de nivel sutil es muy real y genuina, pero *tiene que ser llevada a alguna parte*, y en este caso, en una mente etnocéntrica, fundamentalista, de membresía mítica, que limita dramáticamente y finalmente distorsiona los perfiles del dominio sutil (como lo hizo, aún más, la etapa egocéntrica anterior). Una persona en el nivel reflexivo formal tendería a experimentar la sutil unión con dios en términos basados más en la razón, tal vez como el deísmo racional, o como un fundamento del ser desmitificado, y así sucesivamente.

En otras palabras, una experiencia cumbre determinada (o estado temporal de conciencia) generalmente se *interpreta* de acuerdo con la etapa general de desarrollo del individuo que tiene la experiencia. Esto nos da, como dije, una retícula de alrededor de 16 tipos muy generales de experiencias espirituales: estados psíquicos, sutiles, causales y no-duales vertidos en estructuras arcaicas, mágicas, míticas y racionales. En *Un dios sociable* di ejemplos de todos éstos, y señalé su importancia (y volveremos a ellos más adelante en este volumen).[9]

Pero sin importar cuán profundas sean estas experiencias cumbre son meramente estados temporales, pasajeros y transitorios. Para que ocurra un desarrollo superior, esos *estados temporales deben convertirse en rasgos permanentes*. El desarrollo superior implica, en parte, la conversión de estados alterados en descubrimientos permanentes. En otras palabras, en los tramos superiores de la evolución, los potenciales transpersonales que sólo estaban disponibles en *estados* temporales de conciencia se convierten cada vez más en *estructuras* perdurables de conciencia (estados a rasgos).

Aquí es donde los *estados meditativos* adquieren cada vez más importancia. A diferencia de los estados naturales (que acceden a estados psíquicos, sutiles y causales en el ciclo natural del sueño, pero rara vez mientras están despiertos o plenamente conscientes) y a diferencia de las experiencias cumbre espontáneas (que son fugaces), los estados meditativos acceden a estos reinos superiores de una manera deliberada y prolongada. Como tales, revelan de manera más estable los niveles más altos del Gran Nido, niveles alcanzados que eventualmente se convierten, con la práctica, en *descubrimientos permanentes*.[10] En otras palabras, los estados psíquico, sutil, causal y no-dual pueden convertirse en *estructuras perdurables en el esquema propio*, por lo que esas etiquetas (psíquico, sutil, causal y no-dual) también se utilizan para referirse a la más alta de las *estructuras básicas* en el Gran Nido del Ser. A medida que las capacidades emergen permanentemente en el desarrollo de un individuo, disponibles sólo en estados pasajeros, se convierten en los perfiles perdurables de una mente iluminada.

Los niveles básicos en otros sistemas

Como he dicho, las gráficas 2a y 2b presentan el Gran Nido y sus estructuras básicas o niveles como son concebidos en algunos otros sistemas. No estoy afirmando que todas éstas son estructuras, niveles u olas idénticos, sólo que comparten muchas similitudes importantes a través de un espacio de desarrollo, y veremos que es este *espacio de desarrollo* lo que resulta tan interesante (e importante) para una psicología integral.

1 | Niveles básicos u olas

Parece que el más antiguo de cualquiera de estos sistemas se habría originado en la India y sus alrededores ya para el primer o segundo milenio antes de Cristo (aunque la tradición afirma una fecha mucho más antigua). El sistema de chakras, las capas y estados Vedanta, las vijnanas budistas, los niveles vibratorios Shaivitas de Cachemira y la jerarquía superconsciente de Aurobindo manan de este cauce históricamente insuperable de investigación de la conciencia. Poco después, y posiblemente debido a la migración (pero igualmente probable debido a la existencia universal de estos potenciales), el río Mesopotámico/Oriente Medio comienza su poderoso viaje, que incluiría los ríos persa, norteafricano, palestino y griego. El más influyente de éstos se desarrollaría como la tradición neoplatónica, representada por corrientes desde Plotino hasta la Cábala, el sufismo y el misticismo cristiano (todos los cuales están representados en las gráficas).

Aunque se ha puesto de moda entre los relativistas pluralistas atacar la filosofía perenne (y cualquier cosa "universal" que no sean sus propios pronunciamientos universales sobre la importancia del pluralismo), una mirada menos sesgada a la evidencia muestra un conjunto bastante llamativo de elementos comunes muy generales entre las grandes tradiciones de sabiduría del mundo. ¿Y por qué esto debería sorprendernos? En todas partes, el cuerpo humano está formado por 206 huesos, dos riñones y un corazón; y la mente humana por doquier crece en capacidades para imágenes, símbolos y conceptos. Del mismo modo, parece, el espíritu humano en todas partes hace crecer intuiciones de lo Divino, y éstas, también, muestran muchas similitudes en las características profundas, no superficiales. Algunas tradiciones eran más completas que otras y algunas otras eran más precisas. Pero ponerlas todas juntas nos da un mapa general del increíble amplio espectro de las posibilidades humanas.

En este punto, las personas que se sienten incómodas con las concepciones de nivel y etapa tienden a sospechar: ¿es la conciencia y su desarrollo realmente sólo una serie de etapas lineales y monolíticas, procediendo una tras otra, de manera similar a una escalera? La respuesta es: no del todo. Como veremos, las olas básicas en el Gran Nido son simplemente los niveles generales a través de los cuales fluirán numerosas líneas o corrientes de desarrollo, tales como emociones, necesidades, autoidentidad, moral, realizaciones espirituales, etcétera, todas procediendo a su propio ritmo, a su manera, con su propia dinámica. Por lo tanto, el desarrollo general no es en absoluto un asunto lineal, secuencial, similar a una escalera. Es un líquido que fluye desde muchas corrientes a través de estas olas básicas. Pronto examinaremos varias de estas corrientes. Pero primero necesitamos terminar nuestro relato de las olas básicas y su surgimiento.

Fechas de surgimiento de las olas básicas

En la primera columna desde la izquierda de la gráfica 3a he incluido las edades promedio del surgimiento de las estructuras básicas de la conciencia hasta la mente formal. La investigación sugiere que estas edades son relativamente similares para la mayoría de las personas en el mundo actual, simplemente porque —he planteado la hipótesis— el desarrollo o la evolución colectiva en general ha alcanzado el nivel formal (mientras que los niveles más altos que los formales, mismos que la evolución colectiva no ha alcanzado, deben ser accedidos por los propios esfuerzos: de nuevo, en parte porque son potenciales más altos, no generadores).[11]

Las tradiciones a menudo dividen el viaje general de la vida en las "siete edades de una persona", donde cada edad implica la adaptación a uno de los siete niveles básicos de conciencia (como los siete chakras: físico, emocional-sexual, mental inferior, medio, superior, alma y espíritu), y se dice que cada una de las siete etapas toma siete años. Por lo tanto, los primeros siete años de vida implican la adaptación al reino físico (especialmente a la comida, la supervivencia, la seguridad). Los segundos siete años implican la adaptación a la dimensión emocional-sexual-sentir (que culmina en la maduración sexual o pubertad). Los terceros siete años de vida (típicamente la adolescencia) implican el surgimiento de la mente lógica y la adaptación a sus nuevas perspectivas. Esto nos lleva a alrededor de los veintiún años, donde el desarrollo general de muchas personas tiende a detenerse.[12] Pero si el desarrollo continúa, cada periodo de siete años trae la posibilidad de un nivel de evolución de la conciencia nuevo y superior, por lo que en la gráfica 3a he enumerado entre paréntesis estas edades generales junto a las estructuras básicas superiores. Por supuesto, éstas son generalizaciones y han de aplicárseles abundantes excepciones, pero son bastante sugerentes.

¿Por qué "siete edades" y no, digamos, diez? Por la misma razón de que dividir y subdividir el número de colores en un espectro arcoíris es en gran medida una cuestión de elección. Sin embargo, los filósofos y psicólogos perennes han encontrado que no importa cuántas subdivisiones minuciosas podamos hacer (como, tal vez, treinta para etapas muy específicas y detalladas de ciertos tipos de meditación), tiene sentido hablar de *agrupaciones funcionales* de las olas básicas en el Gran Nido. Es decir, hay un sentido en el que los niveles y subniveles materiales (quarks, átomos, moléculas, cristales) son todos materiales y no biológicos (ninguno de ellos puede reproducirse sexualmente, por ejemplo). Del mismo modo existe un sentido en el que los niveles y subniveles mentales (imágenes, símbolos, conceptos, reglas) son todos mentales y no, digamos, psíquicos o sutiles. En otras palabras, incluso si encontramos útil en ocasiones distinguir docenas (o incluso cientos) de gradaciones minúsculas en los colores de un arcoíris, también hay buenas razones para afirmar que existen básicamente seis o siete colores principales visibles en el arcoíris.

Esto es lo que la filosofía perenne quiere decir con las "siete edades de una persona" o los siete chakras principales o estructuras básicas. Por varias razones, he encontrado que aunque alrededor de dos docenas de estructuras básicas se pueden identificar fácilmente (por ejemplo, forma, sensación, percepción, excepto, impulso, imagen, símbolo, endocepto, concepto, regla...), éstas se pueden condensar en alrededor de siete a diez agrupaciones funcionales que reflejan etapas fácilmente reconocibles (como veremos a lo largo de este volumen). Estos *grupos funcionales* de estructuras básicas los represento con algunos nombres muy generales, que también se enumeran en la columna izquierda en todas las gráficas: (1) sensomotriz, (2) fantasmático-emocional (o emocional-sexual), (3) "menrep" (abreviatura de la mente representativa, similar al pensamiento preoperacional general "preop"), (4) la mente de regla/rol (similar al pensamiento operacional concreto o "conop"), (5) formal-reflexivo (similar a operacional formal o "formop"), (6) visión-lógica, (7) psíquico, (8) sutil, (9) causal y (10) no-dual.[13] Una vez más, éstas son generalizaciones de orientación simple, pero nos ofrecen una manera conveniente de lidiar con una gran cantidad de información y evidencia. Pero ninguna de estas generalizaciones tiene por qué impedirnos utilizar mapas más detallados o más simplificados, como lo justifique la ocasión.

El desarrollo cognitivo y el Gran Nido del Ser

El Gran Nido es en realidad una gran holarquía de ser y conocer: niveles de realidad y niveles de reconocer esos niveles. Es decir, los filósofos perennes encontraron que tanto la ontología como la epistemología son importantes, como aspectos inseparables de las grandes olas de la realidad. La modernidad consideró necesario diferenciar la ontología y la epistemología, lo que habría sido bienvenido si la modernidad o la posmodernidad hubieran completado el desarrollo e *integrado* esas diferenciaciones, mientras que todo lo que sucedió fue que esas diferenciaciones se desmoronaron por completo; y la modernidad, confiando sólo en su propia subjetividad aislada, adoptó solamente a la epistemología, tras lo cual la ontología cayó en el hoyo negro del subjetivismo, desde donde nunca más se hizo escuchar.

La Gran Cadena, en la medida en que la modernidad la reconoció en absoluto, se convirtió así meramente en una jerarquía de niveles de conocimiento, es decir, una *jerarquía de cognición*, tal como la investigó Piaget. No es tan malo, pero es terriblemente parcial, pues deja fuera los niveles de realidad que fundamentan la cognición (o, igualmente triste, reconoce sólo el nivel sensomotriz de la realidad, al que toda cognición debe ser fiel para ser juzgada como "verdadera"). Sin embargo, si por el momento nos centramos únicamente en la cognición, porque es cierto que la Gran Cadena es en parte un gran espectro de conciencia, entonces la pregunta es: en los individuos, *¿el desarrollo de la Gran Cadena es lo mismo que el desarrollo cognitivo?*

No exactamente. Sin duda puede pensar en el Gran Nido como lo que es, en parte, un gran espectro de conciencia. Una de las definiciones de la palabra *cognitivo* es "relacionado con la conciencia". Entonces, en términos de diccionario, se podría pensar en el desarrollo del Gran Nido (que en los individuos implica el despliegue de niveles superiores y más integrales de conciencia) como siendo bastante similar al desarrollo cognitivo, siempre y cuando entendamos que la "cognición" o "conciencia" va desde el subconsciente a la autoconciencia y al superconsciente, y que incluye modos interiores de conciencia al igual que los modos exteriores.

El problema, como estaba diciendo, es que en la psicología occidental la "cognición" llegó a tener un significado muy estrecho que excluyó la mayoría de los anteriores. Llegó a significar la *aprehensión de objetos exteriores*. Por lo tanto, se *excluyeron* todo tipo de "conocimiento" o "conciencia" (en el sentido amplio), por ejemplo, emociones, sueños, visiones creativas, estados sutiles y experiencias cumbre. Si el *contenido* de la conciencia no era una especie de *pieza objetivo-empírico* (una roca, un árbol, un coche, un organismo), entonces se decía que esa conciencia *no* poseía validez cognitiva. Suficiente para todos los estados y modos de conciencia realmente interesantes.

En manos de aquéllos como Piaget, el significado de cognición se redujo aún más, a tipos de operaciones lógico-matemáticas, en las que se alega, subyacen todas las otras líneas de desarrollo en todos los demás dominios. En ese momento, la conciencia como "cognición" se había reducido a percibir solamente las superficies planas y desvanecidas de los objetos empíricos (lo que llamaremos "llanura"). En pocas palabras, cualquier conciencia que viera algo más que el mundo del materialismo científico no era una verdadera conciencia, no era una "verdadera" *cognición*.

En ese sentido, el desarrollo del Gran Nido en los individuos ciertamente *no* es un "desarrollo cognitivo". Y, sin embargo, si miramos un poco más de cerca el esquema piagetiano, y lo que la mayoría de los psicólogos posteriores han concebido como "desarrollo cognitivo", podemos encontrar algunas similitudes muy interesantes (y muy importantes), aunque limitadas.

En primer lugar, el estudio psicológico occidental del desarrollo cognitivo todavía implica el estudio de algún tipo de *conciencia*, por limitada y restringida que sea en ocasiones. Por lo tanto, lo que Piaget estudió como pensamiento operacional formal, que fue concebido como una estructura matemática (el grupo INRC), es una manera legítima de seccionar la corriente de conciencia en ese punto, pero difícilmente agota las instantáneas que podemos tomar de la conciencia en esa curva particular en el río. Existen muchas otras perspectivas igualmente válidas para definir la conciencia en esa etapa, desde la toma de roles hasta los estilos epistemológicos, las visiones del mundo y los impulsos morales. Pero al centrarse en el desarrollo cognitivo, Piaget al menos estaba destacando la importancia central del *desarrollo de la conciencia*, aunque en ocasiones de forma limitada.

Esa importancia se subraya por el hecho de que, cuando se estudian líneas de desarrollo específicas, como el desarrollo moral, el autodesarrollo y el desarrollo de roles, casi siempre se ha descubierto que el *desarrollo cognitivo es necesario (pero no suficiente) para estos otros desarrollos*. En otras palabras, *antes* de que usted pueda desarrollar la moral, o una autoperspectiva, o alguna idea de la buena vida, primero tiene que ser capaz de registrar conscientemente esos diversos elementos. Por lo tanto, la conciencia es necesaria, pero no suficiente, para estos otros desarrollos.

Y ésa es exactamente la afirmación de los teóricos del Gran Nido. Los niveles del Gran Nido (las estructuras básicas de la conciencia) son los niveles a través de los cuales las diversas líneas de desarrollo procederán; y sin las olas básicas, no hay sustancia para que las diversas embarcaciones floten. Es por eso que las estructuras básicas (ya sean concebidas como las capas en el Vedanta, los niveles de conciencia en el Mahayana, los niveles ontológicos de la sefirot de la Cábala, o las etapas del crecimiento del alma hacia dios en el sufismo) son la columna vertebral, el esqueleto clave en el que la mayoría de los otros sistemas se sostienen.

Por lo tanto, aunque de ninguna manera se pueden equiparar. El desarrollo cognitivo (como lo estudian los psicólogos occidentales) es quizás lo más cercano que tenemos a la Gran Cadena o al espectro de la conciencia (al menos hasta los niveles de la mente formal; más allá de eso, la mayoría de los investigadores occidentales no reconocen ninguna forma de cognición en absoluto). Por esta razón, y teniendo muy en cuenta las muchas calificaciones y limitaciones, a veces uso términos cognitivos (como "conop" y "formop") para describir algunas de las estructuras básicas.

| Niveles básicos u olas

Aun así, debido a que el desarrollo cognitivo tiene un significado muy específico y estrecho en la psicología occidental, también lo trato como una línea de desarrollo separada de las estructuras básicas (para que podamos preservar la riqueza ontológica de los holones básicos, y no reducirlos a categorías cognitivas occidentales). Las gráficas 3a y 3b son correlaciones de las estructuras básicas con las etapas cognitivas reveladas por varios investigadores modernos.

Uno de los elementos más interesantes de esos cuadros es el número de psicólogos occidentales que, basándose en extensos datos empíricos y fenomenológicos, han detectado varias etapas de desarrollo *posformal*, es decir, etapas de desarrollo cognitivo más allá de la racionalidad lineal (más allá del pensamiento operacional formal o "formop"). Aunque "posformal" puede referirse a todas y cada una de las etapas más allá de "formop", por lo general se aplica sólo a las etapas mentales y personales, no supramentales y transpersonales. En otras palabras, para la mayoría de los investigadores occidentales, "posformal" se refiere a la primera etapa importante más allá de "formop", que yo llamo *visión lógica*.[14] Como se muestra en las gráficas 3 y 3b, la mayoría de los investigadores han encontrado de dos a cuatro etapas de cognición posformal (visión lógica). Estas etapas posformales generalmente van más allá de las fases formales/mecanicistas (del "formop" temprano) en varias etapas de relatividad, sistemas pluralistas y contextualismo (lógica de visión temprana), y de ahí en etapas de pensamiento meta sistemático, integrado, unificado, dialéctico y holístico (visión lógica media a tardía). Esto nos da una imagen de los *dominios mentales más altos* siendo dinámicos, de desarrollo, dialécticos, integrados.

Pocos de esos investigadores, sin embargo, se mueven hacia los dominios *transmentales* (de eventos psíquicos, sutiles, causales o no-duales; o transracionales y transpersonales), aunque muchos de ellos reconocen cada vez más estos niveles superiores. Para los perfiles de estos niveles a menudo debemos confiar, una vez más, en los grandes sabios y contemplativos, como lo dejan claro varias de las gráficas.

En este sentido, un tema muy controvertido es si las etapas espirituales/transpersonales en sí mismas pueden concebirse como niveles más altos de desarrollo cognitivo. La respuesta, he sugerido, depende de lo que se quiere decir con "cognitivo". Si apela a la definición adoptada por la mayoría de los psicólogos occidentales —un conocimiento mental conceptual de objetos exteriores—, entonces no, las etapas superiores o espirituales no son cognición mental, porque a menudo son supramentales, transconceptuales y no externas. Si por "cognitivo" se entiende a la "conciencia en general", incluyendo los estados superconscientes, entonces gran parte de la experiencia espiritual superior es efectivamente cognitiva. Pero los estados espirituales y transpersonales también tienen muchos otros aspectos, como los afectos superiores, la moral y el sentido de sí mismo, de modo que, incluso con una definición más amplia de lo cognitivo, no son estados *meramente* cognitivos. Sin embargo, "cognición" en el sentido más amplio quiere significar "conciencia", y por lo tanto los desarrollos cognitivos de varias clases son una parte importante de todo el espectro del Ser y el Conocimiento.

La línea cognitiva

Las gráficas 3a y 3b enumeran algunos de los investigadores más conocidos e influyentes en el desarrollo cognitivo. Los estudios de Piaget son fundamentales, por supuesto. Incluso con todas sus limitaciones, las contribuciones de Piaget siguen siendo un logro notable; ciertamente una de las investigaciones psicológicas más significativas del siglo xx. Abrió un número extraordinario de líneas de investigación: siguiendo el trabajo pionero de James Mark Baldwin (véase más adelante), Piaget demostró que cada nivel de desarrollo tiene una visión diferente del mundo, con varias percepciones, modos de espacio y tiempo, y motivaciones morales (descubrimientos de los que dependería la obra de Maslow, Kohlberg, Loevinger y Gilligan, por nombrar algunos); mostró que la realidad no se da simplemente, sino que se construye de muchas maneras (un estructuralismo que hizo posible el posestructuralismo); su *méthode clinique* sometió el desdoblamiento de la conciencia a una investigación meticulosa, que dio lugar a cientos de descubrimientos novedosos; sus investigaciones psicológicas tuvieron una influencia inmediata en todo, desde la educación hasta la filosofía (Habermas, entre muchos otros, le está muy en deuda). Pocos son los teóricos que pueden reclamar la décima parte de una influencia similar.

La mayor deficiencia del sistema de Piaget, una en la que mayoría de los estudiosos concuerdan, es que Piaget en general sostuvo que el desarrollo cognitivo (concebido como competencia lógico-matemática) es la única línea importante de desarrollo, mientras que ahora tenemos abundante evidencia de que numerosas líneas de desarrollo (ego, moral, afectiva, interpersonal, artística, etcétera) pueden revelarse de una manera relativamente independiente. En el modelo que estoy presentando, por ejemplo, la línea cognitiva es apenas una de dos docenas de líneas de desarrollo, ninguna de las cuales puede reclamar preeminencia (analizaremos estas otras líneas en el próximo capítulo).

Pero en cuanto a la línea cognitiva en sí, el trabajo de Piaget sigue siendo muy impresionante; además, después de casi tres décadas de intensa investigación intercultural, la evidencia es prácticamente unánime: las cuatro etapas de Piaget son universales e interculturales. Un solo ejemplo, *Lives Across Cultures: Cross-Cultural Human Development* ("Vida a través de las culturas: Desarrollo humano multicultural") es un libro de texto muy respetado, escrito desde una perspectiva abiertamente liberal (que a menudo desconfía de las etapas "universales"). Los autores (Harry Gardiner, Jay Mutter y Corinne Kosmitzki) revisan cuidadosamente la evidencia de las etapas sensomotriz, preoperacional, operacional concreta y operacional formal de Piaget. Descubrieron que los entornos culturales a veces alteran la *tasa* de desarrollo, o un *énfasis* en ciertos aspectos de las etapas, pero no en las etapas en sí o su validez intercultural.

Así, para la sensomotriz: "De hecho, las características cualitativas del desarrollo sensomotriz siguen siendo casi idénticas en todos los bebés estudiados hasta ahora, a pesar de las grandes diferencias en sus entornos culturales". Para estudios preoperacionales y operacionales concretos, basados en una enorme cantidad de estudios, incluidos nigerianos, zambianos, iraníes, argelinos, nepaleses, asiáticos, senegaleses, indios amazónicos y aborígenes australianos: "¿Qué podemos concluir de esta gran cantidad de datos interculturales? En primer lugar, el apoyo a la universalidad de las estructuras u operaciones subyacentes al periodo preoperacional es muy convincente. En segundo lugar, las características cualitativas del desarrollo operacional concreto (por ejemplo, secuencias de etapas y estilos de razonamiento) parecen ser universales [aunque] la tasa de desarrollo cognitivo… no es uniforme, sino que depende de factores ecoculturales". Aunque los autores no utilizan exactamente estos términos, concluyen que las características profundas de las etapas son universales, pero las características de la superficie dependen en gran medida de factores culturales, ambientales y ecológicos (como lo diremos más adelante, los cuatro cuadrantes están involucrados en el desarrollo individual). "Por último, parece que aunque la tasa y el nivel de rendimiento en el que los niños se mueven a través del periodo operacional concreto de Piaget dependen de la experiencia cultural, los niños en diversas sociedades todavía proceden en la misma secuencia que predijo".[15]

Una menor cantidad de individuos en cualquier cultura (asiática, africana, americana o de otro tipo) alcanzan la cognición operacional formal, y las razones dadas para esto varían. Lo que yo creo es que podría ser que la operacional formal sea una etapa verdaderamente superior a la que, por lo tanto, menos personas llegan. Puede ser que la operacional formal sea una capacidad genuina, pero no una etapa genuina, como creen los autores (es decir, sólo algunas culturas enfatizan la etapa operacional formal y, por ende, la enseñan). Por lo tanto, la evidencia de la existencia de la etapa formal de Piaget es fuerte, pero no concluyente. Todavía este elemento se utiliza a menudo para descartar *todas* las etapas de Piaget, mientras que la conclusión correcta, respaldada por cuantiosas evidencias, es que todas las etapas, hasta la operacional formal, se han probado adecuadamente como universales e interculturales.

Creo que las etapas en y más allá de formop también son universales, incluidas la visión lógica y las etapas transracionales generales, y presentaré pruebas sustanciales a este respecto a medida que avancemos. Al mismo tiempo, como veremos cuando lleguemos a la discusión sobre la espiritualidad infantil (en el capítulo 11), las etapas tempranas son exactamente las etapas de los estudios de Piaget que se han mantenido consistentes hasta la evidencia transcultural. Creo que esto nos ayudará a ver estas primeras etapas de una manera más precisa. En cuanto a la línea cognitiva en sí, su estudio general ha sido llevado adelante fructíferamente por Michael Commons y Francis Richards, Kurt Fischer, Juan Pascual-Leone, Robert Sternberg, Gisela Labouvie-Vief, Herb Koplowitz, Michael Basseches, Philip Powell, Suzanne Benack, Patricia Arlin, Jan Sinnott y Cheryl Armon, por nombrar algunos destacados (todos ellos representados en las gráficas).[16]

Aunque hay diferencias importantes entre estos investigadores, también hay numerosas y profundas similitudes. La mayoría de ellos han encontrado que el desarrollo cognitivo se mueve a través de tres o cuatro etapas principales (con numerosas subetapas): sensomotriz, concreta, formal y posformal. La etapa sensomotriz generalmente ocurre en los primeros dos años de vida, y se traduce en la capacidad para percibir objetos físicos. Después, lentamente, la cognición comienza a aprender a representar estos objetos con nombres, símbolos y conceptos. Estos primeros símbolos y conceptos tienden a sufrir diversos tipos de insuficiencias (los objetos con predicados similares se equiparan; parece haber más agua en un vaso alto que en uno bajo, incluso si ambos contienen la misma cantidad de líquido; los conceptos se confunden con los objetos que representan; y así sucesivamente). Estas insuficiencias conducen a varias clases de desplazamientos "mágicos" y creencias "míticas". Es por eso que, en todas las gráficas, verá a tantos investigadores refiriéndose a estas primeras etapas con nombres como magia, animista, mítico, entre otros.

Esto *no* quiere decir que toda la magia y todos los mitos sean meras insuficiencias cognitivas tempranas, sino que algunos de ellos claramente lo son: "Si me trago el ojo de un gato, veré como un gato"; "la pata de conejo trae buena suerte"; "si no como mis espinacas, Dios me castigará", etcétera. Hay un mundo de diferencia entre los símbolos míticos que se consideran concreta y literalmente verdaderos: "Jesús realmente nació de una virgen biológica", "la Tierra realmente está descansando sobre una serpiente hindú", "Lao-Tse realmente tenía novecientos años cuando nació", y los símbolos míticos imbuidos de metáfora y activismo, que sólo surgen con la conciencia formal y posformal. A menos que se indique lo contrario, cuando uso la palabra "mítico" me refiero a imágenes y símbolos míticos preformales, concretos y literales, algunos de cuyos aspectos están, efectivamente, imbuidos de insuficiencias cognitivas, ya que estos mitos afirman como hecho empírico muchas cosas que pueden ser refutadas empíricamente, por ejemplo, "el volcán entra en erupción porque está personalmente enfadado con usted"; "las nubes se mueven porque lo están siguiendo". Especialistas desde Piaget a Joseph Campbell han señalado que estas creencias míticas preformales siempre están enfocadas egocéntricamente y son literal/concretamente reconocidas.

Por la misma razón, estos primeros estadios son referidos por nombres tales como preconvencional, preoperacional, egocéntrico y narcisista. Debido a que los niños en etapas sensomotriz y preoperatoria aún no pueden asumir fácilmente o plenamente el papel del otro, están encerrados en sus propias perspectivas. Este "narcisismo" es una característica normal y saludable de estas primeras etapas, y causa problemas sólo si no se supera sustancialmente (como veremos).

A medida que la capacidad cognitiva crece (estos investigadores generalmente están de acuerdo) la conciencia comienza a relacionarse y operar con mayor precisión en el mundo sensomotriz, ya sea aprendiendo a tocar el violín o a organizar clases en orden de su tamaño (aunque muchas "adherencias míticas" aún permanecen en la conciencia). Estas *operaciones concretas* se llevan a cabo mediante *esquemas* y *reglas*, que también permiten al Ser en esta etapa adoptar varios roles en la sociedad, y así pasar del ámbito egocéntrico/preconvencional al sociocéntrico/convencional. A medida que la conciencia se desarrolla y profundiza, estas categorías y operaciones concretas comienzan a ser más generalizadas, más abstractas (en el sentido de ser aplicables a más y más situaciones) y, por lo tanto, más universales. Por lo tanto, la conciencia *operacional formal* puede comenzar a apoyar una orientación *posconvencional* hacia el mundo, escapando de muchas maneras del mundo etnocéntrico/sociocéntrico del pensamiento concreto (y la membresía mítica).

Aunque, en gran medida bajo la embestida de los estudios culturales antioccidentales (con un fuerte prejuicio relativista), la "racionalidad" se ha convertido en un término despectivo, es en realidad la sede de un número extraordinario de logros positivos y capacidades (incluidas las capacidades utilizadas por los críticos antirracionales). La racionalidad (o razón en el sentido amplio) implica, ante todo, la capacidad de adoptar perspectivas (de ahí que Jean Gebser la llame "razón de ser"). Según la investigación de Susanne Cook-Greuter, el pensamiento preoperacional sólo tiene una perspectiva en primera persona (egocéntrica); la operacional concreta agrega perspectivas en segunda persona (sociocéntrica); mientras que la operacional formal va más allá y agrega perspectivas en tercera persona (que permiten no sólo precisión científica, sino también juicios imparciales, posconvencionales y centrados en el mundo de equidad y cuidado). Así, la razón puede "normar las normas" de una cultura sometiéndolas a la crítica basada en principios universales (no etnocéntricos) de justicia. La razón-perspectiva, siendo altamente reflexiva, también permite una introspección sostenida. Y es la primera estructura que puede imaginar los mundos del "como si" y "qué pasaría si": convirtiéndose en un verdadero soñador y visionario.

Por importante que sea la racionalidad formal, todos estos investigadores reconocen la existencia de etapas de cognición *posformales* superiores, o una razón superior, que tiene incluso más en cuenta las perspectivas (perspectivas de cuarta y quinta persona, según Cook-Greuter). Reunir múltiples perspectivas sin privilegiar indebidamente a ninguna es lo que Gebser llamó integral-aperspectivista, que implica una mayor profundización de la conciencia posconvencional centrada en el mundo. Hay acuerdo general en que estos desarrollos posformales (o de visión lógica) implican al menos dos o tres etapas principales. Creciendo más allá del formalismo universal abstracto (de "formop"), la conciencia se mueve primero hacia una cognición de relatividad dinámica y *pluralismo* (visión lógica temprana), y luego hacia una cognición de unidad, holismo, dialectalismo dinámico o *integralismo* universal (visión lógica intermedia a tardía), todo lo cual se puede ver con bastante claridad en las gráficas 3a y 3b (y otras que discutiremos más adelante).[17]

Tan "holísticos" como son estos desarrollos de visión-lógica, siguen siendo desarrollos del reino mental. Son los alcances más altos de los reinos mentales, sin duda, pero más allá de ellos se encuentran los desarrollos supramentales y transversales. Por lo tanto, he incluido a sri Aurobindo y a Charles Alexander como ejemplos de lo que podría incluir un modelo de desarrollo cognitivo de espectro completo. (En el capítulo 9, investigaremos esta línea cognitiva general a medida que pasa de básica a sutil a causal.) Observe que Aurobindo usa términos claramente cognitivos para casi todas sus etapas: mente superior, mente iluminada, supermente y así sucesivamente. En otras palabras, utilizando la "cognición" en su sentido más amplio, el espectro de la conciencia es en parte un espectro de cognición genuina. Pero no es sólo eso, y por ello Aurobindo también describe los afectos superiores, la moral, las necesidades y las identidades personales de estos niveles superiores. Pero su punto general es bastante similar: el desarrollo cognitivo es tanto primario como necesario (pero no suficiente) para estos otros desarrollos.

Resumen

Ésta es una breve introducción a los niveles básicos en el Gran Nido del Ser. El Gran Nido es simplemente un gran *campo morfogenético* que proporciona un *espacio de desarrollo* en el que se pueden desplegar los potenciales humanos. Los niveles básicos del Gran Nido son las olas básicas de ese despliegue: materia a cuerpo a mente a alma a espíritu. Vimos que estos niveles básicos (o estructuras u olas) se pueden dividir y subdividir de muchas formas válidas. Las gráficas muestran alrededor de dieciséis ondas en el espectro general de la conciencia, pero éstas pueden ser condensadas o expandidas de muchas maneras, como continuaremos viendo a lo largo de esta presentación.

A través de estas olas generales en el gran río, fluirán unas dos docenas de corrientes de desarrollo diferentes, todas navegadas por el Ser en su extraordinario viaje de polvo a deidad.

2
Líneas o corrientes de desarrollo

A través de los *niveles* u olas básicas en el Gran Nido fluyen unas dos docenas de líneas o corrientes de desarrollo relativamente independientes. Éstas incluyen moral, afectos, autoidentidad, psicosexualidad, cognición, ideas del bien, toma de roles, capacidad socioemocional, creatividad, altruismo, varias líneas que pueden denominarse "espirituales" (cuidado, apertura, preocupación, fe religiosa, etapas meditativas), alegría, competencia comunicativa, modos de espacio y tiempo, muerte, necesidades, visiones del mundo, competencia lógico-matemática, habilidades kinestésicas, identidad de género y empatía, por nombrar algunas de las líneas de desarrollo más prominentes para las cuales tenemos alguna evidencia empírica.[1]

Estas líneas son "relativamente independientes", lo que significa que, en su mayoría, pueden desarrollarse independientemente entre sí, a diferentes ritmos, con una dinámica diversa y en un horario distinto. Una persona puede ser muy avanzada en algunas líneas, media en otras y baja en otras más, todo al mismo tiempo. Por lo tanto, el *desarrollo general*, la suma total de todas estas diferentes líneas, no muestra ningún desarrollo secuencial en absoluto. (Es ese hecho el que finalmente deshizo el esquema de Piaget.)

Sin embargo, las investigaciones han seguido encontrando que cada *línea de desarrollo en sí misma* tiende a desenvolverse de una manera secuencial y holárquica: las etapas más altas en cada línea tienden a construir o incorporar las etapas anteriores, no se puede omitir ninguna etapa, y las etapas emergen en un orden que no puede ser alterado por el condicionamiento ambiental o el refuerzo social. Hasta ahora, hay evidencia considerable que sugiere que esto es cierto para todas las líneas de desarrollo que mencioné.[2]

Psicología integral

Por ejemplo, en el texto *Higher Stages of Human Development* (editado por Charles Alexander y Ellen Langer), se presentan los trabajos de trece de los mejores psicólogos del desarrollo, incluidos Piaget, Kohlberg, Carol Gilligan, Kurt Fischer, Howard Gardner, Karl Pribram y Robert Kegan, y todos ellos (excepto uno o dos) presentan modelos actuales que son parcialmente jerárquicos, incluyendo el de Gilligan para el desarrollo femenino. Estas conclusiones se basan en enormes cantidades de datos experimentales, no meramente en especulaciones teóricas. Esto no quiere decir que todas estas líneas de desarrollo sean *sólo* jerárquicas; muchas de sus características no lo son (véase más adelante). Pero los aspectos cruciales de todas ellas parecen ser jerárquicos en cuestiones importantes. Además, existe un consenso general de que no importa cuán diferentes puedan ser las líneas de desarrollo, no sólo la mayoría de ellas se desarrollan holísticamente, sino que *lo hacen a través del mismo conjunto de olas generales*, que incluyen: una etapa física/sensomotriz/preconvencional, una etapa de acciones concretas/reglas convencionales, y una etapa más abstracta, formal, posconvencional.[3]

Al aprender a tocar un instrumento musical, por ejemplo, uno primero lidia físicamente con el instrumento y aprende a relacionarse con él de una manera sensomotriz. Luego se aprende a tocar una o dos canciones simples, dominando gradualmente las operaciones concretas y las reglas de uso del instrumento. A medida que uno se vuelve competente para tocar las notas y escalas musicales, las habilidades se hacen más abstractas, y uno puede aplicar cada vez más esas habilidades abstractas a canciones nuevas y diferentes. Casi todas las líneas de desarrollo —de la cognitiva al ego, de la afectiva a la moral y a la kinestésica— avanzan a través de esas tres amplias etapas. Si tenemos en cuenta el hecho de que podría haber etapas de desarrollo aún más altas o transpersonales, y si simplemente llamamos a todas esas etapas "posconvencionales", entonces tendríamos cuatro etapas, niveles u olas amplias: sensomotrices, convencionales, posconvencionales y pos-posconvencionales (precon a con a poscon a pos-poscon), a través de las cuales la mayoría de las líneas de desarrollo proceden.

¿Y qué son esas cuatro amplias olas? Nada más que una versión simplificada del Gran Nido del Ser, pasando del cuerpo (sensomotriz)

2 | Líneas o corrientes de desarrollo

a la mente (convencional y posconvencional) al espíritu (pos-posconvencional). Por supuesto, esas cuatro amplias etapas son sólo un resumen sucinto de lo que la investigación ha encontrado; en la mayoría de los casos —cognitivo, propio y moral, por ejemplo— el desarrollo realmente pasa por cinco, seis, siete o más etapas, y en prácticamente todos los casos esas etapas, hasta donde llegan, coinciden de manera muy general con los niveles en el Gran Nido.

En otras palabras, la razón por la que la mayoría de las líneas de desarrollo avanzan a través de una secuencia holárquica, invariante y en gran medida, universal, es que están siguiendo la Gran Holarquía del Ser, invariante y en gran medida universal; van tras el campo morfogenético general, claramente sugerido en las gráficas. *El Gran Nido es básicamente ese campo morfogenético general o espacio de desarrollo.* Simplemente representa algunas de las olas básicas de realidad que están disponibles para los individuos; y a medida que surgen diferentes talentos, capacidades y habilidades en los individuos tienden a seguir, de manera general, los perfiles del Gran Nido; migran a través de ese espacio de desarrollo. Una vez más, no es que estos niveles estén grabados en piedra; son simplemente algunas de las corrientes más fuertes en el Gran Río de la Vida; y cuando se dejan caer trozos de madera en ese río, tienden a seguir el cauce. Así es para los potenciales individuales que emergen en el desarrollo humano: tienden a seguir las corrientes en el Gran Río de la Vida, siguen las olas en la Gran Holarquía. Esto, en cualquier caso, es lo que la preponderancia de la evidencia empírica ha sugerido consistentemente.

Pero para volver a un punto igualmente importante: las diversas corrientes, incluso si migran a través de un campo similar, lo hacen de una manera relativamente independiente. Una persona puede estar altamente evolucionada en algunas líneas, algo en otras y poco en otras más. Esto significa, como he dicho, que el desarrollo general no sigue secuencia lineal en absoluto.

Todo esto se puede representar como en la figura 2, que es lo que llamo una "psicográfica integral". Los niveles en el Gran Nido se muestran en el eje vertical, y a través de esos niveles corren las diversas líneas. (De las dos docenas de líneas existentes, más o menos, uso ahí cinco como

Psicología integral

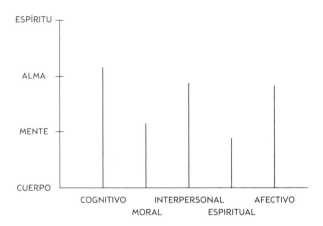

Figura 2: *Psicográfica integral*

ejemplo: cognitivo, moral, interpersonal, espiritual y afectivo. He establecido "espíritu" como el nivel más alto y como una línea de desarrollo separada, reflejando las dos definiciones más comunes de "espiritualidad" [véase el capítulo 10].) Dado que el Gran Nido es en realidad una holarquía (como se muestra en la figura 1, podemos representar con mayor precisión la psicográfica integral como en la figura 3.

Esto no significa que todos, o incluso la mayoría, de los aspectos importantes del desarrollo sean jerárquicos. En mi sistema, cada estructura u ola básica en realidad consiste tanto en jerarquía (o aumento de la capacidad holística) como en heterarquía (o interacción no jerárquica entre elementos mutuamente equivalentes). La relación *entre* niveles es jerárquica, con cada nivel superior trascendiendo e incluyendo a sus inferiores, pero no viceversa (las moléculas contienen átomos, pero los átomos no contienen moléculas; las células contienen moléculas, pero las moléculas no contienen células; las oraciones contienen palabras, pero las palabras no contienen oraciones), y este "no viceversa" establece una *jerarquía asimétrica de capacidad holística creciente* (lo que simplemente quiere decir que la dimensión superior abarca a la inferior, pero la inferior no abarca a la superior, para que ésta sea más holística e incluyente). Pero *dentro* de cada nivel, la mayoría de los elementos existen como patrones que interactúan

2 | Líneas o corrientes de desarrollo

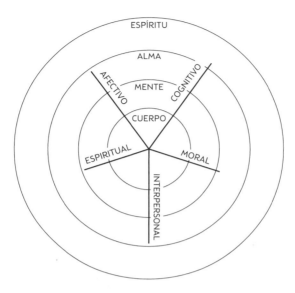

Figura 3. *Psicográfica integral como Holarquía*

y que son mutuamente equivalentes. Gran parte del desarrollo —al menos la mitad— involucra varios tipos de procesos heterárquicos y no jerárquicos de articulación y aplicación de competencias. Naturalmente, estos procesos no jerárquicos no se indican en las gráficas, pues se centran en el desarrollo transicional; pero su gran importancia no debe olvidarse.

Por lo tanto, tal y como uso el término de *holarquía*, éste incluye un equilibrio tanto de *jerarquía* (niveles clasificados cualitativamente) como de *heterarquía* (dimensiones mutuamente vinculadas). Los teóricos que intentan utilizar sólo uno u otro de esos tipos de relaciones no han podido explicar el desarrollo en absoluto. Volveremos a la naturaleza de las corrientes de desarrollo y daremos varios ejemplos. Pero primero, demos un vistazo al Ser que navega por dichas corrientes.

3
El Ser

Los niveles y las líneas son navegados por el Ser. Aunque en un momento subdividiré ese bosquejo, aquellos tres elementos —las olas básicas, las corrientes de desarrollo y el Ser como el navegante de ambos— parecen ser centrales para un modelo integral. Hemos examinado los niveles u olas básicos, y pronto volveremos a las líneas o corrientes de desarrollo y las examinaremos más de cerca. Pero en este punto necesitamos mirar al Ser y el papel que éste juega en la evolución general de la conciencia.[1]

El Ser como el navegante de las olas y las corrientes

Si usted, querido lector, ahora mismo tiene una idea de sí mismo —simplemente preste atención a lo que llama "tú/usted"— y podría notar al menos dos partes de este "Ser": una, hay algún tipo de Ser que se observa (un sujeto interno u observador); y dos, hay algún tipo de Ser observado (algunas cosas objetivas que puede ver o saber sobre sí mismo: soy padre, madre, médico, empleado; peso tantos kilos, tengo cabello castaño, etcétera). El primero se experimenta como un "yo", el segundo como un "me/mi" (o incluso "mío"). Yo llamo al primero el *Ser próximo* (ya que está más cerca de "ti/usted"), y al segundo el *Ser distal* (ya que es objetivo y "más lejano"). A los dos juntos, junto con cualquier otra fuente del Ser, los llamo: el *Ser global*.

Estas distinciones son importantes porque, como muchos investigadores han señalado (desde sri Ramana Maharshi hasta Robert Kegan), durante el desarrollo psicológico, *el "yo" de una etapa se convierte en un "me/mi" en la siguiente*. Es decir, con lo que se identifica (o integra) en una etapa del desarrollo (y lo que por lo tanto se experimenta íntimamente como un "yo") tiende a ser trascendido, o desidentificado, o desintegrado en la siguiente, por lo que puede verse de manera más objetiva, con cierta distancia y desapego. En otras palabras, el *sujeto* de una etapa se convierte en un *objeto* de la siguiente.

Por ejemplo, un bebé pequeño se identifica casi exclusivamente con su cuerpo: el cuerpo es el Ser o el sujeto del bebé (el Yo próximo), y por lo tanto el bebé no puede realmente retroceder y observar objetivamente su cuerpo. Simplemente es un cuerpo, y como cuerpo mira el mundo. Pero cuando la mente verbal y conceptual del bebé comienzan a emerger, el bebé empezará a identificarse con la mente —la mente se convierte en el Ser o sujeto (el Yo próximo), y el bebé puede entonces, por primera vez, comenzar a ver su cuerpo objetivamente (como un objeto distal o "me/mi")— el cuerpo es ahora un objeto del nuevo sujeto, el Ser mental. Así, el sujeto de una etapa se convierte en un objeto de la siguiente.

(Y, los filósofos perennes agregan, en los extremos más altos del espectro de la conciencia, su yo individual —su Ser separado o sujeto interno— se convierte en un objeto del yo máximo, que no es otro que el Espíritu radiante y su propio Ser verdadero. Según los místicos, usted es uno con Dios como el Sujeto máximo o Conciencia pura —un Vacío puro que, como Testigo absoluto, Yo-Me/Mi, o Vidente, nunca puede ser visto, y sin embargo paradójicamente existe como Todo lo que es visto: el Espíritu que trasciende todo— y por lo tanto nunca puede ser visto [y abarca todo] y así es cada cosa que está mirando ahora mismo. Continuaremos con esto en el capítulo 8.)

El *Ser global*, entonces, es una amalgama de todos estos "seres" en la medida en que están presentes en usted en este momento: el Ser cercano (o "Yo"), el Ser distal (o "Me/Mi"), y en la parte posterior de su conciencia, ese Testigo último (el Ser trascendental, el Ser antecedente o "Yo-Me/Mi"). Todos ellos entran en su sensación de ser uno mismo en este momento, y todos ellos son importantes para entender el desarrollo o evolución de la conciencia.

Precisamente porque el ser global contiene varias corrientes (y todo tipo de *subpersonalidades*, que discutiremos a continuación), el ser global no muestra un desarrollo por etapas o secuencial. Sin embargo, la investigación moderna ha demostrado continuamente que *al menos un aspecto del Ser experimenta un desarrollo relativamente secuencial o por etapas, y ése es el Ser próximo*.[2] Por ejemplo, las investigaciones de Jane Loevinger, quien encontró evidencia sustancial de que el "desarrollo del ego" avanza a través de casi una docena de etapas de crecimiento claramente reconocibles (hasta lo que yo llamo el Centauro; ver gráfica 1a). Lo que Loevinger llama "desarrollo del ego" es bastante similar a lo que me refiero como desarrollo del Ser-próximo.[3] Y el desarrollo del Ser-próximo está, en mi opinión, en el corazón mismo de la evolución de la conciencia. *Porque el Ser-próximo es el que navega a través de las ondas básicas en el Gran Nido del Ser*.

Las estructuras básicas o las olas básicas mismas están desprovistas de un sentido del Ser. Esta cuestión ha sido planteada por filósofos perennes desde Plotino hasta Vasubandhu, Padmasambhava y Santa Teresa. Las estructuras básicas son simplemente las olas del ser y del conocimiento que están disponibles para el Ser a medida que se desarrolla hacia sus potenciales más elevados. Cada vez que el Ser (el Ser-Próximo) se encuentra con un nuevo nivel en el Gran Nido, primero se *identifica* con él y lo consolida; luego se desidentifica con él (*trasciende*, se desliga de él); y luego lo incluye e integra desde el siguiente nivel superior. En otras palabras, el Ser pasa por un *fulcro (o un hito) de su propio desarrollo*. Estos grandes hitos del desarrollo personal han sido investigados por especialistas como James Mark Baldwin, Clare Graves, Jane Loevinger, John Broughton, Erik Erikson, Susanne Cook-Greuter, Don Beck y Robert Kegan, por nombrar algunas mentes destacadas, todas las cuales están representadas en las gráficas. (Una vez más, estos investigadores no están analizando corrientes idénticas, sino simplemente caudales que fluyen muy juntos en el Gran Río y, por lo tanto, comparten ciertas similitudes; similitudes en la naturaleza del Ser-próximo).

Sin embargo, decir que el Ser se ha identificado con una onda particular en el Gran Arcoíris no significa que el Ser esté rigurosamente estancado en ese nivel. Por el contrario, en ocasiones, el Ser puede estar "por todas partes". El Ser puede vagar temporalmente por todo el espectro de la conciencia; puede retroceder, o moverse hacia abajo en la holarquía del ser y el saber; puede ir en espiral, reconsolidarse y regresar, todo dentro de los límites. Además, debido a que en cada etapa de su desarrollo el Ser tiene acceso fluido a los grandes estados naturales de conciencia (psíquico, sutil, causal y no-dual), puede tener experiencias cumbre temporales de cualquiera o todos esos reinos transpersonales, saltando momentáneamente hacia mayores realidades.

Aun así, la evidencia empírica ha demostrado consistentemente que el *centro de gravedad* del Ser, por así decirlo, tiende a rondar sobre un nivel básico de conciencia en un momento dado. Esto significa, por ejemplo, que si aplicas a los individuos una prueba de desarrollo del ego, alrededor del 50 % de sus respuestas vendrán de un nivel, y alrededor del 25 % del nivel inmediatamente por encima o por debajo de él. En mi opinión, la razón por la que esto sucede es que, cada vez que el Ser se identifica con un nivel particular de conciencia, experimenta la pérdida de ese nivel como una muerte, tal cual, como un tipo de convulsión de muerte, porque la *vida* misma del Ser se identifica con ese nivel.[4] Por lo tanto, dejar ir ese nivel sólo se experimenta a través de una gran dificultad. De hecho, creo que cada uno de los principales hitos del autodesarrollo está marcado por una difícil batalla de vida o muerte, que involucra la muerte (o la desidentificación, o la trascendencia) de cada nivel, que a menudo suele ser bastante traumática (ver gráfica 1a; examinaremos estos hitos o fulcros del autodesarrollo en el capítulo 8).[5] La única razón por la que el Ser eventualmente acepta la *muerte* de su nivel es que la *vida* del siguiente nivel superior es aún más tentadora y, de hecho, satisfactoria. Por lo tanto, el Ser se desidentifica con (o desincorpora de) su nivel actual, "muere" a una identidad exclusiva con ese nivel, y se identifica con (o vuelve a acoger y se incorpora en) la vida del nivel inmediato superior, hasta que su muerte también es aceptada. (Y de acuerdo con la filosofía perenne, cuando todas las muertes han fallecido, el resultado es sólo Dios, o según los sufíes, un despertar a la Identidad Suprema del Ser y del Espíritu.)

El Ser próximo, entonces, es el navegante de las olas (y corrientes) en el Gran Río de la Vida. Es la fuente central de identidad, y esa identidad se expande y profundiza a medida que el Ser navega de egocéntrico a sociocéntrico a centrado en el mundo a olas teocéntricas (o "precon" a "con" a "poscon" a "pos-poscon" de desarrollo general), una identidad que varía de la materia al id al ego a Dios.

(Por cierto, cuando decimos que la identidad se expande de, digamos, egocéntrica a sociocéntrica a centrada en el mundo, esto no significa que alguien en el nivel céntrico o posconvencional del mundo no tenga ego en absoluto; por el contrario, alguien centrado en el mundo tiene un ego muy maduro. Simplemente significa que la persona puede tomar *múltiples perspectivas* que ya no se limitan a su propio ego, y por lo tanto puede hacer juicios morales basados en las consideraciones de justicia, equidad y cuidado, independientemente de la raza, color, sexo o credo. Todavía actuará en su propio interés cuando sea apropiado, pero la esfera de su consideración se expande inconmensurablemente, y su propio interés incluirá cada vez más los intereses de los demás, ya que caen en la órbita de su propia identidad expandida. Véase el capítulo 9, sección "Moral".)

Como navegante a través del Gran Nido, el Ser es el *locus* de funciones tan importantes como la *identificación* (a qué llamar "Yo"), la *voluntad* (o las elecciones que son libres dentro de las restricciones y limitantes de su nivel actual),[6] las *defensas* (que se establecen jerárquicamente),[7] el *metabolismo* (que convierte los estados en rasgos),[8] y lo más importante de todo, la *integración* (el Ser es responsable de equilibrar e integrar cualquier elemento que esté presente).[9] (En cuanto a las objeciones budistas al Ser, véase la nota en el apartado correspondiente.)[10]

Conclusión

Lo que cada uno de nosotros denomina un "Yo" (el Ser-próximo) es tanto una *función constante* como una *corriente de desarrollo*. Es decir, el Ser tiene varias *invariables funcionales* que constituyen su actividad central: es el *locus* de identidad, voluntad, metabolismo, navegación, defensas e integración, por nombrar las más importantes. Y este Ser (con sus funciones) también experimenta *su propio desarrollo* a través de las olas básicas en el Gran Nido (las etapas que examinaremos en el capítulo 8: el Ser material al corporal al mental al Ser del alma al desinteresado). Especialmente significativo es el hecho de que, como *locus* de integración, el Ser es responsable de *equilibrar e integrar todos los niveles, líneas y estados en el individuo.*

En resumen, el Ser como navegante es un acto de malabarismo de todos los elementos que encontrará en su extraordinario camino del subconsciente al autoconsciente y al superconsciente; un viaje que pronto seguiremos en detalle.

4
Las corrientes relacionadas con el Ser

El Ser navega a través de las olas básicas del Gran Nido, usando su capacidad para *identificarse* con cada ola y montarla hasta alcanzar algún tipo de conclusión. El Ser tiene la capacidad de identificarse íntimamente con un nivel de conciencia, volverse competente en ese nivel para luego desidentificarse de él (al integrarlo) con el fin de ascender a la siguiente y más amplia esfera superior, para identificarse con ella; y así sucesivamente hasta que su capacidad de crecimiento se agote.

Cada vez que el centro de gravedad del Ser orbita alrededor de un nuevo nivel de conciencia, adquiere, naturalmente, una nueva y distinta perspectiva de la vida. Precisamente porque cada nivel básico en el Gran Nido tiene una arquitectura diferente, el Ser en cada nivel *observa un mundo diferente*: se enfrenta a nuevos miedos, objetivos diferentes, otra clase de problemas. Experimenta un nuevo conjunto de necesidades, otra moralidad, un novedoso sentido de sí mismo. Llamo a todas esas *líneas de desarrollo las líneas o corrientes relacionadas con el Ser* porque todas están íntimamente conectadas con él y su extraordinaria epopeya a través de las grandes olas.

Por lo tanto, existen las líneas de desarrollo en general (cognitivas, afectivas, estéticas, cinestésicas, matemáticas, etcétera) y, como subconjunto de ellas, están las líneas de desarrollo, especial e íntimamente asociadas con el Ser, sus necesidades, su identidad y su desarrollo, y ésas son las líneas relacionadas con el Ser.

De hecho, las etapas relacionadas con el Ser se generan, en cierta medida, precisamente a partir de la *identificación del Ser con un nivel particular de conciencia*. Para dar un ejemplo simplista: cuando el Ser se identifica con la mente convencional (cuando el nivel principal de conciencia del Ser es el "conop tardío"), su sentido del Ser (à la Loevinger) es un *papel conformista*, su sentido moral (à la Kohlberg) está empezando a convertirse en *convencional*, y su principal necesidad (à la Maslow) es la *pertenencia* (se puede ver en las gráficas). Todos esos roles específicos, estas morales y necesidades entran en juego cuando el centro de gravedad del Ser está en la última regla/función de la mente, y se encuentran respaldados en gran medida por la identificación exclusiva del Ser con ese nivel de conciencia.[1] Desde ese nivel particular en el Gran Espectro, así es como se ve el mundo.

Muchas de esas etapas, como la moral, la autoidentidad y las necesidades propias, se enumeran en las gráficas 4a, 4b, 4c, 5a, 5b y 5c. Las gráficas 4a, 4b y 4c contienen las etapas relacionadas con el Ser que están más íntimamente conectadas con la identidad propia (como el desarrollo del ego de Loevinger y las etapas psicosociales de Erikson), mientras que las gráficas 5a, 5b y 5c contienen las etapas relacionadas con el Ser de la *moral y las perspectivas*, o los diferentes tipos de perspectiva (y cosmovisiones) que el Ser tiene en cada uno de los niveles básicos de conciencia. Los discutiremos en ese orden.

Las etapas del Ser (gráficas 4a, 4b y 4c)

Los pioneros en el estudio de las etapas del autodesarrollo (y aquéllos que han influido considerablemente en mi propia opinión) incluyen a James Mark Baldwin, John Dewey, G. H. Mead, C. Cooley, Anna Freud, Heinz Werner, Edith Jacobson, Harry Stack Sullivan, Heinz Hartmann, Rene Spitz, Erich Neumann, Edward F. Edinger, Clare Graves y Erik Erikson.[2] Teóricos más recientes (también instrumentales, en mi opinión) incluyen los nombres de Jane Loevinger, John Broughton, Otto Kernberg, Jacques Lacan, Heinz Kohut, Margaret Mahler, James Masterson, Robert Kegan y Susanne Cook-Greuter (entre otros a discutir).

Erikson, proveniente de la tradición psicoanalítica, planteó una extensión tan profunda de sus conceptos que en realidad ayudó a socavar el reduccionismo psicoanalítico. Sus "etapas psicosociales", que van desde el nacimiento hasta la adolescencia y la vejez, encontraron buena acogida no sólo entre el público, sino con muchos otros investigadores; Erikson estaba trabajando en algo de importancia. En el esquema de Erikson, que recuerda bastante a las "siete edades de una persona", existen siete u ocho estratos (edades o etapas) principales en la vida de un sujeto (véase la gráfica 4a). Haciendo eco de una verdad que ya comenzaba a surgir de los estudios de Baldwin y Piaget (y que era explícita en la visión de los idealistas alemanes, misma que influyó tanto en Baldwin como en Piaget), cada etapa del desarrollo ve un mundo diferente, con necesidades, tareas, dilemas, dificultades y patologías diversas. En lugar de reducir todos los problemas de la vida a algo que salió mal en la primera edad de una persona, hay otras seis o siete edades que explorar, igualmente importantes, y a veces más. Las etapas superiores de Erikson no eran muy transpersonales (a menudo eran desarrollos horizontales de tipo personal),[3] aun así, nunca sería obvio reducir todos los eventos significativos en la vida de una persona a su primera edad.

Clare Graves fue una de las primeras (junto con Baldwin, Dewey y Maslow) en tomar un esquema de desarrollo y mostrar su extraordinaria aplicabilidad en una amplia gama de iniciativas, desde negocios hasta gobierno y educación. Graves propuso un sistema de desarrollo humano profundo y elegante, uno que la investigación posterior ha refinado y validado, no refutado. "En pocas palabras, lo que yo estoy proponiendo es que la psicología de un ser humano maduro es un proceso de espiral emergente —en desarrollo, oscilante— marcado por una progresiva subordinación de los sistemas de comportamientos más viejos y de bajo orden a nuevos sistemas de orden más elevado, a medida que cambian los problemas existenciales del hombre. Cada etapa, onda o nivel de existencia sucesivos es un estado a través del cual las personas pasan en su camino a otros estadios del ser. Cuando el ser humano está centrado en un *estado de existencia* [es decir, cuando el centro de gravedad del Ser vuela alrededor de un determinado nivel de conciencia] tiene una psicología que es particular de ese estado. Sus sentimientos, motivaciones, ética y valores, bioquímica, grado de activación neurológica, sistema de aprendizaje, sistemas de creencias, concepción de la salud mental, ideas sobre qué es la enfermedad mental y cómo debe tratarse, concepciones y preferencias para la administración, educación, economía y teoría y práctica política son todas apropiadas para ese estado".[4]

Graves describió alrededor de siete "niveles u ondas principales de la existencia humana", que van desde autistas, mágicos y animistas, pasando por sociocéntricos/convencionales, hasta individualistas e integrados, como se muestra en la gráfica 4c. Como suele ser el caso de los investigadores occidentales, no reconoció niveles más altos (transpersonales), pero las contribuciones que hizo a los ámbitos prepersonal y personal fueron considerables.

Cabe recordar que prácticamente todas estas concepciones escénicas, desde Abraham Maslow hasta Jane Loevinger, Robert Kegan y Clare Graves, se basan en una gran cantidad de investigaciones y datos. Éstas no son meras ideas conceptuales ni teorías de escritorio, sino que cada una está fundamentada en una cantidad considerable de evidencia cuidadosamente comprobada. Muchos de los teóricos convencionales que presento (como Piaget, Loevinger, Maslow y Graves) han comprobado sus modelos en países del Primer, Segundo y Tercer Mundo (como vimos con Piaget). Lo mismo es cierto con el modelo de Graves; hasta la fecha, se ha probado en más de cincuenta mil personas alrededor del mundo, y no se han encontrado excepciones importantes a su diseño.[5]

Por supuesto, esto no significa que ninguno de estos esquemas proporcionen un acercamiento completo al problema, o incluso a su mayoría. Todas son, como he dicho, instantáneas parciales del Gran Río de la Vida, y todas son útiles cuando se mira el río desde ese ángulo en particular. Esto no impide que otras imágenes sean igualmente útiles, ni significa que estas imágenes no puedan ser refinadas con estudios complementarios. Lo que sí afirma es que si un modelo psicológico no incluye esos hallazgos no podrá ser un modelo integral.

El trabajo de Graves ha sido impulsado, refinado y profundizado por Don Beck. *Spiral Dynamics* ("Dinámica Espiral"), coescrito con su colega Christopher Cowan (fundadores del National Values Center, Inc.), es una magnífica aplicación de los principios del desarrollo en general (y de aquéllos que señala Graves, en particular) a una amplia gama de problemas socioculturales. Lejos de ser meros analistas de sofá, Beck y Cowan participaron en las discusiones que condujeron al término del *apartheid* en Sudáfrica (y luego, utilizando los mismos principios de desarrollo, diseñaron la estrategia de "corazones y mentes" para el equipo sudafricano de rugby, el cual se alzó victorioso en el campeonato mundial de la disciplina en 1995). Los principios de la Dinámica Espiral se han utilizado fructíferamente para sanear negocios, revitalizar municipios, reorganizar sistemas educativos y pacificar tensiones al interior de ciertas ciudades. Beck y Cowan han tenido este éxito extraordinario porque, en un mundo perdido en el relativismo pluralista, han traído la claridad —y la realidad— del desarrollismo dinámico.

La situación en Sudáfrica es un excelente ejemplo de por qué la idea de niveles de desarrollo (cada uno con su propia visión del mundo, valores y necesidades) puede reducir e incluso aliviar las tensiones sociales, no exacerbarlas (como sus detractores acusan). La Dinámica Espiral ve el desarrollo humano proceder a través de ocho MEMES de valor general o estructuras profundas: *instintivo* (uróborico), *animista/tribalista* (tifónico-mágico), *dioses del poder* (mágico-mítico), *absolutista-religioso* (mítico), *individualista-consecuente* (racional-egoico), *relativista* (visión temprana-lógica), *sistemático-integrativo* (visión media-lógica) y *global-holístico* (visión tardía-lógica), como se muestra en la gráfica 4b. Éstos no son niveles rígidos, sino olas fluidas, con mucha superposición y entretejido, lo que resulta en una malla o espiral dinámica de desarrollo de la conciencia.

El enfoque liberal típico y bien intencionado para resolver las tensiones sociales es tratar a cada valor como igual, y luego tratar de forzar una nivelación o redistribución de los recursos (dinero, derechos, bienes, tierra) mientras deja los valores intactos. El enfoque conservador típico es tomar sus valores particulares y tratar de imponerlos a todos los demás. El enfoque del desarrollo es darse cuenta de que hay diferentes valores y visiones del mundo; que algunos son más complejos que otros; que muchos de los problemas de la etapa de expiación del desarrollo sólo se pueden desactivar mediante la evolución a un nivel superior; y que sólo reconociendo y facilitando esta evolución se puede finalmente servir a la justicia social. Además, al ver que todos y cada uno de los individuos tienen todos estos MEMES potencialmente disponibles para ellos, las líneas de tensión social se redibujan: no se basan en el color de la piel, la clase económica o la influencia política, sino en el *tipo* de visión del mundo desde el cual opera una persona, grupo de personas, clan, tribu, negocio, gobierno, sistema educativo o nación. Como dice Beck: "El enfoque no está en los tipos de personas, sino los tipos *en* las personas". Esto elimina el color de la piel de la ecuación y se centra en algunos de los factores verdaderamente subyacentes (valores de desarrollo y visiones del mundo) que generan tensiones sociales, y esto es exactamente lo que ayudó a desmantelar la segregación racial en Sudáfrica.[6]

(Volveremos a Beck al final de este capítulo para ver algunos ejemplos fascinantes, así que si estas secciones sobre el desarrollo personal parecen secas y abstractas, ya cobrarán vida con numerosas aplicaciones.)

La impresionante investigación de Jane Loevinger se centró específicamente en el desarrollo del ego (ver gráfica 4a); trajo una gran cantidad de precisión al campo e inspiró estudios adicionales. Descubrió que el desarrollo del ego (Ser-próximo) se mueve a través de alrededor de diez etapas discernibles, cuyos nombres tienden a contar la historia: autista, simbiótico, impulsivo, autoprotector, conformista, conformista-concienzudo, concienzudo, individualista, autónomo e integrado. Su investigación se ha replicado en otras latitudes y continúa obteniendo un gran apoyo. Susanne Cook-Greuter ha refinado y ampliado la investigación de Loevinger, y está forjando su propio modelo original e importante de desarrollo personal (gráfica 4c).[7]

Robert Kegan (gráfica 4c) parece ser el desarrollista favorito de todos (me incluyo). Discute una amplia gama de problemas con perspicacia, exactitud, sensibilidad y cuidado. En mi opinión, el enfoque de Kegan es especialmente importante porque aclara la naturaleza de la incorporación (identificación) y desincorporación (trascendencia), que marca cada ola destacada del autodesarrollo. Sus libros *The Evolving Self* ("El Ser en evolución") y *Desbordados* (*In Over Our Heads*) muestran por qué un enfoque de desarrollo es tan importante (y por qué Kegan es el favorito de todos).

Juan Pascual-Leone aporta una orientación continental (hermenéutica, fenomenológica, dialéctica) muy necesaria a los estudios del desarrollo, entretejiendo el trabajo de Piaget, Jaspers, Husserl, Scheler,

Psicología integral

Merleau-Ponty y Heidegger (que también han influido en mi punto de vista), además de sus propias formulaciones altamente originales, en un poderoso sistema de dialectismo dinámico (gráficas 3b y 4b).[8]

Me parece que la investigación de John Broughton es de suma importancia, especialmente en términos de delinear las etapas de desarrollo del Ser y su epistemología (gráfica 4a). Siguiendo el ejemplo de James Mark Baldwin (véase más adelante), Broughton ha contribuido no sólo con una buena cantidad de investigaciones relevantes, sino con una serie muy necesaria de contrapesos teóricos a la limitada tradición piagetiana.[9]

Como ejemplos de investigadores que siguen las etapas en los dominios transpersonales, he incluido a Rudolf Steiner (gráfica 4b), Michael Washburn (4a) y Jenny Wade (4a); los niveles de Stan Grof se pueden ver en la gráfica 2a.[10] Steiner (1861-1925) fue un extraordinario pionero (durante el "periodo de génesis" de Fechner, Jung, James, etcétera) y uno de los visionarios psicológicos y filosóficos más completos de su tiempo. Fundador de la antroposofía, fue autor de más de doscientos libros sobre prácticamente todos los temas concebibles.[11] Michael Washburn ha presentado una versión muy clara de una visión romántica del desarrollo superior que implica una recaptura de los potenciales perdidos previamente; y Jenny Wade, quien es una de las autoras desarrollistas más competentes, ha presentado una excelente visión general del desarrollo de ocho grandes olas de conciencia, que abarcan todo el espectro.

Una vez más, aunque haya muchas diferencias importantes entre estas teorías de las etapas del autodesarrollo, uno no puede dejar de notar todas las profundas similitudes. Los mismos nombres que estos teóricos han dado a las autoetapas tienden a contar la historia. Usando sólo los términos de los teóricos enumerados en los cuadros 4a, 4b y 4c: la conciencia comienza en gran medida autista e indiferenciada del mundo material. Luego diferencia su Ser corporal del ambiente material y emerge como un Ser instintivo e impulsivo, pero que continúa mágica y místicamente involucrado con el ambiente, todavía luchando por el poder egocéntrico sobre su medio. A medida que la mente conceptual comienza a emerger, se diferencia del cuerpo, y por lo tanto el Ser agrega cada vez más capacidades mentales a sus propias sensoriales, y por lo tanto comienza a moverse fuera

4 | Las corrientes relacionadas con el Ser

de la órbita narcisista, en primera persona, de protección/seguridad/poder y en círculos más ampliamente intersubjetivos, comunitarios y sociales.

A medida que emerge el pensamiento de reglas y la capacidad de tomar el papel de los demás, el *egocéntrico* da paso al *sociocéntrico*, con sus roles inicialmente conformistas y convencionales, creencias míticas-absolutistas y, a menudo, formas autoritarias. Un mayor crecimiento de la conciencia diferencia al Ser de su inserción en los modos sociocéntricos y etnocéntricos, y lo abre a la conciencia formal, universal, centrada en el mundo, posconvencional, que es una extraordinaria expansión de la conciencia en modos que están comenzando a volverse verdaderamente globales.

Esta postura posconvencional se profundiza con el desarrollo posformal, que se mueve a través del *individualismo relativista* (donde la creencia en el pluralismo tiende a conducir al aislamiento, al hiperindividualismo) al *holismo global* (que va más allá del pluralismo a la integración universal), de modo que el Ser personal se convierte en un Ser verdaderamente integrado y autónomo. En esto concuerdan la mayoría de los investigadores. (Lo que yo llamo "Centauro" es un término utilizado por Erikson para denotar una integración madura de mente y cuerpo, donde "mente humana" y "cuerpo animal" son armoniosamente uno. Podríamos decir que es el más alto de los reinos personales, más allá del cual se encuentran los desarrollos más transpersonales.)

Si la conciencia continúa su espiral evolutiva más allá del centauro, puede moverse establemente a los reinos transpersonales, pos-posconvencionales (psíquico, sutil, causal y no-dual). Algunos de los pioneros occidentales modernos que estudian estos reinos superiores son Johann Fichte, Friedrich Schelling, Georg Hegel, Arthur Schopenhauer, Henri Bergson, Friedrich Nietzsche, Carl Jung, Martin Heidegger, Karl Jaspers, Edmund Husserl, Gustav Fechner, Henry James (padre), Ralph Waldo Emerson, Rudolf Steiner, Vladímir Soloviov, Josiah Royce, Annie Besant, Frederic Myers, Nikolái Berdiáyev, Aldous Huxley, Erich Fromm, Roberto Assagioli, James Mark Baldwin, William James y Abraham Maslow.[12]

Moral y perspectivas (gráficas 5a, 5b y 5c)

Cada vez que el centro de gravedad del Ser se identifica con una onda básica nueva y superior en el Gran Nido en desarrollo, no sólo alcanza un nuevo sentido de *identidad*, adquiere una *visión* nueva y más elevada del mundo, con un conjunto más amplio y exhaustivo de *moral* y *perspectivas*, muchas de las cuales se enumeran en las gráficas 5a, 5b y 5c.

La figura fundamental aquí es Lawrence Kohlberg (gráfica 5a), cuyo trabajo, basado en el de Baldwin, Dewey y Piaget, demostró que el desarrollo moral pasa por seis o siete etapas (que abarcan desde preconvencional a convencional, posconvencional y pos-posconvencional). El individuo comienza amoral y egocéntrico ("lo que yo quiera" es lo correcto), pasa a sociocéntrico ("lo que el grupo, la tribu, el país quiere" es lo correcto), a posconvencional (lo que es justo para todos los pueblos, independientemente de su raza, color, credo). La etapa más alta de Kohlberg, lo que él llamó la etapa siete, es "universal-espiritual" (pos-posconvencional).

Deirdre Kramer (gráfica 5a) trabajó en una poderosa visión general del desarrollo de la visión del mundo (preformal a formal a pluralista a integral). Kitchener y King han hecho un trabajo importante e influyente sobre el juicio reflexivo (desde la representación hasta el relativismo y la síntesis; gráfica 5a). El trabajo de William Perry sobre las perspectivas sociales, que se desarrollan desde rígidamente dualista a relativista/pluralista a sintético comprometido (gráfica 5a), ha sido ampliamente aclamado por otros investigadores y es especialmente apreciado por los estudiantes universitarios, ya que describe sus desarrollos típicos llenos de angustia con gran cuidado. Los estudios de Robert Selman sobre la toma de roles han dilucidado aspectos cruciales del desarrollo del yo y sus capacidades intersubjetivas (gráfica 5c). Carol Gilligan (gráfica 5c) describió una jerarquía del desarrollo moral femenino ("egoísta" a "cuidado" a "cuidado universal", otra versión de egocéntrica a sociocéntrica a centrada en el mundo), que tuvo una enorme influencia en la cultura popular precisamente en la medida en que se malinterpretó ampliamente (como implicando que sólo los hombres pasan por etapas jerárquicas; la idea de que las mujeres no pasan por el desarrollo jerárquico se convirtió en uno de los mitos culturales más influyentes de las últimas décadas). Los niveles de investigación-acción de Torbert han demostrado ser especialmente útiles en los negocios (gráfica 5a). El trabajo de Blanchard-Fields ofrece una visión general significativa de la evolución de las perspectivas, desde egocéntricas hasta múltiples e integradoras (gráfica 5a). Las posiciones morales de John Rawls se alinean en una jerarquía (gráfica 5c), al igual que las etapas del Bien de Cheryl Armon (gráfica 5b) y el importante trabajo de Howe sobre las estructuras del carácter moral (gráfica 5c).[13]

En otras palabras, lo que todas estas teorías tienen en común es una visión general de la moral y las perspectivas que evolucionan, desde lo preconvencional a lo convencional a lo posconvencional (y al pos-posconvencional), y aún más evidencia general del Gran Nido y sus corrientes a menudo universales.[14] No obstante, debe hacerse hincapié en que estas diferentes corrientes de desarrollo autorelacionadas aún conservan un carácter relativamente independiente. Por ejemplo, la investigación continúa sugiriendo que el desarrollo cognitivo es necesario, pero no suficiente para el desarrollo interpersonal, el desarrollo moral y para las ideas del Bien.[15] Esto subraya el hecho de que, una vez más, a pesar de que la mayoría de las líneas individuales de desarrollo experimentan un desarrollo holárquico secuencial, el desarrollo general en sí mismo no lo hace.

Objeciones

Una crítica que han planteado constantemente los defensores del relativismo pluralista es que cualquier concepción escénica —como las de Kohlberg y Loevinger— es inherentemente eurocéntrica, marginalizadora y sexista. Éstas son cuestiones importantes. Sin embargo, durante la última década y media estas críticas han sido investigadas cuidadosamente, y en su mayor parte han demostrado ser infundadas. Por ejemplo, se afirmaba que las etapas morales de Kohlberg estaban sesgadas contra las mujeres. "En este punto hay poco apoyo para la afirmación de que la teoría de Kohlberg está sesgada contra las mujeres", informa el muy respetado libro de texto *Desarrollo social y de la personalidad*. Y continúa: "Tampoco hay mucha evidencia de que las mujeres recorren un camino moral diferente y llegan a enfatizar una moralidad de cuidado más que los hombres. De hecho, hay evidencia de lo contrario: al razonar sobre los dilemas morales de la vida real que han enfrentado, tanto hombres como mujeres plantean cuestiones de compasión y responsabilidad interpersonal con la misma frecuencia que las cuestiones de derecho, justicia y derechos individuales". En resumen: "La investigación ha fallado consistentemente en apoyar la afirmación de que la teoría de Kohlberg está sesgada contra las mujeres".[16]

¿Y sobre la afirmación de que la investigación de Kohlberg es eurocéntrica, con un sesgo occidentalista que margina a otras culturas? "Hallazgos similares han surgido de estudios en México, las Bahamas, Taiwán, Indonesia, Turquía, Honduras, India, Nigeria y Kenia... Por lo tanto, parece que los niveles y etapas del razonamiento moral de Kohlberg son estructuras 'universales'... [y] las etapas morales de Kohlberg parecen representar una secuencia invariante."[17] Como otro investigador resume la evidencia: "Las revisiones exhaustivas de los estudios interculturales sugieren que la teoría y el método de Kohlberg son razonablemente válidos, pues reflejan cuestiones morales, normas y valores relevantes en otros entornos culturales. Además, estos datos también respaldan los criterios de desarrollo implicados por su modelo de etapa dando un apoyo admirable a su teoría del desarrollo y su postura no relativista...".[18]

Teorías como la de Kohlberg han demostrado su postura no-relativista precisamente porque, yo diría, esas etapas están surfeando las olas de la Gran Holarquía no relativista, preconvencional a convencional, posconvencional y pos-posconvencional. Estas olas fluyen a través de un campo morfogenético y un espacio de desarrollo que abarcan desde la materia inerte hasta el espíritu superconsciente, mientras permanecen en cada etapa totalmente arraigados en ese Espíritu que es la talidad y lo que es en todo su espectro.

4 | Las corrientes relacionadas con el Ser

Dinámica Espiral: un ejemplo de las olas de la existencia

Volvemos ahora a la Dinámica Espiral para una breve descripción de una versión de las corrientes internas y sus olas de desarrollo. Recuerde que ésta es simplemente una serie de instantáneas del Gran Río; en realidad hay numerosas corrientes diferentes que proceden relativamente independientes a través de las olas básicas; y los individuos pueden estar simultáneamente en muchas olas diferentes en sus diversas corrientes (como se muestra en la psicográfica integral: figuras 2 y 3). La Dinámica Espiral no incluye estados de conciencia, ni cubre las olas transpersonales superiores de conciencia.[19] Pero para el área que abarca, otorga un modelo muy útil y elegante del Ser y su viaje a través de lo que Clare Graves llamó las "olas de la existencia".

Beck y Cowan (que han permanecido bastante fieles al sistema de Graves) se refieren a estos niveles de autoexistencia como ᵛMEMEs. Un ᵛMEME es a la vez una estructura psicológica, un sistema de valores y un modo de adaptación, que puede expresarse de muchas maneras diferentes, desde las visiones del mundo hasta los estilos de ropa y las formas gubernamentales. Los diversos ᵛMEMEs son, en cierto sentido, los "mundos diferentes" disponibles para el Ser a medida que se desenvuelve a lo largo de la gran espiral de la existencia, impulsada tanto por su propia dinámica interna como por las cambiantes condiciones de vida. Y cada ᵛMEME es un holón, que trasciende e incluye a sus predecesores; un desarrollo que es envolvente. He incluido un "diagrama de Graves" (figura 4), que es un diagrama que Clare Graves usó para indicar este envolvimiento de anidación (lo que llamaríamos una holarquía).

Beck y Cowan usan varios nombres y colores para referirse a estos diferentes niveles del mundo propio, de los cuales hay alrededor de ocho o nueve. Pero éstas no son sólo fases pasajeras en el desarrollo del Ser; son capacidades y estrategias de adaptación permanentemente disponibles que, una vez que han surgido, pueden activarse en las condiciones de vida apropiadas (por ejemplo, los instintos de supervivencia pueden activarse en situaciones de emergencia; las capacidades de vinculación se activan en relaciones humanas cercanas, etcétera). Además, como dice

Psicología integral

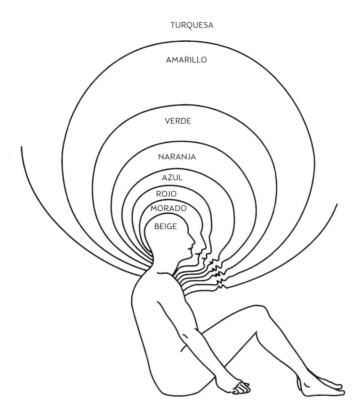

Figura 4. *Diagrama de Graves: holones de desarrollo creciente*

Beck, "La Espiral es desordenada, asimétrica, con múltiples adiciones en lugar de clases puras. Éstos son mosaicos, redes y mezclas".[20]

Los primeros seis niveles son "niveles de subsistencia" marcados por el "pensamiento primario". Luego ocurre un cambio revolucionario en la conciencia: el surgimiento de "niveles de ser" y "pensamiento secundario o de segundo nivel". Aquí está una breve descripción de las ocho olas, el porcentaje de la población mundial en cada ola, y el porcentaje de poder social en manos de cada uno.[21]

1. *Beige*: *arcaico-instintivo*. El nivel de supervivencia básica; tienen prioridad la comida, el agua, el calor, el sexo y la seguridad. Usa hábitos

e instintos sólo para sobrevivir. El Ser distintivo apenas se despierta o se sostiene. Se forma en bandas de supervivencia para perpetuar la vida.

Dónde se ve: primeras sociedades humanas, bebés recién nacidos, ancianos seniles, víctimas de Alzheimer en etapa tardía, personas en situación de calle con enfermedades mentales, masas hambrientas, neurosis de guerra.

Presente en el 0.1 % de la población adulta (0 % del poder).

2. *Morado: mágico-animista*. El pensamiento es animista; espíritus mágicos, buenos y malos, pululan dejando bendiciones, maldiciones y hechizos que determinan los acontecimientos. Se convierten en *tribus étnicas*. Los espíritus existen en los ancestros y unen a la tribu. El parentesco y el linaje establecen vínculos políticos. Suena "holístico", pero en realidad es atomístico: "Hay un nombre para cada curva en el río, pero no existe nombre para el río".

Dónde se ve: Creencia en maldiciones (como las vudú), juramentos de sangre, rencores ancestrales, amuletos de buena suerte, rituales familiares, creencias étnicas mágicas y supersticiones; fuerte en entornos del Tercer Mundo, pandillas, equipos deportivos y "tribus" corporativas.

Presente en el 10 % de la población (1 % del poder).

3. *Rojo: dioses de poder*. Primera aparición de un Ser distinto de la tribu; poderoso, impulsivo, egocéntrico, heroico. Espíritus míticos, dragones, bestias y gente poderosa. Los señores feudales protegen a los subordinados a cambio de obediencia y trabajo. La base de los imperios feudales: poder y gloria. El mundo es una jungla llena de amenazas y depredadores. Conquista, elude y domina; disfruta de sí mismo al máximo sin arrepentimiento ni remordimiento.

Dónde se ven: los "terribles dos años", la juventud rebelde, las mentalidades fronterizas, los reinos feudales, los héroes épicos, los villanos de James Bond, los soldados de la fortuna, las estrellas de rock

indomables, Atila el Huno, los personajes en *El señor de las moscas* de William Golding.
Presente en el 20 % de la población (5 % del poder).

4. *Azul: norma conformista.* La vida tiene significado, dirección y propósito, con resultados determinados por un Otro o un Orden todopoderosos. Esta Orden o Misión justa impone un código de conducta basado en los principios absolutistas e invariables de "correcto" e "incorrecto". Violar el código o las reglas tiene repercusiones severas, tal vez para siempre. La recompensa aguarda para quienes son fieles al código. Base de las naciones antiguas. Jerarquías sociales rígidas; paternalistas; sólo existe un camino correcto y una forma adecuada de pensamiento. Ley y orden; impulsividad controlada por la culpa; creencia literal y fundamentalista concreta; obediencia al imperio del Orden. A menudo "religioso" [en el sentido mítico de membresía; Graves y Beck se refieren a él como el nivel "santo/absolutista"], pero puede ser una Orden o Misión secular o atea.

Dónde se ve: puritanismo estadounidense, China confucionista, la Inglaterra de Dickens, la disciplina de Singapur, códigos de caballerosidad y de honor, obras de caridad, fundamentalismo islámico, grupos de niñas y niños exploradores, "mayoría moral", patriotismo.

Presente en el 40 % de la población (30 % del poder).

5. *Naranja: logro científico.* En esta ola, el Ser "escapa" de la "mentalidad de rebaño" propia del azul, y busca la verdad y el significado en términos individualistas —hipotético-deductivo, experimental, objetivo, mecanicista, operativo— "científico" en el sentido típico. El mundo es una máquina racional y bien aceptada con leyes naturales que pueden ser aprendidas, dominadas y manipuladas para los propósitos que se tengan. Altamente orientado al logro, especialmente (en Estados Unidos) hacia ganancias materialistas. Las leyes de la ciencia gobiernan la política, la economía y los eventos humanos. El mundo es un tablero de ajedrez en el que se juegan partidas a medida que

los ganadores ganan preeminencia y ventajas sobre los perdedores. Alianzas de mercado; utilización de los recursos para el beneficio propio. Bases de los estados corporativos.

Dónde se ve: periodo de la Ilustración, el libro *La rebelión de Atlas* de Ayn Rand; Wall Street, Riviera, las clases medias emergentes en todo el mundo, la industria cosmética, la caza de trofeos, el colonialismo, la Guerra Fría, la industria de la moda, el materialismo, el interés propio liberal.

Presente en el 30 % de la población (50 % del poder).

6. *Verde: el Ser sensible.* Comunitario, vinculación humana, sensibilidad ecológica, redes de trabajo. El espíritu humano debe ser liberado de la codicia, el dogma y la división; los sentimientos y el cuidado reemplazan la racionalidad fría; el cariño de la tierra, Gaia, la vida. Contra la jerarquía; establece la vinculación lateral y los lazos entre los seres. Ser permeable, Ser relacional, entramado grupal. Énfasis en el diálogo, las relaciones. Base de las comunidades colectivas (es decir, afiliaciones libremente elegidas basadas en sentimientos compartidos). Llega a las decisiones a través de la reconciliación y el consenso (desventaja: "tramitación" interminable e incapacidad para tomar decisiones). Espiritualidad renovada, trae armonía, enriquece el potencial humano. Fuertemente igualitaria, antijerarquía, valores pluralistas, construcción social de la realidad, diversidad, multiculturalismo, sistemas de valores relativistas; esta cosmovisión es a menudo llamada relativismo pluralista. Pensamiento subjetivo, no lineal; muestra un mayor grado de calidez afectiva, sensibilidad y cuidado por la tierra y todos sus habitantes.

Dónde se ve: ecologismo comprometido, posmodernismo, idealismo holandés, asesoramiento Rogeriano, atención médica canadiense, psicología humanista, teología de la liberación, Consejo Mundial de Iglesias, Greenpeace, derechos de los animales, ecofeminismo, poscolonialismo, Foucault/Derrida, corrección política, movimientos de diversidad, defensoría de derechos humanos, ecopsicología.

Presente en el 10 % de la población (15 % del poder).

Psicología integral

Con la finalización del meme verde, la conciencia humana está lista para un salto cuántico hacia el "pensamiento de segundo nivel". Clare Graves se refirió a esto como un "salto trascendental", donde "se cruza un abismo de increíble profundidad de significado". En esencia, con la conciencia de segundo nivel, uno puede pensar tanto vertical como horizontalmente, usando tanto jerarquías como heterarquías; uno puede, por primera vez, *captar vívidamente todo el espectro del desarrollo interior*, y así ver que cada nivel, cada meme, cada onda es crucialmente importante para la salud de la espiral general.

Como yo lo diría, ya que cada ola es "trascender e incluir", cada una de ellas es un ingrediente fundamental de todas las posteriores, y por lo tanto cada una debe ser apreciada y acogida. Además, cada ola puede activarse o reactivarse según lo justifiquen las circunstancias de la vida. En situaciones de emergencia podemos activar las unidades de poder rojas; en respuesta al caos, es posible que necesitemos activar el orden azul; en la búsqueda de un nuevo trabajo, es posible que necesitemos unidades de logros naranjas; en el matrimonio y en la relación con amigos, lazos verdes cercanos.

Pero lo que ninguno de esos memes puede hacer, por sí sólo, es apreciar plenamente la existencia de los otros memes. Cada uno de esos memes primarios piensa que su visión del mundo es la perspectiva correcta o la mejor. Reacciona negativamente si se le desafía; arremete, usando sus propias herramientas, cada vez que se siente amenazado. El orden azul es muy incómodo tanto con la impulsividad roja como con el individualismo naranja. El logro naranja cree que el orden azul es para los idiotas y la adhesión verde es débil y lunática. El igualitarismo verde no puede soportar fácilmente la excelencia y las clasificaciones de valor, las imágenes globales o cualquier cosa que parezca autoritaria, y por lo tanto reacciona fuertemente al azul, al naranja y a cualquier cosa posverde.

Todo eso comienza a cambiar con el pensamiento secundario. Porque ese segundo nivel es plenamente consciente de las etapas interiores del desarrollo —aunque no pueda articularlas de una manera técnica— da un paso atrás y vislumbra el panorama general, y por lo tanto el pensamiento secundario aprecia el rol que juegan los diversos memes. Usando lo que conocemos como visión lógica, la conciencia de segundo nivel piensa en términos de la espiral general de la existencia.

Cuando el meme verde utiliza la visión lógica temprana o inicial para comprender los numerosos sistemas y contextos que existen en diferentes culturas, el pensamiento secundario va un paso más allá y comienza a *integrar* esos sistemas pluralistas en espirales y holarquías integrales y holísticas (Beck y Cowan se refieren al pensamiento de segundo nivel como operando con "holones"). Estas holarquías incluyen niveles de desarrollo tanto interiores como exteriores, tanto en dimensiones verticales como horizontales, lo que resulta en una visión multinivel, multidimensional y profusamente holárquica.

Hay dos olas principales en este pensamiento de segundo nivel (correspondientes a lo que reconoceríamos como visiones lógicas media y tardía):

7. *Amarillo: integrativo.* La vida es un caleidoscopio de jerarquías naturales [holarquías], sistemas y formas. Flexibilidad, espontaneidad y funcionalidad tienen prioridad incuestionable. Las diferencias y las pluralidades pueden integrarse en flujos interdependientes y naturales. El igualitarismo se complementa con grados naturales de excelencia, si es el caso. El conocimiento y la competencia deben reemplazar el rango, el poder, el estado o el grupo. El orden mundial imperante es el resultado de la existencia de diferentes niveles de realidad (memes) y patrones inevitables de movimiento hacia arriba y hacia abajo de la espiral dinámica. La buena gobernanza facilita el surgimiento de entidades a través de los niveles de creciente complejidad (jerarquía anidada).

8. *Turquesa: holístico.* Sistema holístico universal, holones/olas de energías integradoras; une al sentimiento con el conocimiento [centauro]; múltiples niveles entretejidos en un sistema consciente. Orden universal, pero de una manera viva y consciente, no basada en reglas externas (azul) o vínculos grupales (verde). Una "gran unificación"

es posible, en teoría y en realidad. A veces implica el surgimiento de una nueva espiritualidad como un trabajo de tejido de la realidad. El pensamiento turquesa utiliza toda la espiral; ve múltiples niveles de interacción; detecta armónicos, las fuerzas místicas y los estados de flujo generalizados que permean cualquier organización.

Pensamiento de segundo nivel: presente en el 1 % de la población (5 % del poder).

Con sólo el 1 % de la población en el pensamiento de segundo nivel (y sólo el 0.1 % en turquesa), la conciencia secundaria es relativamente rara porque ahora es la "vanguardia" de la evolución humana colectiva. Como ejemplos, Beck y Cowan mencionan elementos que van desde la noósfera de Teilhard de Chardin, hasta el crecimiento de la psicología transpersonal, dentro de los pliegues de frecuencia, e incluso memes más altos en el horizonte...

Al mismo tiempo, se podría señalar que el pensamiento de segundo nivel tiene que surgir frente a mucha resistencia del pensamiento de primer nivel. De hecho, como veremos en el capítulo 13, una versión del meme verde posmoderno, con su pluralismo y relativismo, ha luchado activamente contra el surgimiento de un pensamiento más integrador y holárquico. (También ha hecho que los estudios de desarrollo que dependen del pensamiento secundario sean virtualmente anatema en la mayoría de las universidades. Es por esto que los investigadores presentados a lo largo de este libro, y en las gráficas, son héroes y heroínas bajo cualquier definición, que a menudo han seguido sus estudios en los entornos más hostiles.) Y sin embargo, sin un pensamiento de segundo nivel, como señalan Graves, Beck y Cowan, la humanidad está destinada a seguir siendo víctima de una "enfermedad global autoinmune", donde memes se vuelven unos contra otros en un intento de establecer la supremacía.

Al mismo tiempo, es del gran fondo de memes verdes (y, en ocasiones, naranjas) que emerge el segundo nivel.[22] Es desde las perspectivas pluralistas liberadas por el verde que se construyen redes integradoras y holísticas. Este libro es, por lo tanto, una invitación a aquellos verdes que encuentran apropiado seguir adelante, no abandonando el verde, sino enriqueciéndolo.

Tipologías horizontales

Finalmente, algo sobre tipologías "horizontales", como los tipos de Jung, el eneagrama, Myers-Briggs, y otros. En su mayor parte, éstos no son niveles verticales, etapas u olas de desarrollo, sino en realidad diferentes tipos de orientaciones *posibles en cada uno de los diferentes niveles*. Algunos individuos encuentran que estas tipologías son muy útiles para entenderse a sí mismos y a otros. Pero debe aclararse que estas tipologías "horizontales" son de una naturaleza fundamentalmente distinta a los niveles "verticales", es decir, estos últimos son etapas universales a través de las cuales los individuos pasan en un curso normal de desarrollo, mientras que los primeros son tipos de personalidades que pueden encontrarse, o no, en cualquiera de las etapas.

Por ejemplo, vimos que el desarrollo cognitivo pasa por las etapas sensomotriz, preoperacional y operacional concreta, que conducen a la formal. De acuerdo con evidencia hasta la fecha, no hay excepciones importantes a esas etapas (véase el capítulo 1). Por lo tanto, podemos incluir esas etapas, y otras similares, en cualquier psicología integral con suficiente confianza. Pero no tenemos esa seguridad con las tipologías horizontales. Simplemente esbozan algunas de las posibles orientaciones que pueden, o no, encontrarse en cualquiera de las etapas, y por lo tanto su inclusión se basa más en el gusto personal y la utilidad que en la evidencia universal: todos los individuos no necesariamente encajan en una tipología particular, mientras que todos los individuos pasan por las olas básicas de conciencia.

Esto no significa que las tipologías horizontales sean inútiles; por el contrario, pueden ser bastante provechosas para varios fines. El eneagrama, por ejemplo, es un sistema sofisticado que clasifica a las personas en nueve tipos básicos de personalidad (reformadora, ayudadora, triunfadora, individualista, investigadora, leal, entusiasta, desafiadora, pacificadora).[23]

Estas nueve tipologías pueden existir en cada uno de los niveles principales de desarrollo de la conciencia.

Por lo tanto, para usar el ejemplo de la Dinámica Espiral para los niveles verticales y el eneagrama para el horizontal, se puede tener eneagrama tipo 3 (motivador) en el nivel morado, el nivel rojo, el nivel azul, el nivel naranja, el nivel verde, y así sucesivamente. En este ejemplo, nueve tipos en ocho niveles nos dan una tipología de setenta y dos clases de personalidad diferentes, ¡ya puedes comenzar a ver cómo se vería una psicología verdaderamente multidimensional!

Pero ése es simplemente un ejemplo de las múltiples olas y corrientes (y tipos) que se pueden encontrar en el Gran Río de la Vida. Ninguno de ellos tiene la respuesta final; todos tienen algo importante que decirnos.

Conclusión de la primera parte

Olas, arroyos y el Ser. En esta Primera parte hemos analizado brevemente los niveles u olas básicas de desarrollo (materia a cuerpo a mente a alma a espíritu), las líneas o corrientes individuales de desarrollo (cognición, moral, identidad, visión del mundo, valores, etcétera), y el Ser que navega por ambos. Hemos visto la importancia de "trascender e incluir" y, por lo tanto, la importancia de honrar y acoger todas y cada una de las olas y corrientes en el Gran Nido del Ser.

Pero a medida que observamos cuidadosamente los niveles generales de conciencia, no podemos dejar de notar que, con unas pocas excepciones, la gran mayoría de los investigadores modernos no incluyen, o incluso reconocen, los niveles superiores, transpersonales y espirituales. Echando un vistazo a las gráficas (que abarcan todo el espectro), es sorprendente cuántos investigadores modernos se detienen en algún lugar alrededor del centauro y la visión lógica e ignoran (o incluso niegan) las olas transpersonales y trascendentales del desarrollo superconsciente.

En los tiempos premodernos, gran parte, o incluso la mayoría de la espiritualidad, era mágica, mítica y prerracional, a pesar de ello, los yoguis, santos y sabios más altamente evolucionados tenían acceso a los reinos transracionales, transpersonales y trascendentales; abrazaban, a su manera y en sus propios términos, todo el Gran Nido del Ser, subconsciente a autoconsciente a superconsciente. Esas almas excepcionales evidenciaron no sólo una capacidad para el pensamiento de segundo nivel (como se evidencia en sus extensos modelos de desarrollo; véase el capítulo 12), sino que también trascendieron la mente pensante por completo en estados superconscientes y supramentales. Y en general fueron apoyados por toda la cultura en sus intentos de hacerlo. Es por eso que decimos que la *sabiduría de la premodernidad* estaba encarnada en el Gran Nido del Ser. E incluso si el individuo promedio no despertaba a los niveles superiores en el Nido, se entendía claramente que estos potenciales superiores estaban disponibles para cualquiera que deseara seguir un camino de despertar, liberación o iluminación. La premodernidad reconoció estos reinos superiores, transpersonales, espirituales, mientras que la modernidad, en su mayor parte, los niega por completo.

¿Qué está pasando aquí? ¿Cómo podría algo universalmente extendido en un momento de nuestra historia colectiva ser borrado categóricamente en el siguiente? Es un escenario asombroso, totalmente comparable, a su manera, a la extinción de los dinosaurios. La noción más generalizada en la historia humana y la prehistoria (es decir, la existencia de algún tipo de dimensión espiritual) fue sencillamente pronunciada como una alucinación colectiva, con esa autoridad estruendosa de la ciencia, puesta con un celo que era inversamente proporcional a su credibilidad. La dimensión espiritual, se anunció solemnemente, no era más que un deseo de satisfacer las necesidades infantiles (Freud), una ideología opaca para oprimir a las masas (Marx) o una proyección de los potenciales humanos (Feuerbach). La espiritualidad es, según esto, una profunda confusión que aparentemente asoló a la humanidad durante aproximadamente un millón de años, hasta hace apenas unos pocos siglos, cuando la modernidad juró lealtad a la ciencia sensorial, y luego rápidamente decidió que el mundo entero no contenía nada más que materia. Punto.

La desolación de la proclamación científica moderna es escalofriante. En ese viaje extraordinario de la materia al cuerpo a la mente al alma al espíritu, el materialismo científico detuvo el viaje en la primera etapa, y proclamó que todos los desarrollos posteriores no eran más que acuerdos en el fango. No se explicó por qué estos abyectos se levantarían y eventualmente comenzarían a escribir poesía. O más se explicaba por el azar o la suerte, como si ambos hicieran un Shakespeare. El reino sensomotriz fue proclamado el único auténtico, y pronto sucedió que la salud mental se definiría como la adaptación a esa "realidad". Cualquier conciencia que viera algo más que la materia estaba, obviamente, alucinando.

La única palabra que puede definir adecuadamente esta catástrofe cultural es "aterradora". Sin embargo, si estas dimensiones espirituales y transpersonales superiores son de hecho *potenciales inherentes a la mente del cuerpo humano*, entonces incluso esta represión cultural extensa no sería lo suficientemente fuerte como para curar el alma de asombro o vaciarla de gracia; no lo suficientemente fuerte como para ocultar el misterio de la trascendencia, el éxtasis y la liberación, el dios radiante y la diosa amada.

Si alguna vez va a haber una psicología verdaderamente integral (o cualquier tipo de estudios integrales), esta ruptura extraordinaria entre la premodernidad y la modernidad —espiritual y material— necesita ser confrontada directamente. Aunque hay un movimiento lento en el mundo moderno y posmoderno para restablecer algún tipo de espiritualidad, la cosmovisión "oficial" y más extendida del Occidente moderno sigue siendo la del materialismo científico. Y obviamente no podemos tener una visión integral de los niveles de conciencia si la modernidad y la ciencia moderna niegan la existencia de la mayoría de ellos. "Integral" significa (si algo de sentido contiene) la incorporación de todo lo que se le da a la humanidad; y si en su lugar, la modernidad insiste en destruir todo lo que le precedió, entonces la iniciativa integral se descarrila desde su origen. Al mismo tiempo, no hará ningún bien, como desean los románticos, intentar un regreso al antaño, un intento de "resucitar" el pasado con un "resurgimiento de lo real", ya que la modernidad trajo sus propias verdades importantes y profundos conocimientos, que también necesitan ser armonizados; además de que el pasado, siendo honestos, no fue tan virtuoso.

4 | Las corrientes relacionadas con el Ser

Si queremos avanzar hacia la brillante promesa de un enfoque integral necesitamos una manera de honrar tanto las fortalezas como las debilidades de la premodernidad y la modernidad. Si podemos encontrar una manera coherente de honrar las verdades tanto antiguas como modernas, un enfoque verdaderamente integral podría convertirse en algo más que un sueño pasajero.

SEGUNDA PARTE

EL CAMINO:
de lo premoderno a lo moderno

Una psicología verdaderamente integral seguramente desearía incluir las dimensiones religiosas o espirituales de hombres y mujeres. En su mayor parte, los grandes sistemas de espiritualidad: el cristianismo, el judaísmo, el islam, el budismo, el hinduismo, el taoísmo, las religiones indígenas, son parte del legado de la premodernidad. Esto no quiere decir que estas religiones no existan o tengan influencia en el mundo moderno; sólo que sus raíces y fundamentos se establecieron, en gran medida, en los tiempos premodernos y sus visiones del mundo están profundamente moldeadas por las corrientes premodernas. Además, la verdadera época histórica llamada "modernidad" (especialmente el movimiento de Ilustración en Occidente) se definió específicamente como "antirreligión". El empirismo científico de la Ilustración a menudo se propuso destruir las "supersticiones" que, a su juicio, componían la mayoría de los principios de la religión organizada. Si una psicología integral realmente desea acoger las percepciones perdurables tanto de la premodernidad "religiosa" como de la modernidad "científica", debe haber alguna manera de reconciliar, en lo general, sus posturas antagónicas hacia la espiritualidad. Por lo tanto, en esta Segunda parte echaremos un vistazo muy breve a la gran transición de las visiones del mundo premoderno a las modernas, tratando de señalar que ambos poseían muchas fortalezas y muchas debilidades, y que un enfoque integral podría proceder mejor tomando las ideas perdurables de ambos y desechando sus limitaciones. Creo que no hay otra manera de generar un enfoque verdaderamente integral. Prácticamente cada intento de modelo integral que he visto sufre, ya sea de no apreciar las fortalezas de las antiguas tradiciones, o de no entender las contribuciones importantes de la modernidad; haré mi mejor esfuerzo para delinear ambos.

En la Tercera parte regresaremos por el camino recorrido para intentar juntar las piezas, honrando tanto a lo premoderno como a lo moderno, y sugiriendo así un enfoque posmoderno constructivo hacia una psicología integral.

5
¿Qué es la modernidad?

Algo inaudito

¿Qué aportó específicamente la modernidad al mundo de lo que carecían en general las culturas premodernas? ¿Qué hizo que la modernidad fuera tan sustancialmente diferente de las culturas y épocas que la precedieron? Sea lo que fuere, es muy probable que constituya una característica esencial de cualquier psicología general o integral.[1]

Ha habido muchas respuestas a la pregunta: "¿Qué es la modernidad?". La mayoría de ellas son claramente negativas. Se dice que la modernidad marcó la muerte de Dios, la muerte de la diosa, la mercantilización de la vida, la nivelación de las distinciones cualitativas, las brutalidades del capitalismo, el reemplazo de la calidad por la cantidad, la pérdida de valor y significado, la fragmentación del mundo de la vida, el miedo existencial, la industrialización contaminante, un materialismo desenfrenado y vulgar, todo lo cual a menudo se ha resumido en la frase hecha famosa por Max Weber: "El desencantamiento del mundo".

No hay duda de que hay algo de verdad en todas esas afirmaciones, y necesitamos dedicarle su debida reflexión. Pero claramente también hubo algunos aspectos inmensamente positivos de la modernidad, ya que en ella surgieron las democracias liberales; los ideales de igualdad, libertad y justicia, independientemente de la raza, clase, credo o género; la medicina moderna, la física, la biología y la química; el fin de la esclavitud; el ascenso del feminismo; y la garantía de los derechos universales de la humanidad. Todo eso, seguramente, es un poco más noble que el simple "desencantamiento del mundo".

No. Necesitamos una definición o descripción específica de la modernidad que acepte todos esos factores, tanto buenos (las democracias liberales) como malos (la pérdida generalizada de significado). Varios estudiosos, desde Max Weber hasta Jürgen Habermas, han sugerido que lo que definió específicamente la modernidad fue algo llamado "la diferenciación de las esferas de valor cultural", que significa especialmente la diferenciación del arte, la moral y la ciencia. Donde antes estas esferas tendían a fusionarse, la modernidad las diferenciaba y dejaba que cada una procediera a su propio ritmo, con su propia dignidad, usando sus propias herramientas, siguiendo sus propios descubrimientos, libre de las intrusiones de otras esferas.

Esta diferenciación permitió a cada esfera hacer descubrimientos profundos que, si se usan sabiamente, podrían conducir a resultados tan "buenos" como la democracia, el fin de la esclavitud, el ascenso del feminismo y los rápidos avances en la ciencia médica; pero descubrimientos que, si se usan imprudentemente, podrían pervertirse fácilmente en las "desventajas" de la modernidad, como el imperialismo científico, el desencantamiento del mundo y las iniciativas totalizadoras de dominación mundial.

La genialidad de esta definición de modernidad (que diferenció, concretamente, las esferas de valor del arte, la moral y la ciencia) está en que nos permite ver los fundamentos tanto de las buenas noticias como de las malas noticias de los tiempos modernos. Nos permite comprender tanto la dignidad como el desastre de la modernidad.

Las culturas premodernas ciertamente poseían arte, moral y ciencia. El punto, en realidad, es que estas esferas tendían a ser relativamente "indiferenciadas". Para dar sólo un ejemplo: en la Edad Media, Galileo no podía mirar libremente a través de su telescopio e informar de los resultados porque el arte, la moral y la ciencia estaban fusionados bajo el estandarte de la fe, y por lo tanto la moral de la Iglesia definió lo que la ciencia podía (o no podía) hacer. La Biblia dijo (o insinuó) que el Sol giraba alrededor de la Tierra, y ahí acababa la discusión.

Pero con la diferenciación de las esferas de valor, un Galileo podía mirar a través de su telescopio sin temor a ser acusado de herejía y traición. La ciencia era libre de perseguir sus propias verdades sin estar comprometida por la brutal dominación de las otras esferas. Y lo mismo con el arte y la moral. Los artistas podrían, sin temor a ser castigados, pintar temas no religiosos, o incluso asuntos sacrílegos, si así lo deseaban. Y la teoría moral era igualmente libre de seguir una investigación sobre la buena vida, ya sea que estuviera de acuerdo con la Biblia o no.

Por todas esas razones y más, estas diferenciaciones de la modernidad también se han referido como la dignidad de la modernidad, ya que estas distinciones fueron en parte responsables del surgimiento de la democracia liberal, el fin de la esclavitud, el crecimiento del feminismo y los asombrosos avances en las ciencias médicas, por nombrar sólo algunas de estas muchas dignidades.

La "mala noticia" de la modernidad era que estas esferas de valor no sólo se separaban pacíficamente, a menudo se desterraban por completo. Las maravillosas diferenciaciones de la modernidad fueron demasiado lejos en la disociación real, la fragmentación, la alienación. La dignidad se convirtió en un desastre. El crecimiento se convirtió en un cáncer. A medida que las esferas de valor comenzaron a disociarse, esto permitió que una ciencia poderosa y agresiva comenzara a invadir y dominar las otras esferas, desplazando al arte y la moral de cualquier consideración seria al abordar la "realidad". La ciencia se convirtió en cientificismo —materialismo e imperialismo científico— que pronto se convirtió en la cosmovisión "oficial" dominante de la modernidad.

Fue este materialismo científico el que muy pronto declaró que las otras esferas de valor eran inútiles, "no eran científicas", ilusorias o algo peor. Y precisamente por esa razón fue el materialismo científico el que negó la existencia del Gran Nido del Ser.

De acuerdo con el materialismo científico, el Gran Nido de materia, cuerpo, mente, alma y espíritu podría ser completamente reducido a sistemas de sólo materia; y la materia (o materia/energía), ya fuera en el cerebro material o en los sistemas de procesos materiales, daría cuenta de toda la realidad, sin el resto. Se fue la mente y se fue el alma y se fue el espíritu, toda la Gran Cadena quedó relegada en el pasado, excepto por su triste peldaño inferior, y en su lugar, como Whitehead lamentó, quedó una realidad como "un asunto aburrido, sin sonido, sin olor, sin color; simplemente la prisa de lo material, sin fin, sin sentido". (A lo que agregó: "Por lo tanto, la filosofía moderna ha sido arruinada".)

Y así sucedió que el Occidente moderno fue la primera civilización importante en la historia de la raza humana en negarle la realidad sustancial al Gran Nido del Ser. Y es dentro de esta contundente negación que intentamos restablecer la conciencia, el interior, lo profundo, lo espiritual, y así avanzar lentamente hacia un acercamiento (una adopción) más integral.

Los cuatro cuadrantes

Creo que hay una forma fácil de entender este reduccionismo científico y una manera sencilla de revertirlo.

Al comparar y contrastar los muchos sistemas enumerados en las gráficas, noté que, prácticamente sin excepción se dividían en cuatro clases generales. Finalmente se hizo evidente que estas cuatro clases representaban el interior y el exterior de lo individual y lo colectivo, como se puede ver en la figura 5. La mitad superior del diagrama es individual, la mitad inferior es comunal o colectiva; la mitad izquierda es interior (subjetiva, conciencia), y la mitad derecha es exterior (objetiva, material).

Por lo tanto, el cuadrante superior izquierdo representa el interior del individuo, el aspecto subjetivo de la conciencia, o conciencia individual, que he representado con la línea cognitiva, que conduce a la lógica de la visión. (La figura 5 representa los desarrollos, comenzando con la Gran Explosión, hasta el modo promedio de conciencia de hoy; no cubre los desarrollos transpersonales, que discutiremos con detalle más adelante.) El cuadrante superior izquierdo completo incluye todo el espectro de la conciencia tal y como aparece en cualquier individuo, desde sensaciones corporales hasta ideas mentales, pasando por el alma y el espíritu. La psicográfica integral es una gráfica de este cuadrante. El lenguaje de este cuadrante es el Lenguaje del Yo: relatos en primera persona de la corriente interna de la conciencia. Éste es también el hogar de la estética o la belleza que está en el "Yo" del espectador.

El cuadrante superior derecho representa los correlatos objetivos o exteriores de esos estados interiores de conciencia. Sin preocuparnos en este momento por la relación exacta de la mente interior y el cerebro

5 | ¿Qué es la modernidad?

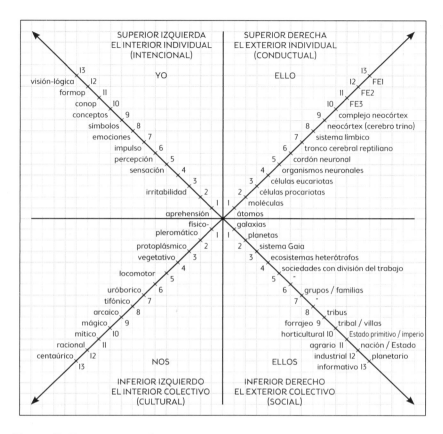

FIGURA 5. *Los cuatro cuadrantes*

objetivo podemos simplemente notar que los dos están, al menos, íntimamente correlacionados. Por lo tanto, como se puede ver en la figura 5, las células simples (procariotas y eucariotas) ya muestran "irritabilidad", o una respuesta activa a los estímulos. Los organismos neuronales poseen sensación y percepción; un tronco cerebral reptiliano agrega la capacidad de impulsos y comportamiento instintivo; un sistema límbico agrega emociones y ciertos sentimientos rudimentarios pero poderosos; un neocórtex agrega aún más las capacidades para formar símbolos y conceptos, y así, sucesivamente. (FEI, FE2 Y FE3 representan funciones estructurales superiores del cerebro correlacionadas con cogniciones superiores, como

Psicología integral

veremos más adelante.) Los investigadores que estudian este cuadrante se centran en mecanismos cerebrales, neurotransmisores y cálculos orgánicos que apoyan la conciencia (neurofisiología, ciencia cognitiva, psiquiatría biológica, etcétera). El lenguaje de este cuadrante es el Lenguaje del Ello: lenguaje en tercera persona o descripción objetiva de los hechos científicos sobre el organismo individual.

Pero los individuos nunca existen solos; cada uno es un ser-en-el-mundo. Los individuos siempre son parte de algún colectivo, y están los "interiores" y los "exteriores" de un colectivo. Éstos están señalados en los cuadrantes inferior izquierdo e inferior derecho, respectivamente. El inferior izquierdo representa el interior del colectivo, o los valores, significados, cosmovisiones y ética que son compartidos por cualquier grupo de individuos. En la figura 5 he representado todo esto con visiones del mundo, tales como magia, mítica y racional (que discutiremos más adelante). El lenguaje de este cuadrante es Lenguaje del Nos: lenguaje en segunda persona, que implica comprensión mutua, justicia y bondad, en resumen, cómo tú y yo nos arreglaremos para llevarnos bien. Éste es el cuadrante cultural.

Pero la cultura no ondea en el aire. Así como la conciencia individual está anclada en formas objetivas, materiales (como el cerebro), así todos los componentes culturales están anclados en formas exteriores, materiales, institucionales. Estos sistemas sociales incluyen instituciones materiales, formaciones geopolíticas y las fuerzas de producción (que van desde la alimentación hasta la horticultura, pasando por la agricultura, la industria y la información). Debido a que éstos son fenómenos objetivos, el lenguaje de este cuadrante, al igual que el del individuo objetivo, es el Lenguaje del Ello.

Dado que tanto los cuadrantes superior derecho como inferior derecho son objetivos "Ellos", pueden tratarse como un dominio general, y esto significa que los cuatro cuadrantes pueden resumirse como los "Tres Grandes" de Yo, Nos y Ello. O la estética del "Yo", la moral del "Nos" y del "Ello" de la ciencia. Lo Bello, lo Bueno y lo Verdadero; relatos en primera, segunda y tercera persona; yo, cultura y naturaleza; arte, moral y ciencia.[2]

En otras palabras, los cuatro cuadrantes (o simplemente los Tres Grandes) son en realidad los pilares de la diferenciación moderna de las esferas de valor del arte, la moral y la ciencia. Lo que la premodernidad había tendido a fusionar, o no diferenciar claramente, la modernidad los diferenciaba claramente y dejaba a cada uno de los Tres Grandes libre para seguir su propio camino. Esta diferenciación fue parte de la dignidad de la modernidad, que, al aprobar que cada dominio persiguiera sus propias verdades, permitió que cada uno hiciera descubrimientos impresionantes e influyentes, descubrimientos con los que, incluso los críticos más escépticos están de acuerdo, distinguen la modernidad de la premodernidad.

Pero hay algo más que distingue a la modernidad. La diferenciación de los Tres Grandes fue demasiado lejos en la disociación de los Tres Grandes: la dignidad derivó en desastre, y esto permitió que una ciencia imperialista dominara las otras esferas y afirmara que no poseían una realidad inherente (el cientificismo, el materialismo científico, el hombre unidimensional, el desencanto del mundo). Se habían terminado la mente, el alma y el espíritu, y en su lugar, hasta donde se alcanzaba a ver, la monotonía interminable de un mundo como "un asunto aburrido, sin sonido, sin olor, sin color; simplemente el apuro de lo material, sin fin, sin sentido".

Y así sucedió que prácticamente todo el espectro de la conciencia, y ciertamente sus niveles superiores (alma y espíritu), fueron reducidos a mutaciones superiores y combinaciones de cuerpo y materia. Dicho sin rodeos, todos los "Yo" y "Nos" fueron reducidos a "Ello", a objetos de la mirada científica, los cuales, sin importar cuán largo o cuán difícil se viera, no podían encontrar nada parecido al Gran Nido de las posibilidades humanas, sino que veían sólo patrones interminables de proceso, corriendo aquí y allá.

Conclusión: la tarea integral

Por lo tanto, parece que la premodernidad tenía al menos una gran fuerza de la que carecía la modernidad: reconoció al Gran Nido del Ser, que es básicamente un mapa general de los potenciales humanos superiores.

Pero la premodernidad también tenía al menos una gran debilidad: no diferenciaba completamente las esferas de valor en ninguno de los niveles en el Gran Nido. Así, entre otras cosas, la investigación objetivo-científica del espectro se vio obstaculizada; las expresiones culturales específicas y a menudo locales del Gran Nido se consideraron universalmente válidas; y los mandatos morales recomendados a todos estaban vinculados a esas limitadas expresiones culturales. Giordano Bruno pudo haber experimentado muchos de los niveles superiores del Gran Nido, pero debido a que las esferas de valor no estaban completamente diferenciadas y sus libertades individuales no estaban protegidas por la ley y las costumbres, la Inquisición lo quemó en la hoguera.

La modernidad, por otro lado, logró diferenciar a gran escala los Tres Grandes del arte, la moral y la ciencia, de modo que cada uno comenzó a hacer descubrimientos fenomenales. Pero a medida que los Tres Grandes se disociaron, y el colonialismo científico comenzó su agresiva carrera, todos los "Yo" y todos los "Nos" fueron reducidos a patrones del "Ello" objetivo, y por lo tanto todas las etapas interiores de la conciencia —que van de cuerpo a mente, de alma a espíritu— fueron sumariamente descartadas. El Gran Nido se derrumbó en el materialismo científico —en lo que llamaremos "llanura"— y allí el mundo moderno, en general, todavía permanece.

Nuestro trabajo parece, por lo tanto, tomar las fortalezas de la premodernidad y la modernidad, y desechar sus debilidades.

6
Integrar lo premoderno y lo moderno

Uno de nuestros objetivos es integrar las verdades perdurables de los enfoques premodernos y modernos de la psicología y la conciencia. Hemos visto que la esencia de la cosmovisión premoderna es el Gran Nido del Ser, y la esencia de la modernidad es la diferenciación de las esferas de valor del arte, la moral y la ciencia. Así, para integrar lo premoderno y lo moderno, necesitamos integrar el Gran Nido con las diferenciaciones de la modernidad. Esto significa que cada uno de los niveles en el Gran Nido tradicional necesita ser cuidadosamente diferenciado de acuerdo a los cuatro cuadrantes. Hacerlo honraría tanto la afirmación central de la espiritualidad antigua, es decir, el Gran Nido, como la afirmación central de la modernidad, la diferenciación de las esferas de valor. Y esto ofrecería un fundamento que podría ayudarnos a avanzar hacia una psicología más integral.

Se puede representar de una manera muy simplista, como en la figura 6, donde he diferenciado cada uno de los niveles en el Gran Nido de acuerdo a los cuatro cuadrantes. La ciencia moderna ya nos ha proporcionado una descripción extraordinaria de la evolución o desarrollo de los cuadrantes del lado derecho: átomos a moléculas a células a organismos; forrajeo a horticultural a agrario a industrial a informativo. Y en nuestra propia discusión hemos visto numerosos ejemplos de la evolución o desarrollo en los cuadrantes interiores: las olas, los arroyos, las visiones del mundo, la moral, etcétera.

Pero, a diferencia de la modernidad, deseamos incluir todos los niveles en los cuatro cuadrantes, al desplazarnos de cuerpo a mente, de alma a espíritu (y no simplemente negar los niveles superiores). Y, a diferencia de la premodernidad, deseamos abarcar todos los cuadrantes en cada uno de esos niveles (y no fusionarlos indiscriminadamente).

Psicología integral

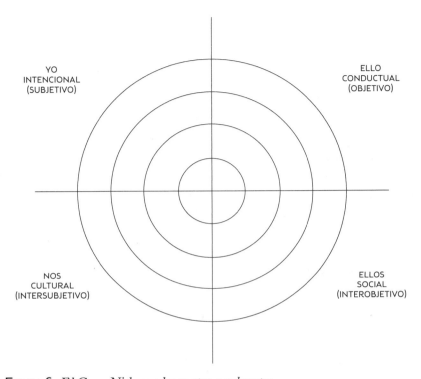

FIGURA 6. *El Gran Nido con los cuatro cuadrantes*

Por lo tanto, el trabajo de una psicología integral (como un subconjunto de estudios integrales) es coordinar e integrar los hallazgos de la investigación en todos los niveles, en todos los cuadrantes. La psicología integral se enfoca en el cuadrante superior izquierdo, pero el objetivo del enfoque integral es que, para una comprensión completa de este cuadrante, necesita ser contemplado en el contexto de todos los otros. Esta integración "todo-nivel, todo-cuadrante" le fue negada a la premodernidad (que era a todo-nivel, pero no todo-cuadrante) y se le negó a la modernidad (que era a todo-cuadrante, pero no todo-nivel). Esas dos graves deficiencias merecen un examen más detallado.

6 | Integrar lo premoderno y lo moderno

Premodernidad óptima: todos los niveles

La Gran Cadena tradicional se ocupaba casi exclusivamente del cuadrante superior izquierdo, o el espectro de conciencia tal como aparece en hombres y mujeres individuales (cuerpo a mente a alma a espíritu). Aunque la Gran Cadena también se refería a esferas ontológicas (o niveles) de la realidad, esas esferas no estaban claramente diferenciadas en los cuatro cuadrantes, al menos no a gran escala. Por lo tanto, hubo poca o ninguna comprensión de la forma en que la conciencia se correlaciona con los estados cerebrales, la neurofisiología y los neurotransmisores (no reducible a los estados cerebrales, pero tampoco "trascendiéndolos"). Había poca o ninguna comprensión de cómo la visión del mundo de una persona —y la experiencia del espectro de la conciencia de un individuo— está profundamente coloreada y moldeada por los contextos culturales de fondo en los que dicho ente vive. Había poca o ninguna comprensión de cómo el modo material de producción (forrajero, horticultural, agrario, industrial, informativo) afecta profundamente los contornos de la conciencia de un individuo y altera dramáticamente todo, desde los roles de género hasta los hábitos alimenticios y las tasas de suicidio.

En resumen, la Gran Cadena tradicional se centró principalmente en el cuadrante superior izquierdo y casi ignoró por completo los detalles diferenciados de los otros cuadrantes, desde estados cerebrales objetivos a contextos culturales intersubjetivos y a fuerzas sociales interobjetivas. Por lo tanto era un sistema grande, considerable y estático, no del todo entendido de acuerdo con la diferenciación de contextos culturales pluralistas y su posterior integración en sistemas de evolución global: una comprensión proporcionada por la modernidad y la posmodernidad (como veremos más adelante en el capítulo 12).[1] Un Plotino podría desarrollarse y evolucionar personalmente hasta el final de la Gran Cadena, pero las correlaciones detalladas con los otros cuadrantes simplemente no se entendían bien (precisamente porque no estaban bien diferenciados en general). En particular y debido a que es material, el cuadrante superior derecho (el organismo material) fue colocado por los filósofos perennes en el peldaño más bajo de la Gran Cadena (la materia), ya que no pudieron ver que las formas materiales están relacionadas con estados conscientes como exterior e interior, no simplemente inferior y superior. Tradicionalmente, cada nivel por encima de la materia era generalmente visto como "trascendente" a la materia, totalmente más allá de ella, existiendo ya sea en algún tipo de paraíso o en algún estado no terrenal, y esto le dio a la Gran Cadena, en gran medida, la sensación de ser "de otro mundo". En lugar de ver que la evolución de la conciencia implica un aumento en la calidad de la conciencia en el interior, mientras que en el exterior involucra un aumento en la complejidad de la materia (de modo que el cerebro humano tiene más conexiones neuronales que estrellas existen en el Universo: como la pieza más compleja de la inexistencia de la materia, se correlaciona con el grado más alto de conciencia en el Kosmos), en lugar de comprender esa íntima correlación, con el espíritu siendo interior a la naturaleza (no encaramado sobre la naturaleza), la Gran Cadena tradicional convocó al rechazo y devaluación de este mundo.

Además, cuando la ciencia moderna descubrió algunas de estas relaciones íntimas entre la "conciencia trascendente" y el "cerebro material", la Gran Cadena tradicional recibió un golpe colosal del que nunca se pudo recuperar. Si la "conciencia de otro mundo" está realmente correlacionada con "este organismo mundial", ¿no podrían todas las así llamadas realidades metafísicas ser, en efecto, aspectos de este mundo? ¿Necesitamos siquiera alguna de esas realidades "espirituales"? ¿No está todo dado aquí científicamente afinado para ser visto con nuestros sentidos? De hecho, ¿no es la creencia en cualquier tipo de realidad espiritual la forma en la que los hombres y las mujeres proyectan sus capacidades y así permanecen alienados de sí mismos? ¿No es la religión el opio de las masas?

En resumen, la fuerza de la Gran Cadena tradicional radica que era, admirablemente, de todos los niveles; se extendía de materia a cuerpo a mente a alma a espíritu. Pero debido a que no abarcaba todos los cuadrantes, estaba mal preparada para hacer frente a la modernidad, y de hecho fue uno de los primeros grandes abandonos de la mirada moderna.

6 | Integrar lo premoderno y lo moderno

La modernidad en su máximo esplendor: todo-cuadrante

Sugerí que el ascenso de la modernidad estuvo marcado por dos eventos transformadores, uno de los cuales fue maravilloso y otro desgraciado. La buena noticia: la modernidad logró, por primera vez a gran escala, diferenciar completamente los cuatro cuadrantes (o simplemente los Tres Grandes del arte, la moral y la ciencia), lo que contribuyó a las muchas dignidades de la modernidad.

Y eran dignidades. La diferenciación del "Yo" y del "Nosotros" (Nos) significaba que el Yo individual ya no estaría meramente subordinado al Nosotros colectivo (iglesia, estado, monarquía, mentalidad de rebaño): los derechos universales del hombre fueron proclamados en todas partes, lo que finalmente condujo a los movimientos de liberación: del abolicionismo al feminismo. La diferenciación de "Yo" y "Ello" significaba que la realidad objetiva ya no podía destruir la elección y el gusto individuales, lo que, entre otras cosas, liberaba al arte de la representación. La diferenciación de "Nos" y "Ello" significaba que el estudio de la verdad objetiva ya no estaba subordinado a los dictados de la Iglesia o el Estado, lo que contribuyó a los asombrosos descubrimientos en física, medicina, biología y tecnología que, al paso de unos siglos, extenderían la expectativa de vida promedio de las personas, y no poco sino por varias décadas, entre otras muchas cosas. Verdaderamente, la diferenciación de las esferas de valor permitió que cada una hiciera avances colosales nunca antes soñados.

Y así decimos que la modernidad, en su momento de esplendor, era todo-cuadrante. Pero no fue, por desgracia, a todos los niveles, porque casi desde el principio los principales filósofos de la Ilustración estaban comprometidos con lo que reconocemos como una perspectiva empírico-científica, en cualquiera de sus muchas formas: sensacionalismo, empirismo, naturalismo, realismo, materialismo. Y había una buena razón para este sesgo empírico. Al observar la figura 5 se puede apreciar que todas las realidades del lado izquierdo tienen correlaciones con el lado derecho. Los sentimientos interiores, por ejemplo, mantienen algún tipo de correlación en el sistema límbico objetivo. El pensamiento operacional formal parece

Psicología integral

ir con un neocórtex, y así sucesivamente. Por lo tanto, en lugar de tratar de investigar los dominios interiores (que, después de todo, pueden ser muy difíciles de precisar), centremos nuestra atención en el mundo del lado derecho de las realidades empíricas, sensomotrices: desde objetos materiales hasta instituciones sociales concretas y estados cerebrales. Todos ellos tienen una ubicación simple; pueden ser vistos con los sentidos o sus extensiones; todos están sujetos a cuantificación y medición; por lo tanto, son ideales para el método científico, o algún tipo de investigación empírica controlada y objetiva.

Y eso es exactamente lo que la Ilustración —y la modernidad oficial— se propusieron hacer. Pero las desventajas inherentes a este enfoque son quizás obvias: es demasiado fácil pasar de afirmar que todos los estados interiores tienen correlaciones exteriores, objetivas y materiales, a decir que todos los estados interiores no son más que objetos materiales. En su comprensible celo por correlacionar todas las realidades "metafísicas" de otro mundo con las realidades "empíricas" de este mundo (una agenda legítima, ya que todos los acontecimientos del lado izquierdo de hecho tienen correlaciones en el lado derecho, como se puede ver en la figura 5), la modernidad inadvertidamente derrumbó todos los interiores sobre los exteriores (un desastre de primera magnitud). Todas las verdades subjetivas (de la introspección al arte a la conciencia a la belleza) y todas las verdades intersubjetivas (de la moral a la justicia a los valores sustantivos) se derrumbaron sobre los momentos exteriores, empíricos, sensomotrices. Se derrumbó, es decir, se convirtió en polvo. Verdaderamente. La gran pesadilla del materialismo científico estaba sobre nosotros (Whitehead), la pesadilla de un hombre dimensional (Marcuse), el universo descalificado (Mumford), la colonización del arte y la moral por la ciencia (Habermas), el desencanto del mundo (Weber): una pesadilla que también he nombrado *llanura*.

Llanura

La llanura es simplemente la creencia de que sólo el mundo del lado derecho es real, el mundo de la materia/energía, investigado empíricamente por los sentidos humanos y sus extensiones (telescopios, microscopios, placas fotográficas, etcétera). Todos los mundos interiores se reducen a, o se explican por, términos objetivos/exteriores.

Esta creencia adopta dos formas: el *reduccionismo sutil* y el *reduccionismo básico*. El reduccionismo sutil disminuye todos los interiores del lado izquierdo al cuadrante inferior derecho; es decir, reduce todos los "Yo" y todos los "Nos" a sistemas entretejidos del "Ello" (la teoría de sistemas es el ejemplo clásico). El reduccionismo básico va un paso más allá y disminuye todos los sistemas materiales a átomos materiales.

Contrariamente a lo que muchos escritores románticos populares han afirmado, los pensadores de la Ilustración eran predominantemente reduccionistas sutiles, no reduccionistas básicos. Creían en "el gran Sistema Universal" de la naturaleza: un concepto sistémico de la realidad (si es que alguna vez la hubo), pero un concepto sistémico que sólo permitía las realidades del lado derecho, como lo han demostrado académicos desde Arthur Lovejoy a Charles Taylor.[2] El "crimen de la Ilustración" no fue su reduccionismo básico (aunque había mucho de eso, como lo ha habido desde Demócrito de Abdera), sino su reduccionismo sutil persuasivo, que destripó las dimensiones interiores y las puso a secar al sol ardiente del materialismo científico y del holismo exterior: "Yo" y "Nos" fueron reducidos a sistemas del "Ello". Como Foucault resumió la pesadilla: hombres y mujeres eran vistos como "objetos de información, nunca sujetos en comunicación". Ese reduccionismo sutil se aplicó a las dimensiones interiores de la realidad (como el alma y el espíritu), con lo cual desaparecieron rápidamente de la vista.

Los escritores pop que afirman que el mayor crimen de la Ilustración fue el reduccionismo básico y el atomismo, y que luego afirman que la cura para la llanura occidental es la teoría de sistemas, no logran ver que ésta es precisamente parte de la enfermedad que intentamos superar. La teoría de sistemas simplemente nos ofrece un "Ello" holístico en lugar de un "Ello" atomístico, mientras que ambos necesitan integrarse con los dominios interiores del "Yo" y el "Nos", los dominios de la conciencia y la cultura, la estética y la moral, valorados bajo sus propias reglas. La teoría de sistemas dinámicos, en sus muchas formas, abarca simplemente

Psicología integral

el cuadrante inferior derecho, aunque necesitamos los cuatro cuadrantes sin privilegiar ninguno.

Por lo tanto, todavía es bastante común escuchar declaraciones como: "Recientemente, el ecólogo C. S. Holling ha discutido el conflicto entre 'dos corrientes de la ciencia' y la confusión que crea entre los políticos y el público. Una corriente es experimental, reduccionista y estrictamente disciplinaria. Es familiar para nosotros como el ideal científico. La corriente menos familiar es interdisciplinaria, integradora, histórica, analítica, comparativa y experimental en escalas apropiadas. Ejemplos dados de la primera forma son la biología molecular y la ingeniería genética. En la segunda se cuentan la biología evolutiva y los enfoques de sistemas en poblaciones, ecosistemas, paisajes y sistemas globales. Una corriente es una ciencia de partes; la otra, una ciencia de la integración de las partes".

Y ambos son ciencia de la llanura.

No estoy diciendo que la teoría de sistemas no sea importante; estoy diciendo que es verdadera pero parcial, y siendo parcial no es un holismo genuino, sino meramente un holismo exterior/objetivista, que necesita urgentemente un suplemento del alma para ser completa; es decir, necesita, todas las dimensiones interiores tal como se revelan en sus propios términos, por sus propios métodos, con sus propias verdades, a su propia manera. Así que en nuestra búsqueda de un holismo integral (que incluye tanto el holismo interior de "Yo" y el "Nos", y el holismo exterior del "Ello" y el "Ellos"), queremos honrar los cuatro cuadrantes, y no simplemente privilegiar alguno en un reduccionismo flagrante o sutil.

En resumen, la modernidad logró heroicamente diferenciar las esferas de valor cultural (o los cuatro cuadrantes), de modo que, en el mejor de los casos, la modernidad era, ciertamente, todo-cuadrante y podemos honrar esa contribución duradera. Pero entonces, en lugar de avanzar para integrarlos, la modernidad permitió que esa diferenciación importante y necesaria cayera en una disociación innecesaria y patológica: el arte y la moral y la ciencia fragmentadas, y esto permitió que una ciencia agresiva colonizara y dominara las otras esferas, de modo que, en la "realidad oficial", nada era finalmente cierto excepto las verdades de la ciencia, y las verdades de la ciencia eran todo acerca del *polvo vital* (*frisky dirt*). Todos los reinos interiores y subjetivos —incluyendo completamente el Gran Nido del Ser y todos sus niveles: cuerpo a mente a alma a espíritu— se colapsaron abruptamente en sus correlatos sensomotrices, es decir, fueron aniquilados. Forzados a través del filtro de la mirada de un discurso único, triturados para adaptarse a la locura monocromática, todos los estados interiores y subjetivos —desde el sentimiento a la intuición a los estados de conciencia a la iluminación superconsciente— fueron llamados epifenómenos (en el mejor de los casos), alucinaciones (en el peor), y el mundo moderno se acomodó triunfante en su postura conquistadora, para dar forma a una vida de polvo y suciedad, sombras y superficies, hechos científicos y apariencias sin valor.

Conclusión

Lo que se requiere, entonces, si podemos hablar en generalizaciones extremadamente audaces, es tomar las verdades perdurables de las tradiciones perennes (es decir, el Gran Nido del Ser), y combinar eso con las buenas noticias de la modernidad (es decir, la diferenciación de las esferas de valor), lo que significa que todos y cada uno de los niveles de la Gran Cadena se diferencian en al menos cuatro dimensiones: subjetiva o intencional, objetiva o conductual, intersubjetiva o cultural, e interobjetiva o social, cada una con sus propias afirmaciones de validez independiente y formas honradas de verdad, desde la ciencia a la estética a la moral, como se sugiere en la figura 6 (y se simplifica en la figura 7). Esto tomaría lo más elevado de la sabiduría antigua y la integraría con lo mejor de la modernidad, evitando al mismo tiempo la desventaja de la perspectiva antigua (su falta de diferenciación, pluralismo y contextualismo) y la desventaja de la modernidad (su catastrófico colapso en la llanura).[3]

Y ese matrimonio nos permitiría avanzar hacia la promesa de una posmodernidad constructiva: la integración del arte, la moral y la ciencia, en todos los niveles del extraordinario espectro de la conciencia, de cuerpo a mente, de alma a espíritu. Esa integración, sugiero, implicaría lo mejor

Psicología integral

de la premodernidad (que estaba en todo-nivel), lo mejor de la modernidad (que estaba en todo-cuadrante) y lo mejor de la posmodernidad (que, como veremos, implica su integración): "todo-nivel, todo-cuadrante".

Es este modelo integral el que ahora podemos observar.

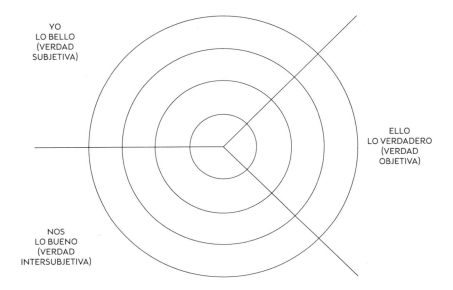

FIGURA 7. *Niveles de lo Bello, lo Bueno y lo Verdadero*

7
Pioneros modernos fundamentales

Introducción a un enfoque integral

Un acercamiento integral al Kosmos sería libre de investigar los muchos niveles y líneas en todos los cuadrantes, sin intentar injustificadamente reducir ninguno de ellos a los otros.

En la figura 5 todas las entidades u holones en los cuadrantes del lado derecho poseen una ubicación simple. Puede verlas a todas con los sentidos (o sus extensiones). Se pueden ver rocas, pueblos, organismos, ecosistemas, planetas, etcétera. *Pero ninguno de los holones en los cuadrantes del lado izquierdo posee una ubicación simple.* Aunque uno recorra el mundo, no se puede *ver* ningún sentimiento, concepto, estado de conciencia, iluminación interior, valores culturales, etcétera. Ninguno de ellos existe en el espacio físico o sensomotriz. Existen en el espacio emocional, el espacio conceptual, el espacio espiritual, el espacio de comprensión mutua, el espacio de valores y significados compartidos, etcétera. Aunque tienen vínculos en el mundo objetivo, físico, no se pueden reducir a esos nexos sin destruir completamente sus perfiles intrínsecos.

Cuando se trata de conciencia subjetiva individual (como olas, corrientes y estados), sus nexos físicos (desde ondas cerebrales hasta neurotransmisores) existen en el espacio sensomotriz, y por lo tanto se pueden organizar en jerarquías que enfatizan su cantidad o tamaño (los organismos son más grandes que las células, que son más grandes que las moléculas, que son más grandes que los átomos). Estas jerarquías del lado derecho no son jerarquías de valores —las células no son mejores que las moléculas, los átomos no son mejores que los quarks—, sino meramente jerarquías de tamaño y confinamiento físico. Pero lo subjetivo, lo interior o lo del lado izquierdo se correlaciona en espacios interiores que se despliegan en jerarquías de calidad (la compasión es mejor que el asesinato; el amor es

Psicología integral

mejor que el odio; lo posconvencional es mejor que lo convencional, que es mejor que lo preconvencional, en términos de la profundidad moral y el cuidado de los demás).

Por lo tanto, un enfoque integral nos permite trazar las correlaciones exteriores de los estados interiores, sin intentar reducir uno en otro. Después de todo, la compasión puede ser moralmente mejor que el odio, pero la serotonina no es mejor que la dopamina; y por lo tanto, si reducimos la conciencia a neurotransmisores, perdemos completamente todo valor y significado. En otras palabras, caemos en la llanura, donde todo el significado e importancia del lado izquierdo se derrumba en hechos sin valor y superficies sin sentido: "Un asunto aburrido, sin sonido, sin olor, sin color; simplemente la prisa de lo material, sin fin, sin sentido".

Un acercamiento integral, entonces, no busca reducir al "Yo" y al "Nos" a los sistemas entretejidos del "Ello". Un enfoque integral no desea hacer un reduccionismo sutil; no pretende reducir el holismo interior al holismo exterior (los incluyen a ambos). No constriñe el arte, la belleza, la moral y la conciencia a un sistema llano de procesos, bits de datos, neurotransmisores, una red de vida o cualquier otro sistema de objetos holísticos. Quiere incluir, de una manera no reduccionista, los dominios interiores subjetivos e intersubjetivos de olas, corrientes y estados, que se extienden de cuerpo a mente a alma a espíritu, a pesar de que todos estos últimos tienen trazos objetivos de varias clases que pueden (y deben) abordarse en términos de tercera persona, científicos, en lenguaje del "Ello".

Usted puede ver algunas de estas correlaciones importantes en la figura 8. Las olas interiores del espectro completo de la conciencia, tal como aparecen en un individuo —desde el cuerpo (sentimientos) hasta la mente (ideas), pasando por el alma (luminosidad) y el espíritu (omnipresente)— se enumeran en el cuadrante superior izquierdo. Éstas no pueden reducirse a dimensiones materiales (porque, a diferencia de la materia, no poseen una ubicación simple). Sin embargo, los sentimientos, las ideas mentales y las iluminaciones espirituales tienen correlaciones físicas que se pueden medir por diversos medios científicos, desde máquinas de EEG hasta química sanguínea, escaneos TEP y respuesta galvánica de la piel. Estos correlatos físicos están representados por líneas punteadas en los cuadrantes del lado derecho.[1]

Por lo tanto, por ejemplo, ciertos impulsos de comportamiento arcaicos tienen correlatos en el tronco cerebral reptiliano. Varios estados emocionales y sentimientos tienen vínculos en estados de excitación del sistema límbico. El pensamiento conceptual muestra actividad principalmente en la corteza frontal.

Varios estados meditativos muestran cambios pronunciados en los patrones de ondas cerebrales (por ejemplo, ondas theta y delta de alta amplitud, sincronización hemisférica).[2] Desde los sentimientos corporales hasta las ideas mentales y las iluminaciones espirituales (lado izquierdo),

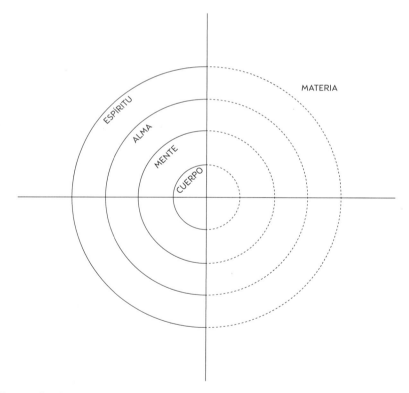

FIGURA 8. *Correlaciones de los estados del interior (conciencia) con los estados (materiales) del exterior*

Psicología integral

hay al menos algunos correlatos físicos (lado derecho) para todos los estados y etapas de la evolución de la conciencia.

¿Y por qué no simplemente vamos hasta el final y decimos que la conciencia no es más que un subproducto de complejas estructuras cerebrales, sistemas conexionistas, procesos digitales, biocircuitos computacionales, o algo así? Porque ninguno de esos correlatos del lado derecho tiene jerarquías de valor, que son la esencia de los dominios del lado izquierdo.

Por ejemplo, una máquina de EEG puede registrar diferentes patrones de ondas cerebrales; pero nada en la máquina dice que un patrón sea mejor que otro, sólo que son diferentes. Por lo tanto, tanto el prejuicio etnocéntrico como la equidad centrada en el mundo registrarán patrones de ondas cerebrales en la máquina de EEG; pero nada en el aparato dice, o puede decir, que una de esas ondas cerebrales sea mejor, o más valiosa, o más hermosa que otra. Ninguna de esas gradaciones de valor aparece, o puede aparecer, en la máquina que registra los correlatos del lado derecho, porque el mundo del lado derecho sólo cuenta con gradaciones de tamaño y ubicación simple, no de valor, profundidad y significado.

Por lo tanto, en la medida en que reducimos los estados de conciencia a estados cerebrales, perdemos todos los valores. Terminamos en el universo descalificado. Si reducimos la alegría a la serotonina y la moral a la dopamina, si reducimos la conciencia a las vías neuronales y la conciencia a los sistemas conexionistas, borramos completamente el valor, el significado, la profundidad y la Divinidad de la faz del propio Kosmos: caemos en llanura, en reduccionismo sutil.[3]

(Se puede ver una representación esquemática de la llanura en la figura 13, en la página 242. Todos los dominios interiores del Yo y del Nos han sido reducidos a sus correspondientes Ello y Ellos, dejando la mente suspendida en el aire, sin comprensión de cómo está relacionada con el mundo externo y con sus propias raíces orgánicas: el infame problema "mente-cuerpo" que investigaremos en el capítulo 14.)

Las realidades de los dominios del lado izquierdo —desde las etapas de desarrollo de la conciencia hasta los grados de crecimiento moral— son descubiertas, no sin ver atentamente el objeto exterior, sino investigando los dominios interiores mismos, después de lo cual se hace obvio (como lo demuestra la investigación en estos dominios) que algunos niveles y etapas de crecimiento son mejores, más altos, más profundos, más incluyentes y más liberadores —pasando de egocéntricos a sociocéntricos a centrados en el mundo— y aunque todas esas ondas interiores tienen vínculos exteriores en las funciones cerebrales orgánicas (que pueden y deben estudiarse), no pueden reducirse a esos vínculos sin destruir completamente los mismos factores que las definen.

Así, honremos las diferenciaciones (y la dignidad) de la modernidad, sin caer en las disociaciones (y el desastre) de la modernidad. Gracias a las diferenciaciones de la modernidad, podemos investigar cualquier estructura o estado de conciencia utilizando enfoques en primera persona (superior izquierda), en segunda persona (inferior izquierda) y en tercera persona (derecha), respetando a los Tres Grandes en todos los niveles (cuerpo a mente a alma a espíritu), como se indica en la figura 8. Podemos, por ejemplo, investigar los estados meditativos utilizando relatos en primera persona de aquéllos que verdaderamente meditan, mientras que también investigamos cualquier efecto que la meditación tenga sobre la actividad de las ondas cerebrales, la química sanguínea, las funciones inmunológicas y la neurofisiología. Podemos examinar las formas en que diversos antecedentes culturales, prácticas lingüísticas y sistemas éticos afectan a los estados meditativos, y los tipos de instituciones y prácticas sociales que son más propicias para esos estados. En resumen, podemos adoptar un enfoque de "todo-cuadrante y todo-nivel".[4]

Exponentes

Lo que me gustaría hacer en esta sección es presentar a varios pioneros modernos en un enfoque integral, un enfoque que, de manera importante, intenta ser "todo-cuadrante, todo-nivel". Lo que todos estos pioneros tienen en común es que eran plenamente conscientes de las importantes diferenciaciones de la modernidad, y por lo tanto eran cada vez más conscientes de las formas en que la ciencia podría complementar (no reemplazar) la religión, la espiritualidad y la psicología. Todos ellos, como veremos, utilizaron los descubrimientos modernos en los Tres Grandes para dilucidar el Gran Nido. (Cada uno de ellos, en otras palabras, ofrecieron detalladas descripciones de la figura 7.)

Los pioneros modernos de un enfoque integral abundan, como Goethe, Schelling, Hegel, Fechner y James. Éstos tenían cada vez más acceso a datos científicos sobre la evolución, y por lo tanto entendían cada vez más sobre el Gran Nido, cosa que los premodernos generalmente no: muestra el desarrollo no sólo en los individuos, sino en la especie; no sólo ontogenéticamente, sino filogenéticamente. En este siglo, aunque los pioneros también abundan, desde Steiner a Whitehead y Gebser, me gustaría mencionar en particular a James Mark Baldwin, Jürgen Habermas, sri Aurobindo y Abraham Maslow.

James Mark Baldwin

James Mark Baldwin (1861-1934) es crucial, y la historia bien podría encontrarlo como el mayor psicólogo de Estados Unidos. Contemporáneo de James y Peirce, Baldwin forjó una psicología y filosofía integrales que apenas se le reconoce por su alcance y profundidad. Fue el primer gran psicólogo del desarrollo en la historia moderna, el primero en definir claramente una etapa de desarrollo. Buscó integrar la fenomenología introspectiva con la epistemología científica evolutiva; creía que los tres grandes modos de experiencia eran estéticos, morales y científicos (¡los Tres Grandes!), y propuso etapas de desarrollo detalladas en cada uno de esos dominios (en otras palabras, fue uno de los primeros en rastrear el desarrollo en todos los cuadrantes); también fue uno de los primeros en delinear etapas de desarrollo religioso. Su esquema de desarrollo cognitivo fue retomado por Piaget y Kohlberg; sus estudios sobre la interacción dialógica fueron promovidos por Dewey and Mead; su epistemología evolutiva fue adoptada por Karl Popper and Donald Campbell; su influencia, en resumen, es casi imposible de sobreestimar. La única razón por la que su nombre ya casi no se escucha es porque, poco después de su muerte, las escuelas positivistas y conductistas elevarían las llanuras a una creencia dogmática, y los estudios integrales de cualquier tipo fueron eliminados del plan de estudios.

Baldwin pasó por tres fases principales en su propio desarrollo: filosofía mental (de la escuela escocesa), psicología evolutiva y epistemología del desarrollo. En todo esto estaba decidido a incluir y respetar lo científico, lo moral y lo estético, en equilibrio, sin tratar de reducir ninguno de ellos a los demás o privilegiar injustificadamente a ninguno de ellos. Incluyó lo que llamó "la metafísica de la intuición, la ontología de la introspección" (es decir, las realidades mismas de los dominios del lado izquierdo), junto con un compromiso riguroso con la experimentación científica. Al principio descubrió que la filosofía de Spinoza podía acomodar mejor esta integración, ya que este pensador respetaba igualmente los estadios interiores/mentales y los exteriores/corporales; pero fue la naturaleza estática del sistema de Spinoza lo que lo hizo incapaz de hacer frente a la evolución. Baldwin concluyó que "ninguna visión consistente del desarrollo mental en el individuo podría alcanzarse sin una doctrina del desarrollo de la conciencia".[5] Por otra parte, esta visión evolutiva tuvo que ser construida sin una retirada al mero empirismo, teoría que malinterpreta las estructuras mentales. Baldwin: "La visión más antigua del alma era de una sustancia fija, con atributos fijos… La idea genética [del desarrollo] revierte todo esto. En lugar de una sustancia fija, tenemos la concepción de una actividad creciente y en desarrollo. La psicología funcional sucede a la psicología de la facultad".[6] Baldwin hizo un estudio profundo de los idealistas alemanes, y encontró más evidencia de la importancia de un enfoque de desarrollo.

Baldwin comenzó esta segunda fase (psicología evolutiva) con una reevaluación de las herramientas de investigación necesarias: "¿Cómo se puede investigar fructíferamente el desarrollo del orden mental de los fenómenos? El método cuantitativo, traído a la psicología desde las ciencias exactas, debe ser descartado; porque su ideal consistía en reducir lo más complejo a lo más simple, el todo a sus partes, lo más tardío evolucionado a lo anterior existente, negando o eliminando así sólo el factor que constituía o revelaba lo que era verdaderamente genético [evolutivo]".[7] Baldwin agregó a la investigación científica las herramientas de la epistemología filosófica, o un análisis de los tipos de estructuras que podrían ser investigadas empíricamente, y esto eventualmente condujo a su tercera fase, la epistemología del desarrollo (representada en su reconocido clásico *El pensamiento y las cosas: lógica genética. Estudio sobre el desarrollo y la significación del pensamiento*).

Baldwin llegó a considerar que la conciencia se desarrolla a través de media docena de etapas o niveles de conciencia cualitativamente distintos (véase gráfica 11), cada uno de los cuales diferencia y reintegra jerárquicamente los elementos inferiores en un nivel superior: el prelógico (similar al sensomotriz), el cuasilógico (preop y conop temprano), el lógico (formop), el extralógico (visión-lógica) y, finalmente, el hiperlógico, que podríamos llamar supralógico o translógico, porque representa una conciencia no-dual similar al satori que trasciende el dualismo sujeto y objeto. Esta etapa superior, como dijo Baldwin, es "una forma de contemplación... en la que la inmediatez de la experiencia busca constantemente restablecerse. En la forma más elevada de tal contemplación, una forma que viene a sí misma como experiencia estética genuina y profunda, encontramos una síntesis de motivos, un modo en el que los hilos de los dualismos divergentes y anteriores se combinan y fusionan... una experiencia cuyo carácter esencial es sólo su unidad de comprensión, [donde] la conciencia tiene su aprehensión más completa y más directa y final de lo que es y significa la realidad".[8] Esta experiencia es de una realidad como un todo, inmediatamente aprehendida (lo que reconoceríamos como conciencia cósmica de nivel psíquico, o unión con todo el mundo empírico: "misticismo de la naturaleza"). Como Baldwin a menudo señalaba, en esta conciencia de unidad, todos los dualismos que fueron creados durante el desarrollo (tales como interior/exterior, mente/cuerpo, sujeto/objeto, verdadero/falso y bueno/malo) son trascendidos y unidos en una experiencia de totalidad. Y enfatizó que esto era hiperlógico, no prelógico. A través de alrededor doce niveles básicos de conciencia, Baldwin trazó las líneas y etapas del desarrollo moral, estético, religioso, científico y personal.

En su labor general, eran una psicología y una filosofía integrales que rara vez se han igualado. Otros, como Aurobindo, comprenderían las muchas etapas del desarrollo espiritual con mayor precisión (lo que

7 | Pioneros modernos fundamentales

Baldwin llamó "hiperlógica" en realidad consiste en al menos cuatro niveles distintos de conciencia); otros mostrarían una mente filosófica más poderosa (Habermas, por ejemplo); otros harían más contribuciones a una psicología experimental. Pero pocos combinaron todos los niveles con el rigor, la profundidad y la amplitud de Baldwin.

La influencia de Baldwin, como dije, fue incalculable. Su relato, etapa por etapa, del desarrollo dialéctico del Ser y del otro (en los tres dominios principales: moral, estético, científico) tuvo un gran impacto en las ciencias sociales. Kohlberg dijo al respecto: "A medida que leía más profundamente a Baldwin, me di cuenta de que Piaget había derivado de Baldwin todas las ideas básicas con las que comenzó en los años veinte: asimilación, acomodación, boceto y un dualismo, 'egocentrismo' o carácter indiferenciado de la mente de un niño. También vi que la empresa general de Piaget, la creación de una epistemología genética y una ética que la epistemología utilizaría para plantear problemas para la psicología del desarrollo y aplicaría la observación del desarrollo para ayudar a responder preguntas epistemológicas, también había sido de Baldwin".[9] Pero a diferencia de Piaget, la genialidad de Baldwin radicaba en su visión integral: se negó a reducir todo el desarrollo al desarrollo cognitivo, por lo que, como sistema general, el de Baldwin es mucho más creíble y duradero, como han señalado John Broughton y otros.

A principios del siglo XX, los psicólogos y sociólogos estaban generalmente de acuerdo en que la moralización transcurre a través de tres grandes etapas. Como dijo McDougall en 1908: "El problema fundamental de la psicología social es la moralización del individuo por la sociedad. Esta moralización pasa, en primer lugar, por la etapa en que el funcionamiento de los impulsos instintivos se ve modificado por la influencia de las recompensas y los castigos; en segundo lugar, por la etapa en que la conducta se controla principalmente por la anticipación de la alabanza y la culpa sociales; y, en tercer lugar, por la etapa en que la conducta se regula por un ideal que permite al hombre actuar de una manera que le parece correcta, independientemente de la alabanza o la culpa de su entorno inmediato".[10] Éstas son, por supuesto, las tres etapas amplias que ahora se conocen como preconvencional, convencional y posconvencional. Como señala

Kohlberg: "Los niveles de Dewey-McDougall [recién delineados] se describen desde el punto de vista de la relación del Ser con la sociedad. No reflejan claramente el crecimiento cognitivo y epistemológico cualitativo del niño. Nuestros datos sugirieron que las distinciones de tres niveles de Baldwin [dual, dualista y ético] definieron 'etapas' (o subniveles) en la serie básica, preconvencional, convencional y posconvencional (autónomo-ético)".[11] En otras palabras, al utilizar también los niveles de desarrollo de Baldwin, Kohlberg fue capaz de sugerir un esquema de seis etapas de desarrollo moral, uno que hasta ahora la investigación ha encontrado que es en gran medida invariable y universal.[12]

Baldwin también presentó uno de los primeros, y todavía uno de los más sofisticados, relatos de las etapas de desarrollo religioso. Para hacerlo, Baldwin primero tuvo que argumentar (con éxito, creo) que los intereses religiosos o espirituales eran un dominio independiente, no reducible a intereses económicos, científicos o morales. En realidad, "las motivaciones religiosas están junto a los intereses teóricos, morales y estéticos como una de las motivaciones irreductibles y (cuando se entienden correctamente) ubicuas de las personas".[13] Esta línea innovadora de investigación fue retomada por James Fowler.

Quizás lo más interesante de todo es el hecho de que Baldwin vio el desarrollo de la conciencia que conducía a, y culminaba en, una experiencia de un tipo de conciencia de unidad profunda, que era para él una experiencia estética que unía simultáneamente a la moral más alta con la ciencia máxima.[14] Ésta es, por supuesto, una versión del idealismo estético (derivado de Kant, Schelling, Schiller), pero que Baldwin reelaboró en su propio sistema llamado pancalismo, una palabra que significaba que esta conciencia cósmica es "comprehensiva, sin referencia fuera de sí misma".

Esta experiencia de unidad se prefigura en la contemplación de una hermosa obra de arte. La obra de arte en sí existe en el mundo objetivo, exterior, y, *como un objeto*, puede ser estudiada por la investigación científica. Pero la belleza y el valor de la obra de arte es un estado interior y subjetivo, traído al arte por el espectador (aunque anclado en rasgos objetivamente reales de la obra). Por lo tanto, cuando se contempla una obra de arte que se ama y valora, se unen los mundos subjetivo y objetivo, los mundos de valores y hechos, moral y ciencia, izquierda y derecha.

Además (y ésta es una adición crucial), según Baldwin "la naturaleza de tal experiencia sintética es moverse más allá de objetos estéticos específicos de contemplación hacia la realidad misma como un todo. Tal experiencia sintética incluye la idea de Dios, pero ahora se ve como refiriéndose a ese todo orgánico o espiritual dentro del cual el Ser y el mundo pueden conocerse".[15] Esta línea estética también experimenta un desarrollo etapa por etapa, culminando en la experiencia consumada de la conciencia cósmica.

En resumen, Baldwin fue uno de los primeros grandes investigadores modernos que, en esencia, llevó el Gran Nido del Ser y el Conocimiento —cuerpo prelógico a la mente lógica al espíritu translógico— y diferenció cada uno de esos niveles en modos estéticos, morales y científicos de experiencia, y además, mostró el desarrollo de cada una de esas líneas a través de cada uno de esos grandes niveles. No parece probable que sus logros se equiparen pronto.

Jürgen Habermas

Nacido en 1929 y en el transcurso de su distinguida carrera, Jürgen Habermas ha aplicado su visión integral a través de una amplia variedad de dominios: filosofía, psicología, antropología, teoría evolutiva, lingüística, política (ver gráfica 10). El modelo general de Habermas tiene tres niveles. La primera es una teoría de la comunicación ("pragmática universal"), que sirve como punto de partida para un relato del desarrollo de la conciencia subjetiva (estética), intersubjetiva (moral) y objetiva (científica) (es decir, los Tres Grandes; este relato del desarrollo del individuo es el segundo nivel). El tercer nivel, basado en los dos primeros, es un relato de la evolución sociocultural como una reconstrucción del materialismo histórico y una síntesis de la teoría de sistemas, la vida terrenal, los dominios científicos, estéticos y morales.[16]

Habermas es el filósofo del desarrollo más completo en activo de este tiempo. Lamentablemente, omite e ignora totalmente cualquiera de las etapas de conciencia del Yo, Nos y Ello más allá de la visión lógica. Como yo diría, Habermas es todo-cuadrante, pero no todo-nivel. Además, al confiar en estructuras de comprensión generadas lingüísticamente, Habermas coloca una desafortunada brecha entre la naturaleza humana y la no humana, de modo que su enfoque de la naturaleza es esencialmente instrumental. En resumen, podríamos decir que su visión integral es inadecuada tanto para los dominios prerracionales como transracionales: inadecuada tanto para la naturaleza como para el espíritu (un defecto importante, dirían algunos). Sin embargo, por el ámbito que cubre, su obra ya le ha asegurado un lugar en la historia como al menos uno de los cuantos pensadores más importantes de este siglo, y parece que ninguna visión integral que ignore sus profundas contribuciones puede aspirar a tener éxito.

Sri Aurobindo

Aurobindo (1872-1950) fue el mayor filósofo moderno de la India. Es difícil de transmitir de manera convincente la magnitud de sus logros. Su "yoga integral" es un esfuerzo concertado para unir e integrar en los seres humanos corrientes ascendentes (evolutivas) y descendentes (involutivas) uniendo así el espíritu y la materia de otro mundo y de este mundo, trascendente e inmanente. Cubrió gran parte de la vasta herencia espiritual y linajes de la India y reunió a muchos de ellos en una poderosa síntesis. También fue uno de los primeros grandes filósofos en tener acceso al registro evolutivo (revelado por las diferenciaciones de la modernidad), lo que le permitió expandir su sistema de un dinámico desarrollismo de ontogenia (que todos los grandes filósofos perennes poseían) a uno de filogenia también. Podríamos decir que el yoga integral de Aurobindo fue la primera gran síntesis de las verdades del Gran Nido premoderno sumada a las verdades aportadas por las diferenciaciones de la modernidad en India.

El modelo general de conciencia de Aurobindo consiste básicamente en tres sistemas: (1) la conciencia superficial/externa/frontal (típicamente estado original), que consiste en niveles físicos, vitales y mentales de conciencia; (2) un sistema más profundo/psíquico/alma "detrás" del frontal en cada uno de sus niveles (físico interno, vital interno, mental interno y psíquico o alma más interna; típicamente estado sutil); y (3) los sistemas verticales ascendentes/descendentes que se extienden tanto por encima de la mente (mente superior, mente iluminada, mente intuitiva, mente superior, supermente; incluyendo causal/no-dual) como por debajo de la mente (subconsciente e inconsciente), todo anidado en Sat-Chit-Ananda, o Espíritu puro no-dual.[17]

La mayor deficiencia de Aurobindo es la que hacen frente todos los teóricos: la falta de disponibilidad de los descubrimientos importantes realizados desde su tiempo. Aurobindo estaba más preocupado por las transformaciones de la conciencia (superior izquierda) y los cambios correlativos en el cuerpo material (superior derecha). Aunque tenía muchas ideas importantes sobre el sistema social y político, no parecía comprender las interrelaciones reales de lo cultural, lo social, lo intencional y lo conductual. En ningún momento su análisis avanzó en el nivel de la intersubjetividad (inferior izquierda) y la interobjetividad (inferior derecha). No asimiló plenamente las diferenciaciones de la modernidad, por así decirlo. Pero los niveles y modos que cubrió Aurobindo hacen que sus formulaciones sean indispensables para cualquier modelo verdaderamente integral.

Abraham Maslow

Abraham Maslow (1908-1970) ya es lo suficientemente conocido por lo que sólo haré algunos comentarios. Como todos los pensadores integrales verdaderamente importantes, desde Aurobindo a Gebser a Whitehead a Baldwin a Habermas, Maslow era un desarrollista. Fue uno de los primeros en reunir suficiente evidencia empírica y fenomenológica para sugerir que cada nivel en el Gran Nido tiene una necesidad diferente, que estas necesidades surgen jerárquica y prepotencialmente, y que cada uno de nosotros tiene el potencial para todos estos niveles-necesidades (ver gráfica 7). Instrumental para fundar tanto la Tercera Fuerza (psicología humanista-existencial) como la Cuarta Fuerza (transpersonal), las ideas de Maslow tuvieron un impacto extraordinario en la educación, los negocios y la investigación de valores.

Psicología integral

El trabajo de Maslow cayó en descrédito temporal durante la década de 1980, cuando un posmodernismo extremo, dominando tanto la academia como la contracultura, hizo que todas las formas de holarquía estuvieran subordinadas a lo que ciertamente parecía ser una forma de dogmatismo llano. Pero a medida que el mundo despierta de ese reduccionismo, las obras pioneras de Maslow están ahí para dar la bienvenida a todos los que genuinamente adopten una visión más integral y holística.

Todos estos pensadores integrales son simplemente algunos de los genios pioneros que nos ayudan a guiarnos a visiones integrales adicionales. No importa cuán grandes fueran, cada nueva generación tiene la oportunidad de avanzar en la visión integral de una manera sustancial, simplemente porque se están recabando constantemente nueva información y nuevos descubrimientos. La brillantez de Hegel estaba completamente desprovista de exposición a las tradiciones asiáticas. Schelling no tuvo acceso a datos antropológicos sustanciales. Aurobindo se perdió los estudios meticulosos de la ciencia cognitiva moderna. Habermas pertenece a una generación que nunca comprendió la revolución transpersonal. Del mismo modo, cualquier contribución que cualquiera de nosotros pueda hacer, sólo serán los hombros, esperemos, sobre los cuales otros pronto habrán de alzarse.

TERCERA PARTE

RESULTADO:
un modelo integral

He sugerido que una psicología verdaderamente integral implicaría lo mejor de la premodernidad (el Gran Nido), la modernidad (la diferenciación de las esferas de valor) y la posmodernidad (su integración a través de todos los niveles en el Gran Nido): "todo-nivel, todo-cuadrante". Ahora podemos empezar a juntar estas líneas.

8
La arqueología del Espíritu

Panorama general

Las secciones anteriores nos presentaron a algunos de los numerosos teóricos y las muchas líneas de investigación que necesitan ser adoptadas, de una manera general, para cualquier visión integral actual.

También introdujeron los componentes principales de la evolución de la conciencia: los niveles básicos, estructuras u olas en el Gran Nido (materia, cuerpo, mente, alma, espíritu); las líneas o corrientes de desarrollo (moral, estética, religiosa, cognitiva, afectiva, etcétera) que se mueven de manera relativamente independiente a través de las grandes olas; los estados o estados temporales de conciencia (como las experiencias cumbre, estados de sueño y estados alterados); el Ser, que es el asiento de la identidad, la voluntad y las defensas, y que tiene que navegar, equilibrar e integrar los diversos niveles, líneas y estados que encuentra; y las líneas relacionadas con el Ser, que son las líneas de desarrollo más íntimamente conectadas con éste (como la identidad central del Ser, su moral y sus necesidades). En resumen: olas, corrientes, estados, Yo, y corrientes del Yo.

Los estados alterados son muy importantes, y ciertamente reciben gran parte de la atención, pero para que contribuyan al desarrollo deben convertirse en estructuras/rasgos. Las corrientes autónomas son cruciales, pero son un subconjunto de corrientes en general. Por lo tanto, en términos más simples, podemos decir que el desarrollo se reduce a las olas, los arroyos y el Ser.

Las olas básicas

He incluido, en las gráficas 1a y 1b, un resumen de algunos de los componentes principales de un modelo integral.[1] Ya hemos discutido algunas de estas características, pues tengo la intención de que toda esa discusión se incluya aquí. Ahora simplemente haré unos pocos comentarios adicionales sobre este modelo basados en ciertos elementos de las gráficas, específicamente con un enfoque "todo-nivel, todo-cuadrante".

En el lado izquierdo, en cada una de las gráficas, están las estructuras básicas, niveles u olas en el Gran Nido del Ser y el Conocimiento.[2] Lo que vale la pena tener en cuenta es que, en conjunto, los niveles básicos en prácticamente todos los sistemas fundamentales, antiguos y modernos, orientales y occidentales, simplemente describen un vasto campo morfogenético, o espacio de desarrollo, y uno que es migratorio: se gradúa de manera holística, trascendiendo e incluyendo, se guarece dentro de los nidos indefinidamente, invitando a un desarrollo que es envolvente.

Además, estas diferentes concepciones migratorias enumeradas en las gráficas muestran una armonía notable, no en los detalles, sino en el espacio de desarrollo que representan. Hemos visto que estudiosos como Huston Smith han hecho este argumento para la filosofía perenne; lo que no se aprecia tan a menudo es que los investigadores modernos (trabajando en las etapas de sensomotriz a formal a posformal) han llegado a conclusiones bastante similares. Como dijeron Francis Richards y Michael Commons, después de examinar la investigación y los datos sobre el desarrollo de Fischer, Sternberg, Kohlberg, Armon, Pascual-Leone, Powell, Labouvie-Vief, Arlin, Sinott, Basseches, Koplowitz y Alexander (todos los cuales están representados en las gráficas): "Las secuencias escénicas [de todos estos teóricos] se pueden alinear en un espacio de desarrollo común. La armonía de alineación mostrada sugiere una posible reconciliación de [estas] teorías…".[3]

Lo que he hecho es tomar los resultados de esa investigación, junto con docenas de otros teóricos modernos, e intentar integrarla con lo mejor de los filósofos perennes, para llegar a una plantilla maestra de un espacio de desarrollo de espectro completo, que se extiende de la materia al cuerpo a la mente al alma al espíritu. (La naturaleza holística de este desarrollo se discute en una nota en el apartado correspondiente.[4]) Como hemos visto, éstas son las olas básicas del Ser y el Conocimiento a través de las cuales fluirán las diversas corrientes del desarrollo, todas las cuales están equilibradas e (idealmente) integradas por el Ser en su notable viaje del subconsciente al autoconsciente al superconsciente.

Pero, por supuesto, este tortuoso viaje no está exento de dificultades.

El Ser y sus patologías

La segunda columna (de izquierda a derecha) en la gráfica 1a muestra el "sentido general del Ser", algunos de los nombres generales que a menudo uso para las etapas de desarrollo del Ser próximo (ego del cuerpo, persona, ego, centauro, alma). Obsérvese que he dibujado una flecha continua para cada uno de ellos. Hay una confusión persistente en la literatura sobre si, por ejemplo, el ego es retenido o perdido en el desarrollo superior. La mayoría de los investigadores transpersonales se refieren a las etapas superiores como "más allá del ego" o "trans-egoico", lo que parece implicar que el ego está perdido. Pero esta confusión es casi enteramente semántica. Si por ego se refiere a una identificación exclusiva con el yo personal, entonces esa exclusividad se pierde principalmente o se disuelve en el desarrollo superior, ese "ego" se destruye en gran medida (y las etapas superiores se llaman correctamente trans-egoicas). Pero si por ego se refiere a un yo funcional que se relaciona con el mundo convencional, entonces ese ego es definitivamente retenido (y a menudo fortalecido). Del mismo modo, si se refiere (como lo hace el psicoanálisis) a que una parte importante del ego es su capacidad para testificar de manera desapegada, entonces ese ego definitivamente se retiene (y casi siempre se fortalece). Jack Engler tiene toda la razón cuando dice que "la meditación aumenta la fuerza del ego".[5] Además, si por ego se refiere (como lo hace la psicología del ego) a la capacidad de integración de la psique, entonces ese ego también se retiene y fortalece.[6]

En resumen, la *exclusividad* de una identidad con un ser dado (ego del cuerpo, persona, ego, centauro, alma) se disuelve o se libera con cada etapa superior de autocrecimiento, pero las capacidades funcionales importantes de cada uno se retienen, se incorporan (holárquicamente) y a menudo se fortalecen en etapas sucesivas. El periodo de identificación exclusiva es lo que se indica por la línea continua en la columna dos (un periodo que finalmente llega a su fin con mayor crecimiento). Pero las *capacidades funcionales* de esa etapa permanecen como sub-holones importantes en etapas posteriores, y eso lo he indicado con la flecha continua. (En otras palabras, la línea continua indica cuando cada uno de esos seres es el Yo próximo, o Yo; cuando su fase dominante principal ha terminado y la conciencia se mueve, ese Yo se convierte en parte del Yo distal, o Mi.)

Mencionaré brevemente los siguientes elementos en la gráfica 1a, luego los veremos más de cerca en las siguientes tres secciones. La tercera columna ("aspectos específicos") indica con más detalle la naturaleza de la autoenseñanza próxima de sus etapas y subetapas.[7] La cuarta columna ("defensas") enumera algunos de los principales mecanismos de defensa que pueden desarrollarse en cada una de las olas básicas. "Posible patología" (califica a la quinta columna) se refiere de manera muy general a los tipos y niveles de patología que pueden ocurrir a medida que el Yo navega por cada una de las olas básicas. "Fulcro" (quinta columna) se refiere a los principales hitos en el desarrollo del Ser. En otras palabras, lo que le sucede al Ser próximo cuando su centro de gravedad está en un nivel particular de conciencia.[8] Y "tratamiento" (sexta columna) es un resumen de los tipos de terapias psicológicas y espirituales que parecen ser más útiles para los diferentes tipos de patologías que acosan los diferentes niveles de conciencia.

Como vimos, cada vez que el *centro de gravedad* del Ser se mueve a través de un nivel básico del Gran Nido, pasa por un *fulcro* (punto de apoyo o un hito) de su propio desarrollo: primero se identifica con un nuevo nivel, luego se desidentifica y trasciende ese nivel, entonces incluye e integra ese nivel desde el siguiente nivel superior.[9] A lo largo de esta discusión, a menudo he resumido el Gran Nido como poseedor de nueve niveles básicos (como agrupaciones funcionales: sensomotriz, fantasmático-emocional, repmente, mente de regla/rol, formal-reflexiva, visión-lógica, psíquica, sutil, y causal/no-dual. Puedes ver estos listados en la columna izquierda en cada una de las gráficas), y por lo tanto esbozo los nueve fulcros correlativos que el Ser atraviesa en una evolución completa o desarrollo a través de todo el Gran Nido. (Basado en la investigación empírica, como la de Stan Grof, también incluyo el fulcro de nacimiento F-0, con lo cual tenemos alrededor de diez hitos, cualitativamente distintos en el viaje del Ser: desde la concepción hasta la iluminación.)

Cada vez que el Ser (el Ser próximo) se acerca a una esfera nueva y superior en el Gran Nido, puede hacerlo de una manera relativamente saludable (lo que significa que diferencia e integra fácilmente los elementos de ese nivel) o de una manera relativamente patológica (lo que significa que o bien no logra diferenciarse —y por lo tanto permanece en fusión/fijación/obstáculo— o no logra integrarse —lo que resulta en represión, alienación, fragmentación—). Cada nivel del Gran Nido tiene una arquitectura cualitativamente diferente, y por lo tanto cada fulcro (y patología) igualmente adopta una textura cualitativamente distinta. Ahora podemos mirar más de cerca estas diferentes patologías a las que se enfrenta el Ser en su viaje a través del gran río.

Patologías inferiores (F-0, F-1, F-2 y F-3)

Uno de los principales avances en la psicología profunda de las últimas décadas ha sido la comprensión de que no sólo hay diferentes tipos de psicopatologías (por ejemplo, trastornos obsesivo-compulsivos, fobias, ansiedad, depresión), sino también diferentes niveles de psicopatología (por ejemplo, neurótica, limítrofe y psicótica). Estos diferentes niveles de patología están correlacionados, en parte, con las tres etapas principales del autodesarrollo temprano (particularmente como lo revela la investigación precursora de Rene Spitz, Edith Jakobson, Margaret Mahler y otros). Un aborto espontáneo del desarrollo en cualquiera de estas etapas puede contribuir a un nivel correspondiente de patología.[10] Éstos no son, por supuesto, niveles rígidos y específicos, como los pisos de un edificio, sino olas superpuestas de autodesarrollo y las muchas cosas que pueden salir mal en cada una de esas olas generales.[11]

Estas tres primeras olas de autodesarrollo pueden resumirse de manera bastante simple. El Ser comienza relativamente indiferenciado de su entorno.[12] Es decir, no puede decir fácilmente dónde se detiene su cuerpo

Psicología integral

y comienza el entorno físico (éste es el comienzo del fulcro 1, F-1). En algún lugar durante el primer año, el bebé aprende que si muerde una manta, no duele, pero si se muerde el pulgar, se lastima: hay una diferencia entre el cuerpo y la materia. El infante diferencia su cuerpo del ambiente, y así su identidad cambia de fusión con el mundo material a una identidad con el cuerpo emocional (que comienza el fulcro 2, F-2). A medida que la mente conceptual comienza a emerger y desarrollarse (especialmente alrededor de entre los 3 y 6 años), el niño eventualmente diferencia la mente conceptual y el cuerpo emocional (esto es el fulcro 3, F-3). La identidad del Ser próximo ha pasado así de materia a cuerpo a mente temprana (y podemos ver que está bien encaminada a través de las olas en el Gran Nido).

Cada una de esas autoetapas (o fulcros) idealmente involucran tanto *diferenciación* como *integración* (trascendencia e inclusión). El Ser se diferencia del nivel inferior (por ejemplo, el cuerpo), se identifica con el siguiente nivel superior (por ejemplo, la mente) y luego integra la mente conceptual con los sentimientos del cuerpo. Un fracaso en cualquiera de esos puntos resulta en una patología: malformación, incapacidad o estrechamiento del Ser en su viaje de otra manera en constante expansión. Por lo tanto, si la mente no logra diferenciarse de los sentimientos corporales, puede abrumarse con emociones dolorosamente intensas (no simplemente sentir emociones fuertes, sino estar encapsulada por ellas), los cambios radicales de humor son comunes, hay grandes dificultades con el control de los impulsos, y un alto en el desarrollo a menudo ocurre en ese punto. Por otro lado, si la mente y el cuerpo se diferencian, pero no se integran (de modo que la diferenciación va demasiado lejos en la disociación), el resultado es una neurosis clásica, o la represión de los sentimientos corporales por estructuras mentales (ego, superego, conciencia rigurosa).

Por lo tanto, el proceso de diferenciación e integración puede fallar en todas y cada una de las etapas (o fulcros), y el nivel del fulcro ayuda a determinar el nivel de patología. En F-1, si el Ser no se diferencia correctamente del entorno físico e integra sus imágenes, el resultado puede ser psicosis (el individuo no puede diferenciar dónde termina su cuerpo y comienza el entorno, experimenta alucinaciones, etcétera). En F-2, si el cuerpo emocional tiene dificultades para diferenciarse de los demás, el resultado puede ser narcisismo (el otro es tratado como extensiones del Ser) o trastornos limítrofes (el otro invade e interrumpe constantemente los frágiles límites del Ser). En F-3, como acabamos de ver, un fallo en la diferenciación provoca una fusión con el yo emocional voluble, mientras que un fallo en la integración conduce a una represión del yo emocional por el nuevo yo mental-egoico emergente (psiconeurosis clásica).

Otra forma de decirlo es que cada nivel de autodesarrollo cuenta con diferentes tipos de defensas. El Ser, en todos los niveles, intentará guarecerse del dolor, la interrupción y, en última instancia, la muerte, y lo hará utilizando cualquier herramienta que esté presente en ese nivel. Si el Ser tiene conceptos, usará conceptos; si tiene reglas, usará reglas; si tiene lógica de visión, usará lógica de visión. En F-1 (como se puede ver en la gráfica 1a), el Ser sólo tiene sensaciones, percepciones y exoceptos (que son las primeras formas de cognición sensomotriz), junto con los primeros impulsos e imágenes; por lo tanto, el yo arcaico puede defenderse sólo de las formas más rudimentarias, como la fusión con el entorno físico, el cumplimiento de deseos alucinatorios (en imágenes) y la distorsión perceptiva. En F-2, el Ser ya cuenta con las herramientas de los sentimientos más intensos, emociones y símbolos recién emergentes, y por lo tanto puede defenderse de maneras más elaboradas, como fraccionarse (dividiendo el Ser y el mundo en representaciones "todas buenas" y "todas malas"), proyectando sus sentimientos y emociones en los demás, y fusionándose con el mundo emocional de los demás. Para el momento de F-3, el Ser ha agregado conceptos elaborados y reglas iniciales, y estas herramientas mentales muy poderosas pueden usarse para reprimir con firmeza el cuerpo y sus sentimientos, desplazar sus deseos, crear formaciones de reacción, y así sucesivamente. (Muchas de estas defensas se enumeran en la gráfica 1a, y la investigación detrás de ellas se discute en la nota del apartado correspondiente).[13] En resumen, el nivel de defensas, el nivel de autodesarrollo, el nivel de patología son todas facetas del mismo desarrollo migratorio a través de las ondas cualitativamente distintas en el Gran Nido.

Del mismo modo, en cada uno de esos casos, se ha encontrado que un tratamiento diversificado es más útil. Comenzaremos con F-3 y nos moveremos de forma descendente en el espectro.

Psicología integral

Con la neurosis típica (F-3), el tratamiento implica relajar y deshacer la barrera de represión, recontactar los sentimientos reprimidos o de sombra, y reintegrarlos en la psique, para que el flujo de desarrollo de la conciencia pueda continuar. Estos enfoques terapéuticos se llaman genéricamente técnicas de "destape" porque intentan descubrir y reintegrar la sombra. Esta "regresión al servicio del ego" devuelve temporalmente la conciencia al trauma temprano (o simplemente la enfrenta de nuevo en contacto con los sentimientos, impulsos o impulsos alienados), le permite amistar y reintegrar los sentimientos alienados, y así restaurar una armonía relativa con la psique. Estos enfoques incluyen el psicoanálisis clásico, aspectos de la terapia gestáltica, la faceta de sombra de la terapia de Jung, el enfoque de Gendlin, aspectos de la psicología del ego y la autopsicología, entre otros.[14]

(En las terapias que reconocen los dominios superiores o transpersonales, esta espiral regresiva curativa se utiliza a menudo como preámbulo de la trascendencia evolutiva y progresiva a niveles superiores, como se indica en la figura 9. Esta espiral curativa no es una regresión a un terreno más alto, sino a uno más bajo, lo que ayuda a restablecer las bases para una trascendencia más segura.)[15]

Pasando al nivel limítrofe de la patología (F-2), el problema no es que un yo intenso reprima el cuerpo, sino que para empezar no existe un yo suficientemente fuerte. Por lo tanto, las técnicas aquí se llaman construcción de estructuras: intentan armar los límites del Ser y fortalecer la fuerza del ego. Hay poco material reprimido que "descubrir", porque el Ser no ha sido lo suficientemente sólido como para reprimir nada. En realidad, el objetivo de la terapia aquí es ayudar a completar la etapa de separación-individuación (F-2), para que la persona emerja con un yo fuerte y límites emocionales claramente diferenciados e integrados. Estos enfoques F-2 incluyen aspectos de la terapia de relaciones con objetos (Winnicott, Fairbairn, Guntrip), psicología del ego psicoanalítico (Mahler, Blanck y Blanck, Kernberg), autopsicología (Kohut) y numerosas integraciones de esos enfoques (como los de John Gedo y James Masterson).

Los primeros fulcros (F-0 y F-1) se han resistido, hasta hace poco, al tratamiento (excepto por la medicación/pacificación), precisamente

8 | La arqueología del Espíritu

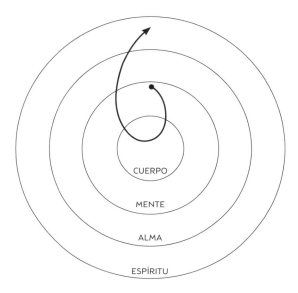

FIGURA 9. *La espiral curativa*

porque son primitivos y de difícil acceso. Sin embargo, los recientes tratamientos de vanguardia (y altamente controvertidos), que van desde el grito primitivo de Janov, hasta la respiración holotrópica de Grof, han reclamado cierta clase de éxito, al volver a "retroceder temporalmente" a las heridas profundas, reexperimentándolas en plena conciencia y permitiendo así que la conciencia avance de una manera más integrada.

Patologías intermedias (F-4, F-5 y F-6) y superiores (F-7, F-8 y F-9)

A medida que avanzamos hacia los fulcros intermedios y superiores, vemos el mismo proceso general: debido a que cada una de las ondas básicas en el Gran Nido tiene una arquitectura diferente, cada nivel de autodesarrollo tiene un nivel cualitativamente distinto de patología, diversos tipos de defensas y una clase de tratamiento correspondiente.[16] En el fulcro 4, F-4 (generalmente de 6 a 12 años), la mente de regla/rol comienza a emerger y el centro de gravedad del Ser comienza a identificarse con esa ola. El Ser comienza a tomar el papel de los demás, y por lo tanto comienza a cambiar de egocéntrico/preconvencional a sociocéntrico/convencional. Si algo sale mal en esta ola general, obtenemos un "guion de patología", todos los guiones, historias y mitos falsos, engañosos y a veces paralizantes que el Ser aprende. La terapia (como la terapia cognitiva) ayuda al individuo a desarraigar estas ideas falsas sobre sí mismo y reemplazarlas con guiones más precisos y saludables. En el fulcro 5, F-5, a medida que emerge el ego autorreflexivo, y el centro de gravedad comienza a cambiar de convencional/conformista a posconvencional/individualista, el Ser se enfrenta a la "identidad *versus* confusión de roles": ¿cómo es el Ser para descubrir quién o qué es, una vez que ya no depende de la sociedad (con su ética convencional, reglas y roles) para tomar decisiones por él? En el fulcro 6, F-6, la visión panorámica de la visión lógica pone en primer plano los problemas y cuestiones existenciales, junto con la posibilidad de una mente corporal más plenamente integrada (o Ser centáurico). En el fulcro 7, F-7, los dominios transpersonales comienzan a enfocarse, no simplemente como experiencias cumbre pasajeras, sino como estructuras nuevas y más altas, con patologías nuevas y superiores (como veremos a continuación).

He tratado con estos nueve o diez niveles de patología, defensas y tratamientos en varios libros, y Rowan, entre otros, ha dado una extensa discusión de patologías y tratamientos en cada uno de estos fulcros.[17] Para esta simple descripción general, todo lo que necesitamos notar es que cada nivel del Gran Nido tiene una arquitectura cualitativamente diferente, y por lo tanto cada ola de autodesarrollo, autopatología y tratamiento también adquiere un tono cualitativamente diferente. Si reconoce cualquiera de las etapas básicas del desarrollo, probablemente también pueda reconocer que algo puede salir mal con cualquiera de ellas, lo cual produce patologías y tratamientos cualitativamente diversos.

Los nueve o diez niveles generales de terapia que describí están destinados a ser aquí sólo nominales; son pautas amplias en cuanto a lo que podemos esperar, basadas en la amplia evidencia compilada por numerosas escuelas diferentes de psicología del desarrollo y espiritualidad contemplativa. No hace falta decir que existe una gran superposición entre estas terapias. Por ejemplo, enumero el "guion de patología" y la "terapia cognitiva" como especialmente relevantes para F-4, que es cuando el Ser se identifica —por primera vez— con la mente de regla/rol y, por lo tanto, puede comenzar a tomar el papel de los demás y aprender las reglas de su sociedad. Como vimos, si algo sale mal durante este periodo general de desarrollo, el resultado es un "guion de patología", una serie de ideas y guiones distorsionados, degradantes e injustos sobre uno mismo y los demás. La terapia cognitiva ha sobresalido en erradicar estos guiones inadaptados y reemplazarlos con ideas y autoconceptos más precisos, benignos y, por lo tanto, saludables. Pero decir que la terapia cognitiva se enfoca en este nivel de desarrollo de la conciencia no es equivale a afirmar que carece de ningún beneficio en otros niveles, porque claramente existe. La idea, en realidad, es que cuanto más nos alejamos de este nivel, menos relevante (pero jamás completamente inútil) se vuelve la terapia cognitiva. Los desarrollos en F-1 y F-2 son en su mayoría preverbales y preconceptuales, por lo que la reprogramación conceptual no aborda directamente estos niveles; y los desarrollos más allá de F-6 son en su mayoría transmentales y transracionales, por lo que la reprogramación mental, en sí misma, tiene alcances limitados de efectividad.

Por lo tanto, no es que una terapia dada se aplique sólo a un nivel de desarrollo, sino que, al enfocarse en uno o dos niveles, la mayoría de las formas de terapia pierden cada vez más su efectividad cuando se aplican en áreas más distantes. Con mucha frecuencia, un enfoque psicoterapéutico particular (psicoanálisis, Gestalt, programación neurolingüística, respiración holotrópica, análisis transaccional, psiquiatría biológica, yoga, etcétera) se utiliza para todo tipo de psicopatologías, a menudo con resultados desafortunados. En realidad, lo único que aprendemos de la existencia de los múltiples niveles del espectro de la conciencia es cuántas dimensiones diferentes de la existencia hay, y cómo una sensibilidad a estas múltiples dimensiones exige una multiplicidad de modalidades de tratamiento.

Además, es generalmente cierto, como sugerí por primera vez en mi libro *El espectro de la conciencia*, que las terapias de un nivel reconocerán (y a menudo usarán) las terapias de niveles inferiores, pero son reacios a reconocer cualquier nivel superior al propio. Por lo tanto, el psicoanálisis clásico reconocerá la importancia de los impulsos instintivos y emocionales, pero restará importancia a los propios guiones cognitivos. Los terapeutas cognitivos enfatizan la importancia de esos guiones, pero minimizan o ignoran la importancia del organismo psicofísico total (o centauro), que los terapeutas humanistas y existenciales enfatizan. Y muchos terapeutas existenciales niegan vehementemente la importancia o incluso la existencia de los niveles transpersonal y transracional. Al asignar a cada terapia un nivel general en el espectro general de la conciencia, también estoy teniendo en cuenta esos hechos particulares: la terapia en un nivel generalmente reconocerá e incluso usará todas las terapias de niveles inferiores, pero rara vez de cualquier nivel superior (cuya existencia, de hecho, a menudo patologizan).

Terapia típica

No es frecuente que un terapeuta vea a un paciente tan evolucionado como para presentar problemas de los nueve o diez fulcros. El centro de gravedad de la mayoría de los adultos está en algún lugar alrededor de lo mítico, racional o centáurico; y ocasionalmente han tenido experiencias cumbre psíquicas o sutiles (que pueden o no tener problemas para integrarse). Por lo tanto, la terapia individual típica tiende a involucrar el fortalecimiento de los límites (F-2), el contacto y entablar amistad con los sentimientos (F-3), la reescritura de guiones cognitiva (F-4) y el diálogo socrático (F-5 y F-6), con problemas específicos de ponerse en contacto con los propios sentimientos (F-3), lidiar con las necesidades de pertenencia (F-4), la autoestima (F-5) y la autorrealización (F-6). A veces éstas son acompañadas por cuestiones de integración de experiencias cumbre e iluminaciones espirituales (psíquicas, sutiles, causales o no-duales), que necesitan ser cuidadosamente diferenciadas de la magia prerracional y las estructuras míticas. (Para sugerencias sobre la diferenciación entre la magia preformal y la psíquica y sutil mítica y posformal, consúltese mi libro *Los tres ojos del conocimiento*.)

Como hemos visto, las terapias regresivas intensas (Grof, Janov) intentan reexperimentar aspectos de los primeros fulcros (pre, peri y neonatal; F-0 y F-1). La psicología del ego psicoanalítico y la psicología del Ser tienden a lidiar con el siguiente fulcro, pero en fulcros tempranos (especialmente F-2 y F-3). La terapia cognitiva e interpersonal tiende a centrarse en creencias y guiones (F-4 y F-5).[18] Las terapias humanístico-existenciales tienden a lidiar con todos esos problemas y en la actualización de un ser auténtico, un ser existencial, la integración de la mente corporal o un centauro (F-6).[19] Y si bien las terapias transpersonales abordan todos esos fulcros, también incluyen varios enfoques de los dominios espirituales superiores (F-7, F-8, F-9; discutiremos estos a continuación; algunas introducciones interesantes a la psicología/terapia transpersonal se enumeran en la nota del apartado correspondiente).[20]

¿Existe un hilo común en todos estos niveles de tratamiento? ¿En lo psicoanalítico, cognitivo, humanístico, transpersonal? En un sentido muy general, sí: la conciencia es en sí misma curativa. Cada escuela terapéutica que hemos mencionado intenta, a su manera, permitir que la conciencia encuentre (o reencuentre) facetas de la experiencia que antes estaban alienadas, malformadas, distorsionadas o ignoradas.[21] Esto es curativo por una razón esencial: al experimentar plenamente estas facetas, la conciencia puede reconocer genuinamente sus elementos y, por lo tanto, dejarlos ir: verlos como un objeto y así diferenciarlos, desentrañarlos, trascenderlos y luego integrarlos en un abrazo más amplio y compasivo.

El catalizador curativo, en todos los casos, es traer conciencia o conciencia a un área de experiencia que es (o ha sido) negada, distorsionada, falsificada o ignorada. Una vez que esa área entra (o vuelve a entrar) en la conciencia, entonces puede volver a unirse al flujo continuo del desarrollo evolutivo, en lugar de quedarse atrás, atrapada en un bucle distorsionado o alienado y enviar síntomas dolorosos (ansiedad, depresión, fobias) como la única indicación de su encarcelamiento. Encontrar (o reencontrar) estas facetas perturbadas o ignoradas les permite ser diferenciadas (trascendidas) e integradas (incluidas) en las olas en curso de la conciencia en constante expansión.

En resumen, en la gran migración morfogenética de la materia a través del cuerpo a través de la mente a través del alma a través del espíritu, las facetas de la conciencia pueden ser divididas, distorsionadas o descuidadas en cualesquiera de esas ondas: las facetas del cuerpo pueden ser reprimidas, los elementos de la mente pueden ser distorsionados, los aspectos del alma pueden ser negados, el llamado del espíritu puede ser ignorado. En cada caso, esas facetas alienadas permanecen como "puntos de adherencia" o lesiones en la conciencia, divididas o eludidas, una fragmentación que produce patología, con el tipo de patología dependiendo en gran parte del nivel de la fragmentación. Contactar (o recontactar) esas facetas, encontrarlas con la conciencia, y así experimentarlas plenamente, permite a la conciencia diferenciar (trascender) e integrar (incluir) sus importantes voces en el flujo general del desarrollo evolutivo.

Subpersonalidades

Mencioné que el Ser contiene numerosas subpersonalidades, y en ninguna parte esto se vuelve más obvio o significativo que en la patología, el diagnóstico y el tratamiento. Las autoridades sobre las subpersonalidades señalan que la persona promedio a menudo tiene alrededor de una docena o más de subpersonalidades, conocidas como estado de ego paterno, estado de ego infantil, estado de ego adulto, líder, subestimado, conciencia, ego ideal, ego idealizado, yo falso, yo auténtico, yo real, crítico duro, superego, yo libidinoso, y así sucesivamente.[22] La mayoría de éstos se experimentan, en parte, como diferentes voces vocales o subvocales en el diálogo interno. A veces, una o más subpersonalidades se disocian casi por completo, lo que puede resultar, en extremos, en un trastorno de personalidad múltiple. Para la mayoría de las personas, sin embargo, estas diversas subpersonalidades simplemente compiten por la atención y el dominio conductual, formando un tipo de sociedad subconsciente de sí mismos que debe ser negociada por el Ser próximo en cualquiera de sus etapas.

Cada una de estas subpersonalidades puede estar en un nivel diferente de desarrollo en cualquiera de sus líneas. En otras palabras, las subpersonalidades pueden formarse virtualmente en cualquiera de los fulcros: subpersonalidades arcaicas (F-0, F-1), subpersonalidades mágicas (F-2, F-3), subpersonalidades míticas (F-3, F-4), subpersonalidades racionales (F-5, F-6) e incluso subpersonalidades del alma (F-7, F-8).[23]

Por lo tanto, considerables resultados de investigaciones sugieren que no sólo las diversas líneas de desarrollo se pueden desenvolver de manera relativamente independiente, sino que también lo puede hacer cualquiera de las diversas subpersonalidades. Por *ambas* razones, *una persona* puede *por lo tanto tener facetas de su conciencia en diferentes niveles* de moral, cosmovisiones, defensas, patologías, necesidades, etcétera (que se pueden trazar en una psicográfica integral, como en las figuras 2 y 3). Por ejemplo, el estado de ego infantil usualmente se genera en F-2 y F-3 (con la moral preconvencional, la visión mágica del mundo y las necesidades de seguridad), lo que se vuelve perfectamente obvio cuando una persona es tomada por un estado de ego infantil (por ejemplo, rabieta explosiva, con demandas egocéntricas, visión narcisista del mundo), que puede explotar a través de la personalidad, manejarla durante minutos u horas, y luego pasar tan rápido como apareció, devolviendo a la persona a su yo más típico y promedio (que puede ser altamente evolucionado).

Por lo tanto, cuando describo nueve o diez niveles generales de conciencia, cosmovisiones, patología, tratamiento, etcétera, eso no significa de ninguna manera que una persona esté simplemente en una etapa, con un tipo de defensa, un tipo de patología, un tipo de necesidad y un tipo de tratamiento. Cada una de las docenas o más subpersonalidades pueden estar en un nivel diferente, de modo que el individuo tiene numerosos tipos y niveles de necesidades, defensas y patologías (por ejemplo, de limítrofes a neuróticas, de existenciales a espirituales), y por lo tanto responderá a una amplia variedad de esfuerzos terapéuticos.

Las subpersonalidades, en su forma benigna, son simplemente autopresentaciones funcionales que navegan situaciones psicosociales particulares (una persona paterna, una persona esposa, un yo libidinal, un yo triunfador, etcétera). Las subpersonalidades se vuelven problemáticas sólo en el grado de su disociación, que fluctúa de leve a moderado a severo. La dificultad viene cuando cualquiera de estas personalidades funcionales está fuertemente disociada, o separada del acceso al Ser consciente, debido a traumas repetidos, abortos involuntarios del desarrollo, estrés recurrente o falta de atención selectiva. Estas personas ahogadas (con su ahora conjunto disociado y fijo de moral, necesidades, visiones del mundo) se instalan en el fondo, donde sabotean el crecimiento y el desarrollo. Permanecen como "sujetos ocultos", facetas de la conciencia con las que el Ser ya no puede desidentificarse y trascender, porque están sellados en núcleos inconscientes de la psique, de los que envían derivados simbólicos en forma de síntomas dolorosos.

El catalizador curativo, de nuevo, es traer conciencia para influir en estas subpersonalidades, objetivándolas e incluyéndolas así en una mirada más compasiva. En términos generales, los individuos presentarán una sintomatología donde una o dos subpersonalidades y sus patologías son dominantes (un crítico interno severo, un debilitamiento propenso al fracaso, un estado de ego de baja autoestima, etcétera), y por lo tanto la terapia tiende a centrarse en estos temas más visibles. A medida que las patologías dominantes se alivian (y sus subpersonalidades se integran), las menos notorias a menudo tenderán a surgir, a veces con fuerza, y la atención terapéutica naturalmente gravita sobre ellas. Estas subpersonalidades pueden incluir tanto a los seres más primitivos (arcaicos, mágicos) como a cualquier ser transpersonal emergente (alma, espíritu).

Del mismo modo, las diversas subpersonalidades a menudo se desencadenan por el contexto: una persona puede lidiar bien con una situación, pero puede que otra le desencadene pánico, depresión, ansiedad, etcétera. Aliviar el problema dominante en un área a menudo permitirá que surjan patologías menos notables, y luego se puedan resolver. El ingrediente terapéutico que trae soporte a la conciencia, ayuda al individuo a volverse más consciente de las subpersonalidades, convirtiéndolas así de "sujetos ocultos" a "objetos conscientes", donde pueden reintegrarse en el Ser y así unirse al flujo continuo de la evolución de la conciencia, en lugar de permanecer fijos en los niveles más bajos donde estaban originalmente disociados. Porque no importa cuán numerosas sean las subpersonalidades, es la tarea del Ser próximo moldear algún tipo de integración o armonía en el coro de voces, y así, seguramente, abrirse camino hacia la Fuente de todas ellas.

8 | La arqueología del Espíritu

La arqueología del ser

A través de la figura 10, se puede hacer un resumen de la discusión anterior sobre las etapas del Ser y la patología. Una vez más, se muestra el Gran Nido, pero ahora dibujado para mostrar grados de profundidad interior. Dicho de otra forma, figuras como la 1 y la 6 muestran que las esferas superiores trascienden e incluyen a las inferiores; la figura 10 expone que las esferas superiores se experimentan como interiores y más profundas que las inferiores, mismas que, en comparación, se experimentan como superficiales, llanas y exteriores. Así, el cuerpo se experimenta como si estuviera dentro del entorno físico; la mente se experimenta como si estuviera dentro del cuerpo; el alma se experimenta dentro de la mente, y en lo profundo del alma está el Espíritu puro mismo, que trasciende todo y lo abraza todo (en el interior y en el exterior).

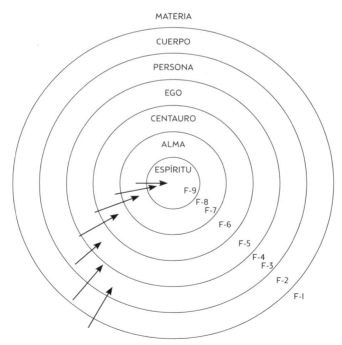

Figura 10. *Capas del Ser*

La figura 10 muestra esta arqueología del Espíritu, a medida que las capas más superficiales del Ser se separan para exponer ondas de conciencia cada vez más profundas e intensas. Esto implica el surgimiento de un mayor número de posibilidades que nos llevan hacia delante, no hacia atrás, y nos muestra la evolución y el crecimiento futuros, no una evolución pasada y una regresión. Ésta es una arqueología de profundidad, sin duda, pero una hondura que se sumerge en el futuro, no en el pasado; que llega a un mañana superior, no a un ayer añejo; esa que descubre los tesoros ocultos de la involución, no los fósiles de la evolución. Buscamos dentro para avanzar, no para retroceder.

He aquí un resumen de dicha expedición arqueológica:

Al principio de F-1, en la superficie menos profunda del Espíritu, el Yo sigue sin diferenciarse en gran medida del mundo material (como Piaget lo dijo: "El Yo es material de aquí, por así decirlo"); los problemas en esta etapa pueden, por lo tanto, contribuir a una falta perturbadora de límites personales, autismo infantil y algunas formas de psicosis. La cosmovisión de esta etapa es arcaica, y esta conciencia arcaica, si no es diferenciada (trascendida) e integrada (resuelta) puede conducir a patologías primitivas. En su primer paso, el viaje al Ser es saboteado y las repercusiones son severas.[24]

En F-2 (la etapa de separación-individuación), el cuerpo emocional se diferencia de las emociones y sentimientos de los demás. Los problemas en esta etapa pueden contribuir a las condiciones limítrofes y narcisistas, donde el Yo trata al mundo y a los demás como meras extensiones de sí mismo (narcisismo), o el mundo invade y perturba dolorosamente al Yo (limítrofe); ambos debido al hecho de que el mundo y el Yo no están diferenciados de manera estable. La visión del mundo de esta etapa es mágica: el Yo puede ordenar mágicamente el mundo alrededor de la fantasía omnipotente, el entorno está lleno de desplazamientos animistas (no como una forma sofisticada de panenteísmo, sino como proyecciones de impulsos antropomórficos) y la "palabra mágica" es mandato. La fijación en este nivel mágico (y las sub-personalidades mágicas) es una gran parte del repertorio cognitivo de las condiciones limítrofes y narcisistas.

8 | La arqueología del Espíritu

Con F-3, el Yo mental temprano (el ego o la persona temprana) comienza a emerger y diferenciarse del cuerpo y sus impulsos, sentimientos y emociones, y trata de integrar estos sentimientos en su nuevo Yo conceptual. El fracaso en este fulcro crucial (generalmente sintetizado como Edipo/Electra) puede contribuir a una neurosis clásica: ansiedad, depresión, fobias, trastornos obsesivo-compulsivos y culpa excesiva a manos del superego recientemente internalizado. El yo conceptual se asusta y abruma por los sentimientos del cuerpo (especialmente el sexo y la agresión), y en su equivocado intento de defenderse de estos sentimientos, simplemente termina enviándolos a la clandestinidad (como subpersonalidades impulsivas), donde causan aún más dolor y terror que cuando se enfrentan a la conciencia.

Todos estos primeros fulcros (F-1 a F-3) siguen siendo fuertemente egocéntricos y preconvencionales (en cuanto a las posibles experiencias espirituales de la infancia, consúltese el capítulo 10). La fijación a sus modos narcisistas mantiene la conciencia circulando en la superficie del Ser, y el viaje a las Profundidades se descarrila en algunas de las capas arqueológicas más superficiales.

Este Yo mental temprano es al principio un Yo de nombre sencillo, luego un autoconcepto rudimentario, pero pronto se expande en un rol pleno del Yo (o persona) con el surgimiento de la mente de regla/rol y la capacidad creciente de tomar el papel de otro (F-4). La visión del mundo tanto de finales de F-3 y principios de F-4 es mítica, lo que significa que estos primeros roles son a menudo los que se encuentran manifestados en los dioses y diosas mitológicas, que representan los roles arquetípicos que se encuentran disponibles para cualquier individuo. Es decir, éstos son simplemente algunos de los roles colectivos y concretos disponibles para hombres y mujeres, como el padre fuerte, la madre cariñosa, un guerrero, un estafador, el ánima, animus, entre otros, que a menudo se encarnan en las figuras concretas de las mitologías del mundo (Perséfone, Deméter, Zeus, Apolo, Venus, Indra, etcétera). La investigación junguiana sugiere que estos roles míticos arquetípicos son heredados colectivamente; pero, observemos, en su mayor parte no son transpersonales (una confusión común en los círculos junguianos y de la Nueva Era).[25] Estos roles míticos son simplemente parte de las muchas (sub)personalidades que pueden existir en este nivel mítico preformal de desarrollo de la conciencia; son preformales y colectivas, no posformales y transpersonales. Algunos "arquetipos de altura", como el Viejo Sabio, la Bruja y el mandala, son a veces símbolos de los dominios transpersonales, pero no necesariamente llevan experiencia directa de esos dominios.[26] Nos estamos centrando, como tal, en el nivel mítico concreto-literal.

Estos roles preformales y arquetípicos se ven reforzados por los roles culturales específicos que el niño comienza a aprender en esta etapa: las interacciones típicas con la familia, los compañeros y los demás miembros de la sociedad. A medida que se aprenden estos guiones culturales, pueden surgir varios problemas y distorsiones, y estos contribuyen a lo que genéricamente hemos estado llamando patología del guion. Dado que la visión del mundo de este nivel es mítica (membresía-mítica), la terapia en este nivel, independientemente de su denominación, a menudo implica desarraigar estos mitos y reemplazarlos con guiones y roles más precisos y menos dañinos. Incluso el enfoque junguiano, que a veces sobrevalora las exhibiciones míticas, procede de una manera similar, diferenciando e integrando motivos míticos y, por tanto, honrándolos y trascendiéndolos.[27]

Pero ¿qué está sucediendo aquí? Al pasar de la membresía preconvencional y narcisista a la membresía convencional y mítica, la conciencia se ha profundizado significativamente de egocéntrica a sociocéntrica. Se ha expandido de "mí" a "nosotros", y así ha sondeado nuevas profundidades en su viaje arqueológico al Ser. Está abandonando lentamente las superficies débiles y primitivas, volviéndose menos narcisista, menos superficial y, en su lugar, se sumerge en las profundidades, donde los seres individuales están cada vez más unidos en ese Ser común que incide sobre toda la muestra, y en el movimiento de la magia egocéntrica a la sociocéntrica mítica: el corazón del Ser que todo lo abarca se intuye cada vez más.

Con el surgimiento de las capacidades formales-reflexivas, el Yo puede sumergirse aún más, pasando de roles convencionales/conformistas y un Yo de membresía-mítica (la persona), a un autodenominado ego maduro: posconvencional, global, centrado en el mundo (consciente e individualista, para usar la versión de Loevinger). Ya no sólo nosotros (mi tribu, mi clan, mi grupo, mi nación), sino todos nosotros (todos los seres humanos sin excepción, independientemente de la raza, religión, sexo o credo). La conciencia se desprende de sus superficies parroquiales y se sumerge en lo que la humanidad global comparte, insistiendo en formas de compasión que son universales, imparciales, justas y equitativas para todos.

Los problemas en esta etapa (F-5) a menudo se centran en la transición tremendamente difícil de los roles conformistas y la moral prescriptiva, a los principios universales de conciencia e identidades posconvencionales: ¿quién soy yo (no de acuerdo con mamá o papá o la sociedad o la Biblia), sino de acuerdo con mi propia conciencia más profunda? La "crisis de identidad" de Erikson es un resumen clásico de muchos de los problemas de esta etapa.[28]

A medida que la visión-lógica comienza a emerger, la conciencia posconvencional profundiza en preocupaciones existenciales completamente universales: vida y muerte, autenticidad, integración plena de la mente corporal, autorrealización, conciencia global, adhesión holística, todo resumido como la aparición del centauro (por ejemplo, las etapas autónomas e integradas de Loevinger). En el viaje arqueológico al Ser, el ámbito exclusivo del reino personal está llegando a su fin, se comienza a desprender de un Espíritu radiante, y ese resplandor universal poco a poco lo ilumina y hace que el ser sea cada vez más transparente.

Como de costumbre, cuanto más vamos dentro, avanzamos más. En la extraordinaria arqueología del Espíritu, cuanto más profundo es el nivel, más amplio es el abrazo contenido que te conduce. Dentro del mundo de la materia está el cuerpo, pero el cuerpo vital va más allá de la materia de tantas formas: sus sentimientos responden mientras las rocas no lo hacen; sus percepciones reconocen un mundo mientras la insensibilidad duerme; sus emociones mueven un cuerpo mientras el polvo espera en silencio. Del mismo modo, la mente existe dentro del cuerpo vital, pero la mente va más allá del cuerpo de muchas maneras: mientras el cuerpo siente sus propios sentimientos, la cognición de la mente toma el papel de los demás, y así expande la conciencia de egocéntrica a sociocéntrica a una centrada en el mundo; la mente teje el pasado y el futuro, y así se eleva por encima de la impulsividad de los instintos del cuerpo. Mientras que la mente concibe el mundo de lo que podría ser y lo que debería ser, el cuerpo se adormece en su presente ingenuo.

De igual manera, mirando muy en lo profundo de la mente, en la parte más interiorizada de nosotros, en donde la mente empieza a calmarse y silenciarse, uno puede escuchar, en ese Silencio infinito, cómo el alma murmura y su voz, suave como una pluma, puede llevarnos más allá de lo imaginable, más allá de lo que cualquier razón estaría dispuesta a comprender, más allá de lo que toda lógica podría sostener. En esos murmullos se pueden apreciar los indicios más delicados del amor infinito, resquicios de una vida olvidada por el tiempo, destellos de una felicidad que no debe ser mencionada, una desviación infinita en donde los misterios de la eternidad dan vida al tiempo mortal y donde el sufrimiento y el dolor olvidaron cómo pronunciar sus propios nombres. Esta discreta y secreta desviación del tiempo y de lo atemporal se llama alma.

En la arqueología del Yo, lo transpersonal yace en lo profundo con lo personal, sobrepasándolo: siempre al interior y más allá. El alma comienza a manifestarte en la conciencia de manera más permanente, lo que antes se sentía sólo en experiencias climáticas, o como una intuición ya conocida de la inmortalidad, de lo maravilloso y la gracia. Sin ser aún infinita y omnipresente, ya sin ser sólo personal y mortal, el alma se vuelve el transporte entre el Espíritu puro y el individuo. El alma puede acoger el enorme reino del misticismo natural o derribar en el misticismo divino en lo más profundo de sí; puede otorgar un significado *post mortem* a todo lo vivo y dar gracia a cada aspecto de la psique; ofrece el inicio de la fe inquebrantable y ecuanimidad en medio de las adversidades de la vida, y otorga piedad a todo aquello que encuentra. Puedes llegar al alma con una simple instrucción: desvíate a la izquierda y continúa a lo profundo.

Una enfermedad del alma es una enfermedad sin duda. Las patologías que acosan el desarrollo psíquico y sutil son numerosas y profundas. Las primeras y más simples son aquéllas resultado de abruptas experiencias cumbre, psíquicas y sutiles, antes de que se hayan convertido en comprensiones permanentes y ondas básicas en la propia conciencia. Como hemos visto, una persona en el nivel arcaico, mágico, mítico, racional o centaúrico puede "asomarse": experimentar cualquiera de los estados superiores (psíquico, sutil, causal, no-dual). En algunos casos, estos son tan disruptivos que, especialmente en una persona con deficiencias de F-1 o F-2, pueden desencadenar una ruptura psicótica.[29] En otros, el resultado es una emergencia espiritual.[30] En otros, la experiencia cumbre es una ocasión beneficiosa que cambia la vida.[31] Pero en todos estos casos, la comprensión de la experiencia depende del entendimiento tanto del nivel desde el que se origina la experiencia (psíquico, sutil, causal, no-dual) como del nivel en el que se experimenta e interpreta (arcaico, mágico, mítico, racional, centaúrico; o, de forma más específica, del nivel de desarrollo del Yo y todas las líneas relacionadas con el Yo, incluidas la moral, las necesidades, las visiones del mundo, etcétera. Como vimos, una experiencia de pico transpersonal se experimenta e interpreta de manera muy diferente en distintas etapas morales, por ejemplo. Y todos estos diversos niveles y líneas deben tenerse en cuenta al evaluar la naturaleza y el tratamiento de cualquier emergencia espiritual). En otras palabras, una psicográfica integral del individuo es la mejor guía en éste o cualquier otro esfuerzo terapéutico.

Más allá de los estados no básicos y las experiencias pico temporales está la realización permanente, y a medida que comienza la adaptación a los ámbitos del alma, cualquier número de patologías puede desarrollarse.[32] El Yo se puede abrumar con la luz, perderse en el amor, inundar con una grandeza que sus límites no pueden contener. Alternativamente, puede simplemente inflar su ego a proporciones infinitas (especialmente si hay algún residuo F-2 o narcisista-limítrofe). Puede desarrollar una división entre sus ámbitos superiores e inferiores (especialmente entre el alma y el cuerpo). Puede reprimir y disociar aspectos del alma misma (produciendo subpersonalidades F-7 y F-8; no impulsos inferiores que tratan de subir, sino impulsos superiores tratando de bajar). Puede permanecer fusionado con el alma cuando debe comenzar a dejarla ir. Y la patología más temprana y simple de todas: negar la existencia de nuestra propia alma.

Una creciente ola de literatura está cada vez más en sintonía con las enfermedades del alma, utilizando las técnicas de las disciplinas espirituales tradicionales y la psicoterapia moderna (varios de estos enfoques se enumeran en la nota del apartado correspondiente).[33] Para las técnicas más tradicionales, que también son parte de cualquier terapia integral, he enumerado en las gráficas la senda de los chamanes/yoguis, la obra de los santos, el camino de los sabios y de los siddhas (que tratan con lo psíquico, lo sutil, lo causal y lo no-dual, respectivamente), mismos que también abordaré en una nota al final.[34]

En la arqueología del Ser, estamos en el punto donde el alma ha emergido de las profundidades interiores de la mente y ha señalado el camino hacia un mejor mañana. Pero, al igual que Moisés, el alma puede vislumbrar desde lejos, pero nunca entrar a, la Tierra Prometida. Como diría Santa Teresa, después de que la mariposa (alma) emergió de la muerte de la crisálida (ego), ahora la pequeña mariposa debe morir. Cuando el alma misma crece quieta, y descansa de su propia fatiga; cuando el Testigo libera su control final, y se disuelve en su territorio constante; cuando la última capa del Ser se desprende en el vacío más puro; cuando la forma final de la autocontracción se despliega en la infinidad de todo el espacio; entonces el Espíritu mismo, como conciencia siempre presente, se mantiene libre por su propia voluntad, nunca está verdaderamente perdido, y por lo tanto nunca será verdaderamente encontrado. Con un impacto de lo completamente obvio, el mundo continúa apareciendo, tal y como siempre lo ha hecho.

En el más profundo interior, el más indiscutible infinito. Con la conciencia siempre presente, su alma se expande para abrazar todo el Kosmos, de modo que sólo el Espíritu permanezca, como el mundo simple de lo que es. La lluvia ya no cae sobre ti, sino dentro de ti; el sol brilla desde el interior de tu corazón e irradia hacia el mundo bendiciéndolo con gracia; las supernovas se arremolinan en tu conciencia, el trueno es el sonido de tu propio corazón eufórico; los océanos y los ríos no son más que tu sangre pulsando al ritmo de tu alma. Mundos de luz que ascienden infinitamente danzan en el interior de tu cerebro; mundos de la noche caen infinitamente en cascada alrededor de tus pies; las nubes se deslizan a través del cielo de tu propia mente sin restricciones, mientras el viento sopla a través del espacio vacío donde alguna vez estuvo tu Yo. El sonido de la lluvia cayendo sobre el techo es el único Yo que puede encontrar, aquí en el mundo obvio de un atisbo cristalino, donde interior y exterior son bobas ficciones, y el Yo y el Otro son mentiras obscenas, y la simplicidad siempre presente es el sonido de una mano aplaudiendo descabelladamente por toda la eternidad. En la mayor profundidad, lo más simple es y el viaje termina (como siempre lo hace) exactamente donde comenzó.

Una terapia de espectro completo

Algunos puntos podrían ser enfatizados en esta arqueología del Ser. Como se indica en la segunda columna de la gráfica 1a, estas ondas generales del autodesarrollo (Ser material, cuerpo, persona, ego, centauro, alma) no son peldaños rígidos y discretos en una escalera, sino corrientes superpuestas de autodesarrollo, y existen como subholones funcionales en el desarrollo posterior (salvo en la patología, como la división en subpersonalidades disociadas). Aunque cada fulcro en sí es bastante discreto, las capacidades funcionales de cada uno permanecen en el desarrollo posterior, y esto se indica por las flechas continuas que se dibujan tanto en la gráfica 1a como en la figura 10. (Más tarde, volveremos a esta idea y mostraremos otra razón por la que estos varios "Yos" pueden superponerse y coexistir hasta cierto punto; véase el apartado "Diferentes líneas del Ser" en el capítulo 9).

El punto aquí es simplemente que el adulto promedio acude a la terapia con (para usar una versión simplificada) un cuerpo físico, un cuerpo libidinal/emocional, una o más imágenes del cuerpo, una o más personas o roles convencionales, uno o más estados de ego, con disociaciones en cualquiera de esos niveles, produciendo complejos disociados y subpersonalidades en esos niveles, y un alma y espíritu incipientes, esperando un nacimiento más genuino.[35] Un terapeuta de espectro completo trabaja con el cuerpo, la sombra, la persona, el ego, el Yo existencial, el alma y el espíritu tratando de traer conciencia a todos ellos, para que todos puedan unirse a la conciencia en el viaje de regreso extraordinario al Ser y al Espíritu que fundamenta y mueve el despliegue entero.

En resumen, un terapeuta de espectro completo es un arqueólogo del Ser. Pero, como ya vimos, ésta es una arqueología que desentierra el futuro, no el pasado. Ésta se adentra en el interior para encontrar el más allá, lo emergente, lo nuevo, no lo que ya había sido enterrado. Estas capas cada vez más profundas nos empujan hacia delante, no hacia atrás; son capas de Eros, no de Tánatos; conducen a los nacimientos del mañana, no a las tumbas del ayer.

(En este despliegue de potenciales superiores, si algún aspecto del Ser que ya ha emergido fuera reprimido, perdido o alienado, entonces necesitamos, terapéuticamente, "retroceder en el servicio del yo" —necesitamos regresar al pasado, regresar a las capas más superficiales y menos profundas— al Ser material, al Yo libidinal, a los primeros guiones distorsionados, y así sucesivamente y recontactar esas facetas, liberar sus distorsiones, reintegrarlas en la corriente continua de desarrollo de la conciencia, y así reanudar el viaje a las profundidades reales sin distraerse por esas conmociones superficiales de mucho ruido y furia, significando [si no es que nada], no mucho. La mayoría de la "psicología de la profundidad" —la freudiana, por ejemplo— es realmente "psicología superficial", no sondea las profundidades, sino las aguas poco profundas del Yo.)

Pero decir que las olas más profundas del Ser están arqueológicamente descubiertas no es lo mismo (ni por asomo) que decir que son simplemente dadas de antemano, como un cofre del tesoro enterrado en espera de ser excavado. Simplemente significa que estas ondas más profundas son todos los potenciales básicos de la condición humana (y sensible). Cada individuo descubre las profundidades que se nos dan colectivamente a todos nosotros (todos tenemos cuerpos y mentes y almas y espíritus, y ninguno de nosotros los creó); pero cada individuo descubre las profundidades creando las características superficiales de cada ola que serán exclusivamente suyas (lo que hagas con el cuerpo, la mente, el alma y el espíritu: eso realmente depende de ti). Como siempre, tenemos que labrar el futuro que se nos concede; y el terapeuta de espectro completo es un asistente en este viaje extraordinario que es tanto descubrimiento como creación.

Profundidad y altura

Finalmente, diré algunas cosas importantes sobre todas estas metáforas de "profundidad", "altura", "ascenso", "descenso", entre otras.

En la primera parte de esta presentación, frecuentemente usé la metáfora de los niveles y olas "superiores", con un ascenso de conciencia. Ahora he cambiado a "profundidad" y a la inmersión hacia el interior. Lo cierto es que todas estas metáforas son útiles porque enfatizan diferentes aspectos de una conciencia que es mayor que cualquier conceptualización. Sin embargo, una y otra vez he visto cómo las discusiones más ricas se detienen porque a alguien no prefiere los términos "altura" o "ascenso", porque alguien odia el vocablo "dentro" y alguien más detesta decir "profundidad". Seguramente podemos apreciar las verdades *parciales* que todas estas metáforas transmiten.

En *La verdad olvidada*, Huston Smith señala que las tradiciones usualmente se refieren a mayores niveles de realidad como más altos, y a mayores niveles del Yo como más profundos, de modo que cuanto más alto avances en el Gran Nido del Ser, más profundo cavarás en tu propio ser. Justo es el enfoque que usé para exponer la arqueología del Ser. Y es un enfoque completamente válido, porque, como todas las buenas metáforas, se necesita algo que ya conocemos con claridad para ayudarnos a expresar mejor algo que aún ignoramos. En este caso, todos sabemos que el cuerpo experimenta dentro del entorno físico, y todos sabemos que se la mente trabaja dentro de nuestro cuerpo. Esta metáfora de la profundidad, este moverse dentro, es por lo tanto una pista maravillosa de que el alma opera dentro de la mente, y sin embargo también la trasciende; lo mismo que el espíritu está dentro y más allá del alma, trascendiendo todo, abrazando todo. La metáfora de "capas de profundidad" o "capas del Ser" (como se encuentra en el Vedanta, por ejemplo, o los siete castillos interiores de Santa Teresa de Jesús) es encantadora, y nos recuerda poderosamente que lo que el mundo terreno describe como "profundo" es, frecuentemente, muy superficial.

La metáfora de la altura es igualmente encantadora. Aunque, como Huston nos recuerda, la "altura" se usa a menudo para los niveles de realidad. En el análisis final los niveles de realidad y los niveles de conciencia son dos frases para caracterizar la misma cosa, y por lo tanto podemos hablar útilmente del ascenso de la conciencia, las estaturas del alma y el espíritu, el ir más allá de lo que es transpersonal y superconsciente. Esta metáfora también se basa en algo que ya sabemos: cada vez que pasamos de una preocupación limitada a una perspectiva más amplia, sentimos que hemos superado esa situación. Hay una sensación de ser libre, un sentimiento de liberación, un aumento en la amplitud, una trascendencia. Pasar de lo egocéntrico a lo etnocéntrico, de lo mundano a lo teocéntrico es ascender a esferas cada vez más amplias y elevadas de liberación y abrazo, trascendencia e inclusión, libertad y compasión. A veces este ascenso también se siente concretamente, como cuando, por ejemplo, escuchamos que la energía kundalini literalmente se mueve por la columna vertebral. La metáfora de la altura vertical también funciona porque en muchas experiencias espirituales, sentimos que el Espíritu desciende desde arriba hacia nosotros (un factor enfatizado en muchas prácticas espirituales, desde el descenso de la supermente, de Aurobindo, hasta el descenso del espíritu santo, de los gnósticos). Llegamos hasta el Espíritu con Eros; el Espíritu llega hasta nosotros con Ágape. Éstas, también, son metáforas fascinantes.

Pero debemos ser muy cuidadosos para especificar qué metáforas estamos usando, porque el término "profundidad" significa algo exactamente opuesto en cada una de ellas. Con la metáfora de profundidad o arqueología, "profundidad" comunica una realidad mayor; con la metáfora de ascenso, "profundidad" comunica una realidad menor. Por ejemplo: trabajando con la metáfora del ascenso, podemos hablar, como lo hizo Assagioli, de "psicología de altura" y "psicología de profundidad". En este caso, tanto la "altura" como la "profundidad" se juzgan de acuerdo con su relación con el ego racional promedio. Cualquier cosa más baja que el ego (impulsos arcaicos, emociones vitales, fantasías mágicas-míticas) son parte de la "psicología de la profundidad" (que en realidad quiere decir psicología inferior y primitiva), y cualquier cosa más alta que el ego (alma y espíritu) son parte de la "psicología de la altura". En esta metáfora, la evolución es el ascenso de la conciencia de la materia al cuerpo a la mente al alma al espíritu, y la involución es el descenso de la conciencia a través de cualquiera de esos vehículos. La regresión retrocede en la línea de la evolución, mientras que el desarrollo avanza en esa misma línea.[36] (En la metáfora de la profundidad, la regresión se está moviendo hacia las superficies, y el desarrollo se acerca hacia las profundidades: mismo aspecto, metáfora diferente).[37]

Continuaré recurriendo a todas esas metáforas, pues confío en que el contexto dejará claro lo que pretenden comunicar. (La figura 10 apela a la profundidad; las figuras de la 1 a la 9 enfatizan la altura.) El hecho es que todas esas metáforas son verdaderas a su manera. Cada interior lleva a un más allá, y un terapeuta de espectro completo es un guía para las profundidades cada vez mayores que revelan alturas también cada vez mayores.

Terapia integral o de cuatro cuadrantes

Observe que los factores anteriores se centraron casi exclusivamente en los desarrollos interiores en un individuo (el cuadrante superior izquierdo). Esas conclusiones, si bien son válidas, deben establecerse en el contexto de los otros cuadrantes, incluso cuando se trata de comprender el desarrollo y la patología individuales. Los cuatro cuadrantes interactúan entre sí (están incrustados el uno en el otro) y, por lo tanto, todos son necesarios para comprender las patologías en cualquiera de ellos.

Hemos visto que los eventos subjetivos en la conciencia individual (superior izquierdo, SI) están íntimamente relacionados con eventos y mecanismos objetivos en el organismo (superior derecho, SD), como eventos en el tronco cerebral, el sistema límbico, el neocórtex, patrones de ondas cerebrales (estados alfa, beta, theta y delta), sincronización hemisférica, niveles y desequilibrios de neurotransmisores, etcétera.[38] Todos esos factores

Psicología integral

del cuadrante superior derecho deben incluirse cuidadosamente en cualquier comprensión de la psicopatología individual. Esto incluye las verdades parciales de la psiquiatría biológica, que se centra en la farmacología y los tratamientos medicinales de la psicopatología (aunque no necesitamos reducir toda la conciencia a eventos en el cuadrante superior derecho).

Del mismo modo necesitamos ver específicamente las corrientes culturales más grandes (inferior izquierdo, II) y las estructuras sociales (inferior derecho, ID) que son inseparables del desarrollo de la conciencia individual. ¿De qué sirve ajustarse e integrarse a sí mismo en una cultura que está enferma? ¿Qué significa ser un nazi bien adaptado? ¿Eso es salud mental? ¿O es una persona inadaptada en una sociedad nazi la única que está cuerda?

Todas estas consideraciones son cruciales. Una malformación —una patología, una "enfermedad"— en cualquier cuadrante reverberará a través de los cuatro cuadrantes, porque cada holón tiene estas cuatro facetas de su ser. Por lo tanto, una sociedad con un modo de producción alienante (ID), como los salarios de esclavos por una labor deshumanizante, se reflejará en una baja autoestima para los trabajadores (SI) y una química cerebral fuera de control (SD) que podría, por ejemplo, institucionalizar el abuso del alcohol como automedicación. De igual forma, una visión cultural del mundo que devalúe a las mujeres resultará en una tendencia a paralizar el potencial femenino individual y una química cerebral que definitivamente podría usar un poco de Prozac.

Y así sucesivamente se puede rondar por los cuatro cuadrantes. Mutile uno y los cuatro sufrirán una hemorragia. Nos estamos acercando rápidamente a un entendimiento que concibe las "patologías" individuales como la punta de un enorme iceberg que incluye autoetapas, cosmovisiones culturales, estructuras sociales y acceso espiritual a la profundidad.[39] La terapia individual no es de ninguna manera irrelevante, pero en muchos sentidos no es más que una pequeña porción de un mundo disfuncional (aún no integral). Es por eso que una terapia verdaderamente integral no es sólo individual, sino cultural, social, espiritual y política.

Por lo tanto, en términos más simples, una terapia integral trataría de abordar tantas facetas de los cuadrantes como sea pragmáticamente factible en cada caso. *The Future of the Body* ("El Futuro del Cuerpo") de Mike Murphy es un excelente compendio de una visión integral, al igual que *Lo que realmente importa*, de Tony Schwartz. En mi libro *El ojo del Espíritu* yo resumo los aspectos de un enfoque integral. *The Life We Are Given* ("La vida que se nos da") de Murphy y Leonard es una guía útil para una forma de práctica terapéutica integral, y lo encuentro muy recomendable.[40] Pero cualquiera puede acceder a su propia práctica integral. La idea es ejercer simultáneamente todas las capacidades y dimensiones principales de la mente del cuerpo humano: física, emocional, mental, social, cultural, espiritual. En mi libro *Diario* describo recomendaciones personales para una terapia integral ("todos los niveles, todos los cuadrantes"); aquí hay algunos ejemplos, un recorrido de todos los cuadrantes, con algunas prácticas representativas de cada uno:

CUADRANTE SUPERIOR DERECHO (INDIVIDUAL, OBJETIVO, CONDUCTUAL)
Física
    DIETA: Atkins, Eades, Ornish; vitaminas, hormonas
    ESTRUCTURAL: levantamiento de pesas, aeróbicos, senderismo, método Rolfing, etcétera.
Neurológica
    FARMACOLÓGICA: varios medicamentos/fármacos, cuando corresponda
    MÁQUINAS CEREBRALES/MENTALES: para ayudar a inducir los estados de conciencia theta y delta

CUADRANTE SUPERIOR IZQUIERDO (INDIVIDUAL, SUBJETIVO, INTENCIONAL)
Emocional
    RESPIRACIÓN: tai chi, yoga, bioenergética, circulación de prana o sensaciones-energía, qi gong
    SEXO: comunión de sexo tántrico, sexualidad autotrascendente de cuerpo entero
Mental

Psicología integral

TERAPIA: psicoterapia, terapia cognitiva, periodos de observación

VISIÓN: adopción de una filosofía consciente de la vida, visualización, afirmación

Espiritual

PSÍQUICO (chamán/yogui): chamánico, misticismo de la naturaleza, inicio tántrico

SUTIL (santo): misticismo de la deidad, yidam, oración contemplativa, tántrica avanzada

CAUSAL (sabio): vipassana, autoanálisis, observación, oración centrada, testimonio, misticismo sin forma

NO-DUAL (siddha): dzogchen, mahamudra, shaivismo, zen, Eckhart, misticismo no-dual, etcétera.

CUADRANTE INFERIOR DERECHO (SOCIAL, INTEROBJETIVO)

Sistemas: ejercer responsabilidades hacia Gaia, la naturaleza, la biosfera y las infraestructuras geopolíticas en todos los niveles

Institucional: ejercer deberes educativos, políticos y cívicos hacia la familia, la ciudad, el estado, la nación, el mundo

CUADRANTE INFERIOR IZQUIERDO (CULTURAL, INTERSUBJETIVO)

Relaciones: con la familia, los amigos, los seres sintientes en general; hacer que las relaciones formen parte del crecimiento de uno, descentralización del Yo[41]

Servicio Comunitario: trabajo voluntario, refugios para personas sin hogar, hospicio, etcétera.

Moralidad: comprometer el mundo intersubjetivo del Bien, practicar la compasión en relación con todos los seres sintientes

La idea general de la práctica integral es bastante clara: *ejercitar el cuerpo, la mente, el alma y el espíritu en el Ser, la cultura y la naturaleza.* (Es decir, tratar de ejercer todo el espectro en los dominios del Yo, Nos, y Ello.) Elija una práctica básica de cada categoría, o de tantas categorías como sea pragmáticamente posible y practíquelas de manera simultánea. Cuantas más categorías se involucren, más efectivas se vuelven cada una de ellas (porque todas están íntimamente relacionadas como aspectos de su propio ser). Practique diligentemente y coordine sus esfuerzos integrales para desplegar los diversos potenciales de la mente corporal, hasta que la mente corporal misma se desarrolle en el Vacío, y todo el viaje sea un recuerdo borroso de un viaje que nunca ocurrió.

9
Algunas corrientes importantes del desarrollo

Hemos visto brevemente los niveles básicos u olas, al Yo navegando esas olas, y algunos de los problemas que el Yo puede encontrar cuando lo hace. Ahora dirigimos nuestra atención a las líneas o corrientes de desarrollo.

Por supuesto, depende del Yo integrar todas estas corrientes. Ya hemos seguido la historia general del Yo y su desarrollo integral. Ahora simplemente estamos echando un vistazo por separado a algunas de las líneas más importantes que el Yo tiene que equilibrar en su viaje integral.[1] Cada corriente de desarrollo, desde la moral hasta la estética, pasando por la relación interpersonal y la cognición, representa una faceta importante del Gran Río de la Vida, y así, al integrar estas corrientes, el Yo está aprendiendo a estar en casa en el Kosmos. Todas estas líneas de desarrollo se pueden ingresar en la psicográfica de un individuo (figuras 2 y 3), que en realidad es una gráfica de la "comodidad" de uno con el mundo. Cuanto más profunda es cada corriente, más acepta del Kosmos, hasta que abraza el Todo, y así se libera en el Terreno y la Talidad de todo el espectro.

Moral

En las gráficas 1a y 5c, el "ámbito moral" se refiere a la corriente de desarrollo moral, que en mi esquema incluye no sólo los principios de juicio moral (Kohlberg) y cuidado (Gilligan), o cómo se llega a una decisión moral, sino también el ámbito moral, o aquéllos considerados dignos de ser incluidos en la decisión antes que nada. Al igual que con la mayoría de las corrientes, esto va de egocéntrico a etnocéntrico, de mundano a teocéntrico (o, para ser más exactos "neumocéntrico" o centrado en el

9 | Algunas corrientes importantes del desarrollo

espíritu, para no confundir el ámbito transpersonal con el teísmo mítico). Cada una de esas crecientes profundidades morales abarca dentro de sí un abanico moral más amplio, comenzando por el "yo" hasta "nosotros" y "todos nosotros", hasta "todos los seres sintientes").[2]

En ninguna parte es más evidente la asombrosa expansión de la conciencia que en la identidad del Yo y su moral. Una expansión que se pierde sobre todo si nos enfocamos en la llanura y describimos la psicología en términos del lado derecho, donde está simplemente el organismo (SD) y su interacción con su entorno (ID): el cerebro procesa la información a través de sistemas conexionistas emergentes y la conduce a través de sus mecanismos autoorganizados autopoiéticos entretejidos con su ecosistema; selecciona aquellas respuestas que, a la larga, tienen más probabilidades de hacer que el cerebro y su material genético permanezcan.

Todo lo cual es cierto, y todo lo cual falla en los hechos interiores: ¿cómo es que te llamas a ti mismo? ¿Con qué identificas a este Yo tuyo? Porque esa identidad se expande de egocéntrica a etnocéntrica, de una visión mundana a pneumocéntrica (donde realmente sientes que eres uno con cada uno de esos mundos en expansión) y nada de eso es detectado por esquemas de "organismo y ambiente", que reconocen sólo identidades basadas en entidades cuantitativas exteriores (y no cambios cualitativos interiores). Esta identidad en expansión se refleja directamente en la conciencia moral (la identidad subjetiva se refleja en la moral intersubjetiva: no sólo el organismo y el entorno, sino el Yo y la cultura). Porque tratará como a uno mismo a aquéllos con quienes se identifica. Si uno se identifica sólo con sí mismo, tratará a los demás de manera narcisista. Si uno se identifica con sus amigos y familiares, los tratará con cuidado. Si uno se identifica con su nación, tratará a sus paisanos como compatriotas. Si uno se identifica con todos los seres humanos por igual, se esforzará por tratar a todas las personas de manera justa y compasiva, independientemente de su raza, sexo, color o credo. Si la identidad de uno se expande para abrazar el Kosmos, tratará a todos los seres sintientes con respeto y amabilidad, porque todos ellos son manifestaciones perfectas del mismo Ser radiante, que también es su propio Ser. Esto viene a usted en una comprensión directa de la Identidad Suprema, precisamente porque la identidad puede abarcar todo el espectro de la conciencia, materia a cuerpo a mente a alma a espíritu, con cada expansión, lo cual implica un mayor abrazo moral, hasta que el Todo mismo sea abrazado con ferviente ecuanimidad.

¿Dónde está el gen egoísta en todo eso? Sólo centrándose en el cuadrante superior derecho una visión estrecha de la realidad humana podría ganar credibilidad. Dado que la verdad en cualquier dominio siempre conlleva ciertos tipos de ventajas (la sabiduría tiene muchas recompensas), nos es bastante fácil encontrar algunas formas en que estas recompensas se traducen en beneficios sexuales (lo que a veces hacen), y por lo tanto es fácil fingir que todas estas verdades superiores no son más que formas elaboradamente inteligentes para tener sexo.

Cuando la utilidad limitada de ese juego neodarwiniano se hace evidente, resulta bastante sencillo cambiar todo el concepto de selección natural al de "memes" (que son holones en cualquier cuadrante: intencional, conductual, social o cultural), y simplemente aplicar la selección natural a cualquier cosa que perdure en el tiempo: un rasgo cultural, una institución social, un estilo de vestir, una idea filosófica, un estilo musical, etcétera. Por muy cierto que esto pueda ser, sigue ignorando el tema central (y crucial), que no es: ¿cómo siguen existiendo los holones o memes, una vez que han surgido? (sí, son seleccionados por presiones evolutivas de varios tipos), sino en realidad: para empezar, ¿de dónde vienen los nuevos memes? Por supuesto que los memes exitosos son aquéllos que se seleccionan una vez que han surgido, ¿por qué y cómo emergen en primer lugar?

En otras palabras, la creatividad, por cualquier otro nombre, está integrada en el tejido mismo del Kosmos. Esta creatividad (Eros es uno de sus muchos nombres) impulsa el surgimiento de holones cada vez superiores y más amplios, un impulso que aparece en los dominios interiores como una expansión de la identidad (y la moral y la conciencia) de la materia al cuerpo a la mente al alma al espíritu. Y la prueba de esa secuencia se encuentra, no mirando fijamente al organismo físico y su entorno, sino mirando en los dominios subjetivos e intersubjetivos. Pero la humanidad ya lo ha hecho con mucho cuidado durante al menos varios miles de años, cuyos resultados generales se presentan en las gráficas de la 1 a la 11.

9 | Algunas corrientes importantes del desarrollo

En la llanura, como hemos visto, el mundo del cuadrante derecho de entidades y sistemas objetivos se cree que es el único mundo "verdaderamente real", y por lo tanto todos los valores subjetivos se dicen que son meramente personales, o idiosincráticos, o basados en preferencias emocionales, pero no poseen ninguna base en la realidad misma. Pero si rechazamos las limitaciones de la llanura, se hace obvio que los dominios subjetivos e intersubjetivos son simplemente los interiores de los holones en todos los niveles en el Kosmos. La subjetividad es una característica inherente del Universo. Por supuesto que hay preferencias personales dentro de los dominios subjetivos, pero esos dominios mismos, y sus olas generales de desarrollo, son tan reales como el ADN, y aún más significativas. La expansión de la identidad moral es simplemente una de las manifestaciones más obvias de estas profundas olas de conciencia que se despliegan.

Motivación: niveles de alimento

"Niveles de 'alimento'" (gráfica 1b) se refiere a los niveles de necesidad, impulso o motivación fundamental (que pueden ser conscientes o inconscientes). Como sugerí en mis libros *Después del Edén* y *Un dios sociable*, las necesidades surgen debido al hecho de que cada estructura (tanto en niveles como en líneas) es un sistema de intercambio relacional con el mismo nivel de organización en el mundo en general, lo que resulta en una holarquía de "alimento": alimento físico, alimento emocional, alimento mental, alimento del alma.[3]

Las necesidades físicas reflejan nuestras relaciones físicas e intercambios con el universo material: comida, agua, refugio, etcétera. Las necesidades emocionales reflejan nuestras relaciones con otros seres emocionales y consisten en un intercambio de calidez emocional, intimidad sexual y cuidado. Las necesidades mentales reflejan nuestros intercambios con otras criaturas mentales: en cada acto de comunicación verbal intercambiamos un conjunto de símbolos con los demás. (Los monjes que toman votos de celibato y silencio informan que la falta de comunicación es mucho más dolorosa que la privación del acto sexual: éstas son necesidades genuinas e impulsos, basados en el intercambio relacional.) Y las necesidades espirituales reflejan nuestra necesidad de estar en relación con una Fuente y Terreno que confiere sanción, significado y liberación a nuestro Yo separado (la insatisfacción de esas necesidades se describe, de una manera u otra, como el infierno).

En *Después del Edén* discuto estos niveles de necesidad y motivación en detalle (dando ocho niveles generales de motivación, no los cuatro simples que estoy usando aquí), y los correlaciono con conceptos similares, como el de Maslow, junto con ejemplos de cómo la opresión y la represión distorsionan los intercambios relacionales, resultando en patología (enfermedad física, enfermedad emocional, enfermedad mental, enfermedad espiritual; todas las patologías que discutimos en el capítulo 8 no son sólo interrupciones del yo, sino interrupciones del intercambio relacional con otros). Aunque podemos discernir entre muchos tipos y niveles de necesidades, todas las necesidades genuinas simplemente reflejan las interrelaciones necesarias para la vida de cualquier holón (en cualquier nivel).

Visión del mundo

"Visión del mundo" (gráfica 1b) se refiere a la forma en que el mundo mira cada una de las olas básicas en el Gran Nido. Cuando sólo tienes sensaciones, percepciones e impulsos, el mundo es arcaico. Cuando se agrega la capacidad de imágenes y símbolos, el mundo parece mágico. Cuando agregas conceptos, reglas y roles, el mundo se vuelve mítico. Cuando surgen capacidades formales-reflexivas, el mundo racional aparece a la vista. Con visión-lógica, el mundo existencial se manifiesta. Cuando lo sutil emerge, el mundo se vuelve sublime. Cuando emerge lo causal, el Yo se vuelve sagrado. Cuando lo no-dual se manifiesta, el mundo y el Yo consiguen ser un Espíritu. Pero no como algo dado de antemano, de forma fija. Una visión del mundo se despliega en una cultura particular con sus características superficiales específicas (y a menudo locales).[4] En general, "visión del mundo" se refiere al cuadrante inferior izquierdo, o todas las prácticas intersubjetivas, signos lingüísticos, estructuras semánticas, contextos y significados comunales que se generan a través de percepciones compartidas y valores colectivos, en resumen, "cultura". Esta dimensión cultural (inferior izquierda) es distinta de (pero no separable de) la dimensión social (inferior derecha), que involucra las formas exteriores, concretas, materiales, institucionales de la vida colectiva, incluidos los modos de producción tecnoeconómica, las prácticas sociales colectivas, las estructuras arquitectónicas, los sistemas sociales, los medios de comunicación escritos y hablados (prensa, televisión, internet), las infraestructuras geopolíticas, los sistemas familiares, etcétera.

Estas visiones del mundo son particularmente importantes porque toda conciencia individual y subjetiva surge dentro del espacio creado por las estructuras culturales o intersubjetivas. Por ejemplo, alguien en la etapa moral 2 de Kohlberg (la moral es parte de las estructuras intersubjetivas) que se enfrenta a un dilema ético personal tendrá todos sus pensamientos gobernados, en su mayor parte, por las características profundas de la etapa moral 2. No tendrá un pensamiento moral de la etapa 5, que cruce su mente. Por lo tanto, no es "libre" para pensar lo que quiera. Sus pensamientos subjetivos surgen en un espacio, o claro, que es creado y controlado en gran medida por las estructuras intersubjetivas de su cosmovisión cultural (incluida la etapa moral de su Yo individual). Como vimos, incluso si esta persona tiene una experiencia máxima de un reino transpersonal, esa experiencia será interpretada y llevada en gran medida por las estructuras intersubjetivas que se han desarrollado en su propio caso. (No ver que las experiencias subjetivas surgen en el espacio creado por las estructuras intersubjetivas es una de las principales deudas de muchas formas de psicología espiritual y transpersonal, y especialmente aquéllas que se centran meramente en estados alterados o no básicos.)[5] Por supuesto, las personas pueden, hasta cierto punto, trascender aspectos de su propia cultura; y cuando eso sucede buscan a otros con quienes compartir las nuevas ideas, creando así una nueva cultura. El punto es que la subjetividad y la intersubjetividad (de hecho, los cuatro cuadrantes) surgen juntas y son mutuamente interdependientes.

Afecto

"Afecto" (gráfica 1b) se refiere a la línea de desarrollo de los afectos, o "emociones" y "sentimientos" en el sentido más amplio. Hay dos significados diferentes de la palabra "emoción" en la filosofía perenne, y yo uso ambos. Uno, la emoción se refiere a un nivel específico de conciencia: el pranamayakosha, o la capa de nivel de energía emocional-sexual (la estructura básica de "impulso/emoción" en las gráficas). Dos, se refiere al tono de sentimiento energético de todas y cada una de las estructuras básicas en todo el espectro. (Éstos se enumeran en "afecto" en la gráfica 1b.) A menudo se me ha acusado de limitar "sentimiento" o "emoción" a la primera definición e ignorar la segunda, pero esto claramente es incorrecto. En mi libro *El proyecto Atman*, por ejemplo, incluí "tono afectivo" para cada una de las estructuras básicas en el espectro general. La conciencia en sí misma es más una "conciencia de sentimiento" que una "conciencia de pensamiento", y hay niveles de esa conciencia de sentimiento, o vivacidad experiencial a través del Gran Nido.

(Uno de los problemas reales en los círculos humanísticos/transpersonales es que muchas personas confunden la calidez y la expansión del corazón de la conciencia posconvencional con los sentimientos meramente subjetivos del cuerpo sensorial, y, atrapados en esta falacia pre/pos, recomiendan simplemente el trabajo corporal para una mayor expansión emocional, cuando lo que también se requiere es un crecimiento cognitivo posformal, no simplemente una inmersión cognitiva preformal. Obviamente, el trabajo corporal tiene un papel importante y fundamental que desempeñar en el crecimiento y la terapia, pero la elevación de las sensaciones preformales al amor posformal ha causado problemas interminables en el movimiento del potencial humano.)[6]

Género

"Identidad de género" (gráfica 1b) sigue el desarrollo del género desde sus raíces biológicas (que son dones biológicos, no constructos culturales), a través de formaciones convencionales (que son culturales, en su mayoría), en orientaciones transgénero (que son en gran parte transdiferenciadas y transconvencionales). La investigación continúa confirmando que las características profundas de las olas básicas y la mayoría de las corrientes relacionadas con sí mismas (moral, necesidades, capacidades de roles) son neutrales con respecto al género (es decir, son esencialmente las mismas en hombres y mujeres). Sin embargo, los hombres y las mujeres pueden negociar estas mismas estructuras y etapas "en una voz diferente" (que generalmente se resume diciendo que los hombres tienden a traducir con un énfasis en la representación y las mujeres en la empatía, aunque tanto hombres como mujeres recurren a ambos).[7]

En *El ojo del Espíritu* argumenté que necesitamos un enfoque "de todos los niveles, todos los cuadrantes" para el feminismo y los estudios de género, o lo que es lo mismo: un "feminismo integral". Desafortunadamente muchas feministas se resisten a un enfoque integral porque a menudo reconocen sólo a un cuadrante (generalmente el inferior izquierdo, o la construcción cultural de género), mientras que niegan los otros (como los factores biológicos, ya que sospechan que eso sólo las llevaría a otra versión de "la biología es destino", lo que de hecho sería cierto si el cuadrante superior derecho fuera el único cuadrante en existencia. Pero los factores biológicos están profundamente moldeados por valores culturales, instituciones sociales e intenciones personales; por lo tanto, reconocer algunos factores biológicos no es sexista sino realista). Esta estrechez de miras es desafortunada, pero no tiene por qué impedir que otros avancen con el diseño de un feminismo más integral, y muchas lo han hecho, como Joyce Nielsen, Kaisa Puhakka y Elizabeth Debold.[8]

Estética

"Arte" (gráfica 8) se refiere a los niveles de experiencia estética, y podemos ver aquí un fenómeno muy importante que se aplica a la mayoría de las formas de desarrollo. Es decir, puede analizar una actividad determinada (como el arte) sobre la base del nivel del que proviene y el nivel al que apunta, o el nivel que produce el arte y el nivel representado en el arte. (Al igual que con cualquier modo de conciencia, se puede analizar el nivel del sujeto de la conciencia —el nivel de la individualidad— y el nivel de la realidad del objeto de la conciencia, como se explica en varias notas en el apartado correspondiente.)[9] Por ejemplo, el arte producido por el nivel mental puede tomar como objeto algo en los reinos material, mental o espiritual, y se obtiene un arte muy diferente en cada caso. Por lo tanto, la obra de arte resultante es un producto combinado de las estructuras que producen la técnica y las estructuras que se representan en la técnica (es decir, el nivel de autoproducción de la técnica y el nivel de realidad representado en la técnica). Esto nos da una gráfica de un gran número de diferentes tipos de arte, de los cuales he enumerado en la gráfica 8 sólo unas pocas muestras representativas.[10]

Para mostrar lo que implica este análisis dual, debe observarse que los primeros artistas prehistóricos (por ejemplo, los pintores rupestres del paleolítico), aunque presumiblemente estaban "más cerca" de la naturaleza y el ámbito sensomotriz, nunca representaron la naturaleza de la manera en que lo harían los modernos. Los artistas paleolíticos no utilizan la perspectiva, ni su arte es empírico o "exacto" en ningún sentido que los modernos validaríamos (las figuras se superponen entre sí sin preocupación por la separación espacial, no hay percepción de profundidad, etcétera). Una razón plausible es que estaban pintando los reinos sensomotrices desde la estructura mágica, que carece de la capacidad de perspectiva espacial. Del mismo modo, en la era mítica, la naturaleza nunca fue retratada en perspectiva, sino siempre como parte de un trasfondo mítico-literal. Sólo con el auge de la modernidad (comenzando en el Renacimiento), y el uso generalizado de la razón-activa, la perspectiva misma llegó a ser vista y pintada en el arte. Se puede decir que sólo a medida que la conciencia tomaba distancia de la naturaleza es que podría pintarla de manera más realista.

Por la misma razón, sólo con la reacción (anti)moderna del Romanticismo los sentimientos emocionales podrían convertirse en objeto del arte expresivo. Sólo con la amplia diferenciación de la mente y el cuerpo es que los ámbitos del cuerpo podían ser claramente percibidos por la mente y así

9 | Algunas corrientes importantes del desarrollo

ser representados. (Y cuando la diferenciación moderna fue demasiado lejos en la disociación, esa dolorosa patología también podría convertirse en parte de los temas existenciales del arte.)

El mismo análisis dual (el nivel del sujeto que produce el arte y el nivel del objeto que se retrata) se puede hacer con modos de conocimiento (y, de hecho, con todos los modos de conciencia).[11] La racionalidad, por ejemplo, puede tomar como objeto los ámbitos sensomotrices (creando conocimiento empírico-analítico), los ámbitos mentales mismos (produciendo fenomenología y hermenéutica), o los ámbitos espirituales (produciendo teología, razón mandálica, etcétera). Esto es importante de comprender porque con la modernidad, algunos niveles muy altos (por ejemplo, la razón) limitaban su atención a algunos círculos muy bajos (por ejemplo, la materia), con el resultado de que la modernidad no se parecía a nada más que a la regresión, cuando era sólo "mitad" regresiva: un sujeto superior que limitaba su atención a un objeto inferior: un Yo más profundo en un mundo más superficial (las buenas y malas noticias de la modernidad).[12] La estética es una corriente de desarrollo extremadamente importante porque es una de las corrientes subjetivas preeminentes (que no significa "irreal" o meramente idiosincrásica; significa "muy real" como ontología subjetiva). Vimos que Baldwin y Habermas, entre otros, reconocieron que el desarrollo debe rastrearse en al menos tres modos irreductibles: estético, moral y científico (es decir, los Tres Grandes).[13] Como señalé en *El ojo del Espíritu*, todas las numerosas corrientes de desarrollo son básicamente variaciones de los Tres Grandes. Algunas líneas de desarrollo enfatizan los componentes subjetivos (por ejemplo, autoidentidad, afectos, necesidades, estética); algunas enfatizan los componentes intersubjetivos (visiones del mundo, lingüística, ética); y algunos los componentes objetivos (cognición exterior, cognición científica, línea cognitiva piagetiana, etcétera).[14] Ninguno de éstos finalmente puede separarse de los otros, pero cada corriente de desarrollo tiende a estar orientada hacia un cuadrante particular (por ejemplo, la estética hacia lo subjetivo, la moral hacia lo intersubjetivo y la cognición hacia el objetivo). Al enfatizar la importancia de seguir los desarrollos en los cuatro cuadrantes (o simplemente en los Tres Grandes), podemos esforzarnos por un modelo verdaderamente

Psicología integral

integral. Los holones en los cuatro cuadrantes evolucionan, y un modelo comprensivo intentaría honrar todas esas corrientes evolutivas.

Diferentes tipos de líneas cognitivas

Obsérvese que en la gráfica 3b ("Desarrollo cognitivo"), he enumerado "líneas cognitivas generales" (segunda columna). Esto se refiere a una forma alternativa de conceptualizar el desarrollo cognitivo una vez que pasamos de un modelo monolítico de un eje a un modelo integral de estados, olas y corrientes.[15] Como se indica en la gráfica, no podemos imaginar una línea uniforme de desarrollo cognitivo con cada etapa apilada encima de sus predecesores como ladrillos, sino varias líneas relativamente independientes de desarrollo cognitivo, cada una desarrollándose junto a las otras, como columnas en una hermosa mansión. Basado principalmente en el hecho de los estados naturales de conciencia, es decir, en la existencia y disponibilidad innegable de estados básicos/de vigilia, sutiles/de sueño y de sueño profundo/causales para los individuos en casi todas las etapas de su desarrollo, podemos postular razonablemente que esos estados/ámbitos también podrían tener sus propias líneas de desarrollo. Esto significaría que podríamos rastrear el desarrollo de diferentes tipos de cognición (básico, sutil y causal) a medida que aparecen a lo largo de la vida de una persona. En lugar de que uno surja sólo después de otro, todos se desarrollarían simultáneamente, al menos en ciertas formas. Veamos algunos ejemplos:

La característica principal de la cognición básica es que toma como objeto el ámbito sensomotriz. Esta línea de cognición comenzaría con el desarrollo sensomotriz en sí, se movería hacia el concreto operacional, y luego ambos alcanzarían su punto máximo y comenzarían a rezagarse en la cognición operacional formal. Tiende a comenzar a rezagarse en operaciones formales, y especialmente posformales, porque ambas toman progresivamente el mundo del pensamiento como un objeto y, por lo tanto, se mueven cada vez más hacia la cognición sutil. Podríamos decir, entonces, que la línea de cognición básica (o para ser más técnicos, el reflejo básico)

9 | Algunas corrientes importantes del desarrollo

va desde el sensomotriz al preop al conop al formop y sigue la lógica de la visión. Esta línea cognitiva se desarrolla, como la mayoría de las líneas, de preconvencional a convencional a posconvencional, pero no continúa fácilmente más allá de eso en ondas posformales y posconvencionales, simplemente porque en esas etapas superiores el mundo sensomotriz, aunque de cualquier manera no abandonado, deja de ser el objeto dominante de la conciencia.

La característica principal de la cognición sutil es que toma como objeto el mundo del pensamiento, o los ámbitos mental y sutil por completo. Esta línea de desarrollo también comienza en la infancia (y probablemente en estados prenatales; se dice que es el principal modo cognitivo en la mayoría de los bardos, así como el dormir con los sueños y estados meditativos de savikalpa samadhi). Esta sutil línea de cognición involucra precisamente todas aquellas percepciones cuyo estudio ha sido minimizado por los psicólogos cognitivos occidentales: en primer lugar, estados de imaginación, ensueño, sueños diurnos, visiones creativas, estados hipnagógicos, estados etéricos, revelaciones visionarias, estados hipnóticos, iluminaciones trascendentales y docenas de tipos de savikalpa samadhi (o meditación con forma). Lo que todos tienen en común, incluso en la infancia y la niñez, es que toman como sus referentes no el mundo material de las ocasiones sensomotrices, sino el mundo interior de las imágenes, los pensamientos, las visiones, los sueños.[16]

Por lo general, esperaríamos que la corriente sutil-cognitiva tuviera a su disposición las mismas olas básicas que la mayoría de las otras corrientes: preconvencional, convencional, posconvencional y pos-posconvencional (o egocéntrica, sociocéntrica, mundana y neumocéntrica), pero el punto es que es una línea de desarrollo que llega hasta la infancia, y no simplemente salta a una etapa adulta superior.

(En la gráfica 3b he mostrado que la cognición sutil cobra importancia a nivel formal y más allá, pero eso es sólo una indicación arbitraria. De hecho, sospecho que lo que encontraremos es que la cognición sutil muestra un desarrollo en U, está más presente en la primera infancia y luego mengua temporalmente a medida que el conop y el formop salen a la palestra, pero después recuperan protagonismo en las etapas posformales, hasta lo causal. Al mismo tiempo, no necesitamos adoptar un enfoque excesivamente romántico sobre estas implicaciones, porque la cognición sutil presente en la infancia sigue siendo en gran medida una cognición preconvencional y egocéntrica, sin importar cuán vívida e imaginativa sea [véase el capítulo 11]. Aun así, la importancia de ver esto como una línea de desarrollo es que la cognición sutil de la infancia podría entonces ser reconocida y honrada, lo que también presumiblemente tendría beneficios en las etapas posformales.)

La característica principal de la cognición causal es que es la raíz de la atención (y la capacidad de Atestiguar).[17] Esta línea también se puede rastrear a la primera infancia, aunque aparece progresivamente en primer plano en las etapas posformales. (Por razones importantes de que los primeros estados de fusión infantil no deben confundirse con los estados iluminados superiores o Terreno, véase la nota en el apartado correspondiente.)[18] Pero esta línea, también, si se reconoce y distingue, podría fortalecerse desde sus primeras apariciones en la infancia en adelante, presumiblemente con múltiples beneficios a partir de entonces.[19]

Diferentes líneas del Ser

Podemos aplicar el mismo tipo de modelado al Yo y su desarrollo, sugiriendo que estos tres grandes reinos —básico, sutil y causal— son el hogar de tres líneas diferentes del Yo, que genéricamente llamo ego, alma y Yo (o frontal, psíquico más profundo y Testigo).[20] Al igual que hicimos con la cognición, podemos tratar estos tres modos del Ser como líneas de desarrollo relativamente independientes, para que no se desenvuelvan una tras otra, sino una junto a la otra. Esa relación se muestra en la segunda columna de la gráfica 4b y en la figura 11.

Por supuesto, la mayoría de las corrientes pueden desarrollarse y lo hacen de manera relativamente independiente entre sí, las diversas corrientes a menudo progresan a su propio ritmo a través de las olas principales, por lo que el desarrollo general no sigue ninguna secuencia lineal. Esta sección continúa con ese tema, pero de forma más radical, ya que

9 | Algunas corrientes importantes del desarrollo

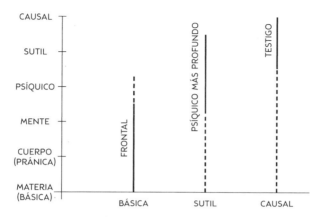

FIGURA 11. *Desarrollo del frontal (o ego), del psíquico más profundo (o Alma), y del Testigo (o Yo)*

estoy sugiriendo, al igual que con la cognición, que lo que tradicionalmente se ha considerado una corriente (en este caso, el Yo) podrían ser en realidad varias diferentes, cada una desarrollándose de manera relativamente independiente.

Ya hemos visto que las etapas principales de la corriente del Yo, como el cuerpo, la persona, el ego o el centauro, dependen de las competencias desarrolladas por las etapas anteriores en esa corriente general. Una vez que esos seres emergen, se superponen; pero mucha investigación confirma sólidamente que emergen de una manera por lo general jerárquica (como se indica en la columna dos de la gráfica 1a y de nuevo en la figura 10).[21]

Todo eso sigue siendo cierto. La concepción actual no reemplaza eso, sino que lo complementa: los ámbitos de lo básico, lo sutil y lo causal pueden desarrollarse, hasta cierto punto, independientemente unos de otros; y así lo frontal, el alma y el Yo pueden desarrollarse, hasta cierto punto, uno al lado del otro. Lo que los investigadores han estado midiendo como autodesarrollo secuencial todavía es válido, pero lo que están midiendo es el Yo frontal (el cuerpo al ego al centauro), y no el alma o espíritu, que puede desarrollarse (hasta cierto punto) junto con todo eso,

Psicología integral

siguiendo sus propias holarquías y nidos dentro de otros nidos, ninguno de los cuales es obvio en términos frontales.[22]

El ego (o frontal) es el Yo que se adapta al campo básico; el alma (o psíquico más profundo) es el Yo que se adapta al ámbito sutil; y el Yo (o Testigo) es el yo que se adapta al ámbito causal. El frontal incluye todas las etapas del Yo que orientan la conciencia al ámbito básico (el Ser material, el cuerpo, la persona, el ego y el centauro, todos los cuales pueden llamarse genéricamente "el ego"). El frontal es el Yo que depende de la línea de la cognición básica (sensomotriz a preop a conop a formop), y el frontal es, por lo tanto, la corriente del Yo responsable de orientar e integrar la conciencia en el ámbito básico.

Junto con esos desarrollos, el alma (el yo psíquico/sutil) puede seguir su propia trayectoria, desarrollándose en su propia corriente holárquica. El alma o línea psíquica más profunda incluye todas las corrientes propias que adaptan la conciencia a las muchas facetas de la esfera sutil. El alma es el Yo que depende de la línea sutil de cognición (que incluye imaginación, ensueño, soñar despierto, visiones creativas, estados hipnagógicos, estados etéricos, revelaciones visionarias, estados hipnóticos, iluminaciones trascendentales y numerosos tipos de savikalpa samadhi).[23] Por lo tanto, el alma es el flujo del Yo que orienta e integra la conciencia en el dominio sutil. En la gráfica 4b he indicado el desarrollo en U por el que a veces parece pasar lo sutil: presente temprano en el desarrollo (como "estelas de nubes"), luego se desvanece a medida que el desarrollo frontal (egoico) comienza a ponerse en marcha, sólo para reafirmarse en las etapas posformales. (Dado que la mayoría de los teóricos impugnan este desarrollo en U, lo he dejado fuera de la figura 11. Volveremos sobre este tema en el capítulo 11.)

Junto con esos desarrollos del ámbito general, el Ser (o Testigo) puede seguir su propia corriente en desarrollo.[24] El Testigo es el Yo que depende de la línea causal de cognición (la capacidad de atención, el testimonio desapegado, la ecuanimidad frente a fluctuaciones básicas y sutiles, etcétera), y por lo tanto es el Yo que orienta e integra la conciencia en el ámbito causal. De igual forma, este Ser es responsable de la integración general de todos los otros seres, olas y corrientes. Es el Yo el que incide sobre

9 | Algunas corrientes importantes del desarrollo

el ser cercano en cualquier etapa y en cualquier dominio, y por lo tanto es el Yo que impulsa el Eros trascendente e inclusivo de cada desarrollo. Y es el Yo supremo el que evita que los tres ámbitos —básico, sutil y causal— se separen desde el principio. Porque, aunque los tres dominios pueden mostrar un desarrollo relativamente independiente, todavía se mantienen unidos, y se atraen por el Yo radiante, el mero Vacío que puede reflejar imparcialmente (y por lo tanto abrazar) todo el dominio manifiesto.

Aunque con un desarrollo superior, el centro de gravedad de la conciencia cambia cada vez más del ego al alma al Ser, sin embargo, todos esos son los vehículos necesarios e importantes del Espíritu que brilla en el ámbito de lo básico, lo sutil y lo causal. Por lo tanto, los tres pueden ser, y generalmente están simultáneamente presentes en diversas proporciones a lo largo del desarrollo, y el más alto en sí mismo simplemente implica su integración armoniosa como un coro de voces del Espíritu igualmente valoradas en el mundo.

Psicología integral

De acuerdo con lo anterior, la generalización más simple de una psicología integral es aquélla que involucra olas, corrientes y estados, ego, alma y espíritu. Cuando se trata de terapia integral esto significa varias cosas. Primero, aunque el desarrollo general todavía muestra una inequívoca deriva morfogenética a dominios más profundos (ego a alma a espíritu), el terapeuta puede estar alerta a las formas de reconocer y fortalecer el alma y el espíritu a medida que éstos van haciendo su aparición, no simplemente después del ego, sino dentro de él y junto a él. La terapia integral y transpersonal funciona simultáneamente con el frente, el alma y el espíritu, a medida que cada uno se despliega junto al otro, llevando sus propias verdades, percepciones y posibles patologías. La sintonía con estas diferentes dimensiones de la conciencia puede facilitar su más gradual desenvolvimiento.[25]

Lo anterior no quiere decir que el trabajo del ámbito básico (trabajo corporal, fortalecimiento del ego) pueda ser pasado por alto en favor del trabajo del alma o del espíritu, porque sin un ego fuerte como fundamento, los ámbitos superiores no pueden ser alcanzados como un logro permanente, estable e integrado. En cambio, los círculos superiores son relegados a experiencias cumbre transitorias, revelaciones temporales, o incluso disociados en emergencias espirituales. Un individuo que está en la segunda etapa en la línea frontal del desarrollo moral puede "experimentar holográficamente" todos los reinos transpersonales que desea, pero aún tendrá que desarrollarse hacia la etapa 3, luego las 4 y 5, para comenzar a actualizar esas experiencias de una manera permanente, no distorsionada, posconvencional, mundana, global y bodhisattvaica. El hecho de que el terapeuta no siga (ni fomente) el desarrollo de la línea frontal para centrarse sólo en los estados alterados puede contribuir a que el paciente no integre permanentemente los ámbitos superiores e inferiores en una comprensión de espectro completo.

Por lo tanto, aunque las líneas básicas, sutiles y causales (y los Yo) pueden existir unas al lado de las otras de múltiples formas, aun así, con la evolución continua y el desarrollo integral, el centro de gravedad continúa cambiando holárquicamente hacia las capas más profundas del Ser (ego a alma a espíritu), y alrededor de estas olas más profundas la conciencia se encuentra cada vez más organizada. Las preocupaciones del ego, aunque rara vez desaparecen, tienden a desvanecerse de la inmediatez; el alma alcanza el primer plano más a menudo. Pero luego, a la larga tiende a desvanecerse también, volviéndose más delgado y más transparente, a medida que el centro de gravedad se desplaza más y más hacia el espíritu. Todos los seres inferiores, como capacidades funcionales, continúan existiendo, holárquicamente envueltos en olas superiores; todos ellos continúan sirviendo a las capacidades funcionales, se enfrentan a sus propios problemas, responden a sus propios tratamientos; pero pierden cada vez más su poder de dominar la conciencia y reclamarla para sí mismos.

Por lo tanto, para un desarrollo integral general, el centro de gravedad de la conciencia todavía se mueve a través de los nueve (o diez) fulcros en el Gran Nido, pero es una cacofonía de muchas voces, muchas corrientes, a menudo superpuestas, siempre entrelazadas. Ninguna de las principales olas de conciencia puede ser totalmente ignorada en ese

9 | Algunas corrientes importantes del desarrollo

sentido. No se puede evadir lo frontal,[26] no se puede eludir la visión lógica,[27] no se puede escapar de lo sutil,[28] no para un desarrollo y un despertar permanentes, duraderos e integrales. Todas estas olas y corrientes se dirigen hacia el océano de la Conciencia Unitaria, atraídas a través de ese gran campo morfogenético por la fuerza de la "gentil persuasión hacia el Amor", atraída por Eros, por el Espíritu en acción, por el amor que mueve al sol y otras estrellas.

10
¿Etapas de espiritualidad?

Una de las preguntas más espinosas es si la espiritualidad misma se desarrolla necesariamente por etapas. Éste es un tema extremadamente delicado. Sin embargo, como he sugerido a menudo, esta pregunta depende en gran medida de cómo definamos *espiritualidad*. Existen al menos cinco definiciones muy diferentes, dos de ellas parecen implicar etapas y las otras tres restantes no lo hacen. Todas parecen constituir usos legítimos de la palabra *espiritualidad*, pero es absolutamente necesario especificar a qué se refiere el término en cada caso. De hecho, creo que éstos son cinco aspectos muy importantes del amplio fenómeno que llamamos "espiritualidad", y todos ellos merecen ser incluidos hasta cierto punto en cualquier modelo integral.

He aquí las definiciones comunes:

1. *La espiritualidad involucra los niveles más altos de cualquiera de las líneas de desarrollo.* En esta definición, "espiritualidad" básicamente significa los niveles transpersonales, transracionales, pos-posconvencionales de cualquiera de las líneas, tales como nuestras capacidades cognitivas más altas (por ejemplo, intuición transracional), nuestros afectos más desarrollados (por ejemplo, amor transpersonal), nuestras aspiraciones morales más altas (compasión trascendental por todos los seres sintientes), nuestro Yo más evolucionado (el Ser transpersonal o Testigo supraindividual), etcétera.[1] En este uso, la espiritualidad (o este aspecto particular de la espiritualidad) definitivamente sigue un curso secuencial o de etapas, porque es las etapas pos-posconvencionales en cualquiera de las corrientes de desarrollo. Éste es un uso muy común, que refleja aquellos aspectos de la espiritualidad que encarnan las capacidades más elevadas, los motivos más nobles, las mejores aspiraciones; los alcances superiores de la naturaleza humana;

el más evolucionado, la cima en crecimiento, la vanguardia, todo lo cual apunta a los niveles más altos en cualquiera de las líneas.

2. *La espiritualidad es la suma total de los niveles más altos de las líneas del desarrollo.* Aunque similar a la definición anterior, la presente añade un giro ligeramente diferente (pero importante). Esta definición enfatiza el hecho de que, a pesar de que las líneas individuales se desarrollan jerárquicamente, la suma total de las etapas más altas de esas líneas no mostraría tal desarrollo del tipo por etapas. Al igual que el "desarrollo general" y el "desarrollo general del Yo", el "desarrollo espiritual general" no sería como una etapa. (Digamos que hay diez líneas de desarrollo, que las etapas pos-posconvencionales de esas líneas son las que estamos llamando "espirituales". Una persona podría desarrollar capacidades pos-poscon en las líneas 2 y 7. Otra persona en las líneas 3, 5, 6, 8 y 9; otra más en las 1 y 5. Cada una de esas líneas es jerárquica, pero la suma total obviamente no sigue ninguna secuencia establecida.) El camino espiritual de cada persona, en otras palabras, es radicalmente individual y único, aunque las propias competencias particulares puedan seguir un camino bien definido. (Sin embargo, es de tenerse en cuenta que con esta definición el desarrollo en cada una de esas líneas podría ser probado precisamente porque las líneas de desarrollo en sí mismas son todavía tipo etapas.) Creo que esta definición, igual que el resto, apunta a algunos aspectos muy reales e importantes de la espiritualidad, aristas que cualquier definición completa de espiritualidad querría incluir.

3. *La espiritualidad es en sí misma una línea separada de desarrollo.* Obviamente en este caso el desarrollo espiritual mostraría algún tipo de desarrollo como etapa, ya que una línea de desarrollo, por definición, muestra desarrollo.[2] He reunido a unas dos docenas de teóricos, orientales y occidentales, en las gráficas 6a, 6b y 6c, quienes presentan evidencia convincente y a veces abrumadora de que al menos algunos aspectos de la espiritualidad experimentan un desarrollo secuencial o escénico. Esto incluye la mayoría de los diversos caminos meditativos: de Oriente y Poniente. En todos estos casos, los aspectos de la espiritualidad muestran un desarrollo secuencial holárquico

(aunque de nuevo, eso no excluye regresiones, espirales, saltos temporales hacia delante o experiencias cumbre de cualquiera de los estados principales).

La extensa labor de Daniel P. Brown sobre las etapas transculturales del desarrollo meditativo merece una mención como la investigación más meticulosa y sofisticada realizada hasta la fecha (gráfica 6b). Lo que él y su compañero de trabajo, Jack Engler, encontraron es que "las principales tradiciones [espirituales] que hemos estudiado en sus idiomas originales presentan un despliegue de experiencias de meditación en términos de un modelo de etapa: por ejemplo, el mahamudra de la tradición budista mahayana tibetana; el visuddhimagga de la tradición budista pali teravada; y los yoga sutras de la tradición hindú sánscrita [éstos fueron posteriormente comparados con fuentes chinas y cristianas]. Los modelos son lo suficientemente similares como para sugerir una secuencia invariante común subyacente de etapas, a pesar de las vastas diferencias culturales y lingüísticas, así como los estilos de práctica... Los resultados sugieren fuertemente que las etapas de la meditación son de hecho de aplicabilidad transcultural y universal (en un análisis profundo, no superficial)".[3]

Su trabajo se incluye en nuestro libro *Transformations of Consciousness* ("Transformaciones de la conciencia"), junto con un estudio exhaustivo de las etapas del desarrollo espiritual, evidenciado por los santos en el cristianismo ortodoxo oriental, realizado por el teólogo de Harvard, John Chirban (véase gráfica 6c). Allí, Chirban concluye: "Aunque cada santo describe su propia experiencia (a menudo en su propia forma única), los paralelos básicos emergen cuando uno compara las etapas de los santos entre sí. Esta igualdad confirma lo católico de su experiencia...", y lo católico (o aplicabilidad universal) de las propias olas básicas de conciencia, que se reflejan de manera similar en estas numerosas fuentes transculturales. Ya sea que uno esté mirando a Santa Teresa, a Muhamad Ibn 'Arabi, Yeshe Tsogyal, San Dionisio, Patañjali, Hazrat Inayat Khan o Mahamudra (todos abordados en las gráficas 6a, 6b y 6c), uno vuelve a ser impactado por el campo morfogenético o espacio de desarrollo ampliamente similar sobre el cual migran sus etapas.

10 | ¿Etapas de espiritualidad?

El "Supremo Yoga Tantra", que, junto con dzogchen, se dice que es la más alta de las enseñanzas de Buda, posee una comprensión insuperable de la extraordinaria interrelación entre los estados conscientes y las energías corporales (gráfica 6b). De acuerdo con esta enseñanza, para dominar la mente, uno debe dominar concomitantemente las energías sutiles del cuerpo —ch'i, prana, rLung, ki—, pues este yoga es un sistema exquisito para aprovechar las energías sutiles en cada etapa del desarrollo, hasta (e incluyendo) el estado iluminado de Clara Luz. El Supremo Yoga Tantra describe esta evolución general de la conciencia en términos de siete etapas muy claras, cada una con un llamativo signo fenomenológico que acompaña a la etapa cuando ésta emerge. Por lo tanto, en la meditación, cuando la concentración alcanza el punto donde se trasciende la primera estructura básica (o skandha), surge en la conciencia un aspecto de espejismo. Cuando se trascienden las cinco estructuras básicas del reino básico, y emerge la conciencia del reino sutil, aparece una visión como una "clara luz de luna de otoño". A medida que se trasciende la conciencia sutil y uno entra en una conciencia muy sutil (o causal), el cese sin forma aparece como "la densa oscuridad de una noche de otoño", y así sucesivamente (gráfica 6b).

Aunque estas visiones interiores muestran una gran similitud estructural profunda con otros sistemas meditativos, varios críticos, a lo largo de los años, me han increpado por insinuar que hay fuertes similitudes entre, por ejemplo, el Dharmakaya budista (y el Vacío) y el cuerpo causal del Vedanta (y el Brahman nirguna). Y, sin embargo, como sólo un ejemplo, de acuerdo con el Supremo Yoga Tantra, un tipo de Dharmakaya se vive en el sueño profundo (amorfo); el Sambhogakaya, en el estado de sueño; y el Nirmanakaya, en el estado de vigilia. Pero hay que notar que según el Vedanta, el cuerpo causal se experimenta en el sueño profundo, el cuerpo sutil se experimenta en el estado de sueño, y el cuerpo básico en el estado de vigilia. Por lo tanto, si usted cree que hay similitudes en el sueño profundo entre los individuos, se deduce que hay algunas similitudes profundas entre el Dharmakaya budista y el cuerpo causal hindú. (Y de la misma manera, similitudes entre el Sambhogakaya budista y el cuerpo sutil hindú, y el Nirmanakaya y el cuerpo básico.)

Psicología integral

Por supuesto, hay muchas diferencias importantes entre estas nociones budistas e hindúes, y ésas deben ser respetadas rigurosamente. Sin embargo, (al mismo tiempo) parece haber similitudes importantes y profundas que no se pueden descartar descaradamente, como hacen los pluralistas y los relativistas. En todos mis escritos he tratado de enfatizar ambas: ciertas similitudes en rasgos profundos, diferencias importantes en rasgos superficiales. Una de las principales dificultades para llegar a un acuerdo con una concepción de etapa es que la mayoría de las personas, incluso si de hecho están progresando a través de etapas de competencia, rara vez experimentan algo que se sienta o parezca una etapa. En su propia experiencia directa, eso de las "etapas" no tiene ningún sentido. Con respecto al desarrollo cognitivo, por ejemplo, uno puede grabar a los niños en una etapa preop (donde afirmarán que cuando se vierte una cantidad idéntica de agua procedente de un vaso bajo a uno alto, este último ahora tendrá más agua), y después mostrar esa grabación a los mismos niños cuando ya estén en la etapa conop (donde les es "completamente obvio" que la misma cantidad de agua se transfiere de un vaso a otro sin importar su apariencia final) y aun así te acusarán de alterar la cinta de vídeo, porque nadie podría ser tan estúpido, y definitivamente ellos no. En otras palabras, aunque los niños pasaron por una etapa monumental de cambio en su desarrollo, ellos en realidad no experimentaron algo que les comunicara que de hecho acababa de ocurrir un hito extraordinario.

Así es con las etapas en general. Las detectamos sólo retrocediendo de la experiencia no reflexiva, comparando nuestras experiencias con las de los demás y escrutando si existen patrones comunes. Si éstos se comprueban en entornos diferentes, entonces podremos suponer que dichas varias etapas están involucradas. Pero en todos los casos, estas etapas son el producto de la investigación directa y los estudios dedicados, no de la filosofía abstracta. Y cuando se trata de la experiencia espiritual, todas las grandes tradiciones de sabiduría que observamos en las gráficas 6a, 6b y 6c han encontrado que algunas competencias espirituales relevantes siguen un modelo de etapa, no de una manera rígida, sino como olas que se despliegan de experiencias más sutiles y que cuando se comparan entre un gran número de personas aparecen ciertas similitudes durante el desarrollo. En otras palabras, tenemos la evidencia de las etapas.

Mi modelo a menudo ha sido señalado de estar basado únicamente en las tradiciones meditativas orientales. Un vistazo rápido a las gráficas 6a, 6b y 6c es suficiente para disipar el malentendido. En particular, me gustaría centrar nuestra atención sobre el trabajo de Evelyn Underhill. Su obra maestra, *La mística*, publicada por primera vez en 1911, sigue siendo en muchos sentidos un clásico insuperable para el esclarecimiento de las tradiciones místicas y contemplativas occidentales. Underhill divide el misticismo occidental en tres grandes etapas jerárquicas (con numerosas subetapas), que denomina *misticismo de la naturaleza* (una expansión lateral de la conciencia para abrazar la corriente de la vida), *misticismo metafísico* (que culmina en el cese sin forma), y *misticismo de la deidad* (que ella divide en noche oscura y unión). Éstos son en muchos sentidos bastante similares a mis propios conceptos de misticismo de la naturaleza, misticismo de deidad, y misticismo informe/no-dual. Estas etapas de la espiritualidad son profundamente importantes, ya sea que aparezcan en Oriente o en Occidente, al norte del mundo o en el cono sur, y ningún relato de la espiritualidad está completo sin ellas.

4. *La espiritualidad es una actitud (como la franqueza o el amor) a la que se puede acceder en cualquier etapa en la que uno se encuentre.* Ésta es probablemente la definición más popular y común. Sin embargo, ha resultado muy difícil definirla o incluso afirmarla de manera coherente. No podemos decir fácilmente que la actitud requerida es el amor, porque el amor, según la mayoría de las investigaciones, tiende (como otros afectos) a desarrollarse de egocéntrico a sociocéntrico a mundano; y por lo tanto esta actitud no está totalmente presente en todos los niveles, sino que se desarrolla (¿realmente queremos llamar "espiritual" al amor egocéntrico?). "Franqueza" podría funcionar, pero de nuevo la pregunta es: ¿la capacidad de ser franco en sí misma aparece simplemente completamente formada o se desarrolla? ¿Y cuán "franco" puede ser un individuo preconvencional, cuando ni siquiera puede asumir el papel de otro? "Integración" reuniría los requisitos

—el grado en el que cualquier línea está presente, integrada y equilibrada—, pero en mi sistema eso es sólo otro nombre para las acciones del Yo, y por lo tanto no sería algo particularmente "espiritual". Creo que se trata de una definición legítima, pero hasta ahora, los ejemplos coherentes de ella han sido escasos.

5. *La espiritualidad básicamente involucra experiencias cumbre.* Eso es cierto en muchos casos, y las experiencias cumbre (o estados alterados de conciencia) no suelen mostrar desarrollo o despliegue en forma de etapas. Son temporales, pasajeras, transitorias. Además, a diferencia de las estructuras, los estados son en su mayoría incompatibles. No puedes estar borracho y sobrio al mismo tiempo. (Esto es muy diferente a las estructuras, que, debido a que trascienden e incluyen, pueden coexistir: las células y las moléculas pueden existir juntas, la una abarcando a la otra, que es por lo que el crecimiento y el desarrollo ocurren a través de estructuras, no de estados, aunque estos últimos son significativos en sí mismos y pueden tener un impacto directo en el desarrollo.) Por lo tanto, si la definición de espiritualidad personal es una experiencia cumbre, entonces eso no implica en sí mismo un despliegue en forma de etapas.

Sin embargo, como sugerí anteriormente, puede examinar las experiencias cumbre más de cerca y descubrir que generalmente involucran experiencias cumbre psíquicas, sutiles, causales o no-duales, interpretadas a través de estructuras arcaicas, mágicas, míticas o racionales, y cada una de ellas muestra un despliegue en forma de etapas. Con todo, ésta es una definición importante de la espiritualidad, y va a mostrar que en prácticamente cualquier etapa de desarrollo, las experiencias cumbre temporales de los ámbitos transpersonales son posibles. Sin embargo, en la medida en que estos estados temporales se convierten en rasgos perdurables, se convierten en estructuras que muestran desarrollo. (En el apartado correspondiente, se incluye una nota con la discusión de un mecanismo plausible para esta conversión: el Yo metaboliza la experiencia temporal para producir una estructura holística.)[4]

Hasta aquí cinco de las definiciones más comunes de espiritualidad. La conclusión: no todo lo que legítimamente podemos llamar "espiritualidad" muestra un despliegue por etapas. Sin embargo, tras una inspección más cercana, muchos aspectos de la espiritualidad involucran uno o más aspectos que son del desarrollo. Esto incluye los alcances más altos de las diversas líneas de desarrollo, así como la espiritualidad considerada como una línea separada. Sin embargo, las experiencias cumbre no muestran un despliegue por etapas, aunque tanto las estructuras que tienen las experiencias cumbres como los ámbitos en los que se alcanzan estos picos muestran desarrollo si se adquieren logros permanentes.

¿El desarrollo psicológico tiene que ser completado antes de comenzar el desarrollo espiritual?

Depende, una vez más, casi totalmente de cómo definamos los términos. Si la espiritualidad se define como una línea separada del desarrollo, la respuesta sería "no" (porque ocurre junto, no encima, del desarrollo psicológico). Si la espiritualidad se define como experiencia cumbre, la respuesta seguiría siendo "no" (porque eso puede ocurrir en cualquier momento). Pero más allá de eso, todo se vuelve un poco más complicado.

En primer lugar, lo que muchos teóricos quieren decir con "desarrollo psicológico" son las etapas personales de desarrollo (precon, con y poscon), y lo que quieren decir con "espiritual" son las etapas transpersonales (pos-poscon). Usando esas definiciones, y al mirar cualquier línea de desarrollo, lo psicológico generalmente debe completarse antes de que lo espiritual pueda emerger de manera estable (simplemente porque, como indican muchos estudios, no se puede tener poscon sin primero tener con, y así sucesivamente). Sin embargo (y esto es lo que ha confundido a muchos teóricos), debido a que las líneas de desarrollo en sí mismas pueden desplegarse independientemente, un individuo puede estar en una etapa espiritual muy alta (transpersonal o pos-poscon) en una línea y aún estar en una etapa personal o psicológica muy baja (con o precon) en otras. Por ejemplo, una persona puede estar en un nivel transpersonal de cognición (tal vez alcanzado por el desarrollo meditativo), y aún estar en una etapa personal o psicológica (con o precon) de desarrollo moral. Aún y cuando con estas definiciones lo espiritual viene sólo después de lo psicológico en cualquier línea dada, todo tipo de desarrollo espiritual puede ocurrir antes, a la par o después de cualquier tipo de desarrollo psicológico, precisamente porque las líneas mismas son relativamente independientes. Una persona puede estar en una etapa precon en una línea, una etapa poscon en otra, y una pos-poscon en otras tres, lo que, por definición, significaría dos niveles psicológicos y tres niveles espirituales, por lo que obviamente el desarrollo psicológico general no tiene que completarse antes de que pueda ocurrir cualquier tipo de desarrollo espiritual.

Si la idea personal de espiritualidad se remite a experiencias cumbres, éstas pueden ocurrir en cualquier momento, en cualquier lugar, por lo que el desarrollo psicológico general no tiene que ser completado para aquéllos, tampoco. Pero en la medida en que esos estados se conviertan en rasgos, ellos, también, necesariamente entrarán en el cauce del desarrollo y nadarán en sus corrientes morfogenéticas, fluyendo a través de las olas en el Gran Río de la Vida.

La importancia de la práctica espiritual

Por último, tomemos nota de un tema de gran importancia. Ya sea que al final creas que la práctica espiritual involucra etapas o no, la espiritualidad auténtica involucra práctica. Esto no lo digo para negar que en la experiencia de muchas personas las creencias son importantes, la fe lo es, así como también lo es la mitología religiosa. Es simplemente añadir que el testimonio de los grandes yoguis, santos y sabios del mundo ha dejado muy claro que la espiritualidad auténtica también puede implicar la experiencia directa de una realidad viva, revelada inmediata e íntimamente en el corazón y la conciencia de los individuos, y fomentada por una práctica espiritual diligente, sincera y prolongada. Incluso si se relaciona con la espiritualidad como una experiencia cumbre, esas experiencias cumbre a menudo pueden ser inducidas específicamente, o al menos convocadas

10 | ¿Etapas de espiritualidad?

por varias formas de práctica espiritual, como el ritual activo, la oración contemplativa, el viaje chamánico, la meditación intensiva, etcétera. Todos ellos nos abren a una experiencia directa del Espíritu, y no meramente a creencias o ideas sobre el Espíritu.

Por lo tanto, no sólo piensen de manera diferente, practiquen diligentemente. Mi propia recomendación es para cualquier tipo de "práctica transformadora integral" (como se describe en el capítulo 8); pero cualquier tipo de práctica espiritual auténtica servirá. Un maestro calificado, con quien se sienta cómodo, es una necesidad. Uno podría comenzar consultando las obras del padre Thomas Keating, el rabino Zalman Schachter-Shalomi, el dalái lama, sri Ramana Maharshi, Bawa Muhaiyaddeen, o cualquiera de los muchos maestros ampliamente reconocidos en cualquiera de los grandes linajes.

Al mismo tiempo, no deben fiarse de los caminos espirituales que simplemente implican cambiar sus creencias o ideas. La espiritualidad auténtica no se trata de traducir el mundo de manera diferente, sino de transformar su conciencia. Sin embargo, muchos de los enfoques de la espiritualidad del "nuevo paradigma" simplemente le harían cambiar la forma en que piensa sobre el mundo: se supone que debe pensar de manera holística en lugar de analítica; se supone que debe creer, no en el mundo de las bolas de billar newtonianias-cartesianas, sino en el mundo de la teoría de sistemas y la "Gran Red de la Vida"; se supone que debe pensar en términos, no de división patriarcal, sino de la diosa holística y Gaia.

Todas ésas son ideas importantes, pero son meras formas de pensar sobre el mundo de los cuadrantes del lado derecho, no formas de transformar el mundo de los cuadrantes del lado izquierdo. La mayoría de estos enfoques de nuevos paradigmas recomiendan que usemos la visión lógica (o el pensamiento holístico) para superar nuestro mundo fragmentado. Pero, como hemos visto repetidamente, el desarrollo cognitivo (como la visión lógica o el pensamiento en red) es necesario, pero no suficiente, para el desarrollo moral, el autodesarrollo, el desarrollo espiritual, etcétera. Usted puede tener acceso total a la visión lógica y aún estar en la etapa moral uno, con necesidades de seguridad, impulsos egocéntricos e inclinaciones narcisistas. Puede dominar totalmente la teoría de sistemas y aprender completamente la nueva física, y aun así estar muy poco desarrollado en las corrientes emocionales, morales y espirituales.

Por lo tanto, simplemente aprender teoría de sistemas, o la nueva física o aprender sobre Gaia o pensar holísticamente, no necesariamente hará algo para transformar su conciencia interior, porque ninguno de ellos aborda las etapas interiores de crecimiento y desarrollo. Abra cualquier libro sobre la teoría de sistemas, el nuevo paradigma, la nueva física, etcétera, y aprenderá sobre cómo todas las cosas son parte de una Gran Red de la Vida interconectada, y que al aceptar esta creencia, el mundo puede ser sanado. Pero rara vez encontrará una discusión de las muchas etapas interiores del crecimiento de la conciencia que por sí sola puede conducir a un abrazo real de la conciencia global. Encontrará poco sobre las etapas preconvencional, convencional, posconvencional y pos-posconvencional; nada sobre lo que una enorme cantidad de investigación nos ha enseñado sobre el crecimiento de la conciencia de egocéntrica a sociocéntrica a mundana (o para ser más exactos, los nueve o más fulcros del autodesarrollo); ninguna pista sobre cómo ocurren estas transformaciones interiores y qué puede hacer para fomentarlas en su propio caso, contribuyendo así verdaderamente a una conciencia mundana, global y espiritual de uno mismo y los demás. Todo lo que se encuentra es: la ciencia moderna y las religiones matriarcales están de acuerdo en que somos parte de la Gran Red de la Vida.

La crisis ecológica —o el principal problema de Gaia— no es la contaminación, los desechos tóxicos, el agotamiento de la capa de ozono, ni nada por el estilo. El principal problema de Gaia es que no hay suficientes seres humanos que se hayan desarrollado a los niveles de conciencia global posconvencional, de visión centrada en el mundo, donde automáticamente serán aplazados a cuidar de los bienes comunes globales. Y los seres humanos se desarrollan a esos niveles posconvencionales, no mediante teorías de sistemas de aprendizaje, sino pasando por al menos media decena de transformaciones interiores importantes, que van desde egocéntricas a etnocéntricas a mundanas, momento en el que (y no antes), pueden despertar a una preocupación profunda y auténtica por Gaia. La cura primaria para la crisis ecológica no es aprender que Gaia es una red de vida, por muy cierto que sea, sino aprender formas de fomentar estas muchas arduas olas de crecimiento interior, ninguna de las cuales es abordada por la mayoría de los enfoques del nuevo paradigma. En resumen, la teoría de sistemas y las teorías de la Gran Red de la Vida generalmente no transforman la conciencia porque cojean con su reduccionismo sutil y tampoco abordan adecuadamente las etapas interiores del desarrollo de la conciencia, donde ocurre el crecimiento real. Podrían ser un buen lugar para comenzar en el camino espiritual, pues son útiles para sugerir una vida más unificada, pero ellos mismos no parecen ser un camino efectivo hacia esa vida. No ofrecen, en resumen, ningún tipo de práctica interior sostenida que pueda actualizar las etapas superiores y más globales de la conciencia. Y, tristemente, al decir que ofrecen una visión del mundo completamente "holística", a menudo impiden o desalientan a las personas de tomar un camino genuino de crecimiento y desarrollo interior, y por lo tanto obstaculizan la evolución de esa conciencia global que de otra manera tan noblemente defienden.

11
¿Hay espiritualidad en la infancia?

¿Hay espiritualidad en la infancia? Siguiendo las definiciones 1 y 2, no. De acuerdo a las definiciones 3, 4 y 5, sí. Algo así.

Etapas iniciales

La definición 1 (*la espiritualidad involucra los niveles* más altos *de cualquiera de las líneas de desarrollo*) y la definición 2 (*la espiritualidad es la suma total de los niveles más altos de las líneas de desarrollo*) descartan casi cualquier tipo de espiritualidad infantil, simplemente porque durante la infancia y la niñez la mayoría de las líneas de desarrollo son preconvencionales y convencionales. Esto no excluye otros tipos de espiritualidad; simplemente dice que en la medida en que usted defina la espiritualidad como transracional, supramental, posformal, superconsciente y pos-posconvencional, entonces no están significativamente presentes en la infancia.

La definición 3 (*la espiritualidad es en sí misma una línea separada de desarrollo*) sostiene que la infancia y la niñez definitivamente tienen una espiritualidad... pero sólo las etapas más bajas de la espiritualidad, que según la mayoría de las definiciones no parecen en realidad muy espirituales. Incluso según los teóricos que proponen esta definición, el amor es egocéntrico, las creencias son narcisistas, la perspectiva se absorbe a sí misma, la capacidad de tomar el papel de los demás (y así cuidar genuinamente a los demás) es rudimentaria o falta por completo. Sin embargo, esta definición considera que ésas son las primeras etapas de las líneas que pueden llamarse "espirituales" porque, con un mayor desarrollo, se desplegarán en capacidades que la mayoría de las personas reconocerían claramente como espirituales. Las "etapas de fe", de James Fowler son

11 | ¿Hay espiritualidad en la infancia?

exactamente de este tipo de modelo. Por esta definición, entonces, no debemos concluir que los infantes son santos o sabios, o están permanentemente en contacto con realidades espirituales auténticas, sino que en realidad se encuentran en un largo camino hacia la espiritualidad auténtica a través del desarrollo superior (y aquí se vuelve a las definiciones 1 y 2: espiritualidad "real" o "auténtica" que involucra las etapas pos-posconvencional de desarrollo).

La definición 4 (*la espiritualidad es una actitud, como la franqueza o el amor, a la que se puede acceder en cualquier etapa en la que uno se encuentre*), por otro lado, sostiene claramente que los bebés y los niños están directamente en contacto con las realidades espirituales, o al menos lo están de forma latente (pueden estarlo), porque son capaces de estar en contacto con esa actitud que define la espiritualidad (apertura, amor, fluidez, etcétera). Además, la mayoría de las personas que utilizan esta definición afirman que los niños están más en contacto con esta cualidad de, digamos, apertura o fluidez, que los adultos, y que una espiritualidad genuina implica la recaptura de esta apertura. El problema con esa definición, como vimos, es que ha tenido dificultades para producir ejemplos creíbles y coherentes. ¿La "apertura" simplemente aparece completamente formada, o se desarrolla? Si no puede asumir el papel de otro, ¿cómo de "abierto" puede ser realmente? Si la apertura es egocéntrica, no importa cuán espontánea y fluida sea, ¿es eso a lo que nos referimos con "espiritual"? ¿Un alegre narcisista se puede considerar "espiritual"?

Parece que lo que la mayoría de la gente tiene en mente con la definición anterior es que los niños a menudo tienen un contacto más abierto con una cierta dimensión sentimental del ser (el prana-maya-kosha, élan vital, la capa emocional-etérica, el segundo chakra, etcétera), y eso es muy posible. Además, es absolutamente cierto que los aspectos de esa dimensión pueden ser reprimidos por las estructuras superiores de la mente (ego, superego, conciencia), lo que puede resultar en varios tipos de patología dolorosa. Y que, finalmente, se requiere una recaptura (en forma de regresión al servicio del ego) de ese potencial perdido para sanar el daño y recuperar una perspectiva de la vida más fluida, suelta e inflamada de sentimientos.

Estoy de acuerdo con cada uno de estos puntos. La pregunta es, ¿por qué llamar "espiritual" a la dimensión de sentimiento preconvencional, cuando la investigación ha demostrado, repetidamente, que es egocéntrica en relación con los demás? Es extremadamente importante que la mente esté en contacto con los sentimientos del cuerpo, pero la espiritualidad también implica estar en contacto con los sentimientos de los demás, y una cantidad enorme de resultados de investigación ha demostrado consistentemente que dicha toma de roles y el activismo crecen constantemente de preop a conop a formop a posformal.

Si la idea de espiritualidad es "sentirse bien", entonces la infancia podría ser el Edén;[1] pero si esta idea también implica hacer el bien al tomar el papel de los demás y proyectar su conciencia a través de múltiples perspectivas pluralistas para incluir la compasión, el cuidado y el altruismo, entonces la infancia es un reino de expectativas disminuidas, no importa cuán maravillosamente fluido y suelto sea su egocentrismo. Lo que es lamentable de la represión de las capacidades de la infancia no es que, en su mayor parte, involucre la represión de dimensiones espirituales superiores (por ejemplo, la vijnana-maya-kosha), sino que involucre la represión de fundamentos inferiores, pero inestimables (por ejemplo, prana-maya-kosha), cuya disociación puede mutilar un desarrollo ulterior. Además, la barrera de represión erigida por el ego para evitar que surjan impulsos inferiores y prerracionales, también puede actuar en un desarrollo posterior, para evitar que desciendan impulsos superiores y transracionales. Las defensas contra la id pueden defenderse contra Dios, simplemente porque un muro es un muro. Pero lo que el ego de la infancia esencialmente reprime es el id preconvencional, no el dios posconvencional.

Estados alterados y estelas de nubes

La definición 5 (*la espiritualidad básicamente involucra experiencias cumbre*), sin embargo, ofrece una definición creíble y una cantidad modesta de evidencia de que al menos algunos niños tienen algunos tipos de experiencias espirituales. Creo que eso es cierto y he ofrecido una gráfica

11 | ¿Hay espiritualidad en la infancia?

de tales experiencias, es decir, experiencias cumbre del ámbito psíquico, sutil, causal o no-dual interpretadas a través de una perspectiva arcaica, mágica, mítica o racional, para la mayoría de los niños, eso significa magia o mítico. Veo que muchos teóricos se oponen firmemente a llamar a eso "espiritual" e investigación como la de Fowler negaría a esas estructuras cualquier espiritualidad superior o auténtica; pero creo que podemos referirnos a ellas como experiencias cumbre espirituales, siempre y cuando seamos cuidadosos en especificar sus límites exactos.[2]

El único aspecto de la infancia y la niñez que, de existir, podría ser genuinamente espiritual es ese aspecto que llamo las "estelas de nubes de gloria" (tomado de Wordsworth, cuando dijo: "No en el olvido absoluto… sino arrastrando nubes de gloria…"), a saber, la dimensión psíquica (o del alma) más profunda que, algunas pruebas sugieren tentativamente, está presente desde el prenatal hasta los primeros años, pero luego se desvanece a medida que se inicia el desarrollo frontal (egoico).[3] Las "estelas de nubes de gloria" se refieren en general a toda la conciencia psíquica (o del alma) más profunda que el individuo trae a esta vida y que, por lo tanto, está presente en algún sentido desde la concepción del ser (como se quiera interpretar, ya sea como reencarnación, o simplemente como potenciales más profundos presentes desde el inicio). Hazrat Inayat Khan probablemente lo expresó mejor, representando el punto de vista tradicional: "El llanto de un infante es muy a menudo la expresión de su anhelo por los cielos angélicos [a través del cual acaba de pasar en su camino hacia el nacimiento terrenal, lo que los tibetanos llaman el bardo del renacimiento]; las sonrisas de un bebé son una narración de sus recuerdos del cielo y de las esferas superiores".[4]

Esta conciencia psíquica más profunda es, de acuerdo con varias teorías, ya sea (1) el alma que desciende de los ámbitos del bardo (los ámbitos entre la muerte y el renacimiento), o (2) un terreno o potencial más profundo que necesariamente se pierde y se entierra a medida que se desarrolla el ego analítico (pero se puede recuperar en la iluminación o la realización espiritual completa).

La segunda opción, aunque inicialmente suena factible, parece desmoronarse cuando se analiza con detalle. Se dice que este terreno es el mismo que uno recupera en la iluminación pero, de ser es así, ¿por qué habría alguien de abandonarlo? Si se recupera este terreno, ¿por qué el desarrollo operaría de forma diferente a todos los demás sistemas, es decir, empezar a retroceder, a ir hacia atrás? ¿Regresaría un pollo a un huevo para encontrarse a sí mismo? Si este fundamento se reúne con el ego, de modo que ambos juntos constituyen el pleno desarrollo, eso significa que el fundamento en sí no está completo, y ¿cómo podría algo inherentemente incompleto ser el fundamento de la plena iluminación? ¿Podría una parte ser la base del todo? Esta visión —que, por cierto, una vez adopté— parece ser en gran medida inadecuada tanto en teoría como en resultados documentados.[5]

Eso nos deja la opción número uno, los ámbitos de bardo, como el principal contendiente, a pesar de que suena bastante inverosímil para la mente convencional. Sin embargo, hay una cantidad modesta de evidencia a este respecto que resulta sugerente.[6] Parece que este ser psíquico más profundo está cada vez más inmerso y olvidado a medida que se inicia el desarrollo frontal o egoico (ver gráfica 4b), aunque si el desarrollo continúa en el nivel psíquico real (F-7), este ser psíquico más profundo sale a flote (y a menudo trae recuerdos de la infancia, cuando se encontraba "observando" desde lejos).[7] Pero cualquiera que sea esta capacidad psíquica más profunda, no es la resurrección de una estructura infantil pre-racional, sino el descubrimiento de una estructura transracional.

Podemos decir, entonces, que los infantes y los niños al menos parecen tener acceso a algunos tipos de experiencias espirituales (como experiencias cumbre), a pesar de que éstas se interpretan a través de estructuras frontales que son preconvencionales y egocéntricas (y por así decirlo, no muy espirituales). Pero posiblemente al estar en contacto con el ámbito psíquico (o del alma) más profundo, la infancia y la niñez podrían evidenciar una conexión con un tipo de dimensión espiritual, aunque, una vez más, es necesariamente interpretada y expresada a través de canales preconvencionales y egocéntricos, y por lo tanto no sería espiritual en ningún sentido puro.

12
Evolución sociocultural

Espíritu en acción

Ahora parece evidente que hay por lo menos cuatro grandes insuficiencias en la Gran Cadena tal como fue concebida tradicionalmente, y con el fin de traerla al mundo moderno y posmoderno —y de desarrollar un enfoque verdaderamente integral— estas deficiencias necesitan ser cuidadosamente atendidas.[1]

Lo primero, como vimos, es que los cuatro cuadrantes casi nunca fueron diferenciados en una escala adecuada. Por lo tanto, las grandes tradiciones rara vez entendieron que los estados de conciencia (SI) tienen correlatos en el cerebro orgánico (SD), un hecho que ha revolucionado nuestra comprensión de la psicofarmacología, la psiquiatría y los estudios de conciencia. A su vez, las tradiciones evidenciaron poca comprensión de que la conciencia individual (SI) está profundamente moldeada tanto por sus visiones culturales del mundo (II) como por los modos de producción tecnoeconómica (ID) en los que se encuentra. Esto dejó a la Gran Cadena abierta a las críticas devastadoras de la Ilustración, de la ciencia cognitiva moderna, de la neuropsiquiatría y de los estudios culturales e históricos posmodernos, entre otros, todo lo cual demostró que la conciencia no es simplemente un noúmeno inmaterial y trascendental, sino que está profundamente arraigada en contextos de hechos objetivos, antecedentes culturales y estructuras sociales. Los teóricos de la Gran Cadena no dieron una respuesta creíble a estas acusaciones (precisamente porque eran deficientes en estas áreas).

Como vimos, cada uno de los niveles verticales de la Gran Cadena debe diferenciarse en al menos cuatro dimensiones horizontales (intencional, conductual, cultural, social). El Gran Nido necesita ser modernizado y posmodernizado desesperadamente: necesita reconocer la importancia de

Psicología integral

los antecedentes culturales, las estructuras y contextos superficiales relativistas, las correlaciones con los descubrimientos científicos modernos, la sensibilidad hacia las minorías que la estructura mítico-agraria a menudo marginó, la importancia de las voces pluralistas, etcétera. Sólo cuando el cuerpo, la mente, el alma y el espíritu se diferencian en los Tres Grandes, estas objeciones pueden ser abordadas.

La segunda deficiencia es que el nivel mismo de la mente necesita ser subdividido a la luz de su desarrollo temprano. Aquí las contribuciones de la psicología occidental son decisivas. Para decirlo en pocas palabras, la mente misma tiene al menos cuatro etapas principales de crecimiento: magia (2-5 años), mítica (6-11 años), racional (11 en adelante) e integral-sin perspectiva o de visión lógica (edad adulta). Precisamente porque los orígenes infantiles e inmaduros de los niveles preformales de la magia y el mito no se entendían claramente, las tradiciones a menudo los confundían con los estados posformales de lo psíquico y lo sutil, y esta falacia pre/pos persigue a la mayor parte de la filosofía perenne, inyectándola no sólo con sabiduría verdaderamente iluminada, sino también con extensiones sustanciales de superstición.

La tercera deficiencia es que, debido a que los teóricos tradicionales de la Gran Cadena tenían una pobre comprensión de las primeras etapas, infantiles y prerracionales del desarrollo humano, tampoco lograron comprender los tipos de psicopatologías que a menudo surgen de complicaciones en estas primeras etapas. En particular, la psicosis, los trastornos limítrofes y neuróticos a menudo surgen de problemas en los primeros fulcros del autodesarrollo, y se pueden abordar mejor con una comprensión de sus dimensiones. La meditación, que es una forma de llevar hacia delante el desarrollo transpersonal, no curará, por regla general, estas lesiones prepersonales (como multitud de profesionales estadounidenses descubrieron por las malas).

La cuarta deficiencia en la Gran Cadena tradicional es su falta de comprensión de la evolución, una comprensión que también es una contribución bastante exclusiva del Occidente moderno. Esto se remedia fácilmente, porque, como muchos teóricos han señalado, si se inclina la Gran Cadena y se deja que se desarrolle en el tiempo (en lugar de proporcionarla estáticamente de una vez, como se pensaba tradicionalmente), se tienen los esbozos de la evolución misma. Plotino temporalizado = evolución.

En otras palabras, la evolución hasta la fecha, comenzando con el Big Bang, ha desplegado aproximadamente tres quintas partes de la Gran Cadena: materia, sensación, percepción, impulso, imagen, símbolo, concepto, regla y formal, esencialmente en el orden sugerido por el Gran Nido. Todo lo que se requiere es ver que la Gran Cadena no existe completamente dada y estáticamente inmutable, sino que evoluciona o se desarrolla durante grandes extensiones de tiempo. Y el hecho es que, a pesar del engaño de los biólogos occidentales, nadie realmente entiende cómo emergen etapas superiores en la evolución, a menos que asumamos que es a través de Eros, o Espíritu en acción.

Esto también significa, como he señalado a menudo, que lo que la filosofía perenne tomó para ser arquetipos eternamente inmutables puede entenderse mejor como hábitos formativos de la evolución, "recuerdos kósmicos", por así decirlo, y no moldes prearmados en los que se vierte el mundo.[2] Esta orientación dinámica puede poner al Gran Nido del Ser en consonancia con los pensadores evolutivos, desde Peirce a Sheldrake y a Kaufmann, y es una visión que definitivamente está implícita en los teóricos del Gran Nido: desde Plotino a Asanga y Vasubandhu.[3]

El punto es que, una vez que el Gran Nido está conectado a una visión evolutiva y de desarrollo, puede felizmente coexistir con gran parte del Dios del Occidente moderno, mejor conocido como evolución.[4] Además, plantea la sorprendente posibilidad: si la evolución ha desplegado hasta ahora las primeras tres quintas partes del Gran Nido, ¿no es probable que continúe en los próximos años y desarrolle las dos quintas partes superiores? Si eso es así, Dios yace por el camino, no sobre él; el Espíritu se encuentra avanzando, no retrocediendo; el Jardín del Edén se vislumbra en nuestro futuro, no en nuestro pasado.[5]

Sea como fuere, cuando uno se mueve del relativismo pluralista al integralismo universal (por ejemplo, cuando uno se mueve del verde al amarillo/turquesa y comienza a aprovechar las construcciones secundarias), uno está abierto a tales teorías metasistémicas como se presentan en las gráficas 9a y 9b, específicamente, descripciones generales de la evolución sociocultural.

Evolución colectiva

En mis definiciones, "social" se refiere al cuadrante inferior derecho (ID: la dimensión interobjetiva, incluidas las formas de la base tecnoeconómica, los sistemas sociales, las instituciones y las estructuras físicas), y "cultural" se refiere al cuadrante inferior izquierdo (II: la dimensión intersubjetiva, incluidas las visiones colectivas del mundo, la ética, los valores y el significado). La preponderancia de la evidencia sugiere claramente que la evolución ocurre en ambos cuadrantes, como ciertamente sucede en los otros. Pero esto necesita ser matizado en varios aspectos.

Por ejemplo, decir que una sociedad determinada se encuentra en un nivel mágico de desarrollo no significa que todos en esa sociedad se encuentren en dicho nivel. Sólo implica que el nivel promedio de conciencia es generalmente mágico, y que —específicamente— las leyes definitorias, los principios de organización cultural y las costumbres de la realidad cotidiana provienen predominantemente de la visión mágica del mundo. Pero cualquier número de personas puede estar por encima o por debajo de ese promedio en su situación personal. Por ejemplo, algunas personas en una cultura mágica (a diferencia de un niño en la estructura mágica, y éste es uno de los muchos lugares en los que se descomponen los paralelos filosóficos/estrictos) pueden estar en un nivel de desarrollo mítico, mental o superior. Habermas cree, por ejemplo, que incluso en las sociedades de caza y recolección, algunas personas desarrollaron las capacidades para el pensamiento operacional formal, y yo he sugerido que algunos fueron aún más lejos y desarrollaron capacidades psíquicas y posformales (y estos eran, por supuesto, los chamanes).[6] Así, a diferencia de un niño en el nivel mágico, un chamán verdaderamente desarrollado en una cultura mágica, habiendo evolucionado varias capacidades posconvencionales, sería capaz de experimentar auténticamente los ámbitos transpersonales (principalmente los psíquicos, pero también, en ocasiones, los sutiles y

12 | Evolución sociocultural

tal vez los causales) e interpretarlos a través de estructuras no-narcisistas y posconvencionales: en otras palabras, una espiritualidad auténtica por cualquier definición.

Eso, por supuesto, es especulación, y representaría una visión chamánica altamente desarrollada. En cuanto al viaje chamánico más típico o común, la evidencia disponible sugiere que fue una experiencia cumbre de nivel mágico de los dominios psíquicos, y por lo tanto retuvo impresiones e interpretaciones preformales, muy involucradas, como a menudo es la magia, con impulsos y necesidades de poder. "Poder" o "medicina fuerte" sigue siendo el tono dominante de muchos impulsos chamánicos, lo que refleja, tal vez, el hecho de que en la típica sociedad de caza y recolección, el recurso más escaso, como señaló Habermas, era el poder sobre la naturaleza, o simples necesidades de seguridad, como podría decir Maslow.

Sin embargo, la profunda importancia del viaje chamánico, en cualquiera de sus versiones, radica en que fue el primer gran descubrimiento y la primera gran exploración de los dominios transpersonales, y por lo tanto muchas percepciones chamánicas, especialmente en los reinos psíquicos, permanecieron insuperables.[7] En particular, podemos notar que el chamán, como primer "psicoterapeuta", fue el primero en descubrir la extraordinaria importancia de los estados alterados transpersonales de conciencia para la curación habitual, tanto la de índole física como la de naturaleza psicológica, una idea que, desastrosamente, fue de las principales víctimas de la llanura moderna.

Sin embargo, la preponderancia de la evidencia, cuando no está sujeta a una interpretación sesgada hacia el relativismo pluralista, sugiere que, en su mayor parte, tanto el modo de desarrollo promedio como el más avanzado continuaron profundizándose con la evolución posterior, y las gráficas 9a y 9b describen algunos de los perfiles principales de esta migración evolutiva.

Evolución social

Lenski ha expuesto las formas de la evolución social de una manera que ahora es indiscutible para la mayoría de los estudiosos: forrajeo, horticultural, agrario, industrial e informativo. Los teóricos de los sistemas (y los funcionalistas estructurales, incluidos Parsons, Merton, Luhmann, Alexander, Bellah) han arrojado una enorme luz sobre los sistemas de acción social, su mantenimiento y autoreproducción.[8] Los marxistas y neomarxistas, a pesar de los fallos obvios de un sistema que intenta reducir todas las características a un solo cuadrante, el inferior derecho (ID), han delineado las muchas formas en que la base tecnoeconómica influye profundamente en la conciencia de hombres y mujeres, y ninguna teoría integral puede permitirse pasar por alto estos cruciales hallazgos.[9]

El mayor inconveniente de la teoría de sistemas (y de las teorías del cuadrante inferior derecho en general) es su reduccionismo sutil: el intento de reducir todos los dominios interiores (del Yo y Nos) a dominios objetivos del Ello/Ellos —a los circuitos de procesamiento de información, sistemas neuronales, comportamiento social, los sistemas de automantenimiento autopoiético y las teorías de la "red de vida"— todos los cuales, en la medida en que afirman ser "holísticos" e "integrales", en realidad niegan el mundo de la vida de las dimensiones interiores. La teoría de sistemas afirma ofrecer una teoría unificada de todo, pero al constreñir todo al cuadrante inferior derecho, en realidad omite la "mitad" del mundo, es decir, los ámbitos del lado izquierdo. Como tal, la teoría de sistemas es en realidad parte del proyecto de llanura de la modernidad. Es parte de la enfermedad para la que afirma ser la cura.

Un holismo genuino o integral incluiría tanto el holismo exterior de la teoría de sistemas como el holismo interior de la conciencia fenoménica, la moral, los valores, las olas, las corrientes y los estados, todos abrazados en sus propios términos, no forzados a los moldes de los demás.

Evolución cultural

La evolución en el ámbito cultural es un tema sensible, con potencial de abuso cuando no se aborda con tiento. Con todo, la evidencia para ello continúa aumentando, y numerosos teóricos la han adoptado con seriedad. (Como vimos en el capítulo 4, durante varias décadas el meme verde luchó con éxito contra cualquier pensamiento evolutivo en la academia, comprensiblemente preocupada por su potencial de abuso. Pero los desarrollos pos-verdes han logrado combinar la sensibilidad verde a múltiples perspectivas con construcciones de segundo nivel.) En los últimos tiempos, la evolución cultural ha sido defendida, de varias maneras, por Gerald Heard, Michael Murphy, W. G. Runciman, Sisirkumar Ghose, Alastair Taylor, Jean Houston, Duane Elgin, Jay Earley, Daniel Dennett, Jürgen Habermas, Robert Bellah, Ervin Laszlo, Kishore Gandhi y Jean Gebser, por nombrar algunos.[10]

El trabajo pionero de Jean Gebser es paradigmático: ve cómo evolucionan las concepciones del mundo cultural (usando sus palabras), desde lo arcaico a la magia, a lo mítico, a lo mental, a lo integral (véase la gráfica 9b). La obra maestra de Gebser, *Origen y presente*, es sin duda uno de los estudios más brillantes de la evolución cultural jamás escritos, y ninguna teoría integral, en mi opinión, puede esperar tener éxito sin considerar sus meticulosas formulaciones. Debe notarse, sin embargo, que la "estructura integral" de Gebser se refiere básicamente a la ola general de visión-lógica, y no cubre adecuadamente las etapas superiores, verdaderamente transpersonales (psíquica, sutil, causal y no-dual). El principal especialista estadounidense en Gebser, Georg Feuerstein, está de acuerdo: "Debo ponerme de parte de Wilber en este punto. Creo que hay suficiente evidencia para agrupar de manera útil una amplia gama de lo que se considerarían experiencias espirituales en tres categorías principales: aquéllas que son básicamente *psíquicas* (propongo *psicosomáticas*), *causales* (propongo *psicoespirituales*) y *no-duales* (propongo *espirituales*)".[11] Por lo tanto, el espectro general de Feuerstein incluye arcaico, mágico, mítico, mental, integral, psíquico, causal y no-dual; una vista de espectro completo mucho más precisa que la de Gebser. Sin embargo, en el dominio del desarrollo

Psicología integral

colectivo promedio (arcaico a mágico a mítico a racional a lo integral) Gebser sigue siendo insuperable.

El intento de Habermas de reconstruir el materialismo histórico sobre la base de la pragmática universal y la acción comunicativa sigue siendo el más sofisticado de los intentos modernos de rastrear la evolución sociocultural. La gran ventaja de las formulaciones de Habermas es su intento de un alcance integral: una visión real de todos los cuadrantes, casi de todos los niveles (véase la gráfica 10). Vimos que los principales inconvenientes de su enfoque incluyen una cobertura inadecuada tanto de los dominios prerracionales como transracionales, lo que lamentablemente hace que su esquema sea inestable tanto con respecto a la naturaleza como al espíritu (un lastre significativo). Sin embargo, en el reino intermedio de la mente, Habermas sigue siendo indispensable.

Afortunadamente varios teóricos que están igualmente familiarizados con los niveles superiores de conciencia han utilizado su experiencia para rastrear la evolución de la conciencia en general. Entre ellos se podría mencionar, de manera particular, el trabajo de Jean Houston (especialmente su *Life Force* ["Fuerza vital"], un magnífico libro basado en parte en el importante trabajo de Gerald Heard; véase la gráfica 9a), Duane Elgin (cuyo *Awakening Earth* ["El despertar de la Tierra"] es una descripción magistral de la evolución de la conciencia; véase la gráfica 9b), y Allan Combs (la razón por la que no he incluido a Combs en el listado de gráficas es que su maravilloso libro *The Radiance of Being* ["El esplendor del Ser"] es un compendio general de las propuestas de Gebser, Aurobindo y Wilber, y aunque cuenta con muchas ideas originales, no propone en realidad una serie nueva de etapas, aunque sí ofrece un modelo propio).[12]

A pesar de que los estudiosos referidos han hecho contribuciones vitales a nuestra comprensión de la evolución sociocultural, todo el tema en sí sigue siendo profundamente problemático para muchos teóricos, especialmente para los liberales (que sospechan de las tendencias marginales), los tradicionalistas (que no entienden por qué gran parte de la religión fue dejada atrás por la "evolución" moderna) y los románticos (que a menudo creen en la transferencia). Dado que la evolución es uno de los ingredientes cruciales (algunos dirían que es *el* ingrediente crucial) de la cosmovisión científica moderna, y si realmente deseamos una adopción integral de lo premoderno, lo moderno y lo posmoderno, entonces necesitamos una manera de poner la teoría de la evolución en un contexto que honre sus verdades y reduzca sus abusos.

Cinco consejos importantes

La cuestión medular es la siguiente: para que la evolución cultural y la morfogénesis sean aceptadas como un principio explicativo en la historia humana debe enfrentarse a las grandes objeciones que han llevado a tradicionalistas, románticos y teóricos sociales liberales a rechazarla. En otras palabras, si la evolución está operando en el dominio humano, ¿cómo podemos dar cuenta de Auschwitz? ¿Y cómo nos atrevemos a afirmar que algunas producciones culturales están más "evolucionadas" que otras? ¿Cómo nos atrevemos a hacer tales clasificaciones de valor? ¿Qué clase de arrogancia es ésa?

Los tradicionalistas y los filósofos perennes de hoy, por ejemplo, no pueden creer en la evolución cultural debido a horrores modernos como Auschwitz, Hiroshima, Chernóbil. ¿Cómo podemos decir que la evolución opera en los hombres cuando produce tales monstruos? Es mejor negar la evolución de tajo antes que enredarse en tener que explicar semejantes atrocidades.

Los críticos románticos de la evolución, por otro lado, están respondiendo a lo que parece ser una simpatía humana universal por un tiempo anterior a los disturbios de la actualidad. Los seres humanos primitivos, en general, no sufrieron los desastres de la modernidad: contaminación industrial, gran esclavitud, muchas disputas de propiedad, etcétera. Teniendo en cuenta dicha escala, ¿acaso no iremos cuesta abajo? ¿Será hora de volver a la naturaleza, a la humildad salvaje, y así encontrar un yo más verdadero, una comunidad más justa, una vida más rica?

Los teóricos sociales liberales también tienen muchas razones para retroceder horrorizados de la noción de "evolución cultural". Sus formas increíblemente crudas, como el darwinismo social, no sólo carecen de compasión, sino que apuntan hacia algo mucho más siniestro; este tipo de burdo "evolucionismo" produciría en manos de tiranos morales exactamente la clase de nociones ruinosas y bárbaras del superhombre, la raza maestra, los semidioses humanos venideros, que escalofriantemente se abrirían paso en la historia, que de hecho inscribirían sus creencias en la carne torturada de millones, difundirían su ideología en las cámaras de gas y dejarían que todo se asentara allí. Los teóricos sociales liberales, reaccionando a tales horrores, naturalmente tienden a considerar cualquier tipo de "jerarquía social" como un preludio al Auschwitz.

Obviamente, si la evolución de la conciencia pretende utilizarse como cualquier otro tipo de principio explicativo, se enfrentará a severas dificultades. Por lo tanto, lo que se requiere es un conjunto de principios que puedan explicar tanto el avance como la regresión, las buenas y las malas noticias, los altibajos de un empuje evolutivo que, sin embargo, es tan activo en los humanos como lo es en el resto del Kosmos. De lo contrario, nos enfrentamos a la muy extraña situación de conducir una cuña virulenta justo a través del Kosmos: todo lo no-humano opera por evolución; todo lo humano no.

¿Cuáles son los principios que pueden rehabilitar la evolución cultural en una forma sofisticada, y así reunir a la humanidad con el resto del Kosmos, y a la vez explicar también los altibajos de la conciencia que se desarrolla? Los siguientes son algunos de los principios explicativos centrales que creo que necesitamos:

1. *La dialéctica del progreso.* A medida que la conciencia evoluciona y se desarrolla, cada etapa resuelve o desactiva ciertos problemas de la etapa anterior, pero también agrega nuevos y recalcitrantes, y a veces problemas más complejos y más difíciles. Precisamente porque la evolución en todos los dominios (humanos y de otro tipo) opera mediante un proceso de diferenciación e integración, cada nivel más complejo se enfrenta necesariamente a problemas nuevos. A los perros les da cáncer, a los átomos no. ¡Pero esto no evoluciona en conjunto! Significa que la evolución es tanto una buena como una mala noticia, y cuantas más etapas de evolución hayan en esta dialéctica del progreso (mayor será

la profundidad del Kosmos), más cosas pueden salir mal. La modernidad puede enfermar de maneras que ni siquiera podemos imaginar.

Así que la evolución inherentemente significa que nuevos potenciales y nuevas maravillas y nuevas glorias son introducidos con cada nueva etapa, pero invariablemente se hacen acompañar de nuevos horrores, nuevos miedos, nuevos problemas, nuevos desastres. Y cualquier relato verdaderamente equilibrado de la historia es una crónica de las nuevas maravillas y las nuevas enfermedades que se desplegaron en los vientos implacables de la evolución de la conciencia.

2. *La distinción entre diferenciación y disociación.* Precisamente porque la evolución procede de la diferenciación y la integración, algo puede salir mal en todas y cada una de las etapas: cuanto mayor sea la profundidad del Kosmos, más enfermedades puede contener. Y, como vimos, una de las formas más prevalentes de patología evolutiva ocurre cuando la diferenciación va demasiado lejos en la disociación, ya sea ontogenética o filogenéticamente. En la evolución humana, por ejemplo, una cosa es diferenciar la mente y el cuerpo, y otra disociarlos. Una cosa es diferenciar la cultura y la naturaleza, y otra disociarlas. La diferenciación es el preludio de la integración; la disociación prologa el desastre.

La evolución humana (como la evolución en cualquier otro lugar) está marcada por una serie de diferenciaciones importantes, que son absolutamente normales y a la vez totalmente cruciales para la evolución e integración de la conciencia (es sólo por la diferenciación que una bellota crece en un roble). Pero en cada etapa, estas diferenciaciones pueden ir demasiado lejos en la disociación, que convierte la profundidad en enfermedad, el crecimiento en cáncer, la cultura en corrupción, la conciencia en agonía. Y cualquier relato equilibrado de la historia es una crónica no sólo de las diferenciaciones necesarias de la evolución de la conciencia, sino también de las disociaciones y distorsiones patológicas que con demasiada frecuencia siguieron a su paso.

3. *La diferencia entre trascendencia y represión.* Decir que la evolución procede por diferenciación e integración es decir que lo hace por trascendencia e inclusión. Cada etapa incluye a sus predecesores, luego

agrega sus propias cualidades definitorias y emergentes: trasciende e incluye.

Pero precisamente por eso, con la patología, la dimensión superior no trasciende e incluye; trasciende y reprime, niega, distorsiona, perturba. Cada etapa nueva y superior tiene exactamente esta opción: trascender e incluir, hacerse amigo, integrarse, honrar; o trascender y reprimir, negar, alienar, oprimir. Y cualquier relato equilibrado de la historia es una crónica de las grandes ocasiones trascendentes de la evolución humana, así como de las represiones, opresiones y brutalidades.

4. *La diferencia entre jerarquía natural y jerarquía patológica.* Durante el proceso evolutivo, lo que es entero en una etapa se convierte en parte del todo de la siguiente: átomos enteros se convierten en partes de moléculas, moléculas enteras pasan a ser secciones de células, células enteras se convierten en segmentos de organismos... Todas y cada una de las cosas en el Kosmos son todo y parte; un holón existiendo en una jerarquía anidada u holarquía, un orden de creciente totalidad y holismo.

Pero lo que trasciende puede reprimir. Y así las jerarquías normales y naturales pueden degenerar en jerarquías patológicas, dominadoras. En estos casos, un holón arrogante no quiere ser a la vez un todo y una parte; quiere ser un todo y punto. No desea ser parte de algo más grande que sí mismo; no busca compartir las comuniones de sus compañeros holones; anhela dominarlos con su propia representación. El poder reemplaza la comunión; la dominación se apodera de la comunicación; la opresión domina la reciprocidad. Y cualquier relato equilibrado de la historia es una crónica del extraordinario crecimiento y la evolución de las jerarquías ordinarias, uno que irónicamente permitió la degeneración en jerarquías patológicas, las cuales dejaron sus marcas herradas en la carne torturada de incontables millones; un rastro de terror que acompañó al animal que no sólo puede trascender, sino que se dedica a reprimir.

5. *Las estructuras superiores pueden ser secuestradas por impulsos inferiores.* El tribalismo, cuando opera bajo sus propios atributos, es relativamente

12 | Evolución sociocultural

benigno, porque sus medios y sus tecnologías son relativamente inofensivos. Sólo se puede infligir cierto daño a la biosfera, y a otros seres humanos, con un arco y una flecha (y esta falta de medios no significa necesariamente la presencia de la sabiduría). El problema es que las tecnologías avanzadas de la racionalidad pueden ser devastadoras cuando son secuestradas por el tribalismo y sus impulsos etnocéntricos.

Auschwitz no es resultado de la racionalidad pura. Auschwitz es resultado de los muchos atributos de la racionalidad que se operaron de manera irracional. Auschwitz es racionalidad secuestrada por el tribalismo, por una mitología etnocéntrica de sangre y raza y pertenencia; arraigada en la tierra, romántica en sus disposiciones, bárbara en su exterminio étnico. No se puede intentar seriamente el genocidio con un arco y una flecha; pero se puede intentar con acero y carbón, motores de combustión y cámaras de gas, ametralladoras y bombas atómicas. Éstos no son deseos racionales puros bajo ninguna definición de racionalidad; éstos son tribalismos etnocéntricos que dominan las herramientas de una conciencia avanzada y las utilizan precisamente para el más bajo de los más bajos motivos. Auschwitz es el fin del juego, no de la razón, sino del tribalismo.

Hasta aquí algunas de las distinciones que, creo, son necesarias para reconstruir la evolución de la conciencia humana de una manera mucho más satisfactoria y convincente, una forma que puede explicar claramente los avances innegables, así como las irrefutables atrocidades de la historia.[13] Con este enfoque, y con estas cinco distinciones, creo que podemos comenzar a reunir a la humanidad con el resto del Kosmos, y no cargar con un dualismo verdaderamente extraño y rígido: la humanidad aquí, todo lo demás allá.

No, parece que somos parte integral de una única corriente evolutiva que todo lo abarca y que es en sí misma Espíritu en acción, el modo y la manera de la creación del Espíritu. Las mismas corrientes que corren a través de nuestra sangre humana fluyen a través de galaxias arremolinadas y sistemas solares colosales, se estrellan a través de los grandes océanos y derivan a través del cosmos, mueven las montañas más firmes, así como nuestras propias aspiraciones morales: una y la misma corriente fluye a través del Todo, y conduce a todo el Kosmos en cada gesto duradero, un extraordinario campo morfogenético que ejerce atracción y presión que se niegan a rendirse hasta que recuerdas quién y qué eres, y que fuiste llevado a dicha comprensión por esa única corriente de un Amor omnipresente, y aquí "vino la plenitud en un destello de luz, y el vigor falló en la elevada fantasía, pero ahora mi voluntad y mis deseos fueron movidos como una rueda girando uniformemente, por el Amor que mueve el sol y otras estrellas".

Revelaciones espirituales: punta creciente de la evolución

Con los cinco principios arriba enumerados podremos abordar más humanamente el tema de la evolución y aprovechar sus ideas liberadoras. Si, como hemos visto, ciertos aspectos de la espiritualidad se vuelven más disponibles en las etapas superiores del desarrollo, entonces una comprensión del desarrollo —lo que es, cómo fomentarlo— es parte de la agenda verdaderamente liberal de libertad, liberación, igualdad. Ya hemos examinado las etapas del desarrollo ontogenético individual, y ahora estamos estudiando las etapas correlativas del desarrollo filogenético/cultural. En ambos casos, tenemos que estar atentos no sólo a los principales emergentes y avances positivos, sino también a las nuevas patologías, represiones, opresiones y brutalidades que cada nuevo avance evolutivo hace posible.

Después del Edén explora estos desarrollos culturales tanto en el *modo promedio* como en el *modo más avanzado* que típicamente definió una era dada (véase gráfica 9a). La idea general es simple: cuando el nivel promedio de conciencia de una cultura dada es, digamos, mágico, ¿cuál es el nivel más alto de conciencia generalmente disponible?[14] Acabamos de ver que en tiempos mágicos, el modo más evolucionado era generalmente chamánico. El chamán era la punta creciente de la evolución de la conciencia (llegó al menos al dominio psíquico, ya sea como un logro

12 | Evolución sociocultural

estructural permanente o, al menos, como una serie de estados alterados y viajes chamánicos).[15] El modo mágico/chamánico fue la forma dominante de conciencia durante el periodo más amplio de la humanidad, reinando tal vez desde 500 mil a.C. hasta alrededor de 10 mil a.C., con su periodo cumbre probablemente hacia alrededor de 50 mil a 7 mil a.C.[16]

A medida que el modo promedio evolucionó de la magia a lo mítico (comenzando aproximadamente alrededor de 10 mil a.C.), y los productos elementales de la naturaleza y politeístas dieron paso cada vez más a una concepción de una deidad subyacente en el mundo diverso, la figura del *santo* finalmente se convirtió en el creador espiritual dominante. A menudo retratado con halos de luz alrededor de una corona de chakra (lo que significa el vívido despertar de los reinos sutiles de luz y sonido en y más allá del sahasrara), el santo fue el gran transportador de la conciencia de punta creciente a medida que se movía dentro y más allá del misticismo de la naturaleza al misticismo de la deidad. Estos viajes interiores trascendentales, retratados de manera brillante por ejemplos como San Juan de la Cruz, Rāmānuja, Santa Teresa, Shinran, Santa Hildegarda, revelaron profundidades del alma y alturas de la realidad que alteraron la naturaleza misma de la conciencia en general y dejaron al mundo profundamente conmovido en su estructura misma.

A medida que el modo promedio y colectivo de conciencia evolucionó de mítico a mental (comenzó alrededor del siglo VI a.C.), el modo más avanzado evolucionó de sutil a causal, y el sabio, más que el santo, encarnó esta punta creciente de conciencia. Mientras que el santo experimentó la luminosidad interior divina, la gracia, el amor y el éxtasis, el sabio no experimentó nada. El sabio, en realidad fue el primero en empujar hacia el ámbito puramente amorfo de transparente vacuidad, la causal de la absorción no manifiesta: el nirvana, la nube de desconocimiento, apofático, nirvikalpa samadhi, nirodh, el abandono. Pero lejos de ser una "nada" literal o una blancura brillante, el Vacío es el terreno creativo de todo lo que es (de ahí "causal"); una vasta libertad e infinita apertura cuyo mismo descubrimiento significa liberación del mundo de la forma, el sufrimiento, el pecado y el samsara. Mientras que, en lo sutil, el alma y Dios encuentran una comunión o incluso una unión, en lo causal, el alma y Dios ambos desaparecen en la Divinidad: el Atman que es Brahman, la Identidad Suprema del Sufí, "el Padre y Yo somos Uno", el Yo separado se disuelve en el Vacío, y el misticismo de la deidad da paso al misticismo sin forma, el misticismo del Abismo, la gran Nube del Desconocimiento, la Conciencia que está infinitamente dentro y más allá del mundo manifiesto por completo.

Pero la evolución de la conciencia siempre busca "trascender e incluir", y tras haber trascendido completamente el mundo de la Forma, la conciencia despierta a una adopción radical de toda la Forma: "Lo que es Forma no es otro que Vacío, lo que es Vacío no es otro que Forma", dice el Sutra del Corazón, en lo que quizás sea la fórmula más famosa para esta ecuación eterna y sagrada. Porque el Espíritu puro (Vacío) y todo el mundo manifiesto (Forma) se han convertido en un abrazo eterno.

Shankara, uno de los grandes iluminados de la India, puso este último "trascender e incluir" como sigue:

El mundo es ilusorio,
Brahman sólo es real,
Brahman es el mundo.

El Mundo es ilusorio (transitorio, efímero, pasajero, finito, mortal), y debe ser completamente trascendido en todos los sentidos para encontrar la única realidad del Espíritu (Brahman). Pero una vez que se ha liberado completamente del mundo, y se ha sumergido en la Liberación infinita del Espíritu más puro (realidad sin fronteras, ilimitada, atemporal, sin forma), el mundo finito es entonces acogido y completamente incluido en el Espíritu infinito, o la unión perfecta de lo manifiesto y lo no manifiesto: Brahman es el mundo, y el misticismo no-dual lo lleva a comenzar con sólo ese entendimiento de la Conciencia Unitaria. Las grandes tradiciones no-duales comenzaron alrededor del 200 a.C., especialmente con figuras como Nāgārjuna y Plotino; pero estas tradiciones, particularmente en sus formas avanzadas como el Tantra, comenzaron a florecer en la India alrededor del siglo VIII al XIV (coincidiendo con los primeros destellos colectivos o de modo medio de visión-lógica, ejemplificados en Occidente con Florencia y el ascenso del humanismo, alrededor del siglo xiv). Fue durante este tiempo que el budismo Ch'an vivió su extraordinario ascenso en las dinastías Tang y Song de China (del siglo vii al xiii), y Padmasambhava trajo el Tantra al Tíbet, que comenzó su florecimiento sin precedentes (especialmente del siglo viii al xviii).

Éstas, también, son las más generales de las generalizaciones, pero no están exentas de utilidad. Entre otras cosas, distinguir entre el promedio y el más avanzado nos permite evitar suponer que todos los productos de una era fueron generados por la misma ola de conciencia. Los eruditos con demasiada frecuencia miran a un periodo de la historia y simplemente asumen que todos en esa sociedad estaban en el mismo nivel de conciencia (es como mirar hacia atrás desde nuestra era moderna y asumir que Reagan y Krishnamurti estaban en el mismo nivel), y luego proceden, sobre la base de esa suposición, a llegar a las conclusiones más cuestionables. Los ecólogos a menudo asumen que en las culturas forrajeras todos compartían una conciencia chamánica, mientras que el chamán genuino era un ser muy raro: sólo un chamán por tribu, generalmente, y a duras penas uno de cada diez de ellos era un verdadero maestro. Los teóricos románticos se remontan al antiguo Egipto, notan que algunos adeptos estaban claramente vivos para el poder de la serpiente (kundalini), y luego asumen que toda la cultura estaba inundada de seres iluminados, mientras que el número de adeptos kundalini en cualquier ciudad probablemente podría contarse con los dedos de una mano (como máximo). Entonces es muy fácil asumir que la evolución ha ido constantemente cuesta abajo desde estos maravillosos días antiguos de libre espiritualidad, mientras que —si realmente seguimos la punta en crecimiento— la espiritualidad ha continuado sumergiéndose profundamente de muchas maneras a lo largo de las edades. Valentín el Gnóstico fue increíble, pero compárenlo con Eckhart. Magdelene era profunda, pero compárenla con Santa Teresa de Ávila. Boecio fue extraordinario, pero compárenlo con San Juan de la Cruz. Y hasta Hakuin y Dogen, quizás los adeptos al zen japonés más influyentes de todos los tiempos; sri Ramana Maharshi, uno de los mayores iluminados de la India (que murió hace unas pocas décadas); y Aurobindo, su mayor filósofo-sabio (finado también no hace demasiado).

Además, al hacer esa distinción (promedio y avanzado), podemos ver inmediatamente que, mientras que algunas épocas pasadas podrían parecer "muy espirituales", su modo más común o promedio (como la magia o el mito) era en realidad preformal, no posformal. Sólo el chamán, santo o sabio (bastante escaso) evolucionó realmente a niveles más altos de adaptación psíquica, sutil o causal; y por lo tanto, las etapas profundamente espirituales (psíquica, sutil, causal) —como un modo común y promedio de conciencia— existen, si es que existen, en nuestro futuro colectivo, no en nuestro pasado. Por supuesto, cualquier individuo durante cualquier periodo —pasado, presente o futuro— puede desarrollarse en los reinos superiores bajo su propio poder. Pero las épocas enteras de espiritualidad posformal, como un logro común, casi con toda seguridad nunca estuvieron presentes en ningún momento de la historia pasada. Los eruditos que confunden la magia y el mito con la espiritualidad auténtica, y que por lo tanto miran al pasado y piensan que todas las formas de espiritualidad están detrás de nosotros, les espera una sorpresa. Las figuras más avanzadas del pasado estaban sondeando las profundidades de los niveles transpersonales, y ésas se encuentran en nuestro futuro, no en nuestro pasado, colectivo.

En la extraordinaria arqueología del Espíritu, esos pioneros espirituales estaban adelantados a su tiempo, y todavía lo están al nuestro. Por lo tanto, son voces, no de nuestro pasado, sino de nuestro futuro; apuntan a los emergentes, no a las exhumaciones; nos impulsan hacia delante, no hacia atrás. Como la punta creciente de la humanidad, forjaron un futuro *telos* a través del cual el tronco de la humanidad ahora emerge, no con rígida predeterminación, sino con una gentil persuasión. Son figuras de las capas más profundas de nuestro propio Ser verdadero que nos susurran desde las profundidades radiantes de un mañana mejor.

13
De la modernidad a la posmodernidad

Ninguna época existe sin sus genios, su sabiduría, sus verdades perdurables. Además, ignorar las verdades del pasado parece ser la definición misma de patología. Por lo tanto, un enfoque integral —uno cuerdo— seguramente intentaría honrar, reconocer e incorporar estas verdades perdurables en el barrido continuo de la evolución de la conciencia.

De la herencia premoderna hemos aprendido del Gran Nido del Ser y del Conocimiento, y hemos encontrado que es una hoja de ruta hacia el Espíritu, no de una manera predeterminada, sino como un campo morfogenético de gentil persuasión. De la herencia moderna hemos aprendido la necesidad de reconocer y honrar el arte, la moral y la ciencia, y a dejar que cada cual persiga sus propias certezas sin violencia de las demás (un respeto que contribuyó al surgimiento de las democracias modernas, el feminismo, la ecología y los ideales posconvencionales de libertad, liberación e igualdad).[1] También aprendimos de los descubrimientos modernos de la evolución en los cuadrantes (una noción que es al menos compatible con la Gran Cadena inclinada de lado y desatada a través del tiempo geológico, biológico y cultural). Y hemos mencionado la "brillante promesa" de una posmodernidad constructiva, que implica la integración de lo mejor de la premodernidad (el Gran Nido) y la modernidad (la diferenciación y evolución de los Tres Grandes), lo que resulta en un enfoque más integral "de todos los niveles, todos los cuadrantes".

Ha llegado el momento de terminar esta visión integral observando, muy brevemente, al posmodernismo mismo —que es, después de todo, la punta de lanza de la evolución cultural de hoy— y sugerir exactamente cómo encaja en una visión de todos los niveles, de todos los cuadrantes.

Mucha gente se queja cuando se menciona algo "posmoderno", de tan enrevesado e indescifrable que se ha convertido el término. Pero los siguientes serán puntos importantes, y le pido al lector que se quede conmigo a través de este capítulo, que trataré de hacer lo más indoloro posible. Luego podemos volver, en los capítulos finales, a un resumen de lo que hemos visto y las implicaciones para la psicología, la terapia, la espiritualidad y los estudios de conciencia.

La brillante promesa

Al tratar de entender la modernidad nos hicimos la sencilla pregunta: ¿qué hizo que ésta fuera diferente de la era premoderna? Encontramos muchos elementos (desde la industrialización hasta los movimientos de liberación), pero todos podrían resumirse en la diferenciación de los Tres Grandes.

Al intentar entender la posmodernidad, preguntémonos de nuevo: ¿qué tiene la posmodernidad que la hace tan diferente de la modernidad? Veremos que también hay muchos elementos, pero todos pueden resumirse de manera muy general como un intento de ser inclusivos: evitar "marginar" las muchas voces y puntos de vista que una poderosa modernidad a menudo pasa por alto; evitar una "hegemonía" de racionalidad formal que a menudo reprime lo no racional; invitar a todas las razas, todos los colores, todas las personas, todos los géneros a una coalición arcoíris de respeto mutuo y reconocimiento mutuo. Esta inclusión a menudo se llama simplemente "diversidad" (o "multiculturalismo" o "pluralismo"), y está en el centro de la agenda del posmodernismo constructivo, de maneras que exploraremos a lo largo de este capítulo.

Este intento de ser inclusivo —holístico y abarcador en el mejor sentido— fue en parte una reacción al desafortunado deslizamiento de la modernidad hacia la llanura, donde la disociación de los Tres Grandes permitió que una poderosa ciencia colonizara y dominara (y marginara) todas las demás formas de conocer y de ser. La posmodernidad fue una respuesta para incluir a los Tres Grandes en lugar de simplemente diferenciarlos y disociarlos. *Por lo tanto, mientras la modernidad separó a los Tres Grandes, la posmodernidad los adoptaría*, los muchos Yo y los muchos Nos y los muchos Ello y Ellos, llegando así a una postura más inclusiva, integral y no excluyente. Y ahí, en una frase, está la verdad perdurable, la verdad integral, de los movimientos posmodernos.

Pero veremos que, al igual que la modernidad tiene su lado negativo, también lo hace la posmodernidad. La dignidad de la modernidad se arrojó al desastre a través de la disociación de los Tres Grandes. Así, la brillante promesa de un pensamiento posmoderno constructivo se entregó hacia una posmodernidad deconstructiva nihilista cuando la adopción pluralista se convirtió en una rancia nivelación de todas las distinciones cualitativas. La posmodernidad, tratando de escapar de la llanura, a menudo se convirtió en su más mundano defensor.

En otras palabras, la posmodernidad, al igual que la modernidad, llegó con buenas y malas noticias bajo el brazo.

Buenas noticias

La entrada al posmodernismo comienza con una comprensión del papel intrínseco que la interpretación juega en la conciencia humana. Al posmodernismo, de hecho, puede atribuírsele hacer de la *interpretación* un recurso central tanto para la epistemología como para la ontología, del saber y del ser. La interpretación, a la que todos los posmodernistas recurrían, a su manera, no sólo es crucial para comprender el Kosmos, sino que es un aspecto de la estructura misma. *La interpretación es una característica intrínseca del tejido del Universo*: he aquí la mayor contribución de los grandes movimientos posmodernos.[2]

Interpretación: el corazón de lo posmoderno

Muchas personas están inicialmente confundidas en cuanto a por qué y cómo la interpretación es intrínseca al Universo. La interpretación es para cosas como el lenguaje y la literatura, ¿verdad? Sí, pero la lengua y la literatura son sólo la punta del iceberg, un iceberg que se extiende hasta las mismas profundidades del Kosmos. Podríamos explicarlo así:

Como hemos visto, todos los eventos de los cuadrantes del lado derecho —objetos sensomotrices y procesos empíricos y "ello/ellos" —se pueden ver con los sentidos o sus extensiones. Todos tienen una ubicación sencilla; en realidad se puede apuntar a la mayoría de ellos (rocas, ciudades, árboles, lagos, estrellas, carreteras, ríos…).

Pero los acontecimientos del lado izquierdo o del interior no se pueden ver de esa manera. En el mundo empírico no pueden verse el amor, la envidia, el asombro, la compasión, la perspicacia, la intencionalidad, la iluminación espiritual, los estados de conciencia, el valor o el significado, corriendo por ahí. Los eventos interiores no se ven de una manera exterior u objetiva, se ven por introspección e interpretación.

Por lo tanto, si quieres estudiar a *Macbeth* empíricamente, puedes obtener una copia de la obra y someterla a varias pruebas científicas: pesa tantos gramos, tiene tantas moléculas de tinta, cuenta con cierto número de páginas compuestas por cierta clase de compuestos orgánicos, y así sucesivamente. Eso es todo lo que puedes saber sobre *Macbeth* empíricamente. Ésos son sus aspectos del lado derecho, objetivos, exteriores.

Pero si buscas conocer el significado de la obra tendrás que leerla y adentrarte en su interioridad, su significado, sus intenciones, sus profundidades. Y la única manera de hacerlo es mediante la interpretación: ¿qué significa esta frase? Aquí, la ciencia empírica es en gran medida inútil, porque estamos entrando en dominios interiores y profundidades simbólicas, a las que no se puede acceder por empirismo exterior, sino sólo por introspección e interpretación. No sólo objetiva, sino subjetiva e intersubjetiva. No sólo monológica, sino dialógica.

Cualquiera podría encontrarme andando en la calle con el ceño fruncido. Eso se puede ver. Pero ¿qué significa realmente ese gesto? ¿Cómo se puede descifrar? Me preguntarán a mí. Hablarán conmigo. Pueden acceder a mi superficie, pero para entender mi interior, mis profundidades, tendrían que apelar al círculo interpretativo (el círculo hermenéutico). Como sujetos, no se limitarán a mirarme como un objeto, sino que, como sujetos que son, intentarán comprenderme como sujeto que yo soy, como persona,

13 | De la modernidad a la posmodernidad

como un *yo* portador de intencionalidad y significado. Me hablarán, e interpretarán lo que yo diga; y yo haré lo mismo con mis interlocutores. No somos sujetos que miran fijamente a los objetos; somos sujetos que tratan de entender a los sujetos: estamos en el círculo intersubjetivo, en la danza dialógica.

Lo anterior es cierto no sólo para los humanos, sino para todos los seres sintientes. Si quiere entender a su perro —¿es feliz, o tal vez tiene hambre, o quiere salir a caminar?—, tendrá que interpretar las señales que le hace llegar. Y su perro, en la medida de sus posibilidades, hace lo mismo con usted. En otras palabras, sólo se puede acceder al interior de un holón mediante la interpretación.

Por lo tanto, para decirlo sin rodeos, se pueden ver superficies exteriores, pero la profundidad interior debe interpretarse. Y precisamente porque esta profundidad interior es una parte intrínseca del Kosmos —es la dimensión del lado izquierdo de los cuadrantes de cada holón— entonces la interpretación misma es una característica intrínseca del Kosmos. La interpretación no es algo agregado al Kosmos como una ocurrencia tardía; es la apertura misma de los interiores mismos. Y puesto que la profundidad del Kosmos va "hasta el fondo", entonces, como Heidegger dijo: "La interpretación va hasta el fondo".

Tal vez ahora podemos ver por qué uno de los grandes objetivos del posmodernismo era introducir la interpretación como un aspecto intrínseco del Kosmos. Como yo diría, cada holón tiene una dimensión de izquierda y de derecha (como puede verse en la figura 5), y por lo tanto cada holón tiene un objetivo (derecha) y un componente interpretativo (izquierda).

(Cuán "hacia abajo" se desea empujar los interiores o la conciencia depende, por supuesto, de cada quien. Algunas personas lo empujan hacia los mamíferos, otros a los reptiles, otros a las plantas, otros hasta los átomos. Encuentro esto un asunto completamente relativo: por mucha conciencia que tenga un holón, digamos, una ameba, un holón mayor tendrá un poco más, digamos, un ciervo, y su mayor tendrá incluso más, digamos, un gorila. Cuanto más bajo en el Gran Nido, menos *sintiencia* tiene un holón, hasta que se desvanece en las sombras que no podemos detectar. Regresaremos a este tema en el capítulo 14; por ahora, el punto es que, al menos en lo referente a los humanos, los interiores definitivamente existen, y sólo se puede acceder a ellos mediante introspección e interpretación.)[3]

El desastre de la modernidad fue que redujo todo el conocimiento introspectivo e interpretativo a la llanura exterior y empírica: intentó borrar la riqueza de la interpretación de la escritura del mundo. El intento del posmodernismo de reintroducir la interpretación en la propia estructura y el tejido del Kosmos fue en parte un noble intento de escapar de la llanura, para resucitar los interiores abatidos y los modos interpretativos del conocimiento. El énfasis posmoderno en la interpretación, comenzando más notablemente con Nietzsche, y corriendo a través de las ciencias geístas de Dilthey a la ontología hermenéutica de Heidegger al "no hay nada fuera del texto [interpretación]" de Derrida, es en el fondo nada más que los dominios del lado izquierdo gritando para ser liberados del aplastante olvido de la mirada monológica del monismo científico y el holismo de las llanuras. Fue la audaz reafirmación del Yo y del Nos frente a los Ello/Ellos sin rostro.

Momentos de la verdad en el posmodernismo

Precisamente porque el posmodernismo está en muchos sentidos tratando de desechar la llanura y su degradante legado, la filosofía posmoderna es un grupo complejo de nociones que a menudo se definen casi en su totalidad por lo que sus defensores rechazan. Rechazan el fundacionalismo, el esencialismo y el trascendentalismo. Rechazan la racionalidad, la verdad como correspondencia y el conocimiento representacional. Rechazan grandes narrativas, metanarrativas y grandes imágenes de cualquier variedad. Rechazan el realismo, los vocabularios finales y la descripción canónica.

A pesar de lo incoherentes que las teorías posmodernas a menudo suenan (y a menudo lo son), la mayoría de los enfoques posmodernos comparten tres suposiciones centrales que haríamos mal en ignorar:

1. La realidad no está en todos los sentidos dada, pero en algunos aspectos significativos es una construcción, una interpretación (este punto de vista a menudo se llama constructivismo); la creencia de que la realidad simplemente se da, y no que sólo está parcialmente construida, se conoce como "el mito de lo dado".
2. El significado depende del contexto, y los contextos son ilimitados (esto a menudo se llama contextualismo).
3. La cognición no debe, por lo tanto, privilegiar indebidamente una perspectiva única (esto se llama aperspectivismo integral).

Creo que los tres supuestos posmodernos son bastante precisos, y necesitan ser respetados e incorporados en cualquier visión integral. Pero, como veremos en la sección de "malas noticias", cada uno de esos supuestos también ha sido implementado fuera de toda proporción por el ala extremista del posmodernismo, con resultados muy desafortunados. Los posmodernistas extremos no sólo enfatizan la importancia de la interpretación, afirman que la realidad no es más que una interpretación. No sólo enfatizan los aspectos del lado izquierdo de los cuadrantes (o interpretativos) de todos los holones, sino que intentan negar por entero la realidad a las facetas del lado derecho (u objetivas). Esto, por supuesto, es precisamente el desastre inverso de la modernidad —no reducir todo de izquierda a derecha, sino reducir todo de derecha a izquierda— y podemos ver, como suele ser el caso, que las reacciones extremas son a menudo imágenes en un espejo de todo aquello que odian. Las características importantes del Kosmos que son interpretativas son las únicas características en existencia. La verdad objetiva en sí misma desaparece en interpretaciones arbitrarias, que se dice que se imponen por poder, género, raza, ideología, antropocentrismo, androcentrismo, especismo, imperialismo, logocentrismo, falocentrismo, falologocentrismo, o una u otra variedad de absolutos no gratos.

Pero el hecho de que todos los holones tengan un componente tanto interpretativo como objetivo no niega el componente objetivo, simplemente lo sitúa. Por lo tanto, todos los exteriores del lado derecho, incluso si superponemos concepciones sobre ellos, tienen varios rasgos intrínsecos que son registrados por los sentidos o sus extensiones, y en ese sentido general todos los holones del lado derecho tienen algún tipo de realidad objetiva. Incluso Wilfrid Sellars, generalmente considerado como el oponente más persuasivo del "mito de lo dado" —el mito del realismo directo y el empirismo ingenuo, el mito de que la realidad simplemente se nos da— mantiene que, aunque la imagen manifiesta de un objeto es en parte una construcción mental, está guiada de manera importante por características intrínsecas de la experiencia sensorial, que es exactamente por lo que, como dijo Thomas Kuhn, la ciencia puede hacer un progreso real.[4] Un diamante cortará un pedazo de vidrio, sin importar las palabras que usemos para "diamante", "corte" y "vidrio", y ninguna clase de constructivismo cultural cambiará este simple hecho.

He ahí la mala noticia. El punto por ahora es que los posmodernistas, al intentar dar cabida a aquellos aspectos de los Tres Grandes que fueron excluidos y marginados por la llanura, señalaron la importancia intrínseca de la interpretación, el contextualismo y el integralismo, y en este sentido, seguramente tenían razón.

De moderno a posmoderno: el giro lingüístico

La importancia del constructivismo, el contextualismo y el aperspectivismo integral pasó a primer plano históricamente con lo que se ha llamado el giro lingüístico en la filosofía: la comprensión general de que el lenguaje no es una simple representación de un mundo dado, sino que participa en la creación y construcción de ese mundo. Con la noción del giro lingüístico, que comenzó aproximadamente en el siglo XIX, los filósofos dejaron de usar el lenguaje para describir el mundo y, en cambio, comenzaron a mirar los mecanismos propios del lenguaje mismo.

De pronto el lenguaje ya no era una herramienta simple y confiable. La metafísica, en general, fue reemplazada por el análisis lingüístico, porque cada vez era más obvio que el lenguaje no es una ventana clara a través de la cual miramos inocentemente un mundo dado; es más como un proyector de diapositivas lanzando imágenes contra la pantalla de lo que finalmente vemos. El lenguaje ayuda a crear el mundo y, como diría Wittgenstein, los límites del lenguaje son los límites del mundo.

En muchos sentidos, "el giro lingüístico" es sólo otro nombre para la gran transición de la modernidad a la posmodernidad. Donde tanto las culturas premodernas como las modernas usaron simple e ingenuamente su lenguaje para acercarse al mundo, la mente posmoderna se alejó de esto y comenzó a analizar el lenguaje mismo. En toda la historia de los seres humanos, esto, quizás sea justo decirlo, hasta entonces no había sucedido.

A raíz de este extraordinario giro lingüístico los filósofos nunca volverían a ver el lenguaje de una manera simple y confiada. El lenguaje no se limitaba a transmitir, representar, describir el mundo. En realidad, el lenguaje crea mundos, y en esa creación está el poder. El lenguaje crea, distorsiona, lleva, divulga, oculta, permite, oprime, enriquece, cautiva. Para bien o para mal, el lenguaje es en sí mismo algo así como un semidiós, y desde entonces la filosofía centraría gran parte de su atención en ese poder colosal. Del análisis lingüístico a los juegos de lenguaje, del estructuralismo al posestructuralismo, de la semiología a la semiótica, de la intencionalidad lingüística a la teoría del acto del habla, la filosofía posmoderna ha sido en gran medida la filosofía del lenguaje, y señaló —con toda la razón— que si vamos a usar el lenguaje como una herramienta para comprender la realidad, es mejor comenzar mirando muy de cerca esa herramienta.[5]

Y en este extraño mundo nuevo, la mayoría de los caminos conducen, tarde o temprano, a Ferdinand de Saussure.

El lenguaje habla

La mayoría de las formas del posestructuralismo posmoderno remontan su linaje a la obra del brillante pionero lingüista Ferdinand de Saussure. Su trabajo, y especialmente su *Curso de lingüística general* (1916), fue la base de gran parte de la lingüística moderna, la semiología (semiótica), el estructuralismo y, por lo tanto, el posestructuralismo, y sus ideas esenciales son tan convincentes hoy como lo fueron cuando las desarrolló por primera vez hace casi un siglo.

Según Saussure, un signo lingüístico se compone de un material significante (la palabra escrita, la palabra hablada, las marcas de tinta en esta página) y un significado conceptual (lo que viene a la mente cuando se ve el significante), ambos son diferentes del referente real. Por ejemplo, si ves un árbol, el árbol real es el referente; la palabra escrita "árbol" es el significante; y lo que viene a la mente (la imagen, el pensamiento, la imagen mental o el concepto) cuando lees la palabra "árbol" es el significado. Juntos, el significante y el significado, constituyen el indicador general. Pero ¿qué es lo que permite que un signo signifique algo, que realmente tenga significado?, se preguntó Saussure. No puede ser la palabra en sí, porque, por ejemplo, el vocablo "llama" tiene un significado diferente en las frases "la llama del zoológico", "la llama de la estufa" y "llama a tu madre". La palabra "llama" tiene significado, en cada caso, debido a su lugar en el contexto de toda la frase (una frase diferente da a una misma palabra un significado totalmente distinto). Cada frase igualmente tiene significado debido a su lugar en un párrafo, un párrafo significa en un discurso dado, y así sucesivamente hasta que, eventualmente, llegamos a los cotos de la estructura lingüística en sí. Cualquier palabra dada en sí misma básicamente no tiene sentido porque la misma palabra puede tener significados completamente diferentes dependiendo del contexto o la estructura en la que se coloca.

Por lo tanto, Saussure señaló, es la relación entre todas las palabras lo que estabiliza el significado. Así (y éste fue el gran hallazgo de Saussure), un elemento sin sentido se vuelve significativo sólo en virtud de la estructura total que lo sostiene. (Entonces nació el estructuralismo; prácticamente todas las escuelas de dicha corriente trazan su linaje en torno o en parte a Saussure. Los descendientes actuales incluyen aspectos de la obra de Lévi-Strauss, Jakobson, Piaget, Lacan, Barthes, Foucault, Derrida, Habermas, Loevinger, Kohlberg, Gilligan… El de Saussure fue un descubrimiento realmente impresionante.)

En otras palabras, y sin sorpresa, cada signo es un holón, un contexto dentro de contextos dentro de contextos en la red general. Y esto significa, dijo Saussure, que todo el lenguaje es instrumental para conferir significado a una palabra individual.[6]

El significado depende del contexto

En consecuencia, y aquí comenzamos a ver la importancia de los contextos culturales de fondo tan acentuados por los posmodernistas (especialmente comenzando con Heidegger), el significado es creado para mí por vastas redes de contextos de fondo sobre los cuales sé muy poco de manera consciente. Yo no forjo este significado; este significado me modela. Soy parte de este vasto trasfondo cultural y en muchos casos no tengo ni idea de dónde proviene todo aquello.

En otras palabras, como hemos visto a menudo, cada intencionalidad subjetiva (SI) está situada en redes de contextos intersubjetivos y culturales (II) que son instrumentales en la creación e interpretación del significado mismo. Ésta es precisamente la razón por la que el significado es de hecho dependiente del contexto, y por qué la llama de una estufa es diferente de la llama de un zoológico. Ésta es también la razón por la cual los estados individuales de conciencia deben ser interpretados en cierto grado dentro de un contexto cultural, y por qué cualquier punto de vista verdaderamente posmoderno debería intentar moverse hacia una *sensibilidad de todo contexto* (enfatizando, por ejemplo, la naturaleza infinitamente holónica de la conciencia).[7]

El significado no sólo depende en muchos aspectos importantes del contexto en el que se encuentra, sino que estos contextos son en principio infinitos o ilimitados. Por lo tanto, no hay manera de dominar y controlar finalmente el significado de una vez por todas (porque siempre puedo imaginar un contexto adicional que alteraría el significado presente). Jonathan Culler, de hecho, ha resumido toda la deconstrucción (uno de los movimientos posmodernos más influyentes) de esta manera: "Por lo tanto, se podría identificar la deconstrucción con los principios gemelos de la determinación contextual del significado y la extensibilidad infinita del contexto".[8]

Como yo diría, los contextos son de hecho interminables precisamente porque la realidad se compone indefinidamente de holones dentro de holones dentro de holones, sin fondo o parte superior discernible. Incluso el Universo entero en este momento es simplemente una parte del

Universo del próximo momento. Todo es siempre una parte. Y por lo tanto cada contexto concebible es ilimitado. Expresar que el Kosmos es holónico quiere decir que es contextual, hacia arriba y hacia abajo.

Integral-aperspectivo

El hecho de que el significado dependa del contexto —la segunda verdad importante del posmodernismo, también llamada contextualismo— significa que se requiere un enfoque multiperspectivo de la realidad. Es probable que cualquier perspectiva sea parcial, limitada, tal vez incluso distorsionada, y sólo respetando múltiples perspectivas y diversos contextos se puede avanzar fructíferamente en la búsqueda del conocimiento. Y esa "diversidad" es la tercera verdad importante del posmodernismo.

Jean Gebser, a quien hemos visto en relación con las visiones del mundo, acuñó el término *integral-aperspectivo* para referirse a esta visión pluralista o de múltiples perspectivas, a la que también me refiero como *visión-lógica* o *lógica de red*. "Aperspectivo" significa que ninguna perspectiva individual es privilegiada, y por lo tanto, para obtener una visión más holística o integral, necesitamos un enfoque aperspectivo, que es exactamente por lo que Gebser generalmente los hace un término compuesto: integral-aperspectivo.

Gebser contrastó la cognición integral-aperspectiva con la racionalidad formal (formop), o lo que él llamó "razón pronosticada", que tiende a tomar una sola perspectiva monológica y ver toda la realidad a través de esa estrecha lente. Donde la razón-visión privilegia la perspectiva exclusiva del sujeto particular, la visión-lógica suma todas las perspectivas, sin privilegiar a ninguna, y por lo tanto intenta captar la integral, el todo, los múltiples contextos dentro de contextos que revelan interminablemente el Kosmos, no de una manera rígida o absolutista, sino en un entramado fluidamente holónico y multidimensional.

Esto se asemeja casi exactamente al gran énfasis de los idealistas en la diferencia entre una razón que es meramente formal, representacional o empírico-analítica, y una razón que es dialógica, dialéctica y orientada a la red (visión-lógica). A la primera la llamaron *Verstand* y a la segunda,

13 | De la modernidad a la posmodernidad

Vernunft. Y vieron a *Vernunft* o visión-lógica como un desarrollo evolutivo superior que la mera *Verstand* o racionalidad formal.[9] También Gebser creía que la visión lógica era un desarrollo evolutivo más allá de la racionalidad formal. Gebser y los idealistas tampoco están solos. Como hemos visto repetidamente, muchos teóricos importantes, desde Jürgen Habermas hasta Carol Gilligan, ven la cognición dialéctica posformal como un modo de razón superior y más abarcador que formop (como se indica en muchas de las gráficas). Expresar que el desarrollo cognitivo evoluciona de lo formal a lo posformal quiere decir que la evolución cultural pasa de lo moderno a lo posmoderno. Éste es, por supuesto, un asunto complejo, de cuatro cuadrantes, que involucra desarrollos tan importantes como industrial a informativo; pero el modo de cognición es un elemento crucial, y el mundo posmoderno es, en su mejor momento, el mundo posformal.

Esta visión lógica no sólo puede detectar enormes interrelaciones, sino que es en sí misma una parte intrínseca del Kosmos interrelacionado, por lo que la visión lógica no sólo representa al Kosmos, sino que es una actuación del Kosmos. Por supuesto, todos los modos de conocimiento genuino son tales comportamientos; pero la visión-lógica es la primera que puede darse cuenta de esto y articularlo de manera autoconsciente. Hegel lo hizo en uno de los primeros desarrollos —en Hegel, la visión-lógica al evolucionar se hizo consciente de sí misma— y Saussure hizo exactamente lo mismo con la lingüística.[10] Saussure tomó la visión lógica y la aplicó al lenguaje, revelando así, por primera vez en la historia, su estructura de red. El giro lingüístico es, en el fondo, la visión-lógica mirando al lenguaje mismo.

Esta misma visión-lógica daría lugar a las versiones extensamente elaboradas de la teoría de sistemas en las ciencias naturales, y estaría también detrás del reconocimiento de los posmodernistas de que el significado depende del contexto y los contextos son ilimitados. En todos estos movimientos y más vemos la mano esplendorosa de la visión-lógica anunciando las interminables redes de interconexión holónica que constituyen el tejido mismo del propio Kosmos.

Por eso creo que el reconocimiento de la importancia de la conciencia integral-aperspectiva es el tercer gran (y muy válido) mensaje del posmodernismo en general.

Malas noticias

Todo lo anterior está muy bien. Pero no es suficiente, como hemos visto, ser "holístico" en lugar de "atomista", o estar orientado a la red en lugar de ser analítico y divisivo. Porque el hecho alarmante es que cualquier modo de conocimiento puede ser colapsado y confinado meramente a las superficies, a los exteriores, a las ocasiones de los cuadrantes del lado derecho. Y, de hecho, casi tan pronto como la visión-lógica había surgido heroicamente en la evolución fue aplastada por la locura de las llanuras que barrían el mundo moderno.

Colapsos del idioma

De hecho, como hemos visto repetidamente, las propias ciencias de sistemas hicieron exactamente eso. Las ciencias de sistemas negaron cualquier realidad sustancial a los dominios "Yo" y "Nos" (en sus propios términos), y los redujeron a nada más que "Ello/Ellos" entretejidos en un sistema dinámico de procesos de red. Esto era la visión-lógica trabajando, pero una deteriorada, encadenada a los procesos exteriores y empíricos del "Ello". Éste era un holismo, pero meramente un holismo exterior que vaciaba los interiores y negaba cualquier tipo de validez a los ámbitos extensos del holismo de los cuadrantes del lado izquierdo (del "Yo" y el "Nos"). Las cadenas en tercera persona ya no eran atomísticas; las cadenas en tercera persona ahora estaban entretejidas holísticamente.

Precisamente el mismo destino esperaba mucho de la agenda general posmoderna. Partiendo de la admirable dependencia de la visión-lógica y la conciencia integral-aperspectiva —y sin embargo incapaz de escapar de la intensa gravedad de la llanura—, estos movimientos posmodernos a menudo terminaron encarnando sutilmente e incluso extendiendo la agenda reduccionista. Eran una nueva y superior forma de razón, sí, pero de razón todavía atrapada en la llanura. Se convirtieron simplemente en otro giro en el holismo de las llanuras, el monismo material, la locura monológica. Todavía sucumbían al desastre de la modernidad, incluso cuando anunciaban en voz alta que la habían superado, subvertido, deconstruido, explotado.

13 | De la modernidad a la posmodernidad

La profundidad se va de paseo

La mayoría del posmodernismo eventualmente caería en extremos para *negar la profundidad* en términos generales. Es como si, sufriendo bajo la embestida de la agresión de las llanuras, se identificara con el agresor. El posmodernismo llegó a acoger, defender y glorificar sólo a las superficies. Pues todo es cadenas de significantes, todo es un texto material, nada hay debajo de la superficie. Como lo expresó Bret Easton Ellis en *American Psycho*: "Nada era afirmativo, el término 'generosidad de espíritu' aplicado a nada, era un cliché, era una especie de mal chiste... La reflexión es inútil, el mundo es insensato. La superficie, la superficie, la superficie era todo en lo que se encontraba significado... ésta era la civilización tal como la veía, colosal y dentada".

Al repasar *El túnel*, de William H. Gass —un libro que muchos califican como "la última novela posmoderna"— Robert Alter señala que la estrategia definitoria de esta obra maestra posmoderna es que "todo se reduce deliberadamente a la más externa superficie". Esto se hace "negando la posibilidad de hacer distinciones consecuentes entre, o clasificaciones significativas de, valores morales o estéticos. No hay dentro: asesino y víctima, amante y onanista, altruista e intolerante, se disuelven en el mismo fango inevitable". Las mismas cadenas deslizantes de términos igualmente planos.

"Todo se reduce a la superficie más externa... No hay dentro", una descripción perfecta de la llanura, una que, comenzando con la modernidad, fue amplificada y glorificada con extrema posmodernidad: "La superficie, la superficie, la superficie era todo en lo que se encontraba significado...".

Alter tiene toda la razón en que detrás de todo esto está la incapacidad o el rechazo de hacer "distinciones consecuentes entre, o clasificaciones significativas de, valores morales o estéticos". Como hemos visto a menudo, en el mundo de los cuadrantes del lado derecho no hay valores ni interiores ni distinciones cualitativas —no hay estados de conciencia, reinos de conciencia transpersonal, revelaciones superconscientes, iluminaciones espirituales— para aquéllos que existen sólo en los dominios del lado derecho. Colapsar el Kosmos a las superficies del lado derecho es, por lo tanto, salir del mundo real y entrar a la Dimensión desconocida, mejor conocida como el universo descalificado. Aquí no hay holarquías interiores, no hay clasificaciones significativas del Yo y del Nos, no hay distinciones cualitativas de ningún tipo, ni profundidad, ni divinidad, ni conciencia, ni alma, ni espíritu: "La superficie, la superficie, la superficie era todo en lo que se encontraba significado".[11]

El posmodernismo extremo pasó así de la noble idea de que todas las perspectivas deben ser escuchadas con justicia, a la contradictoria creencia de que ninguna perspectiva es mejor que otra (contradictoria porque al afirmar tal cosa su propia creencia se considera mejor que las alternativas). Por lo tanto, bajo la intensa gravedad de la llanura, la conciencia integral-aperspectiva se convirtió simplemente en una locura aperspectiva, la creencia contradictoria de que ninguna creencia es mejor que otra, una parálisis total del pensamiento, la voluntad y la acción frente a un millón de perspectivas, a todas dadas exactamente la misma profundidad, a saber: ninguna.

En un momento de *El túnel* su propio autor describe la forma posmoderna perfecta, que sirve "para desmenuzar, suburbar [sic] todo, contaminar los contaminantes, explotar lo explotado, tirar la basura… Todo es superficie… No hay interior por largo que sea o lejos que viajen en él, no hay interior, no hay profundidad". Ni dentro, ni en lo profundo. Eso puede servir como un credo perfecto para el posmodernismo extremo. Así como la modernidad a menudo se deslizaba hacia la disociación, la posmodernidad a menudo se deslizaba hacia las superficies.

Conclusión

Las contribuciones perdurables de la era posmoderna —el mundo es en parte una construcción e interpretación; todo el significado depende del contexto; los contextos son infinitamente holónicos— son verdades que cualquier visión comprensiva seguramente desearía adoptar. Todo esto se puede resumir, de la manera más general, diciendo que donde la modernidad diferenció a los Tres Grandes, la posmodernidad los integraría, llegando así a un abrazo inclusivo, integral y no excluyente. Esta agenda integral es el núcleo de una posmodernidad constructiva, y el corazón de cualquier psicología y espiritualidad verdaderamente integral.

Pero así como las diferenciaciones de la modernidad a menudo tendían hacia la disociación, la adopción integral de la posmodernidad a menudo conduce hacia la locura aperspectiva, hacia la negación de distinciones cualitativas de cualquier tipo y de las holarquías por completo. Y puesto que la única manera de acceder al holismo es a través de las holarquías, al negar la segunda, la posmodernidad negó efectivamente la primera, y por lo tanto no ofreció al mundo holismo, sino aglomeración: la diversidad corre por todas partes, sin manera de integrar y armonizar las voces pluralistas. Ninguna postura es intrínsecamente mejor que otra; todas las jerarquías son marginales y deben ser rechazadas; todas las voces deben ser tratadas por igual, sin marginar ni juzgar.

La contradicción inherente en esa agenda es simplemente ésta: la postura del pluralismo posmoderno —apoyándose como lo hace en la visión posformal lógica e integral (cognición aperspectiva)— es en sí misma el producto de al menos cinco etapas principales de desarrollo jerárquico (sensomotriz a preop a conop a formop a posformal). Desde la muy alta posición de desarrollo de la conciencia posconvencional, posformal y pluralista (que noblemente desea tratar a todos los pueblos de manera justa y equitativa), el posmodernismo negó por completo la importancia del desarrollo, negó que cualquier postura sea más alta o más profunda que otra, negó la afirmación de que la visión centrada en el mundo sea mejor que la etnocéntrica; en resumen, negó por entero su propia postura. Y ¡sólo desde el alto nivel de desarrollo de la conciencia posformal y posconvencional se puede comprender al pluralismo en primer lugar! Negar el desarrollo y la evolución es negar por completo el pluralismo y deslizarse en nada más que un mundo de superficies equivalentes, donde las distinciones cualitativas y las holarquías han desaparecido por completo. Es por eso que los pluralistas posmodernos siempre han tenido dificultades para explicar por qué debemos rechazar a los nazis y al KKK; si todas las posiciones son iguales, ¿por qué no adoptarlas? La locura de la perspectiva.

Por lo tanto, bajo las importantes verdades del relativismo, el pluralismo y la diversidad cultural, el posmodernismo abrió la puerta al mundo a una riqueza de múltiples voces, pero luego retrocedió para ver cómo las múltiples voces degeneraban en una Torre de Babel, cada voz afirmando ser su propia validez, pero pocas de ellas realmente respetaban los valores de las otras. Cada cual era libre de seguir su propio camino, con lo cual todos avanzaban vigorosa y erráticamente. Esto en última instancia no liberó las muchas voces pluralistas, como se afirmaba, sino que simplemente las liberó a correr, aisladas y alienadas, a los rincones lejanos de un mundo fragmentado, allí para amamantarse en la soledad, perdidas en el crisol de superficies equivalentes. Intentando escapar de la llanura, el posmodernismo deconstructivo se convirtió en su más vocal defensor.

El *posmodernismo constructivo*, por otro lado, toma los múltiples contextos liberados por el pluralismo, y luego va un paso más allá y los entreteje en redes mutuamente interrelacionadas. (Esto puede verse en prácticamente todas las gráficas que ofrezco. Cualquiera que sea el nombre, el relativismo pluralista da paso al holismo integral. Véanse especialmente las gráficas de Deirdre Kramer, Gisela Labouvie-Vief, Jan Sinnott, Don Beck, Clare Graves, Susanne Cook-Greuter, Kitchener y King, Blanchard-Fields, William Perry y Cheryl Armon, entre otros.) Este aperspectivismo integral —esta unidad en la diversidad, este integralismo universal— revela interconexiones globales, nidos dentro de nidos y vastas holarquías de abrazo mutuamente enriquecedor, convirtiendo así el apilamiento pluralista en holismo integral.

(En términos de Dinámica Espiral, la gran fuerza del posmodernismo es que pasó del materialismo científico anaranjado al pluralismo verde, en un noble intento de ser más inclusivo y sensible con los otros marginados de la racionalidad. Pero la desventaja del pluralismo verde es su subjetivismo y relativismo, que deja el mundo astillado y fragmentado. Como dijo la propia Clare Graves: "Este sistema ve el mundo de manera relativista. El pensamiento muestra un énfasis casi radical, casi compulsivo en ver todo desde un marco de referencia relativista y subjetivo". Y por muy importantes que sean estos múltiples contextos para ir más allá del materialismo científico, si se convierten en un fin en sí mismos, simplemente impiden el surgimiento de construcciones de segundo nivel, que en realidad volverán a tejer los fragmentos en una aceptación global-holística. Es el surgimiento de este pensamiento de segundo nivel del que dependerá cualquier modelo verdaderamente integral, y éste es el camino del posmodernismo constructivo.)

Para una psicología integral, el posmodernismo significa muchas cosas. Ante todo, es una reafirmación de lo que es la psicología: la capacidad de construir y de crear de la conciencia misma; el mundo no es meramente reflejado por la conciencia, es cocreado por la conciencia; el mundo no es meramente una percepción, sino una interpretación.[12] La interpretación es un aspecto intrínseco del Kosmos, "hasta el fondo", porque la conciencia y los interiores son un aspecto intrínseco del Kosmos, *hasta el fondo*, y la única manera de llegar a los interiores es a través de la introspección y la interpretación. Que la conciencia es infinitamente holónica es el mensaje final del posmodernismo.

Por lo tanto, cualquier teoría integral haría bien en incluir dimensiones constructivas, contextuales e integrales-aperspectivas en su composición. Es a esta conclusión integral a la que podemos llegar ahora.

14
El 1-2-3 de los estudios de conciencia

El problema mente-cuerpo

El primer problema importante que un enfoque verdaderamente integral (de todos los niveles y todos los cuadrantes) ayuda a desentrañar es lo que Schopenhauer llamó "el nudo del mundo", es decir, el problema mente-cuerpo.

Empecemos con una sugerencia audaz: una buena parte del problema mente-cuerpo es producto de la llanura. No la diferenciación de la mente y el cuerpo, que es al menos tan antigua como la civilización y nunca antes molestó a nadie; sino la disociación de la mente y el cuerpo, que es una lesión peculiar en las conciencias moderna y posmoderna, concomitante con el colapso del Kosmos en la llanura. Porque en la llanura, nos enfrentamos a un dilema verdaderamente inquebrantable en cuanto a la relación de la mente y el cuerpo: la mente (conciencia, sentimiento, pensamiento, conciencia), en resumen, los dominios de los cuadrantes del lado izquierdo, no pueden encontrar absolutamente ningún lugar en el mundo descrito meramente en términos de los cuadrantes del lado derecho (el cuerpo material y el cerebro): la mente se convierte en el "fantasma en la máquina". Entonces nos enfrentamos a dos verdades aparentemente absolutas, pero contradictorias: la verdad de la experiencia inmediata, que me dice inequívocamente que la conciencia existe, y la verdad de la ciencia, que me dice inequívocamente que el mundo consiste sólo en arreglos de unidades fundamentales (quarks, átomos, cuerdas, etcétera) que no poseen conciencia alguna, y ninguna reorganización de esas unidades irracionales resultará en la mente.

Contrariamente a los escritores populares sobre el tema, los filósofos influyentes que abordan el problema mente-cuerpo están más convencidos que nunca de su naturaleza inflexible. Simplemente no hay una solución acordada para este nudo del mundo.[1] De hecho, gran parte de la literatura influyente de las últimas décadas se ha centrado en las dificultades absolutamente insuperables con las soluciones propuestas. Como Keith Campbell resumió un vago consenso: "Sospecho que nunca sabremos cómo es el truco [la relación de la mente y el cuerpo]. Esta parte del problema mente-cuerpo se antoja insoluble. Este aspecto de la humanidad parece destinado a permanecer para siempre más allá de nuestro entendimiento".[2]

No obstante, se han ofrecido muchas soluciones, siendo las dos más extendidas la *dualista* (interaccionismo) y la *fisicalista* (materialismo científico). La posición dualista fue predominante durante la primera parte de la era moderna (de Descartes a Leibniz), pero la fisicalista ha estado en ascenso desde entonces y ahora es, con mucho, la posición hegemónica.[3]

El enfoque fisicalista (o materialista) afirma que sólo existe el Universo físico mejor descrito por la física y otras ciencias naturales, y en ningún lugar de ese Universo físico encontramos conciencia, mente, experiencia o conciencia, y por lo tanto esos "interiores" son simplemente ilusiones (o, en el mejor de los casos, subproductos carentes de realidad genuina). Algunas versiones del enfoque fisicalista permiten la aparición de varios sistemas complejos de alto nivel (como el cerebro, el neocórtex, los sistemas neuronales autopoiéticos, etcétera), pero señalan que éstos siguen siendo realidades objetivas que no contienen nada que pueda llamarse conciencia o mente o experiencia, porque la experiencia tiene "qualia" o cualidades, como el dolor y el placer, y esas cualidades no son propiedades de los sistemas objetivos. Por lo tanto, no hay manera de que los sistemas objetivos puedan dar lugar a esas propiedades "mentales", y por lo tanto son simplemente subproductos ilusorios de sistemas complejos, sin realidad causal propia.

(Usando mis términos, lo que este argumento dice es: todos los sistemas objetivos se describen en el lenguaje, mientras que la experiencia, la conciencia y la qualia se describen en el lenguaje-Yo, y por lo tanto si alguien cree que el mundo descrito por la ciencia es el mundo "verdaderamente real" —y, después de todo, hay muchas buenas razones para creer que la ciencia es nuestra mejor esperanza para encontrar la verdad— entonces esa persona naturalmente cree que la qualia, la experiencia y la conciencia no son "verdaderamente reales", sino ilusiones o subproductos o rasgos secundarios del mundo real revelados por la ciencia.)

Aunque las variaciones sobre el fisicalismo son, con mucho, las opiniones más comúnmente aceptadas, esto no es tanto porque el fisicalismo funciona bien, sino porque las alternativas parecen mucho peores. Incluso los materialistas reconocen el gran número de problemas con su postura. Galen Strawson: "Como materialista en acción, yo [...] asumo que los fenómenos experienciales se realizan en el cerebro[...]. [Pero] cuando consideramos el cerebro como la física y la neurofisiología actuales nos lo presentan estamos obligados a admitir que no sabemos cómo la experiencia... es o incluso podría ser realizada en el cerebro".[4] John Searle: "Las críticas a la teoría materialista generalmente toman una forma más o menos técnica, pero de hecho, detrás de las objeciones técnicas hay una objeción mucho más profunda... La teoría en cuestión ha dejado fuera [...] alguna característica esencial de la mente, como la conciencia o 'qualia' o contenido semántico [...]".[5] Jaegwon Kim, cuya teoría de la "superveniencia" es un fisicalismo emergente muy sofisticado, concluye que el enfoque parece "estar en un callejón sin salida".[6] Thomas Nagel concluye que "el fisicalismo es una posición que no podemos entender porque actualmente no tenemos ninguna concepción de cómo podría ser cierto".[7] Colin McGinn declara simplemente que nunca seremos capaces de resolver el problema de cómo la conciencia emerge de un cerebro.[8] ¡He aquí la conclusión de los fisicalistas!

Por lo tanto, el dualista salta sobre estas dificultades insuperables en el fisicalismo, y dice a los materialistas: sabemos que la conciencia existe de alguna forma, porque es una de las intuiciones "duras" que los humanos poseen, y por lo tanto explicarla llevará alguna forma poderosa. Nosotros experimentamos la conciencia directamente. Pero no experimentamos directamente quarks o átomos (o las unidades fundamentales del mundo físico). Por lo tanto, no es necesario que yo proceda como lo hacen ustedes, que es comenzar con los quarks y luego deducir que la conciencia no existe. Es necesario que ustedes partan desde la propia conciencia y nos expliquen cómo llegan a la ridícula noción de que ésta no está ahí.

Por lo tanto, el dualista sostiene que, al menos, hay dos realidades en el mundo: la conciencia y la materia. Ninguna puede ser reducida a la otra; en cambio, ellas "interactúan" (de ahí el otro término común para esta posición, interaccionismo). Pero entonces el dualista se enfrenta al dilema milenario: ¿cómo pueden dos cosas fundamentalmente diferentes influenciarse entre sí? Como todo el mundo sabe, los fantasmas caminan a través de las paredes, no empujan las paredes, entonces, ¿cómo puede la mente fantasmal tener algún efecto real en el cuerpo material? El mismo movimiento para mostrar que la mente no puede ser reducida a la materia deja al dualista incapaz de mostrar cómo la mente puede actuar sobre la materia en absoluto. Y por lo tanto al dualista se le dificulta explicar incluso cómo, por ejemplo, alguien es capaz de mover su propio brazo.

(Los idealistas abordaron el asunto diciendo que la mente y el cuerpo son ambas formas de Espíritu, y por lo tanto no son entidades externas u ontológicamente diferentes, sino simplemente dos aspectos diferentes de la misma cosa. Ésta es una solución aceptable si uno reconoce el Espíritu, lo que la mayoría de los filósofos modernos y posmodernos no hacen, por lo que no es una opción comúnmente discutida. Volveremos a este punto en breve.)

Una vez más, los mismos dualistas señalan las insuperables dificultades con su propia posición (que sostienen sobre todo porque la alternativa fisicalista es aún peor). Geoffrey Madell señala que "el dualismo interaccionista parece ser, con mucho, el único marco plausible en el que se pueden ajustar los hechos de nuestra experiencia" (porque, podríamos decir, el interaccionismo al menos reconoce las realidades innegables tanto de Yo como de sus dominios). Sin embargo, "la naturaleza de la conexión causal entre lo mental y lo físico ... es completamente misteriosa" (¿cómo mueve el fantasma la pared?).[9] Sir Karl Popper declara el problema central para el dualismo: "Lo que queremos es entender cómo cosas no físicas, como propósitos, deliberaciones, planes, decisiones, teorías, tensiones y valores,

Psicología integral

pueden desempeñar un papel en los cambios físicos en el mundo físico".[10] La conclusión ofrecida por el interaccionismo dualista: esa comprensión, dice Popper, "es poco probable que se logre".[11]

¿Qué queremos decir con "Mente" y "Cuerpo"?

Parte de estas dificultades, sugiero, es que ambas posiciones principales han adoptado los términos teóricos de llanura, e intentan hacer malabares con éstos para llegar a una solución, que luego ha sido menos que satisfactoria. Prácticamente todas las partes están de acuerdo. Si en cambio usamos un enfoque de "todos los niveles, todos los cuadrantes", lo primero que notamos es que tanto "mente" como "cuerpo" tienen dos significados muy diferentes, lo que demuestra que realmente hay cuatro problemas ocultos en uno. Esto se puede seguir con bastante facilidad recurriendo a la figura 12.

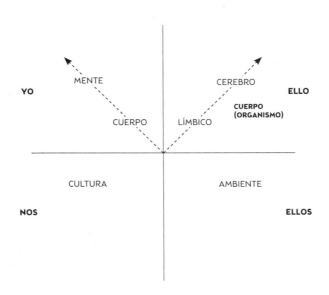

Figura 12. *Significados de "Mente" y "Cuerpo"*

Para empezar, "cuerpo" puede significar el organismo biológico en su conjunto, incluido el cerebro (el neocórtex, el sistema límbico, el tallo reptiliano, etcétera), en otras palabras, "cuerpo" puede significar todo el cuadrante superior derecho, que llamaré "organismo". También me referiré al organismo como el "Cuerpo", con C mayúscula, como se indica en la figura 12. Por lo tanto, el cerebro está en el Cuerpo, que es la visión científica comúnmente aceptada (y una descripción precisa del cuadrante superior derecho).

Pero "cuerpo" también puede significar, y para la persona promedio de hecho es así, los sentimientos subjetivos, emociones y sensaciones del cuerpo sensorial. Cuando la persona típica dice: "Mi mente está luchando contra mi cuerpo", quiere decir que su voluntad está luchando contra algún deseo o inclinación corporal (como el sexo o la comida). En otras palabras, en este uso común, "cuerpo" significa los niveles inferiores del propio interior. En la figura 12 he etiquetado esto como "cuerpo" (con "c" minúscula) en el cuadrante superior izquierdo, que simplemente significa los sentimientos y emociones del cuerpo sensorial (*versus* el Cuerpo, que significa todo el organismo objetivo).

Pasando del cuerpo a la mente, muchos investigadores científicos simplemente identifican "mente" con "cerebro", y prefieren hablar sólo de estados cerebrales, neurotransmisores, ciencia cognitiva, etcétera. Usaré el término "cerebro" (con "c" minúscula) para cubrir ese significado, que se refiere a los niveles superiores del cuadrante superior derecho (por ejemplo, el neocórtex), como se muestra en la figura 12.

Por otro lado, cuando una persona promedio dice: "Mi mente está luchando contra mi cuerpo", no quiere decir que su neocórtex esté luchando contra su sistema límbico. Por "mente" se refiere a los niveles superiores de su propio interior, los niveles superiores del cuadrante superior izquierdo (aunque podría no usar exactamente esos términos), en otras palabras, su voluntad racional es luchar contra sus sentimientos o deseos (formop es luchar contra las dimensiones vital y sensomotriz). La mente se describe en los relatos fenoménicos en primera persona y en el lenguaje-Yo, mientras que el cerebro se describe en los relatos objetivos en tercera persona y en el lenguaje-Ello. Todos los cuales se indican en la figura 12.

(Hay otro significado general para mente/cuerpo: "mente" puede significar la dimensión interior en general, o los cuadrantes del lado izquierdo, y "cuerpo" la dimensión exterior en general, o los cuadrantes del lado derecho. Indicaré específicamente ese uso cuando surja.)

El difícil problema

He aquí el nudo del mundo, la paradoja inherente de la llanura: el cuerpo está en la mente, pero el cerebro está en el Cuerpo.

Ambas afirmaciones son ciertas, pero en la llanura parecen contradictorias, y esas contradicciones impulsan gran parte del nudo del mundo.

El cuerpo sensorial está en la mente, como se muestra en las figuras 1, 3 y 8. Es decir, el formop trasciende e incluye el conop, que trasciende e incluye los sentimientos vitales y la conciencia sensomotriz: la mente trasciende e incluye el cuerpo (que es precisamente por qué la mente puede operar causalmente en el cuerpo, o por qué el formop puede operar en el conop, que opera en el sensomotriz, y así sucesivamente, como todo desarrollista sabe). Esta parte "trascendente" de la mente (por ejemplo, mi mente puede mover mi brazo) es lo que todo fisicalista reconoce (y luego trata de explicar al adoptar sólo las llanuras), y lo que todo dualista reconoce e intenta incorporar (pero lo hace al convertirlo en un dualismo que todavía acepta la disociación de las llanuras; véase más adelante).

Con el colapso del Kosmos en la llanura (naturalismo, fisicalismo, materialismo científico), las realidades interiores del dominio-Yo todavía se sienten e intuyen fuertemente (la mente puede controlar el cuerpo, un grado de libre albedrío es real, la conciencia existe, hay una unidad de experiencia), pero estas realidades se enfrentan a un mundo, que se cree que es en última instancia real, en el que sólo hay realidades descritas por la ciencia. Y en ese mundo, el cerebro es simplemente parte del Cuerpo, parte del organismo biológico natural, y por lo tanto la conciencia debe de alguna manera ser una función de ese cerebro. Pero no hay absolutamente nada en ese cerebro, como nuestras autoridades nos acaban de decir, que incluso corresponda vagamente a la qualia o experiencias o realidades de la mente y la conciencia. Entonces debemos reducir la conciencia al cerebro (y así negar la conciencia en sus propios términos), o aceptar el dualismo como real, con lo cual ni siquiera podemos explicar cómo uno es capaz de mover el propio brazo (o cómo una realidad afecta a la otra).

Estoy sugiriendo que ambas soluciones ocurren dentro del paradigma de la llanura. Los detalles técnicos los reservaré para una nota en el apartado correspondiente.[12] En términos más generales, podríamos simplemente notar lo siguiente: el materialista reduce la mente al cerebro, y dado que el cerebro es de hecho parte del organismo, no hay dualismo: ¡el problema mente/cuerpo está resuelto! Y eso es correcto: el cerebro es parte del organismo, parte del mundo físico, por lo que no hay dualismo; ni hay valores, conciencia, profundidad o divinidad en ningún lugar del universo resultante. Y ese reduccionismo es exactamente la "solución" que el fisicalista impone a la realidad, una solución todavía dominante en la mayoría de las formas de ciencia cognitiva, neurociencia, teoría de sistemas, etcétera: reducir la izquierda a la derecha y con eso afirmar que se ha resuelto el problema.

Pero la razón por la que muchísimas personas, incluso la mayoría de los científicos, se sienten incómodos con esa "solución" —y la razón por la que el problema sigue siendo tal— es que, aunque el materialismo anuncia que no hay dualismo, la mayoría de las personas saben lo contrario, porque sienten la diferencia entre su mente y su cuerpo (entre sus pensamientos y sus sensaciones) —lo sienten cada vez que conscientemente deciden mover un brazo, lo saben en cada toma de voluntad— y también perciben diferencia entre su mente y su Cuerpo (o entre el sujeto interior y el mundo objetivo de fuera). Y la persona común tiene razón en ambos aspectos. Veámoslo en ese orden:

Existe distinción entre la mente (formop) y el cuerpo sensorial (vital y sensomotriz), y esto se puede experimentar en los dominios interiores o de los cuadrantes del lado izquierdo. No es un dualismo, sino más un caso de "trascender e incluir", y casi todo adulto racional tiene un sentido de la parte trascendente, en la cual la mente puede, en un buen día, controlar

Psicología integral

el cuerpo y sus deseos. Todo eso es fenomenológicamente cierto para los dominios de los cuadrantes del lado izquierdo. Pero ninguna de esas etapas interiores del desarrollo cualitativo (de cuerpo a mente a alma a espíritu) se captura cuando "cuerpo" significa organismo de los cuadrantes del lado derecho y "mente" quiere decir cerebro de los cuadrantes del lado derecho; todas esas distinciones cualitativas están completamente ausentes en el monismo material, que para "resolver" el problema lo destruye.

El dualista, por otro lado, reconoce como real tanto la conciencia como la materia, pero generalmente se desespera de encontrar alguna manera de relacionarlos. "Mente" (con "M" mayúscula), en el sentido general de "interiores", y "Cuerpo", en el sentido general de "exteriores", parecen estar separados por un abismo infranqueable, un dualismo entre sujeto y objeto. Y en el nivel del pensamiento operacional formal (o la razón en general), en el que esta discusión generalmente tiene lugar, los dualistas tienen razón: dentro y fuera son un dualismo muy real, y los intentos de negar que el dualismo casi siempre se muestra simple, un juego de manos semántico que afirma verbalmente que el sujeto y el objeto son uno, todo lo cual, sin embargo, deja todavía al Yo mirando el mundo que parece tan separado como siempre.

Aquí es donde *las etapas transracionales del desarrollo* tienen mucho que ofrecer a la discusión. En la relevación conocida como satori, por ejemplo, queda claro que el sujeto y el objeto son dos lados de la misma cosa, que dentro y fuera son dos aspectos de la Conciencia Unitaria. Cómo relacionarlos no es el problema, de acuerdo con el claro consenso de los muchos individuos que han aprovechado esta ola de desarrollo. El problema, en realidad, es que esta solución genuinamente no-dual no es algo que pueda comprenderse plenamente a nivel racional. De hecho, el simple hecho de afirmar, de una manera racional, que el sujeto y el objeto son no-duales conduce a todo tipo de problemas e inextricables paradojas.[13] Además, si este no-dualismo pudiera ser genuinamente comprendido en términos racionales, entonces los grandes filósofos materialistas y dualistas (muchos de los cuales son genios reconocidos) habrían descubierto esto hace mucho tiempo, y el problema mente-cuerpo no sería una gran dificultad.

No, la razón por la que ambos lados del argumento han estado de acuerdo en general en que el problema mente-cuerpo es irresoluble, no es que no sean lo suficientemente inteligentes como para averiguarlo, sino que sólo se resuelve en etapas de desarrollo posracional, etapas que generalmente son receladas, ignoradas o negadas activamente por la mayoría de los investigadores racionales. Pero en principio el problema no es diferente de lo siguiente: un racionalista sostendrá que hay una prueba para el teorema de Pitágoras. Una persona en una etapa prerracional no estará de acuerdo con, o incluso entenderá, esa prueba. Sin embargo, el racionalista se justifica en hacer esa afirmación, que es lo suficientemente cierto para prácticamente cualquier persona que se desarrolla al nivel racional y estudia la geometría.

Lo mismo sucede con la solución no-dual del problema mente-cuerpo. Aquéllos que se desarrollan hasta las etapas no-duales del crecimiento de la conciencia son virtualmente unánimes: la conciencia y la materia, el interior y el exterior, el Yo y el mundo, son de la Conciencia Unitaria. El sujeto y el objeto son realidades y aspectos distintos de la misma cosa: una verdadera unidad en la diversidad. Pero esa unidad en la diversidad no puede ser declarada en términos racionales de una manera que tenga sentido para cualquiera que no haya tenido también una experiencia transracional. Por lo tanto, la "prueba" para esta solución no-dual sólo se puede encontrar en el desarrollo posterior de la conciencia de aquéllos que buscan conocer la solución. Aunque esta solución ("debes desarrollar aún más tu propia conciencia si quieres conocer sus dimensiones completas") no es satisfactoria para el racionalista (ya sea dualista o fisicalista), sin embargo es la única forma aceptable de la solución de acuerdo con un paradigma genuinamente integral.[14] Cuando escuchamos a Campbell decir que una solución al problema mente-cuerpo está "para siempre más allá de nuestro entendimiento", podemos enmendar eso para: no está más allá del entendimiento humano, simplemente está más allá de las etapas racionales de comprensión. La solución es posracional y está plenamente disponible para todos los que deseen avanzar en esa dirección.

Psicología integral

Dos fases para desatar el nudo

Podemos representar algunos de estos dilemas como en la figura 13, que es un mapa de llanura. Si comparas este mapa con el de la figura 8, verás que todos los dominios interiores (cuerpo, mente, alma y espíritu) han colapsado a sus correlatos exteriores (físicos), que sólo se dice que son, en última instancia, reales. Esto deja a la mente (o la conciencia en general) "colgando en el aire". Y ése es precisamente el problema.

Más específicamente, el problema insuperable (el nudo del mundo) ha sido cómo relacionar esta mente con el cuerpo (o los niveles interiores inferiores de sentimiento y deseo) y al Cuerpo (o al organismo objetivo, cerebro, y el entorno material). Como vimos, el fisicalista reduce la mente al cerebro o al Cuerpo, y por lo tanto no puede dar cuenta de la realidad de la mente en sus propios términos, y el dualista deja la mente en el

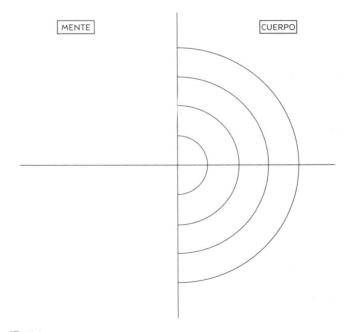

Figura 13. *Llanura*

aire, cortando sus propias raíces (en el cuerpo) y del mundo exterior (del Cuerpo), de ahí el inaceptable dualismo.

Dentro del paradigma de las llanuras representado en la figura 13, el problema es de hecho insoluble. La solución, he sugerido, implica un punto de vista de "todo-nivel, todo-cuadrante", que conecta la mente de nuevo en su propio cuerpo y relaciona íntimamente la mente con su propio Cuerpo. Y lo hace, en el análisis final, a través de las revelaciones de las etapas posracionales, no-duales del desarrollo de la conciencia.

Eso significa que parte de esta solución implica la existencia de etapas superiores de desarrollo. Pero ¿cómo proceder para desenredar el nudo del mundo si aún no hemos alcanzado nosotros mismos estas etapas superiores, y si no podemos esperar que otros lo hayan hecho? Al menos podemos comenzar, sugiero, reconociendo e incorporando las realidades de los cuatro cuadrantes. Es decir, si todavía no podemos, en nuestro propio desarrollo de conciencia, ser "todo-nivel" (materia a cuerpo a mente a alma a espíritu), al menos intentemos ser "todo-cuadrante" (lo que significa al menos incluir a los Tres Grandes en nuestros intentos de explicar la conciencia).

Por lo tanto, mi propuesta abarca dos fases generales para desentrañar el nudo del mundo del problema mente-cuerpo.[15] El primero es moverse de reduccionismo a un enfoque todo-cuadrante. Este reconocimiento de los cuatro cuadrantes (o simplemente los Tres Grandes) permite una inclusión igualitaria de relatos fenoménicos en primera persona ("Yo"), fondos intersubjetivos en segunda persona ("Nos") y sistemas físicos en tercera persona ("Ello"), lo que llamaremos "el 1-2-3 de los estudios de conciencia". La segunda fase es entonces pasar de "todos los cuadrantes" a "todos los niveles, todos los cuadrantes". Examinaremos estos dos pasos en ese orden.

Paso uno: todos los cuadrantes

No es suficiente decir que el organismo su ambiente coevolucionan, que también lo hacen la cultura y la conciencia. Los cuatro "tetraevolucionan" juntos.

Psicología integral

Con lo anterior quiero decir que el organismo objetivo (SD), con su ADN, sus vías neuronales, sus sistemas cerebrales y sus patrones de comportamiento, interactúa mutuamente con el entorno objetivo, los ecosistemas y las realidades sociales (ID), y todos ellos efectivamente coevolucionan. Asimismo, la conciencia individual (SI), con su intencionalidad, estructuras y estados, surge dentro de, e interactúa mutuamente con, la cultura intersubjetiva (II) en la que se encuentra, y que a su vez ayuda a crear, por lo que éstos, también, coevolucionan. Pero igual de importante, la intencionalidad subjetiva y el comportamiento objetivo interactúan mutuamente (por ejemplo, a través de la voluntad y la respuesta), y las visiones del mundo cultural interactúan mutuamente con las estructuras sociales, al igual que la conciencia y el comportamiento individuales. En otras palabras, los cuatro cuadrantes —organismo, ambiente, conciencia y cultura— causan y son causados por los otros: "tetraevolucionan".

(No importa "cómo" sucede; ese "cómo", estoy sugiriendo, se revela más completamente en las ondas posracionales, no-duales; en este punto, sólo es necesario reconocer que esta interacción parece fenomenológicamente innegable. Ya sea que se piense que es teóricamente posible o no, su mente interactúa con su cuerpo, su mente interactúa con su cultura, su mente interactúa con el organismo físico y su organismo interactúa con su entorno: todos ellos "tetrainteractúan").

Como hemos visto, las características subjetivas de la conciencia (olas, corrientes, estados) están íntimamente interrelacionadas con los aspectos objetivos del organismo (especialmente el cerebro, la neurofisiología y varios sistemas orgánicos en el individuo), con los contextos culturales de fondo que permiten generar significado y comprensión en primer lugar, y con las instituciones sociales que los anclan. Como sugerí en mi libro *Breve historia de todas las cosas*, incluso un solo pensamiento está inextricablemente incrustado en los cuatro cuadrantes —intencional, conductual, cultural y social— y no se puede entender fácilmente sin hacer referencia a todos ellos.

En consecuencia, en escritos como "An Integral Theory of Consciousness" ("Una teoría integral de la conciencia"),[16] he enfatizado la necesidad de un enfoque de la conciencia que diferencie e integre los cuatro cuadrantes (o simplemente los Tres Grandes del Yo, nosotros y Ello; o relatos en primera persona, en segunda persona y en tercera persona: el 1-2-3 de los estudios de conciencia).

Eso inicialmente suena como una solicitud imposible, pero el hecho es que, por primera vez en la historia, estamos realmente en un punto en el que tenemos suficientes piezas del rompecabezas para al menos comenzar un proyecto de este tipo. Consideremos lo siguiente: en el cuadrante superior izquierdo de la conciencia subjetiva tenemos un cuerpo de investigación y evidencia que incluye toda la filosofía perenne (que ofrece tres mil años de datos meticulosamente recopilados sobre los dominios interiores) y una enorme cantidad de investigación moderna de la psicología del desarrollo. Gran parte de esa evidencia se encuentra resumida en las gráficas de este libro, que son un testimonio sorprendente del hecho de que, incluso si hay un millón de detalles aún por añadir, los contornos amplios del espectro de la conciencia ya se han delineado significativamente. Las similitudes generales en todas esas gráficas son más sugestivas, y desde una vista superior insinúan que estamos al menos en el estadio correcto.

Lo mismo puede decirse, con un razonable grado de confianza, para el cuadrante inferior izquierdo (visiones del mundo intersubjetivas) y el cuadrante inferior derecho (base tecnoeconómica). Un siglo más o menos de posmodernismo ha subrayado la importancia de las cosmovisiones culturales pluralistas y los antecedentes abundantemente claros (incluso los teóricos racionalmente orientados como Habermas han estado de acuerdo en que todas las proposiciones están *siempre*, en parte, culturalmente situadas); además, los estudiosos están de acuerdo en que las cosmovisiones culturales históricamente se desplegaron desde lo arcaico a la magia a lo mítico a lo mental a lo global (aunque hay un desacuerdo razonable en cuanto a los valores respectivos de esas opiniones). Asimismo, en el cuadrante inferior derecho, pocos estudiosos cuestionan la secuencia evolutiva de las fuerzas sociales de producción: forrajeo, horticultural, agrario, industrial, informativo. En ambos cuadrantes —cultural y social—, aunque de nuevo es necesario afinar un millar de detalles, los contornos generales se entienden mejor hoy que en cualquier otro momento de la historia. El trabajo en el cuadrante superior derecho —particularmente en fisiología cerebral y ciencia cognitiva— está todavía en pañales, y una visión totalmente integral de la conciencia esperará más descubrimientos en este cuadrante (que es una de las razones por las que he escrito menos sobre este cuadrante que de los otros: la ciencia cognitiva y la neurociencia, a pesar de los pronunciamientos entusiastas de sus impulsores —las Iglesias, por ejemplo— está en pañales). Sin embargo, nuestro conocimiento de este cuadrante está creciendo tan rápido como un bebé, y en este momento tenemos suficiente conocimiento para al menos poder situar la neurofisiología en relación con las otras dimensiones del ser, a pesar de que sus contornos continúan siendo elucidados.[17]

Por lo tanto, el tiempo está ciertamente maduro para el comienzo de un enfoque de todo-cuadrante, o simplemente un enfoque que respete igualmente los relatos fenoménicos en primera persona, las estructuras intersubjetivas en segunda persona y los sistemas científicos/objetivos en tercera persona: el 1-2-3 de los estudios de conciencia. Hay muchos indicios de que esta primera fase está ya muy avanzada. *The Journal of Consciousness Studies* regularmente presenta artículos que argumentan tales enfoques equilibrados, y varios libros han declarado recientemente el caso de tal equilibrio en términos convincentes. *Metodologías en primera persona*, editado por Francisco Varela y Jonathan Shear, es un excelente ejemplo. Defienden una visión que es predominantemente una neurofenomenología, donde la experiencia en primera persona y los sistemas en tercera persona proporcionan restricciones recíprocas, a menudo mediadas a través de posiciones en segunda persona. "Sería inútil quedarse con descripciones en primera persona de forma aislada. Necesitamos armonizarlos y restringirlos estableciendo los vínculos apropiados con los estudios en tercera persona. (Esto a menudo implica una mediación intermedia, una posición en segunda persona). Los resultados generales deben avanzar hacia una perspectiva integrada o global en la mente donde ni la experiencia [en primera persona, II] ni los mecanismos externos [en tercera persona, ID] tengan la última palabra. La perspectiva global [integral] requiere, por lo tanto, el establecimiento explícito de restricciones mutuas, una influencia y determinación recíprocas".[18] Todo lo cual está en consonancia con lo que quiero decir al implicar que todos los cuadrantes son mutuamente determinantes (y "tetrainteractivos").

La antología de Max Velmans, *Investigating Phenomenal Consciousness* ("Investigando la conciencia fenoménica"), es otro magnífico compendio de ensayos que enfatiza un enfoque integral. Incluye capítulos de Alwyn Scott, Greg Simpson, Howard Shevrin, Richard Stevens, Jane Henry, Charles Tart, Francisco Varela, Wilber y Walsh, y del propio Velmans. *Transpersonal Research Methods for the Social Sciences* ("Metodología para la investigación transpersonal en ciencias sociales"), por William Braud y Rosemarie Anderson, es una buena obra con recursos para lo que los autores llaman una "investigación integral".

Paso dos: todos los niveles

Este campo de estudio debe continuar desarrollando su enfoque todo-cuadrante, pero además debe transitar hacia la segunda fase: todo-nivel. Muchos de los enfoques todo-cuadrante reconocen plenamente los dominios transpersonales de la conciencia. Robert Forman, por ejemplo, señala que al menos tres estados transpersonales necesitan ser reconocidos: el evento de conciencia pura (o cese sin forma), la conciencia mística dual (o conciencia permanente causal/Testigo) y el estado no-dual (o entendimiento permanente no-dual).[19] Además, muchos de los enfoques todo-cuadrante (incluidos los de Jonathan Shear y Ron Jevning, Francisco Varela, James Austin, Robert Forman, Braud y Anderson, entre otros) han extraído explícitamente gran parte de su metodología de técnicas meditativas y contemplativas.

Sin embargo, es difícil encontrar en muchos de esos autores una apreciación completa de las concepciones escénicas del desarrollo de la conciencia, como en las obras de Baldwin, Habermas, Loevinger, Graves, Kohlberg, Wade, Cook-Greuter, Beck, Kegan, *et al.*, a pesar de que, como hemos visto, hay evidencia sustancial de su validez. No es suficiente simplemente señalar que las realidades en primera persona influyen y determinan recíprocamente los mecanismos en tercera persona, y que ambos circulan a través de intermediarios en segunda persona. También es crucial entender que la conciencia en primera persona se desarrolla, y lo hace a través de una variedad de etapas bien investigadas. Además, la conciencia en segunda persona se desarrolla, y este desarrollo, también, ha sido ampliamente investigado. Finalmente, la capacidad para la conciencia de tercera persona se desarrolla (por ejemplo, la cognición piagetiana), y esto también se ha estudiado exhaustivamente.[20] Tal vez porque muchos de los teóricos de enfoques todo-cuadrante han venido de un fondo fenomenológico, que en sí mismo no detecta fácilmente las etapas, han tendido a pasar por alto las ondas de conciencia que se desarrollan en los cuatro cuadrantes.[21] Sea como fuere, un enfoque verdaderamente integral, en mi opinión, pasará de ser simplemente todo-cuadrante a ser también todo-nivel. *El 1-2-3 en todos los niveles.*

Obviamente, queda mucho trabajo por hacer. Pero una asombrosa cantidad de evidencia —premoderna, moderna y posmoderna— apunta fuertemente a un enfoque integral que es todo-cuadrante, todo-nivel. Por sí sola esta abrumadora cantidad de evidencia apunta inexorablemente al hecho de que estamos hoy al borde, no de dar forma a una visión totalmente completa e integral de la conciencia, sino de ser capaces de no aspirar, de ahora en adelante, por nada menos.

15
La adopción integral

Entonces, ¿cómo veremos el mundo? ¿Una era antigua de maravilloso esplendor, una modernidad que simplemente se trastocó? ¿Una posmodernidad en pedazos? ¿O tal vez la evolución como progreso sin adulterar, siendo los actuales los días más felices de todos? ¿Evolución o involución? El hecho mismo de que nombremos a eras premodernas, modernas y posmodernas significa que reconocemos implícitamente algún tipo de desarrollo. Incluso los teóricos que se etiquetan a sí mismos como "posmodernos" implican algún tipo de mejora sobre sus predecesores modernos, ¿verdad? ¿Cómo equilibraremos las innegables mejoras en la historia con los igualmente patentes horrores que le siguieron? ¿Y cómo puede este equilibrio permitirnos, finalmente, abrazar lo mejor de lo premoderno, lo moderno y lo posmoderno, una adopción que podría permitir que emerja una psicología genuinamente integral?

Desde la premodernidad

Cada era encuentra verdades perdurables. Cada era cae en distorsiones patológicas. La premodernidad reveló el Gran Nido del Ser en toda su esplendorosa gloria, pero a menudo usó esa concepción de una manera rígidamente jerárquica para justificar la opresión de millones. La modernidad diferenció las esferas de valor, marcando el comienzo de grandes movimientos libertarios, desde las democracias liberales hasta el feminismo, pero luego dejó que esas diferenciaciones se desviaran hacia la disociación, con lo cual un materialismo científico desenfrenado intentó borrar prácticamente todos los valores liberados originalmente por las diferenciaciones: la racionalidad técnica casi destruyó la humanidad que por primera vez había hecho posible, y el descalificado universo moderno se asentó como polvo volcánico de una manera sofocante para todos. Y la posmodernidad, que se propuso noblemente deconstruir las pesadillas de la llanura moderna, terminó abrazándolas e incluso amplificándolas, de modo que no sólo la integración ofrecida por su propia visión lógica no se dio a conocer, sino que su intención integradora se retrasó por décadas.

Mientras intentamos dejar de lado las distorsiones de cada época, buscamos honrar las verdades, porque todas hablan del potencial humano. Ignorar las verdades del pasado —ya sea filogenia u ontogenia— es la definición misma de patología. Por lo tanto, un enfoque integral —uno cuerdo— intenta respetar, reconocer e incorporar las verdades perdurables en el barrido continuo de la evolución de la conciencia, porque son las verdades de nuestro propio Ser, incluso aquí y ahora.

De la herencia premoderna hemos aprendido del Gran Nido del Ser y del Conocimiento, y hemos encontrado que es una hoja de ruta hacia el Espíritu, no de una manera predeterminada, sino como un campo morfogenético de sutil persuasión. Las verdades perdurables de esta antigua sabiduría incluyen la idea de niveles o dimensiones de la realidad y la conciencia, extendiéndose de materia a cuerpo, de mente a alma, de espíritu a espíritu, con el Espíritu plena e igualmente presente en todos estos niveles como el Terreno de toda la exhibición. Cada nivel superior trasciende e incluye a sus inferiores, de modo que este Gran Nido es una holarquía de amor extendido y compasiva unión, que se extiende desde la tierra hasta la Divinidad, sin ningún rincón del Kosmos que no haya sido tocado por la gracia, la caridad o la luminosidad.

Los antiguos sabios nos enseñaron que, precisamente porque la realidad es multicapa, con dimensiones físicas, emocionales, mentales y espirituales, la realidad no es simplemente un asunto de un solo nivel para que todos lo vean: deben ser *adecuados* al nivel de realidad que desean comprender. El alma no está divagando por ahí en el mundo físico; no puede ser vista con microscopios o telescopios o placas fotográficas. Si quieres ver el alma, debes mirar hacia dentro: desarrollar tu conciencia; crecer y evolucionar en tu capacidad de percibir las capas más profundas de tu Ser, que revelan niveles más altos de realidad: lo grande dentro de eso está más allá: cuanto mayor es la profundidad, mayor es la realidad.

15 | La adopción integral

Para una psicología integral esto significa que debemos tratar de honrar todo el espectro de la conciencia, materia a cuerpo a mente a alma a espíritu, por cualquier nombre, en cualquier apariencia y en cualquier nivel que la investigación moderna pueda confirmar (cinco, siete, doce, veinte: el número exacto importa menos que el simple reconocimiento de la riqueza multidimensional involucrada). He sugerido alrededor de dieciséis olas principales, que se pueden condensar en nueve o diez agrupaciones funcionales (todas mostradas en las gráficas), pero todas estas cartografías son simplemente diferentes aproximaciones a las muchas olas en el Gran Río de la Vida, materia a mente a espíritu, que es el legado más preciado de la sabiduría antigua.

Para una psicología integral lo anterior también significa que el impulso más profundo de una persona —el principal del cual todos los demás son derivados— es el impulso para actualizar todo el Gran Nido a través del vehículo del propio ser, de modo que uno se convierta, en plena iluminación, en un vehículo del Espíritu brillando esplendorosamente en el mundo. Todos somos hijos e hijas de una Divinidad que es la Meta y el Terreno de cada gesto en el Kosmos, y no descansaremos hasta que nuestro propio Rostro Original nos salude con cada amanecer.

Los antiguos adeptos tendrían esta Gran Liberación como una iluminación permanente, no como un destello pasajero —un rasgo permanente, no meramente un estado alterado— y así nos dejaron con una extraordinario repertorio de prácticas espirituales, todas las cuales tienen una cosa en común: nos ayudan a desplegar los niveles superiores del Gran Nido de nuestra propia Divinidad: aceleran nuestro desarrollo hacia la Divinidad. Las prácticas espirituales más completas enfatizan las *corrientes ascendentes* —llevándonos de cuerpo a mente, de alma a espíritu—, así como las *corrientes descendentes* —tomando percepciones espirituales y expresándolas en y a través del cuerpo encarnado y la tierra bendita—, integrando así los rostros trascendentales e inmanentes del Vacío.

Cada vez que los modernos hacemos una pausa por un momento y entramos en el silencio, a escuchar con gran atención, el destello de nuestra propia naturaleza más profunda comienza a resplandecer, y somos introducidos a los misterios del fondo, la llamada del interior, el brillo infinito de un esplendor olvidado por el tiempo y el espacio. Somos introducidos al dominio Espiritual omnipresente que la punta creciente de nuestros honrados antepasados fueron los primeros en descubrir. Y fueron lo suficientemente gentiles para dejarnos instrucciones generales de ese dominio infinito, un mapa llamado el Gran Nido del Ser: mapa de nuestros interiores, arqueología de nuestro Espíritu.

Desde la modernidad

De la modernidad tomamos las verdades perdurables de la diferenciación y la evolución de los Tres Grandes (lo Bello, lo Bueno y lo Verdadero).[1] A medida que el modo promedio de conciencia continuó creciendo y evolucionando históricamente, y debido a que la evolución opera en parte por diferenciación e integración, la percepción del Gran Nido se diferenció e integró cada vez más en una escala cultural generalizada (y no sólo en unos pocos pioneros individuales). Las diferencias vistas en el pasado sólo por los más evolucionados se convirtieron en percepciones básicas y comunes.[2]

A medida que los Tres Grandes del arte, la moral y la ciencia comenzaron a diferenciarse y aclararse en una escala generalizada, Yo, Nos y Ello/Ellos; en primera persona, en segunda persona y en tercera persona; yo, cultura y naturaleza; lo Bello, lo Bueno y lo Verdadero, a cada uno se le permitió producir sus propias verdades sin la carga de la invasión de los otros. Esa modernidad dejó que estas diferenciaciones colapsaran en disociación (para que el materialismo científico pudiera colonizar las otras esferas), condena la disociación patológica, no la dignidad de las propias diferenciaciones, ya que marcaron el comienzo de todo, desde la democracia hasta el feminismo, la abolición de la esclavitud, el auge de las ciencias ecológicas y el aumento mundial de la vida útil en más de tres décadas: grandes dignidades, de hecho.

Y así, desde la modernidad, aprendemos que cada uno de los niveles en el Gran Nido necesita diferenciarse en los cuatro cuadrantes (o simplemente los Tres Grandes), y hacerlo a una escala generalizada. De la modernidad también aprendemos que cada uno de esos cuadrantes

15 | La adopción integral

evoluciona y, por lo tanto, una psicología integral sigue esos desarrollos a medida que aparecen en cualquier individuo. Para una psicología integral, esto implica que los niveles básicos de conciencia disponibles para hombres y mujeres deben diferenciarse cuidadosamente en sus diversas líneas de desarrollo. A través de los niveles u ondas del Gran Nido (cuerpo, mente, alma, espíritu) corren numerosas líneas o diferentes corrientes de desarrollo (cognitivas, morales, estéticas, afectivas, necesidades, identidades, perspectivas, etcétera). *Es menester de una psicología integral rastrear todas estas diversas ondas y corrientes a medida que se desarrollan en cualquier individuo.*

Llamamos a esta imagen general "una psicográfica integral" (ver figuras 2 y 3). Este enfoque nos permite determinar, de una manera muy general, las corrientes en evolución de la conciencia de un individuo a medida que esas corrientes se mueven hacia ondas cada vez más profundas, cada vez superiores, de cuerpo a mente, de alma a espíritu, de precon a con, a poscon, a pos-poscon. También nos permite detectar más fácilmente cualquier "punto clave" —cualquier patología, fulcro fracturado, abortos involuntarios del desarrollo, subpersonalidades disociadas, facetas alienadas de la conciencia— y, al comprender mejor su génesis y textura, tratarlos de manera más efectiva. Aunque los diversos tipos de patología y tratamiento tendrán algunas diferencias importantes (debido a la arquitectura cualitativamente diferente de cada onda básica), todos intentan, sin embargo, llevar el problema a la conciencia, para que pueda volver a unirse al barrido continuo de la adopción holárquica, el desarrollo cada vez más profundo que es la evolución de la conciencia, prepersonal a personal a transpersonal, subconsciente a autoconsciente a superconsciente.

La evolución no nos aísla del resto del Kosmos, nos une con el resto del Kosmos: las mismas corrientes que producían pájaros a partir del polvo y poesía a partir de rocas producen egos a partir de ids y sabios a partir de egos. La evolución en cada cuadrante es Espíritu en acción expresado en ese modo, operando a través de una sutil persuasión en el gran campo morfogenético de la creciente adopción. La corriente evolutiva del Kosmos —este gran río de Eros, que une a los holones humanos y no humanos en una caricia constante— es de hecho el Amor que mueve al sol y a otras estrellas. Y las contribuciones perdurables de la modernidad, que revelaron la diferenciación y evolución de los Tres Grandes, simplemente nos permiten rastrear este Amor evolutivo a través de sus muchas olas y corrientes.

Desde la posmodernidad

La diferenciación de la modernidad de las esferas de valor permitió a la posmodernidad ver exactamente cómo están interrelacionados los cuatro cuadrantes. Cada ocasión objetiva tiene componentes subjetivos e intersubjetivos; cada holón tiene cuatro cuadrantes. El mundo no es meramente un objetivo, la ocasión de los cuadrantes del lado derecho; también tiene profundidad intrínseca, conciencia, el dentro, el interior, los mundos de los cuadrantes del lado izquierdo en toda su gloria. El *constructivismo* nos dice que la conciencia no sólo refleja el mundo, sino que ayuda a construirlo. El *contextualismo* habla que los holones están anidados, indefinidamente. El *aperspectivismo integral* indica que deben incluirse en una adopción integral tantas perspectivas como sea humanamente posible. Que el Kosmos es infinitamente holónico, he ahí el mensaje del posmodernismo.

En cualquier estudio integral, lo anterior significa que debemos tener mucho cuidado para asegurar que las importantes diferenciaciones de la modernidad estén de hecho integradas, que los Tres Grandes no se separen; que el reduccionismo sutil no se introduzca en el lienzo, produciendo un holismo llano; y que cualquier enfoque de la conciencia sea de hecho un enfoque 1-2-3, que incluya y honre igualmente los relatos de la conciencia en primera persona, en segunda persona y en tercera persona: relatos en primera persona o fenoménicos de la corriente de conciencia tal como es experimentada directamente por una persona (si); comunicación en segunda persona de esos hechos, establecidos en estructuras lingüísticas, visiones del mundo y contextos de fondo particulares (ii); y descripciones científicas en tercera persona de los mecanismos, sistemas y redes materiales correspondientes, desde estructuras cerebrales hasta sistemas sociales (cuadrantes del lado derecho).

15 | La adopción integral

Ese enfoque de "todos los cuadrantes" es el primer paso hacia un modelo verdaderamente integral. El segundo paso agrega un enfoque de "todos los niveles", que investiga las etapas de desarrollo de la conciencia de primera, segunda y tercera personas. En otras palabras, investiga las olas y los arroyos, los niveles y las líneas, en todos los cuadrantes.[3] El resultado es un enfoque de "todos los niveles, todos los cuadrantes" para los estudios integrales, en el espectro completo de disciplinas: ciencia, historia, religión, antropología, filosofía, psicología, educación, política, negocios.

Cuando se trata del individuo, el resultado es la psicología integral, la terapia integral y la práctica transformadora integral.

El Espíritu en acción ha despertado

Si este enfoque de "todos los niveles, todos los cuadrantes" tuviera éxito, habríamos abrazado algunas de las verdades más perdurables de la premodernidad (todos los niveles), la modernidad (todos los cuadrantes) y la integración posmoderna (todos los niveles, todos los cuadrantes). Mi objetivo en este libro, si bien se centra específicamente en una psicología integral, también ha sido un enfoque integral en general, tratando de tomar, no sólo lo mejor de las escuelas de hoy, sino lo mejor de las percepciones premodernas, modernas y posmodernas, al tiempo que desecha sus distorsiones extremistas. Obviamente, como dije en la Introducción, este tipo de enfoque sólo puede comenzar con las generalizaciones más amplias —las atroces, dirían algunos—, pero si vamos a comenzar este esfuerzo, debemos partir de alguna parte, y este tipo de enfoque es, supongo, tan bueno como cualquiera. Pero el objetivo principal de este libro es actuar como eso: un principio, no un final; el comienzo de una discusión, no su punto final.

Si realmente estamos viviendo en una era integral-aperspectiva, entonces este tipo de ensayos integrales se volverán cada vez más comunes. Algunos serán mejores, otros peores; algunos celebratorios, otros funestos; algunos verdaderamente integrales, otros apenas exploratorios. Pero habrá muchos, muchos intentos de este tipo, y todos ellos, sospecho,

Psicología integral

contribuirán al gran arcoíris integral que ahora comienza a brillar, aunque sea tentativamente, en todo el mundo.

Porque el hecho es que estamos en el amanecer de la era de la visión lógica, el surgimiento de la sociedad de la red, la aldea global posmoderna, aperspectiva, conectada a internet. La evolución en todas sus formas ha comenzado a tomar conciencia de sí misma. La evolución, como Espíritu en acción, está empezando a despertar en una escala más colectiva. La evolución cósmica ahora está produciendo teorías y actuaciones de su propia adopción integral. Este Eros se mueve a través de usted y de mí, instándonos a incluir, diversificar, honrar, adoptar. El Amor que mueve al Sol y a otras estrellas está moviendo teorías como ésta, y cimbrará a muchas otras, ya que Eros junta lo que antes estaba perdido, y une los fragmentos de un mundo demasiado agobiado para soportar.

Algunos llamarían a estos esfuerzos integrales "poderosos destellos de un verdadero Descenso del Alma del Mundo que todo lo impregna". Otros simplemente dirían que el tiempo está maduro para eso. Pero he aquí lo que parece cierto: los esfuerzos menos integrales están empezando a perder su atractivo; el encanto de la llanura, la llamada a la fragmentación, la atracción regresiva del reduccionismo son cada vez menos fascinantes. Su poder para cautivar la mente se debilita día con día, a medida que Eros obra sus maravillas sutiles en y a través de todos nosotros.

Si podemos creer en la sabiduría colectiva de las muchas edades de la humanidad, quizás podamos decir: Este Eros es el mismo Espíritu en acción que originalmente se aventuró a crear un vasto campo morfogenético de maravillosas posibilidades (conocido como el Gran Nido). Fuera de sí, como materia, dio inicio; fuera de sí, como vida, continuó; fuera de sí, como mente, comenzó a despertar. El mismo Espíritu en acción se diferenció en modos de lo Bueno, lo Bello y lo Verdadero, mientras continuaba su juego evolutivo. Y ahora es el mismo Espíritu en acción, que comienza a volverse colectivamente consciente de sí mismo, el que ha iniciado una era de adopción integral —la aldea global a las comunicaciones, internet a las teorías integrales a la sociedad en red— mientras lentamente une los fragmentos de un mundo que ha olvidado cómo preservarse.

15 | La adopción integral

Así es, el mismo Espíritu en acción ha escrito este libro, y es el Espíritu en acción mismo quien lo está leyendo ahora. De subconsciente a autoconsciente a superconsciente, el gran Juego continúa y el gran Río fluye, con todas sus gloriosas corrientes manando hacia el océano de la Conciencia Unitaria, nunca realmente perdido, nunca realmente encontrado, este sonido de la lluvia en el techo del templo, que sólo es.

GRÁFICAS

Psicología integral

		Estructuras correlativas básicas		Sentido general del Ser	Aspectos específicos	Defensas
sensomotriz		materia	-subatómica -atómica -molecular -polímero	ser material	pleromático	
		sensación			urobórico	distorsión delirio, alucinación
		percepción				satisfacción de deseos
fantasmático-emocional		exocepto		ego del cuerpo	cuerpo-axial cuerpo-pránico (tifónico)	fusión del Ser-objeto proyección
		impulso/emoción				
		imagen			cuerpo-image	separación
		símbolo			(mágico)	
rep-mente		endocepto			Ser-nombre Ser-concepto Ser-miembro (mítico)	aislamiento represión reacción desplazamiento
		concepto				
	conop	regla/rol	temprano	persona	temprano	operación ambigua
			tardío		medio	encubierta
	formop	transición			tardío	intenciones
		formal	temprano	ego		represión expectativa
			tardío		ego maduro	sublimación
posformal		transición			centauro	falsedad amortiguamiento
		visión-	temprano	centauro		
		lógica	medio		(Ser existencial, integrado)	cancelación de la actualización del Ser mala fe
			tardío			
		psíquico	temprano	alma		aumento psíquico meta de doble vida
		(visión)	tardío		Ser psíquico	desorden pránico
		sutil	temprano		Ser sutil (alma)	enfermedad yóguica integración fallida
		(arquetipo)	tardío			fragmentación arquetípica
		causal	temprano			diferenciación fallida
		(amorfo /sin forma)	tardío	espíritu	Ser puro (Testigo)	enfermedad de Arhat
		no-dual	temprano			
			medio			
			tardío		No-dual	

260

Gráfica IA. Correlaciones de Wilber

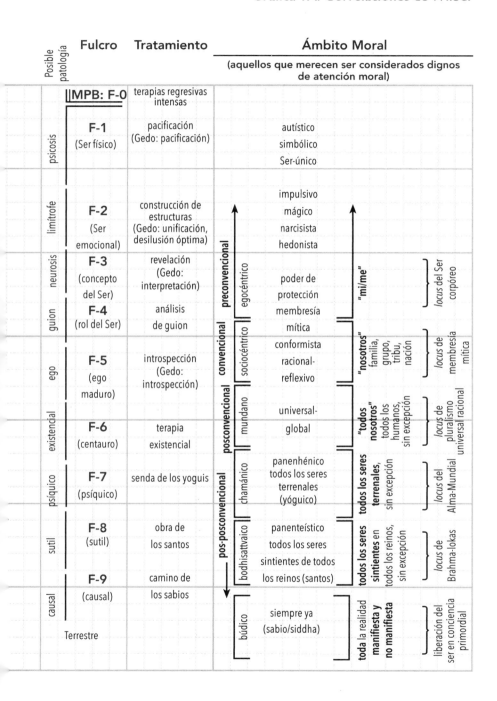

Psicología integral

		Estructuras correlativas básicas		Afectaciones	Niveles de "alimento" (intercambio relacional)

sensomotriz		-subatómica
		materia-atómica
		   -molecular
		   -polímero
		sensación
		percepción
				• reactividad
				• sensaciones
				• fisioestados: tacto,
					intercambio material
					-alimento
					-trabajo

	fantasmático-emocional	**exocepto** **impulso/emoción** **imagen** **símbolo**		temperatura, placer, dolor • protoemociones: tensión, miedo, rabia, satisfacción	**intercambio emocional** -sexo -seguridad,
	rep-mente	**endocepto** **concepto**		• 2° emociones: ansiedad, enfado, deseo, gusto, seguridad	poder -pertenencia, cuidado
	conop	**regla/rol**	temprano tardío	• 3° emociones: amor, alegría, depresión, odio,	**intercambio mental** -discurso
	formop	transición **formal** transición **visión-** **lógica**	temprano tardío temprano medio tardío	pertenencia • 4° emociones: afecto universal, justicia global, cuidado, compasión, amor humano, altruismo mundano	de membresía -intercambio autorreflexivo -intercambio autónomo
posformal		**psíquico** (visión) **sutil** (arquetipo)	temprano tardío temprano tardío	• admiración, arrebato, amor de todas las especies, compasión • ananda, éxtasis de la felicidad del amor, compromiso santo	**intercambio del alma** -visión psíquica -comunión con Dios -unión con Dios
		causal (amorfo /sin forma) **no-dual**	temprano tardío temprano medio tardío	• liberación infinita, compasión bodhisattvaica • despertar a la no-dualidad (Conciencia Unitaria)	**intercambio espiritual** -identidad divina -sahaja

Gráfica 1B. Correlaciones de Wilber

Identidad de género	Visión del mundo		
	nombre	características generales	
• morfología-genética asignada • indiferenciado	arcaica	• indiferenciado, pleromático	egocéntrico

• identidad básica de género diferenciada	arcaica-mágica
	
	mágica
		• alucinación de realización de deseos
		  fusiones sujeto-objeto
		  "Ser-objeto"
		• egocéntrico, palabra mágica, narcisista;
		  locus de poder mágico = ego	

• convencionalismo de género
• consistencia de género (normas)
	mágica-mítica
	
	mítica (literal)
	
	mítica-racional
	
	formalismo racional
		• desafío a la omnipotencia del ego; seguridad;
		  omnipotencia del ego transferida a dioses
		• mitos concretos
		  locus de poder mágico = Otro deificado
		• racionalización de estructuras míticas
		  desmitificación, formalización
		• formalismo estático universal
		• sistemas/contextos estáticos
			etnocéntrico

• género andrógino (trans-diferenciado)	relativismo pluralista
	
	integralismo holístico
	
	psíquico (chamánico, yóguico)
		• sistemas pluralistas, contextos/historias
		  múltiples-dinámicos
		• integra múltiples contextos, paradigmático
		• paradigmático-transversal; desarrollismo
		  dialéctico como Proceso Mundial
		• unión con el Proceso Mundial; misticismo de la
		  naturaleza; unidad del reino básico
			mundano

• unión de género arquetípica (tantra)
• trascendencia del género
	sutil (arquetípico, divino)
	
	causal (amorfo/ sin forma, sabio)
	
	no-dual (siddha)
		• unión con la creadora del reino básico;
		  misticismo de la deidad; unión con el reino sutil
		• unión con la fuente de los reinos manifiestos;
		  misticismo amorfo/sin forma; unidad causal
		• unión de forma y sin forma,
		  Espíritu y misticismo no-dual
		  del Proceso Mundial
			teocéntrico

Psicología integral

		Estructuras básicas		Niveles Huston Smith (planos)	Plotino	Vijnanas budistas
sensomotriz		materia	-subatómica -atómica -molecular -polímero	cuerpo (terrenal)	materia	(niveles de csness)
		sensación			sensación	
		percepción			percepción	1-5.
		exocepto				cinco sentidos
fantasmático-emocional		impulso/emoción			placer/dolor	
		imagen			imágenes	
		símbolo				
rep-mente		endocepto				
		concepto		mente (intermedio)	conceptos, opiniones	
conop		regla/rol	temprano tardío			
formop		transición				
		formal	temprano tardío		lógica facultad	6. manovijnana (mente básica)
		transición				
posformal		visión-	temprano		creativa	
		lógica	medio tardío		razón	
						7. manas
		psíquico (visión)	temprano tardío		mundo alma	(mente elevada)
		sutil (arquetipo)	temprano tardío	alma (celestial)		
					nous	8. alaya-vijnana contaminada
		causal	temprano			(arquetípica)
		(amorfo /sin forma)	tardío	espíritu (infinito)	uno absoluto	
		no-dual	temprano medio tardío			9. conciencia no-dual como talidad

Gráfica 2A. Estructuras básicas en otros sistemas

Stan Grof	John Battista	Chakras	Gran Cadena General	James Mark Baldwin
somático	MPB: oceánico hasta nacimiento / sensación percepción	1. material	materia	prelógico
estético	emoción	2. emocional-sexual	cuerpo	
psicodinámico sistemas SEC freudianos	cognición	3. mental-intencional, poder		cuasi-lógico
	consciente	4. mental-comunal, amor	mente	lógico
existencial muerte-renacimiento (del MPB)		5. mental racional-verbal		extra-lógico
astral-psíquico extrahumano		6. mental-psíquico, ajna (visión)		hiper-lógico
identificaciones arquetípicas deidad, luminosidad	unión	7. sahasrara, trascendental, *csness*, luz (*chakras shabd* superiores, hasta el fin)	alma	
mente universal				
supracósmico vacío				
	absoluto	(liberación de todos los chakras en el Reino)	espíritu	
supremo				

265

Psicología integral

		Estructuras básicas	Gran Cadena General	Aurobindo	Cábala
sensomotriz		-subatómica **materia**-atómica -molecular -polímero **sensación** **percepción**	materia	físico sensación percepción	Malkhut
	fantasmático-emocional	**exocepto** **impulso/emoción** **imagen** **símbolo**	cuerpo	vital- emocional	Yesod
conop	rep-mente	**endocepto** **concepto** **regla/rol** temprano tardío	mente	mente inferior mente concreta	Netzach/Hod
posformal	formop	transición **formal** temprano tardío transición **visión-** temprano **lógica** medio tardío		mente lógica (razonamiento) mente superior (sistemas)	Tiferet
		psíquico temprano (visión) tardío	alma (psíquica y sutil)	mente iluminada	Chesed/Gevurah
		sutil temprano (arquetipo) tardío		mente intuitiva	Chokhmah/Binah
		causal temprano (amorfo tardío /sin forma) **no-dual** temprano medio tardío	espíritu (causal y no-dual)	mente suprema supermente satchitananda	Keter Ayn Ein Sof

266

Gráfica 2B. Estructuras básicas en otros sistemas

estado	Vedanta cuerpo	capas	William Tiller	Leadbetter (teosofía)	Adi Da
vigilia	básico	1. material (anna-mayakosha)	físico	físico	1. cuerpo físico
			etéreo	etéreo (físico delgado)	
		2. emocional-sexual (prana-mayakosha)	astral	astral (emocional)	2. cuerpo emocional
ensueño	sutil		m-1 (mente inferior)		
		3. mente media (mano-mayakosha)	m-2 (mente intelectual)	mental	3. mente inferior fuerza de voluntad mente-básica
				causal (mente superior)	
		4. mente superior (vijnana-mayakosha)	m-3 (mente espiritual)	búdico (mente iluminada)	4. mente superior apertura psíquica
					5. supramental psíquico/sutil
sueño profundo	causal	5. mente dichosa (ananda-mayakosha)	espíritu	átmico (espíritu universal) mónada/logos	6. cese amorfo, nirvikalpa
turiya	turiya	Brahman-Atman (turiyatita)			7. sahaja bhava

267

Psicología integral

Edad promedio de surgimiento		Estructuras correlativas básicas		Piaget
0-18 meses	sensomotriz	-subatómica **materia**-atómica -molecular -polímero **sensación** **percepción**		sensomotriz
1-3 años	fantasmático-emocional	**exocepto** **impulso/emoción** **imagen** **símbolo**		preconceptual preoperacional
3-6	rep-mente	**endocepto** **concepto**		intuitivo (conceptual) preoperacional
7-8 9-10	conop	**regla/rol**	temprano tardío	operacional concreto - subetapa 1 operacional concreto - subetapa 2
11-12 13-14 15-19 19-21 abierto ↓ [21-28] [28-35] [35-42] ↓ [42-49] [49-]	formop posformal lo más temprano esperado	transición **formal** transición **visión-** **lógica** **psíquico** (visión) **sutil** (arquetipo) **causal** (amorfo /sin forma) **no-dual**	temprano tardío temprano medio tardío temprano tardío temprano tardío temprano tardío temprano medio tardío	transición [conop tardío/formop temprano (subetapa 1)] operacional formal - subetapa 2 operacional formal - subetapa 3 (transición - formop tardío/polivalente temprano) (lógica polivalente - sistemas de sistemas)

Gráfica 3A. Desarrollo cognitivo

Commons & Richards	Nivel Kurt Fischer	Alexander (niveles de la mente)
1a acciones sensomotrices 1b acciones proposicionales	1. sistema sensomotriz único (3-4 meses) 2. mapeo sensomotriz (7-8 meses) 3. sistema sensomotriz (11-13 meses)	1. sensomotriz 2. deseo-emoción prana
2a acciones nominales 2b acciones preoperacionales	4. sistema representativo único (20-24 meses) 5. mapeo representativo (4-5 años)	
3a acciones primarias 3b operaciones concretas	6. sistema representativo (6-7.5 años)	
4a abstracta 4b formal 5a sistemática 5b meta-sistemática 6a paradigmática 6b paradigmática-transversal	7. sistema abstracto (10-12) 8. mapeo abstracto (11-15) 9. sistemas (19-21) 10. sistemas de sistemas (24-26)	4. mente abstracta
		5. intuición trascendental
		6. mente raíz
		7. Ser puro
		8. Brahman-Atman

Psicología integral

		Estructuras correlativas básicas		Líneas cognitivas generales	Pascual-Leone	Herb Koplowitz
sensomotriz		materia	-subatómica -atómica -molecular -polímero	básico		
		sensación				
		percepción			sensomotriz	
fantasmático-emocional		exocepto				
		impulso/emoción				
		imagen				
		símbolo			preoperacional	
rep-mente		endocepto				
		concepto				
conop		regla/rol	temprano	reflejo básico		
			tardío		concreto tardío	
formop		transición			formal temprano	
		formal	temprano		formal	formal
			tardío		formal tardío	
posformal		transición			predialéctico	sistemas
		visión-	temprano		dialéctico	sistemas generales
		lógica	medio		pensamiento	conceptos unitarios
			tardío		trascendental	↓
		psíquico (visión)	temprano tardío			
		sutil (arquetipo)	temprano tardío	sutil		
		causal (amorfo /sin forma)	temprano tardío	causal		
		no-dual	temprano medio tardío	no-dual		

270

Gráfica 3B. Desarrollo cognitivo

Sri Aurobindo	Patricia Arlin	Gisela Labouvie-Vief	Jan Sinnott	Michael Basseches
físico				
	sensomotriz		sensomotriz	
vital-emocional				
	preoperacional		preoperacional	
mente inferior		simbólico		
mente concreta	2a concreto inferior 2b concreto superior		concreto	1a preformal
mente lógica (razonamiento) mente superior (sistemas)	3a formal inferior 3b formal superior 4a posformal 4b-e posformal tardío (dialéctico)	intrasistémico intersistémico autónomo	formal relativista teoría unificada	1b formal 2 posformal intermedio 3 general avanzado 4 avanzado pensamiento dialéctico
mente iluminada				
mente intuitiva				
mente suprema				
supermente				
satchitananda				

Psicología integral

		Estructuras correlativas básicas		Jane Loevinger (estadios del ego)	John Broughton (epistemología del Ser)
sensomotriz		materia	-subatómica -atómica -molecular -polímero		
		sensación		presocial, autista	
		percepción			
fantasmático-emocional		exocepto			
		impulso/emoción		simbiótico	
		imagen			
		símbolo		impulsivo	
rep-mente		endocepto			
		concepto			0. Ser "dentro", realidad "fuera"
				autoprotector	1. mente de persona-mayor, cuerpo de persona-pequeña
conop		regla/rol	temprano		2. subjetivismo ingenuo, cuerpo y
			tardío	conformista	mente diferenciados
formop		transición			3. persona vs. Ser interior
		formal	temprano	conformista-concienzudo	4. dualista o positivista cínico,
			tardío	concienzudo	mecanicista
posformal		transición		individualista	5. observador interior diferenciado
		visión-	temprano	autónomo	del ego
		lógica	medio	integrado	6. experiencias cuerpo y mente de un
			tardío		Ser integrado
		psíquico (visión)	temprano tardío		
		sutil (arquetipo)	temprano tardío		
		causal (amorfo /sin forma)	temprano tardío		
		no-dual	temprano medio tardío		

Gráfica 4A. Estadios relativos al Ser

Sullivan, Grant y Grant (integración del Ser)	Fulcros (Wilber)	Jenny Wade	Michael Washburn	Erik Erikson
	F-1	pre y perinatal; sendero psíquico profundo / F-0 / 1. reactivo	pre, peri, neonatal (posible trascendental)	integración original	confianza vs. desconfianza
1. diferenciación del Ser y el no-Ser	F-2	2. ingenuo	ego del cuerpo / represión primigenia	autonomía vs. pudor y duda
2. manipulativo-demandante				
3. poder: a. reglas- "cons"	F-3	3. egocéntrico	ego de la mente	iniciativa vs. culpa y ansiedad
b. reglas- conformista	F-4	4. conformista		industria vs. inferioridad
4. individuación temprana	F-5	5. logro/ asociado		identidad vs. confusión de rol
5. continuidad				intimidad/ aislamiento
6. consistencia del Ser			regresión	
7. relatividad-integración	F-6	6. auténtico	al servicio de trascendencia	generativo/ estancamiento integridad/ desesperación
	F-7			
			regeneración en espíritu	
	F-8	7. trascedente		
	F-9			
		8. unitario	integración	
	no-dual			

Psicología integral

		Estructuras correlativas básicas		Línea principal del Ser	Neumann estadios mitológicos	Neumann estadios psicológicos
sensomotriz		materia	-subatómica -atómica -molecular -polímero		pléroma	pleromático
						fusión uróborica
		sensación			uróboro	uróboro alimentario
		percepción				Madre uróborica
fantasmático-emocional		exocepto				cumplimiento de deseos
					la Gran Madre	magia
		impulso/emoción				incesto materno
		imagen				narcisismo corporal
		símbolo			separación de los Padres del Mundo	Edipo/Electra
rep-mente		endocepto		frontal (o **ego**)		cs/des-cs
		concepto			lucha de dragón	superación de los instintos
					nacimiento del Héroe	surgimiento del ego
conop		regla/rol	temprano		muerte a la Madre	diferenciación del ánima
			tardío			
formop		transición			muerte al Padre	diferenciación de animus
		formal	temprano			
			tardío		cautiverio y botín	ego maduro
		transición				
posformal		**visión-lógica**	temprano		Transformación	integración del ego/Ser
			medio		↓	
			tardío			
		psíquico (visión)	temprano	psíquico profundo (o **alma**)		
			tardío			
		sutil (arquetipo)	temprano			
			tardío			
		causal	temprano	Testigo (o **Ser**)		
		(amorfo /sin forma)	tardío			
		no-dual	temprano			
			medio			
			tardío			

Gráfica 4B. Estados relativos al Ser

Scheler (aparato estructural)	Pascual-Leone (desarrollo del ego)	Karl Jaspers	Rudolph Steiner	Don Beck (Dinámica Espiral)
			cuerpo físico	
supervivencia organísmica				1. instintivo
			cuerpo etéreo	
efectos instintivos	estadios de desarrollo del Ser más allá del ego fenomenológico o ego adulto = estadios del ego trascendental (Kant, Husserl) o "ultraser"	niveles/tipos de reducción fenomenológica-existencial o **pensamiento meditativo**	cuerpo astral (emoción)	2. mágico animista
memoria asociativa			alma-sensación	3. dioses de poder
inteligencia práctica				4. absolutista-religioso
inteligencia creativa-espiritual	1. Ser existencial 2. dualidad del Ser 3. Ser dialéctico	1. empírico 2. conceptual 3. temporal	alma-racional	5. individualista-triunfador 6. relativista 7. istemático-integrativo
	4. Ser alcanzado (pensamiento en cuarteto)	4. auténtico pensamiento meditativo	alma-conciencia	8. global-holístico
			Ser-espíritu	9. coral ↓
			vida-espíritu	
			hombre-espíritu	

275

Psicología integral

		Estructuras correlativas básicas		Susanne Cook-Greuter		
				perspectiva	sentido del Ser	características
	sensomotriz	materia	-subatómica -atómica -molecular -polímero			
		sensación				
		percepción		ninguna	presocial	autista,
	fantasmático-emocional	exocepto				indiferenciado
		impulso/emoción		ninguna	simbiótico	desorientado,
		imagen				confundido
	rep-mente	símbolo		1ª persona	impulsivo	rudimentario
		endocepto		preconvencional		autorregulado básico
		concepto			autoprotector	dicotomías, conceptos
posformal	conop	regla/rol	temprano tardío	2ª persona	orientado a reglas conformista	roles tempranos roles simples
	formop	transición formal	temprano tardío	3ª persona	autoconsciente orientado a metas concienzudo	introspección Ser histórico, varios roles
		transición visión-	temprano	convencional 4ª persona	individualista autónomo	relatividad del Ser Ser como sistema
		lógica	medio tardío	posconvencional 5ª persona 6ª persona global	testigo del ego testigo del constructo universal	Ser como constructo Ser transparente ego
		psíquico (visión)	temprano tardío	cósmico ↓	cósmico ↓	trascendencia
		sutil (arquetipo)	temprano tardío			
		causal (amorfo /sin forma)	temprano tardío			
		no-dual	temprano medio tardío			

276

Gráfica 4C. Estadios relativos al Ser

Clare Graves (tipos de ego)	Robert Kegan	Fulcros	Wilber
		F-0 =	
1. autista	0. incorporativo	F-1	físico
2. mágico animista			
	1. impulsivo	F-2	emocional
3. egocéntrico			
	2. imperial	F-3	mental: concepto del Ser
4. sociocéntrico			
	3. interpersonal	F-4	rol del Ser (persona)
5. multiplista			
6. relativista/ individualista	4. formal-institucional	F-5	ego (racional reflexivo)
7. sistémico			integrado:
(integrado)	5. posformal-interindividual ↓	F-6	centauro
		F-7	mente: psíquico
		F-8	sutil
		F-9	espíritu: causal
		no-dual	no-dual

Psicología integral

		Estructuras correlativas básicas		Kohlberg (juicio moral)	Torbert (niveles de investigación-acción)
sensomotriz		materia	-subatómica -atómica -molecular -polímero		
		sensación			
		percepción			
	fantasmático-emocional	exocepto			
		impulso/emoción			
		imagen			
		símbolo		0. deseo mágico	1. impulsivo
rep-mente		endocepto		preconvencional	
		concepto			
	conop			1. castigo/obediencia	
		regla/rol	temprano		2. oportunista
			tardío	2. hedonismo ingenuo	
formop		transición		convencional 3. aprobación de otros	3. diplomático
		formal	temprano	4. ley y orden	4. técnico
			tardío	4/5. transición	5. triunfador
posformal		transición		5. derechos previos/	
		visión-	temprano	contrato social	6. existencial
		lógica	medio	posconvencional 6. universal	7. ironista
			tardío	ético	(trascendental) ↓
		psíquico	temprano	pos-posconvencional 7. universal	
		(visión)	tardío	espiritual	
		sutil	temprano		
		(arquetipo)	tardío		
		causal	temprano		
		(amorfo	tardío		
		/sin forma)			
		no-dual	temprano		
			medio		
			tardío		

Gráfica 5A. Los estadios de la moral y las perspectivas relativas al Ser

Blanchard-Fields (desarrollo socioemocional)	Kitchener y King (juicio reflexivo)	Deirdre Kramer (estadios sociales-cognitivos)	William Perry (perspectiva del Ser)
1. perspectiva única 2. dualista-absolutista 3. múltiples resultados 4. múltiples perspectivas tempranas 5. múltiples perspectivas 6. múltiples perspectivas integradoras	1. categoría concreta 2. relaciones representativas 3. impresiones personales 4. abstracciones 5. relativismo, contextualismo 6. síntesis temprana 7. síntesis	1. indiferenciación 2. preformismo 3. formismo/mecanismo 4. relativismo estático, pluralismo 5. sistemas estáticos 6. relativismo dinámico, contextualismo 7. dialectismo dinámico ("integración de sistemas culturales e históricos a estructuras sociales cambiantes")	1. dualista 2. multiplicidad temprana 3/4. multiplicidad 5. relativismo, pluralismo compromiso 6/7. temprano 8/9. medio, tardío

Psicología integral

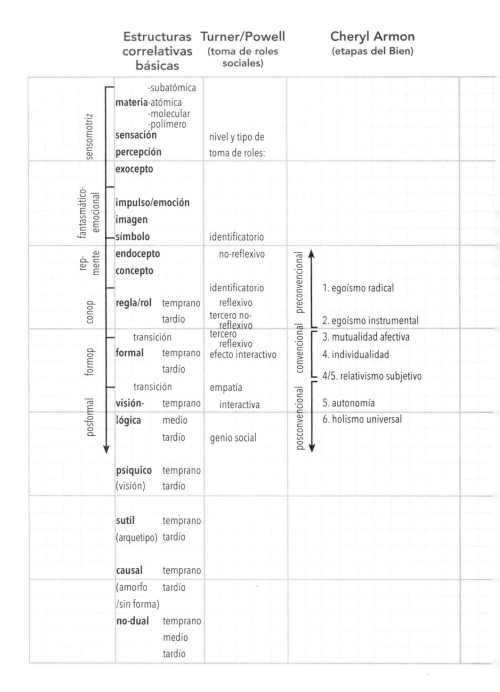

Gráfica 5B. Los estadios de la moral y las perspectivas relativas al Ser

Peck (motivación moral)	Visión del mundo (Wilber)		
	nombre	características generales	
	arcaica	• indiferenciado, pleromático	
amoral-impulsivo	arcaica-mágica	• alucinación de realización de deseos fusiones sujeto-objeto "Ser-objeto"	egocéntrico
	mágica	• egocéntrico, palabra mágica, narcisista; *locus* de poder mágico = ego	
oportuno-autoprotector	mágica-mítica	• desafío a la omnipotencia del ego; seguridad; omnipotencia del ego transferida a dioses	
	mítica (literal)	• mitos concretos *locus* de poder mágico = Otro deificado	etnocéntrico
conformista (irracional-concienzudo)	mítica-racional	• racionalización de estructuras míticas desmitificación, formalización	
	formalismo racional	• formalismo estático universal • sistemas/contextos estáticos	
racional-altruista	relativismo pluralista	• sistemas pluralistas, contextos/historias múltiples-dinámicos	mundano
	integralismo holístico	• integra múltiples contextos, paradigmático • paradigmático-transversal; desarrollismo dialéctico como Proceso Mundial	
	psíquico (chamánico, yóguico)	• unión con el Proceso Mundial; misticismo de la naturaleza; unidad del reino básico	teocéntrico
	sutil (arquetípico, divino)	• unión con la creadora del reino básico; misticismo de la deidad; unión con el reino sutil	
	causal (amorfo/sin forma, sabio)	• unión con la fuente de los reinos manifiestos; misticismo amorfo/sin forma; unidad causal	
	no-dual (siddha)	• unión de forma y sin forma, Espíritu y misticismo no-dual del Proceso Mundial	

Psicología integral

	Estructuras correlativas básicas		Howe (carácter moral)	Rawls (posiciones morales)	Buel	Piaget (estadios morales)
sensomotriz	-subatómica materia -atómica -molecular -polímero sensación percepción					
fantasmático-emocional	exocepto impulso/emoción imagen símbolo		físico		anomia	anomia
rep-mente	endocepto concepto		dependiente de poder	moralidad de la autoridad	heteronomía	
conop	regla/rol	temprano tardío	regido por las normas		heteronomía socionomía	
formop	transición formal	temprano tardío	orientado a metas	moralidad de asociación		autonomía
posformal	transición visión- lógica	temprano medio tardío	orientado a valores	moralidad de principios	autonomía	
	psíquico (visión)	temprano tardío				
	sutil (arquetipo)	temprano tardío				
	causal (amorfo /sin forma)	temprano tardío				
	no-dual	temprano medio tardío				

282

Gráfica 5C. Los estadios de la moral y las perspectivas relativas al Ser

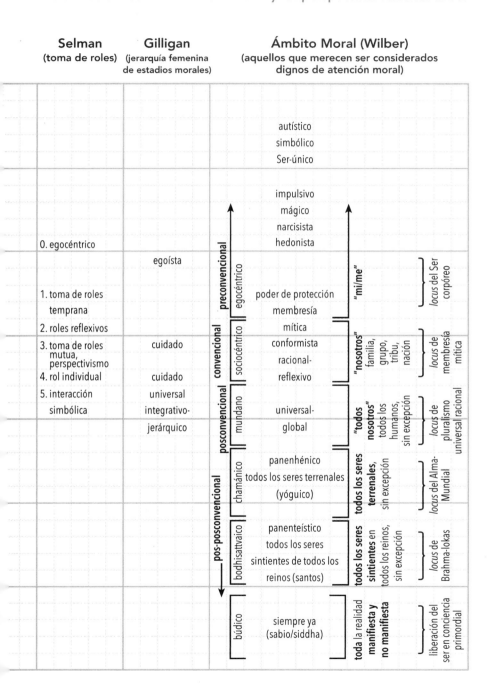

Psicología integral

		Estructuras correlativas básicas		Hazrat Inayat Khan (Sufismo)	Mahamudra (estadios de meditación)	Fowler (etapas de fe)
sensomotriz		-subatómica **materia**-atómica -molecular -polímero **sensación** **percepción**		materia (nasut) vegetal animal		0. preverbal, indiferenciado
fantasmático-emocional		**exocepto** **impulso/emoción** **imagen** **símbolo**		persona- mundana (deseos corporales)	conceptos	1. mágico, proyectivo
rep-mente		**endocepto** **concepto**		persona- material	y creencias de la mente básica	
conop		**regla/rol**	temprano tardío	(ganancia terrenal)		2. mítico-literal
formop		transición **formal** transición	temprano tardío	persona artística (más allá de las convenciones)	creencias correctas cimientos prácticas	3. convencional 4. reflexivo- individual 5. fe conjuntiva
posformal		**visión- lógica**	temprano medio tardío	idealista (principios universales)	universales-éticas meditación: acceso	6. universalización ↓
		psíquico (visión)	temprano tardío	djinn (genio) mente-visión	1. atención enfocada	
		sutil (arquetipo)	temprano tardío	(malkut) alma (angelical) akasha-arquetípico arwah- luminosidad divina	unión básica percepción sutil luminosidad	
		causal	temprano	testigo-wahdat	2. simplicidad	
		(amorfo /sin forma) **no-dual**	tardío temprano medio tardío	djabrut-suspensión sin forma zat: absoluto conciencia no-dual	suspensión vacío 3. Conciencia Unitaria unidad forma/sin forma 4. no- meditación	

Gráfica 6A. Estadios de la Espiritualidad

Wilber	Underhill	Helminiak (desarrollo espiritual)	Funk (contacto con lo numinoso)
arcaica			
arcaica-mágica			
mágica			libidinal, prepersonal
mágica-mítica			
mítica-literal (membresía mítica)	fe y creencias conceptuales	conformista	personal
racional-universal		conformista-concienzudo concienzudo	psicológico
integral-holística (global)	iluminación contemplativa:	compasivo cósmico	creativo (global)
misticismo de la naturaleza chamánico, yóguico, unidad del reino básico	1. **misticismo de la naturaleza** unión con la corriente de la vida expansiones laterales de *csness*		misticismo de la naturaleza
misticismo de la deidad luminosidad, santidad, unidad del reino sutil	2. **misticismo metafísico** recuerdo (arquetípico) luminosidad contemplación-amor divino		misticismo teísta, arquetípico
misticismo sin forma suspensión unidad causal	ignorancia divina (suspensión) 3. **misticismo de la deidad** - noche oscura - unión		espíritu, unión con lo absoluto
misticismo no-dual conciencia constante			

Psicología integral

	Estructuras correlativas básicas		Daniel Brown (estadios de meditación a través de las culturas)	Muhamad Ibn 'Arabi (estaciones de zikr)	San Palamás
sensomotriz	-subatómica **materia**-atómica -molecular -polímero **sensación** **percepción**			mundo mineral mundo vegetal	
fantasmático-emocional	**exocepto** **impulso/emoción** **imagen** **símbolo**			mundo animal	
rep-mente	**endocepto** **concepto**				
conop	**regla/rol**	temprano tardío		señales de superficie	
formop	transición **formal** transición	temprano tardío	• prácticas preliminares	orden universal	
posformal	**visión-** **lógica**	temprano medio tardío		ideas integrales	
	psíquico (visión)	temprano tardío	• concentración con apoyo • percepción básica	intelecto en formas santas	visión recuerdo
	sutil (arquetipo)	temprano tardío	trascendente • percepción sutil • luminosidad	visión-plenitud vistas ascendentes luz divina dicha	luz divina teosis
	causal (amorfo /sin forma) **no-dual**	temprano tardío temprano medio tardío	• intuición • suspensión • intuición avanzada • Iluminación: a, b, c	testigo-totalidad gnosis el que regresa	iluminación sin forma

Gráfica 6B. Estadios de la Espiritualidad

samadhi tradicional (estados contemplativos superiores)	Supremo Yoga Tantra		
	siete estadios de práctica	niveles de *csness*	señales de apariencia fenomenológica
		forma (1er skandha)	(el 1° se disuelve en el 2°)
		sensación (2°)	espejismo (el 2° se disuelve
		percepción-impulso (3°)	en el 3°) humo
		emoción-imagen (4°)	(el 3° se disuelve en el 4°) luciérnagas
		csness mental básico (5°)	(el 4° en el 5°) luz parpadeante de candelabro tibetano
	① trascendencia física (básica) — trascendencia verbal (sutil)	80 concepciones mentales básicas (*csness* básico general)	luz de haz continuo de candelabro tibetano
supramental meditativo conciencia:	en canal central ② trascendencia mental (causal)	disolución del *csness* básico: ***csness* sutil**	luz de luna de otoño
	los vientos disuelven: en el fondo (cuerpo ilusorio impuro) ③ trascendencia mental	apariencia blanca (luminosidad)	
savikalpa luminosidad, forma en deidad forma arquetípica		aumento rojo	luz del sol de otoño
nirvikalpa – suspensión		***csness* muy sutil** (causal)	
jnana – nirodh, nirvana estadios posnirvana:	inmediata en el fondo	logro-próximo negro (suspensión)	densa oscuridad de la noche de otoño
sahaja – Conciencia Unitaria	5. Clara Luz real	**Vacío-**	
sahaja – no-meditación	6. unión de aprendices	**Clara**	claro amanecer
posiluminación: **bhava**	7. buddhatva	**Luz**	de otoño

Psicología integral

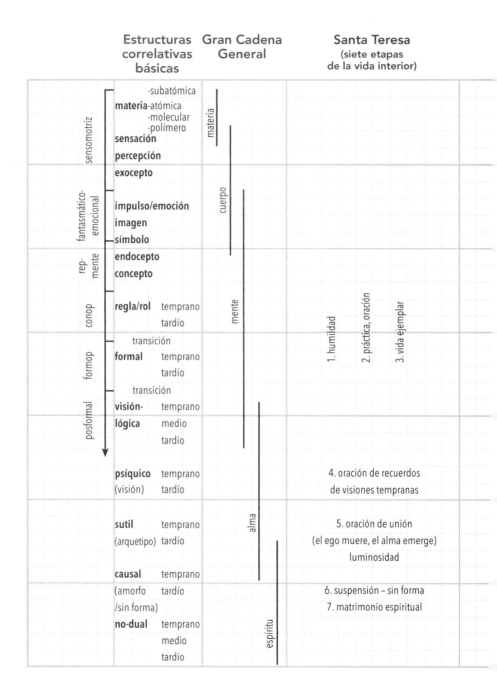

Gráfica 6C. Estadios de la Espiritualidad

Chirban (cristianismo ortodoxo oriental)	San Dionisio (pseudo)	Sutras de Yoga de Patañjali	San Gregorio de Nisa	Alexander (MT)
imagen -- orientación preliminar metanoia -- vuelta hacia lo espiritual	oración de simplicidad (vocal) oración de la mente (subvocal) (purificación) oración del recuerdo	purificación moderación pranayana recuerdo dhyana enfoque- único	oscuridad del pecado fe en Dios	
apatheia -- desapego purificación luz-divina -- luminosidad teosis -- unidad con Dios	(iluminación) oración del silencio (unificación) oración de la unidad "la nada gloriosa" (nube de la inconsciencia)	percepción sutil luminosidad brillo unidad con el buddhi suspensión (nirodh) nube de lluvia	luz "ceguera" oscuridad luminosa	trascendental *csness* permanencia del Testigo permanencia refinada unidad del *csness*

289

Psicología integral

		Estructuras correlativas básicas		Relaciones eróticas (Fortune)	Necesidades (Maslow)	Niveles de "alimento" (intercambio relacional) (Wilber)
sensomotriz		materia	-subatómica -atómica -molecular -polímero	física	fisiológicas	intercambio material -alimento
		sensación				
		percepción		instintiva		-trabajo
fantasmático-emocional		exocepto			principio de seguridad	
		impulso/emoción		emocional		intercambio emocional
		imagen				-sexo
		símbolo				-seguridad,
rep-mente		endocepto			seguridad	poder
		concepto				-pertenencia, cuidado
conop		regla/rol	temprano	mental		intercambio mental
			tardío	concreta	pertenencia	-discurso
formop		transición				membresía
		formal	temprano		autoestima	-intercambio
			tardío			autoreflexivo
posformal		transición		mental		
		visión-	temprano	abstracta	autorrealización	-intercambio
		lógica	medio			autónomo
			tardío			
		psíquico	temprano		auto-trascendencia	intercambio del alma
		(visión)	tardío	espíritu		-visión psíquica
				concreto	↓	-comunión con Dios
		sutil	temprano			
		(arquetipo)	tardío			-unión con Dios
		causal	temprano	Espíritu		intercambio espiritual
		(amorfo /sin forma)	tardío	puro		-identidad divina
		no-dual	temprano			-sahaja
			medio			
			tardío			

Gráfica 7. Otras líneas de desarrollo

Experiencia modal (Chinen)	Empatía (Benack)	Identidad de género (Wilber)	Afectaciones (Wilber)
		• morfología-genética asignada	• reactividad
			• sensaciones
		• indiferenciado	• fisioestados: tacto, temperatura, placer, dolor
		• identidad básica de género diferenciada	• protoemociones: tensión, miedo, rabia, satisfacción
1. adopción	renuente a asumir la perspectiva de otros		• 2ª emociones: ansiedad, enfado, deseo, gusto, seguridad
	incapaz de asumir la perspectiva de otros	• convencionalismo de género • consistencia	• 3ª emociones: amor, alegría, depresión, odio, pertenencia
2. reflexión	proclive a asumir la perspectiva de otros	de género (normas)	• 4ª emociones: afecto universal, justicia global, cuidado, compasión, amor humano, altruismo mundano
3. representación	capaz de asumir la perspectiva de otros		
4. pragmático		• género	
5. hermenéutica		andrógino (trans-diferenciado)	
6. sintonización			
			• admiración, arrebato, amor de todas las especies, compasión
7. iluminación ↓		• unión de género arquetípica (tantra)	• ananda, éxtasis de la felicidad del amor, compromiso santo
		• trascendencia del género	• liberación infinita, compasión bodhisattvaica
			• despertar a la no-dualidad (Conciencia Unitaria)

291

Psicología integral

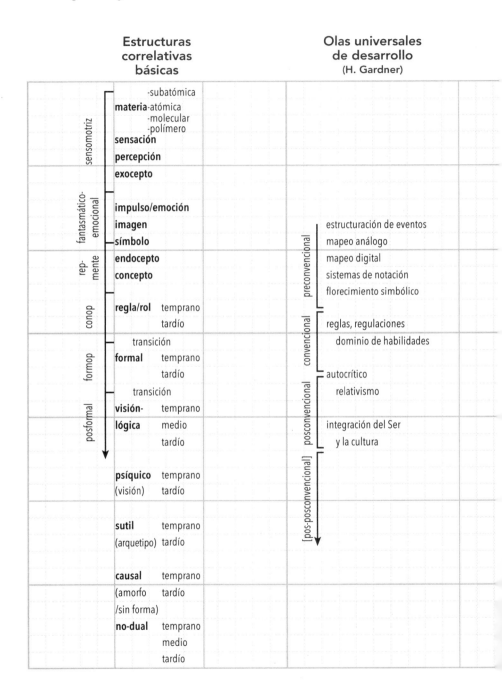

Gráfica 8. Varios

Arte (Wilber)	Melvin Miller (cosmovisiones de nivel intermedio)		
	teleológica	ateleológica	antiteleológica
sensomotriz (impacto estético inicial)			
emocional-expresivista (sentimiento-expresión) **imaginería mágica** (ejemplos: arte rupestre, imaginería onírica, surrealismo)			
mitológica-literal (ejemplos: arte religioso concreto, iconos)	teísmo-mítico	estoicismo	mecanismo
perspectivo naturalismo, representativo-empírico, impresionismo conceptual, formal	humanismo	escepticismo	nihilismo
aperspectivo cubista, abstracto **simbolismo** realista fantástico psíquico perceptivo	teísmo integrado	existencialismo	panteísmo
arquetípico (ejemplos: thangka, expresivismo bhakti)			
no-dual (ejemplos: paisaje zen)			

Psicología integral

	Estructuras correlativas básicas		Épocas principales (Wilber)		Habermas (épocas)
			Cultural	Social	
sensomotriz	-subatómica materia-atómica -molecular -polímero sensación percepción				
fantasmático-emocional	exocepto impulso/emoción imagen símbolo	arcaica		forrajeo tribus caza	arcaica familiación del hombre mágica-animista
rep-mente	endocepto concepto	mágica-tifónica		organizada horticultural villa	afinidad tribal leyes preconvencionales mitológica
conop	regla/rol temprano tardío		membresía mítica	agrario Estado primitivo	leyes convencionales Estado primitivo
formop	transición formal temprano tardío transición visión- temprano		racional-egoica	agrario avanzado imperio industrial nación/Estado informativo	mítica-racional imperio racional-reflectiva nación-Estado leyes posconvencionales
posformal	lógica medio tardío	los más avanzados:	integral-centáurica	planetario global	ciudadanos del mundo global
	psíquico temprano (visión) tardío	chamán			
	sutil temprano (arquetipo) tardío	santo			
	causal temprano (amorfo tardío /sin forma) no-dual temprano medio tardío	sabio siddha			

Gráfica 9A. Evolución sociocultural

Jean Houston (G. Heard)	Habermas (recurso escaso)	Era	Lenski (base tecnoeconómica)
		Paleolítica	caza y recolección simples
conciencia constreñida preindividual	poder sobre la naturaleza (seguridad corpórea)	Mesolítica	caza y recolección avanzadas
		Neolítica	horticultural simple
proto-individual	seguridad legal (ley y orden)	Edad del Cobre Era del Bronce	horticultural avanzada agrario simple
medio-individual		Edad del Hierro	agrario avanzado
individual	valor	Ilustración	industrial
	significado	Globalización	informativo
pos-individual			

Psicología integral

		Estructuras correlativas básicas	Sociocultural (Wilber)	Jean Gebser	A. Taylor (niveles de organización social)
sensomotriz		-subatómica materia -atómica -molecular -polímero sensación percepción			
fantasmático-emocional		exocepto impulso/emoción imagen símbolo	arcaico tribus forrajeras mágico	arcaico mágico	S₁ – familia, clan, banda
rep-mente	conop	endocepto concepto regla/rol temprano tardío	villa horticultural mítico agrario temprano	mítico	S₂ – tribu, territorial S₃ – imperios teocráticos
posformal	formop	transición formal temprano tardío transición visión- temprano lógica medio tardío	imperio agrario avanzado racional industrial nación informativo centáurico global	mental integral-aperspectivo	S₄ – Estado nacional S₅ – supra-nacional
		psíquico temprano (visión) tardío			
		sutil temprano (arquetipo) tardío			
		causal temprano (amorfo tardío /sin forma) no-dual temprano medio tardío			

Gráfica 9B. Evolución sociocultural

Jay Earley	Robert Bellah (evolución de los sistemas religiosos)	Duane Elgin (conciencia)
	primitivo	1. humano arcaico (conciencia constreñida)
1. cacería tribal, mágico	arcaico	2. recolector-cazador (conciencia superficial)
2. horticultura, villas, mitología	histórico	3. agrario (profundo)
3. imperios, dioses y héroes	moderno temprano	
4. medieval		
5. modernidad, democracia, individualismo	moderno	4. urbano-industrial (dinámico) FUTURO:
6. conciencia global ↓		5. global-conciliatorio (reflexivo)
		6. global-conectado (oceánico)
		7. creatividad global (fluido)
		8. sabiduría global (integral)

297

Psicología integral

	Estructuras correlativas básicas			Identidad del individuo	Nivel de comunicación
sensomotriz	materia	-subatómica -atómica -molecular -polímero			
	sensación				
	percepción				
fantasmático-emocional	exocepto				
	impulso/emoción				
	imagen				
	símbolo		(ego del cuerpo)	identidad	acciones y
rep-mente	endocepto			natural	consecuencias
	concepto				de acciones
conop	regla/rol	temprano			
		tardío	(persona)	identidad	roles
formop	transición			de rol	sistemas
	formal	temprano			de normas
		tardío			
posformal	transición		(ego)	identidad	principios
	visión-	temprano		del ego	
	lógica	medio	(centauro)		
		tardío			
	psíquico (visión)	temprano			
		tardío			
	sutil (arquetipo)	temprano			
		tardío			
	causal	temprano			
	(amorfo /sin forma)	tardío			
	no-dual	temprano			
		medio			
		tardío			

Gráfica 10. Jürgen Habermas

Idea de la buena vida	Dominio de la validez	Ética
1. hedonismo debajo de obediencia	naturaleza y ambiente social	hedonismo ingenuo
2. hedonismo debajo de intercambio		
3. moral concreta/grupos primarios	grupo de personas de referencia primaria	
4. moral concreta/grupos secundarios	miembros de la comunidad política	orden específico
5. libertades civiles, libertad legal	todos los asociados legales	racional ley natural
6. libertad moral	todos los humanos como individuos privados	ética formalista
7. libertad política	todos los humanos como ciudadanos del mundo	ética universal de expresión

Psicología integral

		Estructuras correlativas básicas		Modo lógico (niveles de conciencia)	Objetos psíquicos	Dualismo
sensomotriz		materia	-subatómica -atómica -molecular -polímero			
		sensación		prelógico	sentido	adualístico
		percepción				animista
fantasmático-emocional		exocepto			memoria	presente vs. persistente
		impulso/emoción				
		imagen				
		símbolo			imaginación	interior vs. exterior
rep-mente		endocepto				
		concepto		cuasi-lógico	juego	
conop		regla/rol	temprano tardío		sustancial	mente vs. cuerpo
formop		transición formal	temprano tardío	lógico	contenido pensamiento-juzgado	Ser vs. no-Ser verdad vs. falsedad
posformal		transición visión-lógica	temprano medio tardío	extra-lógico	moral	bien vs. mal
		psíquico (visión)	temprano tardío	hiper-lógico	estética	pancalista (no-dual)
		sutil (arquetipo)	temprano tardío			
		causal (amorfo /sin forma)	temprano tardío			
		no-dual	temprano medio tardío			

Gráfica 11. James Mark Baldwin

Etapas estéticas	Etapas religiosas	Niveles éticos
ninguna		
	física espontánea (mágica)	adual -proyectiva -externa necesidad
juego espontáneo		
reflexivo ↓	intelectual ética-1 ética-2	dualista -relativista -instrumental
	urgencia estética- religiosa	ética -ideal -sinómica

Notas

Las referencias cruzadas a las notas de esta sección se señalan, por ejemplo, como "nota 1.5", que significa nota 5 para el capítulo 1. Las referencias a los volúmenes de *The Collected Works of Ken Wilber*, se señalan como CW1, CW2..., y así sucesivamente.

Nota para el lector
1. Citado en el prefacio del traductor, *Life after Death*, de G. Fechner, con traducción de H. Wernekke, escrito en Chicago hacia 1835 y publicado por Open Court Publishing en 1945. La portada del libro dice *Life after Death*; el título en la portadilla reza *On Life after Death*, así que estoy usando la primera opción, ya que fue la que vi por primera vez.
2. A. Zweig, "Gustav Theodor Fechner", en P. Edwards (ed.), *The Encyclopedia of Philosophy*, vol. 3.
3. Fechner, *Life after Death*, pp. 16-17.
4. Fechner, *Life after Death*, p. 18.
5. A. Zweig, "Gustav Theodor Fechner", vol. 3.
6. Este libro de texto ha sido llamado *System, Self, and Structure; Patterns and Process in Consciousness;* y *The 1-2-3 of Consciousness Studies*. El presente volumen, *Psicología integral*, es una versión supercondensada y editada de una obra en dos volúmenes aún sin publicar.

PRIMERA PARTE
1. Para una discusión sobre la importancia de orientar las generalizaciones y la forma en que quien escribe las usa, referirse a la Introducción de *Sexo, ecología, espiritualidad*, 2ª edición (CW6); y al prólogo de Jack Crittenden para *El ojo del Espíritu* (CW7).

1. Niveles básicos u olas
1. Como veremos, mantengo fuertes críticas hacia los tradicionalistas, pero su trabajo es un punto de partida indispensable; véanse las obras de F. Schuon, M. Pallis, A. Coomaraswamy, H. Corbin, S. Nasr. Véanse también *El ojo del Espíritu* (CW7); *Las religiones del mundo*, de Huston Smith; *The Spirit of Shamanism*, de Roger Walsh.
2. Dependiendo de cómo y qué cuente como un "nivel", he enumerado desde dieciséis estructuras básicas (en negritas) hasta treinta (contando los subniveles);

Psicología integral

como grupos funcionales. Generalmente doy nueve o diez (es decir, sensomotriz, emocional-sexual, repmente, conop, formop, visión-lógica, psíquica, sutil, causal, no-dual). Lo que todo esto significa —y por qué todos estos diferentes conteos son legítimos— se volverá más obvio a medida que se desarrollen las descripciones. Debo decir que lo que contamos como una etapa depende en primer lugar de la evidencia empírica y fenomenológica, y a medida que esa evidencia se enriquece, nuestras concepciones de la etapa se vuelven más claras (véase la introducción a *Transformations of Consciousness* ["Transformaciones de la conciencia"] para una discusión del significado y la evidencia de las "etapas"). Las dieciséis o más estructuras/etapas básicas presentadas en las gráficas se basan en los informes textuales de unos tres mil años de experiencia meditativa, junto con la investigación psicológica reciente; pero siempre están abiertas a revisión y aclaración.

3. Véase *Sexo, ecología, espiritualidad*, 2ª edición (CW6), para una discusión a profundidad sobre los holones.

   Como Huston Smith señala en *La verdad olvidada* (véase gráfica 2a): en las grandes tradiciones los niveles de conciencia (o niveles de la individualidad) a veces se distinguen de los niveles de realidad (o planos de realidad). Yo también aplico esa diferenciación (véanse las notas 1.5, 1.9, 1.10, 8.1, 8.2, 8.39, 12.12). Sin embargo, para muchos propósitos pueden ser tenidos en cuenta de manera conjunta, como aspectos de ser y conocer de cada uno de los niveles en el Gran Nido. En otras palabras, las *estructuras básicas del conocimiento* (los niveles de conciencia/individualidad) y las *estructuras básicas del ser* (los planos/reinos de la realidad) están íntimamente conectadas, y a menos que se especifique lo contrario, ambas están indicadas por el término *estructuras básicas* o *niveles básicos del Gran Nido*. (Huston Smith indica esto al usar la misma figura de círculos concéntricos para cubrir tanto los niveles de realidad como los niveles de la individualidad.) Pero la razón por la que es necesario distinguirlos es que un nivel dado de individualidad puede encontrar un nivel diferente de realidad, como veremos en discusiones posteriores, y por lo tanto necesitan ser preservados como dos variables independientes. Sin embargo, en el discurso moderno hay ventajas para enfatizar el componente epistemológico sobre el ontológico, como señalaré en el siguiente análisis. Véanse las notas 1.5, 1.9, 1.10, 8.1, 8.2, 8.39, 12.12.

4. Véase *Sexo, ecología, espiritualidad*, 2ª ed. (CW6), y la Introducción a CW2 para un análisis de este tema.

5. Esto es similar a la noción budista Mahayana del alaya-vijnana, la "conciencia colectiva de almacén", que está presente en cada persona, y que se dice que es el repositorio de los rastros de memoria (vasanas) de todas las experiencias pasadas, tanto de uno mismo como de los demás (es decir, no es sólo colectivo, sino transpersonal, abarcando a todos los seres sintientes; en mi sistema, es lo alto-sutil a lo bajo-causal). Se dice que en las etapas superiores de la meditación uno puede entrar en contacto con esta conciencia transpersonal, que ayuda a liberarse de una

Notas

identidad estrecha y restringida con el ser individual. Por lo tanto, según el budismo Mahayana, el alaya-vijnana es: (1) un reino transpersonal real, una *realidad*, que existe en todas las personas; (2) sin embargo, raramente se contacta de una manera consciente, por lo que para la mayoría de las personas, ese contacto consciente es meramente *potencial*; (3) como un almacén colectivo, evoluciona y cambia a medida que más vasanas se acumulan en conjunto; (4) por lo tanto, sus perfiles reales están coevolucionando constantemente gracias a la experiencia de las personas; definitivamente no es un molde predeterminado e inmutable o un arquetipo eterno; (5) *a pesar* de que está en constante evolución, cualquier individuo, en un momento dado, al experimentar directamente ese ámbito, puede ser liberado de las restricciones de la individualidad; (6) por lo tanto, el hecho de que este ámbito sutil esté evolucionando y cambiando no significa que no pueda conceder la liberación transpersonal en un momento determinado.

Por supuesto, se dice que la liberación final está más allá incluso de las formas sutiles o vasanas, en lo sin forma o causal (y luego no-dual). El causal es el único "nivel" básico que no cambia ni evoluciona, porque es puramente sin forma. Pero incluso lo no-dual evoluciona en parte porque es una unión de vacío causal (que no evoluciona) y la totalidad del mundo manifiesto (que lo hace).

En mi opinión, esta concepción (que es una reconstrucción de la visión budista) es más adecuada que la de los moldes arquetípicos eternamente inmutables (véase la Introducción a CW2 para una discusión más completa de este tema; algunos aspectos del Kosmos todavía deben asumirse como arquetípicos, pero en menor medida de lo que la filosofía perenne generalmente imaginó). A mi parecer, todos los holones de la existencia (incluyendo las estructuras básicas) son, en parte, este tipo de recuerdos o hábitos evolutivos. Y para la presente discusión debe recordarse que los niveles superiores todavía están evolucionando por sí mismos, y por lo tanto son grandes potenciales, no absolutos predeterminados, pero esto todavía no les impide ser capaces de liberarnos de las restricciones de los ámbitos inferiores.

6. Véase Eliot Deutsch, *Advaita Vedanta*. Por cierto, yo uso "el ámbito sutil" en dos sentidos: amplio y reducido. En el sentido amplio, sigo a Vajrayana y Vedanta: la materia es el reino básico, lo no manifiesto es el reino causal, y *todo lo intermedio es el reino sutil* (es decir, prana-maya-kosha, mano-mayakosha y vijnana-maya-kosha, o vital, mental y transmental inicial). En el sentido reducido, utilizo "sutil" para los *alcances más altos* del ámbito sutil general. El contexto determinará lo que se quiere decir.

7. En el sentido general, las estructuras son utilizadas por todas las escuelas de psicología y sociología, y no simplemente en la forma reducida que les dan las diversas escuelas del estructuralismo. El *Diccionario de Sociología de Oxford* define la estructura como "un término aplicado libremente a cualquier patrón recurrente". El *Diccionario de Psicología de Penguin* la llama: "Una configuración organizada, con patrones relativamente estables". Yo defino específicamente una

estructura como un patrón holístico, y es más o menos sinónimo de "holón". Para mi relación tangencial con la escuela real del estructuralismo, véase la Introducción a CW2.

Hay seis tipos de estructuras que he delineado: niveles/líneas, perdurables/transicionales y profundas/superficiales. El primer conjunto que he explicado en el texto (son estructuras que se encuentran en los niveles básicos y en las líneas de desarrollo). Las estructuras duraderas son aquellas que, una vez que emergen, permanecen en existencia, funcionando plenamente, pero absorbidas en estructuras superiores (las estructuras cognitivas son en su mayoría de este tipo). Las estructuras de transición, por otro lado, tienden a ser reemplazadas por sus etapas posteriores (por ejemplo, etapas del ego y etapas morales). Las estructuras básicas son en su mayoría estructuras duraderas; y las líneas de desarrollo consisten principalmente en estructuras de transición. Todos esos cuatro tipos de estructuras tienen estructuras profundas (universales) y estructuras superficiales (locales) (aunque ahora normalmente llamo a éstas "características profundas" y "características superficiales", para evitar la confusión con las formulaciones de Chomsky; además, la profundidad y la superficie son una escala móvil: las características profundas pueden ser aquellas características compartidas por un grupo, una familia, una tribu, un clan, una comunidad, una nación, todos los humanos, todas las especies, todos los seres. Por lo tanto, "profundo" no significa necesariamente "universal"; significa "compartido con otros", y la investigación luego determina cuán amplio es ese grupo, desde unas pocas personas hasta genuinos universales. La preponderancia de la investigación apoya la afirmación de que todas las estructuras básicas y la mayoría de las líneas de desarrollo que he presentado en las gráficas, tienen algunas características profundas universales). Los analistas de mi trabajo a menudo han confundido estructuras profundas con estructuras básicas y estructuras de transición con estructuras de superficie, sin duda debido en parte a la falta de claridad en mi exposición. Pero las seis clases de estructuras (niveles/líneas, perdurables/transicionales, profundas/superficiales) son categorías distintas (pero superpuestas).

8. Véanse en particular la labor ejemplar de Charles Tart sobre los estados, en *States of Conciousness*; B. Wolman, *Handbook of States of Consciousness*.
9. Para la naturaleza del estado no-dual, véase la nota 9.18. Si usamos alrededor de veinte estructuras básicas, y cuatro estados principales, tendríamos hasta ochenta tipos diferentes de experiencias espirituales, y eso todavía es muy básico, ya que hay muchos tipos diferentes (o subtipos) de estados. Por supuesto, las estructuras básicas disponibles para una persona dependen de su propio nivel de desarrollo (alguien en el nivel mágico puede experimentar una cumbre psíquica, sutil, causal o no-dual, pero las interpretará sólo en términos arcaicos o mágicos, no en términos míticos, racionales o centáuricos). En cuanto a los estados, una persona puede experimentar cualquier estado superior que no se haya convertido aún en una estructura permanente; por ejemplo, cuando los individuos se desarrollan al

nivel psíquico, ya no tienen experiencias cumbre psíquicas porque lo psíquico está permanentemente disponible para ellos (pero pueden experimentar una cumbre sutil, causal y no dual). Para una discusión más detallada de las estructuras y los estados, véanse mi texto "Paths Beyond Ego in the Coming Decade" (que puede encontrarse tanto en CW4 como en Walsh y Vaughan [comps.], *Más allá del ego*); numerosas notas finales en *Sexo, ecología, espiritualidad*, 2ª edición, como el capítulo 14, nota 17; *Un dios sociable*; *El ojo del Espíritu*, capítulo 6, nota 9; y las notas 1.3, 1.5, 1.10, 8.1, 8.2, 8.39, 12.12 de la presente obra.

10. Una persona en casi cualquier etapa de desarrollo puede tener experiencias cumbre (o de forma natural durante el ciclo del sueño) y experimentar los estados psíquicos, sutiles, causales o no-duales; pero esos estados/ámbitos deben ser llevados e interpretados por la etapa de desarrollo del individuo que tiene la experiencia. Incluso si la experiencia cumbre en sí misma es "sólo un vistazo" de uno de estos reinos transpersonales, se recoge y envuelve en las estructuras subjetivas e intersubjetivas del individuo, casi de manera simultánea o poco después (es decir, se lleva en la preop, conop, formop, o la estructura de visión-lógica). Como tal, los perfiles completos del ámbito transpersonal están filtrados, diluidos y a veces distorsionados por las limitaciones de la estructura inferior (por ejemplo, preop: su narcisismo y egocentrismo, su incapacidad para asumir el papel de los demás; conop: su mente concreta-literal, fundamentalista y etnocéntrica; formop: su tendencia a distanciarse racionalmente de la naturaleza y el mundo).

Es sólo a medida que una persona se desarrolla *permanentemente* al nivel psíquico (es decir, tiene una estructura básica psíquica permanente) es que el dominio psíquico ya no está necesariamente distorsionado durante su experiencia (e igualmente con los reinos sutiles, causales y no-duales: sólo a medida que se convierten en estructuras básicas, o patrones iluminados de conciencia, pueden ser experimentados auténticamente). Una persona permanentemente despierta al dominio psíquico ya no tiene experiencias cumbre de lo psíquico, así como no decimos que los adultos promedio: "Están teniendo una experiencia verbal cumbre", porque ya están permanentemente adaptados al ámbito verbal. Del mismo modo, todos los ámbitos superiores pueden convertirse en comprensiones igualmente permanentes. Por supuesto que una persona en el nivel psíquico todavía podría tener experiencias cumbres de ámbitos aún más altos —sutiles, causales y no-duales—, pero ésos también serán limitados y distorsionados hasta cierto grado (hasta que ocurra un crecimiento permanente a esos niveles superiores). Una persona en el nivel sutil (es decir, donde el reino sutil se ha convertido no en una experiencia cumbre pasajera, sino en una estructura básica permanente, o un patrón iluminado de plena conciencia) puede tener experiencias cumbre de lo causal y no-dual. Y así, hasta la "permanencia del sujeto", que es una comprensión continua y permanente de lo que es testigo de los dominios básicos, sutiles y causales, en cuyo momento todos los reinos superiores —anteriormente disponibles para la conciencia sólo como experiencias cumbre temporales y estados no ordinarios— se han convertido en rasgos y estructuras permanentemente disponibles. Un ser iluminado todavía tiene acceso a niveles sutiles y causales (ya que él o ella todavía duerme y sueña), por lo que sutiles y causales también son correctamente referidos, en ese punto, como estructuras básicas perdurables, que son constantemente evidenciadas incluso a medida que continúan surgiendo. Véanse las notas 1.3, 1.5, 1.9, 8.1, 8.2, 8.39, 12.12.

11. Para discusiones posteriores de la idea de que el desarrollo ontogenético hasta el formop está generalmente garantizado (debido a la evolución filogenética hasta ese punto) —pero más allá de eso usted está por su cuenta—, véanse *Después del Edén*, *Un dios sociable* y *Transformations of Consciousness*. Para una discusión de los holones como hábitos Kósmicos, véase *Sexo, ecología, espiritualidad*, 2ª ed. (CW6).

12. Las edades de aparición son generalmente válidas *sólo para las estructuras básicas (y las estructuras cognitivas)*. Las edades de aparición de las etapas relacionadas con el ser (por ejemplo, identidad, moral, necesidades, etcétera) *varían considerablemente entre los individuos*. Un adolescente con formop completamente desarrollado puede estar en la etapa moral 2, o 3, o 4, etcétera. Las etapas todavía ocurren en la misma secuencia, pero sus fechas varían. Para la mayoría de los otros desarrollos, las estructuras básicas/cognitivas son necesarias, pero no suficientes; y esos otros desarrollos varían considerablemente en cuanto a su aparición, debido a factores en los cuatro cuadrantes (los cuatro cuadrantes se presentan en la Segunda parte).

13. Las estructuras básicas de cada agrupación funcional también se muestran en las gráficas (por ejemplo, la agrupación funcional "sensomotriz" incluye las estructuras básicas de la materia, la sensación, la percepción, la excepción; "fantasmático-emocional" incluye impulso, protoemoción, imagen, símbolo; "rep-mente" incluye símbolo, endocepto, concepto, regla temprana; y así sucesivamente).

También he subdividido muchas de las estructuras básicas en tempranas, medias y tardías. La mayoría de los investigadores usan "temprana" y "tardía"; algunos prefieren los términos "baja" y "alta". Yo prefiero "baja" y "alta" (como se usa en *El proyecto Atman*), porque la evidencia sugiere que en la mayoría de los casos las subetapas son realmente estructuras duraderas que se toman e incorporan en estructuras posteriores (son holones duraderos, no meramente fases de paso o transición), y por lo tanto "baja" y "alta" son términos más apropiados. Sin embargo, casi todo el mundo usa "temprana" y "tardía", y, aunque usaré ambos, generalmente seguiré su ejemplo, siempre y cuando se tenga en cuenta lo aquí mencionado.

14. Utilizo "posformal" en ambos sentidos (como la primera etapa principal más allá de formop, es decir, visión-lógica, y como todos los niveles más allá de formop), como el contexto dirá; en esta sección, significa visión-lógica.

15. Pp. 129-135.

16. Véanse Commons *et al.*, *Adult Development*, vols. 1 y 2; Commons *et al.*, *Beyond Formal Operations*; Miller y Cook-Greuter, *Transcendence and Mature Thought*

in Adulthood; Alexander y Langer, *Higher Stages of Human Development*; Sinnott y Cavanaugh, *Bridging Paradigms*; Sinnott, *Interdisciplinary Handbook of Adult Lifespan Learning*.
17. Véanse la Introducción a CW4 y Wilber, *Boomeritis*.

2. Las líneas o corrientes de desarrollo

1. La investigación de Howard Gardner sobre inteligencias múltiples es un ejemplo de corrientes de desarrollo relativamente independientes, y estoy en deuda con muchas de sus notables concepciones. Gardner también es uno de los primeros en usar los términos "olas" y "corrientes", cosa que agradezco. Todos los libros de Gardner son muy recomendables. La gráfica 8 contiene un resumen de la investigación de Gardner sobre algunas de las olas universales de desarrollo (a través de las cuales se desarrollan las diversas corrientes). Para una discusión más extensa de sus importantes contribuciones, véase *El ojo del Espíritu*.

Tal vez la teoría dominante en la ciencia cognitiva en este momento es la de los módulos, la idea de que el cerebro/mente se compone de numerosos módulos evolutivos independientes, desde lingüísticos hasta cognitivos y morales. Estos módulos son, en muchos sentidos, bastante similares a lo que quiero decir con líneas o corrientes de desarrollo relativamente independientes, con dos fuertes excepciones. Todos los módulos se describen en lenguaje en tercera persona, pasando por alto (o incluso negando agresivamente) las realidades fenoménicas en primera persona (como se explicará en el texto, los módulos son cuadrante superior derecho). Además, los teóricos de los módulos niegan vehementemente que haya algún tipo de ser trascendental o unidad de conciencia. Y sin embargo, de acuerdo con su propia teoría y datos, los individuos son capaces de ser conscientes de estos módulos, y de hecho en ocasiones pueden anularlos. Si uno es capaz de anular un módulo, entonces uno no es de hecho sólo un módulo.

2. Véanse Shaffer, *Social and Personality Development*; Commons *et al.*, *Adult Development*, vols. 1 y 2; Commons *et al.*, *Beyond Formal Operations*; Sinnott y Cavanaugh, *Bridging Paradigms*; Sinnott, *Interdisciplinary Handbook of Adult Lifespan Learning*; Loevinger, *Ego Development*; Kegan, *The Evolving Self* y *Desbordados*; Beck, *Spiral Dynamics*; Wade, *Changes of Mind*; Miller y Cook-Greuter, *Transcendence and Mature Thought in Adulthood*; Alexander y Langer, *Higher Stages of Human Development*; Broughton, *Critical Theories of Psychological Development*; y Sroufe *et al.*, *Child Development*.

Para varios aspectos relacionados con el desarrollo, véanse también Cicchetti y Beeghly, *The Self in Transition*; Mendelsohn, *The Synthesis of Self* (4 vols.); Parsons y Blocker, *Aesthetics and Education*; Clarkin y Lenzenweger, *Major Theories of Personality Disorder*; Dawson y Fischer, *Human Behavior and the Developing Brain*; Mitchell, *Relational Concepts in Psychoanalysis*; Cashdan, *Object Relations Therapy*; Kramer y Akhtar, *Mahler y Kohut*; Dana, *Multicultural Assessment Perspectives for Professional Psychology*; Segal *et al.*, *Uniting Psychology and Biology*;

Psicología integral

Siegler, *Children's Thinking*; Ausubel, *Ego Development and Psychopathology*; Ribaupierre, *Transition Mechanisms in Child Development*; Csikszentmihalyi, *The Evolving Self*; Murphy et al., *The Physical and Psychological Effects of Meditation*; Hedaya, *Understanding Biological Psychiatry*; Ellenberger, *The Discovery of the Unconscious*; Reed, *From Soul to Mind*; Messer y Warren, *Models of Brief Psychodynamic Therapy*; Kagan y Lamb, *The Emergence of Morality in Young Children*; Nucci, *Moral Development and Character Education*; Wren, *The Moral Domain*; Haan et al., *On Moral Grounds*; Flavell et al., *Cognitive Development*. Véanse también las notas 8.11 y 8.20.

Kohlberg y Armon (en Commons et al., *Beyond Formal Operations*) han identificado tres tipos diferentes de modelos de etapas: *epigenética* (por ejemplo, Erikson); *etapas blandas* (por ejemplo, Loevinger, Kegan, Perry, Gilligan, Fowler); y *etapas duras* (por ejemplo, Piaget, Kohlberg). La mayoría de los modelos de etapa existentes son modelos de etapas blandas. Podríamos agregar modelos de microetapas, que presentan etapas de desarrollo que pueden repetirse con la adquisición de cualquier nueva habilidad o rasgo. A menos que se especifique lo contrario, cuando hablo del término "etapas" éste siempre incluye los cuatro. Todos los niveles y líneas de desarrollo que presenté tienen evidencia de que pertenecen a una u otra de esas concepciones de etapa. Al mismo tiempo, el espacio de desarrollo general mostrado en las gráficas indica que las etapas duras son en parte responsables, y esas etapas duras son esencialmente las olas básicas en el Gran Nido.

3. Véase la nota 2.2 para algunas de estas largas investigaciones; véase *El ojo del Espíritu* para un resumen.

3. El Ser

1. Describo Ser en primera persona como la conciencia de uno mismo, y en tercera persona como el sistema del Ser, los cuales están atados también a la segunda persona en casos dialécticos, intersubjetivos. Véase *El ojo del Espíritu*.

   Para una excelente antología de enfoques del Ser, organizada en torno a las contribuciones de Kohut (pero no limitada a ellas), véase Detrick y Detrick, *Self Psychology: Comparations and Contrasts*. Véanse también las obras de Edinger, Neumann, Blanck y Blanck, Kernberg, Winnicott, Masterson, Jung, Assagioli, Almaas, Baldwin, Mead, Erikson, Graves, Loevinger, Broughton, Lacan, Cook-Greuter y Kegan, la mayoría de las cuales se discuten en el presente y el siguiente capítulos, y muchas de las cuales están representadas en las gráficas.

2. Véanse Shaffer, *Social and Personality Development*; Kegan, *The Evolving Self* and *Desbordados*; Beck, *Spiral Dynamics*; Loevinger, *Ego Development*; Wade, *Changes of Mind*; Miller y Cook-Greuter, *Transcendence and Mature Thought in Adulthood*; Alexander y Langer, *Higher Stages of Human Development*; Commons et al., *Beyond Formal Operations* y *Adult Development* vols. 1 y 2; Broughton, *Critical Theories of Psychological Development*; Sinnott y Cavanaugh, *Bridging Paradigms*;

Sinnott, *Interdisciplinary Handbook of Adult Lifespan Learning*; y Sroufe *et al.*, *Child Development*.
3. En el continuum Yo-Yo a Yo a Me a Mío, el "ego" de Loevinger —que define generalmente como el concepto del Ser consciente o idea del Ser— está justo entre el Yo próximo y el Yo distal, y podría llamarse el "Yo/Yo": es el ser individual en la medida en que puede convertirse inmediatamente en un objeto de conocimiento y así ser transmitido a los demás. Generalmente incluyo este "Yo/Yo" en el Ser próximo, pero el punto es que esta escala se está deslizando continuamente, a medida que cada Yo se convierte en un Yo hasta el infinito (véase *El ojo del Espíritu*). Para una expansión y aclaración de las ideas de Loevinger, véase el importante trabajo de Susanne Cook-Greuter en, por ejemplo, *Transcendence and Mature Thought in Adulthood*; véase también Commons *et al.*, *Adult Development*, vol. 2.
4. Véase *El proyecto Atman* (CW2).
5. Véase *Transformations of Consciousness*.
6. Véanse William James, *Principles of Psychology and The Will to Believe*; Rollo May, *Love and Will*; Assagioli, *The Act of Will*.
7. Véase, por ejemplo, la maravillosa obra *La sabiduría del ego* (1993), de George Vaillant. Véase también la nota 8.20.
8. Para el mecanismo de conversión de estados a rasgos, véase la nota 10.4.
9. Para ser más exactos, el Ser tiene numerosas funciones cruciales: el Ser (próximo) es el *locus* de la identidad (una anexión de varios elementos para crear un sentido de sí mismo); la sede de la voluntad (el Ser está intrínsecamente involucrado en el bien); un *locus* de la intersubjetividad (el Ser es intrínsecamente un Ser social, dialéctico, involucrado en la justicia y el cuidado); el foco de la aprehensión estética (el Ser está intrínsecamente involucrado en lo bello); la sede del metabolismo (el Ser metaboliza la experiencia para construir estructura); un *locus* de la cognición (el Ser tiene una capacidad intrínseca para orientarse al mundo objetivo); la sede de la integración (el Ser es responsable de integrar las funciones, modos, estados, olas y corrientes de conciencia). Éstas son en gran parte invariables funcionales, y por lo tanto pocas de ellas se enumeran en las gráficas que se centran en elementos diacrónicos; pero el Ser y sus funciones parecen ser absolutamente cruciales en cualquier psicología integral.
10. Los budistas a veces objetan que estoy pasando por alto la noción budista de anatta o "no-Ser", pero en realidad estoy usando la doctrina budista Mahayana de la realidad relativa tanto del Ser como de los dharmas; y aquí estoy discutiendo las funciones relativamente reales del sistema del Ser. Junto con Nagarjuna, rechazo, como incompleta e incoherente, la visión Theravāda del Ser. Véase *Sexo, ecología, espiritualidad*, 2ª edición (CW6), capítulo 14, nota 1, para un extenso análisis sobre este tema. Véase también la discusión en el texto, "El Ser y sus patologías", en el capítulo 8 de la presente obra (página 129). Véase *Transformations of Consciousness* para una discusión adicional de la realidad relativa del Ser y las patologías que resultan cuando este Ser no está bien formado.

4. Las corrientes relacionadas con el Ser

1. Por "identificación exclusiva", quiero decir que el centro de gravedad del Ser próximo está predominantemente en un grupo funcional general (que produce un fulcro correspondiente al desarrollo del Ser, como se explica en el capítulo 8). Dado que cada ola básica, salvo en patología, trasciende e incluye a sus predecesoras, decir que el Ser se identifica exclusivamente, por ejemplo, con formop, significa que el Ser general incluye todas las olas básicas hasta formop, incluyendo a ésta. Lo cual generalmente significa que el Ser próximo está organizado en torno al formop, y el Ser distal incluye todo hasta el formop (desde sensomotriz, hasta conop). Cuando el centro de gravedad del Ser cambia a la visión-lógica, el formop se convierte en parte del Ser distal, y el Ser próximo se organiza alrededor de la visión-lógica; y así sucesivamente a través del campo morfogenético del Gran Nido.
2. Tres de las líneas más importantes del desarrollo relacionadas con el Ser son las de la identidad del Ser (Loevinger), la moral (Kohlberg) y las necesidades (Maslow). Anteriormente (como en *Transformations of Consciousness*) me he referido a todas ellas de forma abreviada como "etapas del Ser", pero ahora me reservo ese término (o "etapas del Ser") exclusivamente para la autoidentidad o línea de desarrollo del Ser próximo (por ejemplo, Loevinger, Erikson, Kegan), y uso "etapas relacionadas con el Ser", "corrientes relacionadas con el Ser", o simplemente "corrientes del Ser" para todas las líneas de desarrollo relacionadas con el Ser (Ser próximo, moral, necesidades, etcétera).
3. Varias concepciones de etapas, como la de Levinson, se ocupan de las "estaciones" de la traducción horizontal, no de las etapas de transformación vertical. Las etapas superiores de Erikson son una combinación opaca de ambas; simplemente las he puesto en su ubicación aproximada dentro de las gráficas.
4. C. Graves, "Summary Statement: The Emergent, Cyclical, Double-Helix Model of the Adult Human Biopsychosocial Systems", Boston, 20 de mayo de 1981.
5. Don Beck, comunicación personal; estos datos se encuentran en un archivo informático del National Values Center en Denton, Texas, y están disponibles para investigadores acreditados.
6. Véase Beck y Linscott, *The Crucible: Forging South Africa's Future* para una excelente discusión sobre el papel del pensamiento evolutivo para distender el conflicto social.
7. Jane Loevinger, *Ego Development*. Cook-Greuter y Miller, *Transcendence and Mature Thought in Adulthood*; véase también el excelente capítulo de Cook-Greuter en Commons *et al.*, *Adult Development*, vol. 2.
8. Comience con las contribuciones de Pascual-Leone en Commons *et al.*, *Beyond Formal Operations*; y Alexander y Langer, *Higher Stages of Human Development*.
9. Véase, por ejemplo, el capítulo 19 de Commons *et al.*, *Beyond Formal Operations*; y Broughton, *Critical Theories of Psychological Development*. Para un buen resumen del trabajo de Broughton, véase además Loevinger, *Ego Development*.

10. La investigación de Grof ha utilizado técnicas que van desde las sustancias psicodélicas hasta la respiración holotrópica. Su libro *El juego cósmico* es un resumen de esta obra. De Grof véase también *The Adventure of Self-Discovery*. Véanse además M. Washburn, *The Ego and the Dynamic Ground* y *Transpersonal Psychology in Psychoanalytic Perspective*; y J. Wade, *Changes of Mind*.

    Por cierto, debido a que incluí una reseña parcialmente crítica de *Changes of Mind* en mi libro *El ojo del Espíritu*, muchas personas han asumido que yo me mostraba en desacuerdo con la mayoría de sus puntos, lo cual no es así. Es verdad que encontré algunos fallos en el enfoque de Wade en la adopción de las teorías holonómicas de Bohm (aunque Jenny sostiene que leí en eso un acuerdo más fuerte de lo que pretendía), pero ésos son puntos menores. Mi crítica principal es que encontré que su modelo es principalmente un tipo de modelo de fase 2 con poco de una fase 3 (que en cualquier caso es fácil de corregir; sólo tiene que especificar que las diferentes características de cada uno de sus niveles podrían ser, de hecho, líneas relativamente independientes, no sólo en diferentes contextos, sino simultáneas en un solo contexto [para el significado de "fase 2" y "fase 3", véase la nota 9.15]). Además de eso (y algunas tergiversaciones de mis escritos), su modelo es un buen resumen de la investigación más reciente sobre una visión del desarrollo de la conciencia, que cubre los ocho (o más) niveles básicos del Ser y la evolución de la conciencia, que he incluido en la gráfica de etapas relacionadas con el Ser (gráfica 4a). Aquéllos que han atacado recientemente una visión del desarrollo de la conciencia harían bien en estudiar este libro, ya que sugiere que tal vez no están en contacto con la investigación reciente, la evidencia y la teorización. Para una discusión extensa de Grof, Washburn y Wade, véase *El ojo del Espíritu*.

11. A menudo me preguntan qué pienso de los escritos de Steiner. Aunque tengo un gran respeto por sus pioneras contribuciones, no he encontrado gran utilidad en los detalles de sus presentaciones. Creo que la investigación ortodoxa reciente ha ofrecido mejores mapas de desarrollo prepersonal a personal, y creo que las tradiciones meditativas ofrecen mapas más sofisticados de desarrollo transpersonal. Aun así, uno solo puede maravillarse con la cantidad de material de que produjo, cuya visión general resulta sumamente emotiva. Véase *The Essential Steiner*, editado por Robert McDermott.

12. Los teóricos transpersonales más recientes incluyen a Charles Alexander, Hameed Ali, Rosemarie Anderson, Cheryl Armon, James Austin, John Battista, Michel Bauwens, Charles Birch, Harold Bloomfield, Seymour Boorstein, Sylvia Boorstein, William Braud, Crittenden Brookes, Haridas Chaudhuri, Allan Chinen, John Cobb, Allan Combs, Susanne Cook-Greuter, Jack Crittenden, A. S. Dalal, Olaf Deatherage, Elizabeth Debold, Han de Wit, Arthur Deikman, Steve Dinan, Norman Don, Duane Elgin, John Enright, Mark Epstein, Joseph Fabry, James Fadiman, Piero Ferucci, Jorge Ferrer, John Firman, Robert Forman, Robert Frager, Joel Funk, Gordon Globus, Joseph Goguen, Tom Greening, David Ray Griffin, Christina Grof, Stanislav Grof, T. George Harris, Arthur

Hastings, Steve Hendlin, J. Heron, Edward Hoffman, Jean Houston, Russ Hudson, Leland Johnson, Dwight Judy, Sam Keen, Sean Kelly, Herb Koplowitz, Jack Kornfield, Joyce Kovelman, George Leonard, David Lukoff, Richard Mann, Robert McDermott, Michael Mahoney, Gerald May, Arnold Mindell, Donald Moss, Michael Murphy, John Nelson, Juan Pascual-Leone, Kaisa Puhakka, Kenneth Ring, Don Riso, Gillian Ross, Donald Rothberg, John Rowan, Peter Russell, Don Salmon, Andrew Samuels, Marilyn Schlitz, Stephen Schoen, Tony Schwartz, Bruce Scotton, Deane Shapiro, Jonathan Shear, Maureen Silos, Kathleen Singh, Jan Sinnott, Jacquelyn Small, Surya Das, Charles Tart, Eugene Taylor L., Eugene Thomas, Keith Thompson, Robert Thurman, William Torbert, Ronald Valle, Leland van den Daele, Brian van der Horst, Francisco Varela, James Vargiu, Frances Vaughan, Miles Vich, Frank Visser, Jenny Wade, Roger Walsh, Michael Washburn, John Welwood, Edward Whitmont, Auguste Wildschmidt, Bryan Wittine, Benjamin Wolman, Robert Wuthnow y Michael Zimmerman, entre muchos otros.

13. Para una corta pero contundente introducción a la mayoría de los teóricos mencionados en este párrafo, véanse Jane Loevinger, *Ego Development*, y contribuciones relevantes a Commons *et al.*, *Adult Development*, vols. 1 y 2; Commons *et al.*, *Beyond Formal Operations*; Miller y Cook-Greuter, *Transcendence and Mature Thought in Adulthood*; Alexander y Langer, *Higher Stages of Human Development*.
14. Para un análisis de este tema, véase *El ojo del Espíritu*.
15. Véanse Loevinger, *Ego Development*; Commons *et al.*, *Adult Development*, vols. 1 y 2; Commons *et al.*, *Beyond Formal Operations*; Miller y Cook-Greuter, *Trascendence and Mature Thought in Adulthood*; Alexander y Langer, *Higher Stages of Human Development*; Wilber, *El ojo del Espíritu*.
16. D. Shaffer, *Social and Personality Development* (1994), pp. 423-424 y 435. Esto no significa que hombres y mujeres no tengan particularmente "diferentes voces" en ciertas situaciones de la vida. La afirmación de investigaciones como la de Deborah Tannen, por ejemplo, es que los hombres y las mujeres tienden a hablar con diferentes voces en muchas circunstancias. He resumido esa investigación como: los hombres tienden a traducir con un énfasis en la representación y las mujeres en la empatía; los hombres tienden a transformar con énfasis en Eros, las mujeres con énfasis en Ágape (véase *Sexo, ecología, espiritualidad*, 2ª ed., CW6). Pero también he resaltado el hecho de que las estructuras básicas del Gran Nido, y las diversas etapas del Ser, son en sí mismas neutrales en cuanto al género, no están sesgadas hacia ningún sexo y la investigación que acabamos de mencionar respalda esa afirmación. El hecho de que hombres y mujeres puedan navegar las olas básicas en la Gran Holarquía con una voz diferente no altera en lo absoluto el hecho de que ambos se enfrentan a las mismas olas.
17. Shaffer, *Social and Personality Development*, pp. 417-418.
18. J. Vasudev, "Ahimsa, Justice, and the Unity of Life", en Miller y Cook-Greuter, *Transcendence and Mature Thought in Adulthood* (1994), p. 241. Esto no significa

que el modelo de Kohlberg cubra todas las cuestiones morales relevantes a través de las diversas culturas, sólo que ha demostrado ser universal en las etapas a las que se refiere. Hay más en la moral que en el razonamiento moral —incluyendo los afectos y motivaciones morales— que no están del todo cubiertos por el modelo de Kohlberg (pues no pretendían hacerlo).
19. Aunque sé, por conversaciones con Don Beck, que está muy abierto a las ideas sobre los estados y estructuras transpersonales.
20. Don Beck, comunicación personal. Véase la nota 4.22.
21. Gran parte de las siguientes descripciones consisten en citas directas o paráfrasis de varias publicaciones de Graves, Beck y Beck y Cowan. De C. Graves, "Human Nature Prepares for a Momentous Leap", *The Futurist*, abril de 1974; C. Graves, "Summary Statement", *op. cit.*; Beck y Cowan, *Spiral Dynamics*; Don Beck, documentos y comunicaciones personales.
22. Jenny Wade, quien ha hecho un cuidadoso estudio de Graves, cree que el naranja (logro) y el verde (asociado) no son dos niveles diferentes, sino dos opciones diferentes ofrecidas al azul (conformista); de modo que tanto el naranja como el verde pueden avanzar directamente al segundo nivel (auténtico). En esa concepción, este libro es una invitación tanto para el naranja como el verde para adoptar perspectivas de segundo nivel. Al mismo tiempo, la Dinámica Espiral y los estudios de desarrollo en general indican que muchos debates filosóficos no son realmente una cuestión del mejor argumento objetivo, sino del nivel subjetivo de aquéllos que debaten. Ninguna cantidad de evidencia científica anaranjada convencerá a los creyentes míticos azules; ninguna cantidad de vinculación verde impresionará la agresividad anaranjada; ninguna cantidad de holarquía turquesa desarmará a la hostilidad verde, a menos que el individuo esté listo para desarrollarse a través de la dinámica espiral de la evolución de la conciencia. Ésta es la razón por la cual los debates "entre niveles" rara vez se resuelven, y todas las partes generalmente se sienten ignoradas y no apreciadas. Esto también alerta a los pensadores de segundo nivel a buscar formas de mover la espiral: suavemente o por golpeteo estratégico.

Cuando digo en el texto que el verde ha luchado a menudo para evitar el surgimiento del pensamiento de segundo nivel, quiero decir, por supuesto, que todos los memes primarios se resisten al surgimiento de la conciencia de segundo nivel. El materialismo científico (naranja) es agresivamente reduccionista hacia construcciones de segundo nivel intentando reducir todas las etapas interiores a pirotecnias neuronales objetivistas. El fundamentalismo mítico (azul) a menudo se indigna por lo que entiendo como intentos de derrocar su Orden conferido. El egocentrismo (rojo) ignora por completo el segundo nivel. La magia (púrpura) le lanza un hechizo.

El verde acusa a la conciencia de segundo nivel de ser autoritaria, rígidamente jerárquica, patriarcal, marginadora, opresiva, racista y sexista. En otras palabras, toma la crítica pluralista que desarrolló y apuntó correctamente a posiciones preverdes (especialmente azul y naranja, que a menudo son culpables de todos los pecados que el verde reclama), y luego apunta de manera incorrecta e inapropiada esta crítica preverde a desarrollos posverdes, donde puede demostrarse que tal vez sea bien intencionada, pero mal dirigida (generalmente distorsiona las construcciones amarillas y turquesas, como los investigadores de segundo nivel se apresuran a señalar).

El verde ha estado a cargo de los estudios culturales durante las últimas décadas. Por un lado, el relativismo pluralista del verde ha ampliado noblemente el canon de los estudios culturales para incluir a muchos pueblos, ideas y narrativas previamente marginadas. Ha actuado con sensibilidad y cuidado al tratar de corregir los desequilibrios sociales y evitar las prácticas de exclusión. Ha sido responsable de iniciativas básicas en materia de derechos civiles y protección del medio ambiente. Ha desarrollado fuertes (y a menudo convincentes) críticas de las filosofías, la metafísica, las prácticas sociales y las ciencias de los memes azules y naranjas, con sus agendas generalmente excluyentes, patriarcales, sexistas y colonialistas.

Por otro lado, por muy efectivas que hayan sido estas críticas a las etapas preverdes, el verde ha intentado apuntar sus armas también a todas las etapas posverdes, con los resultados más desafortunados. Al luchar dignamente contra las rígidas jerarquías sociales del azul, el verde ha condenado a todas las holarquías de segundo nivel, lo que ha hecho que sea muy difícil y, a veces, imposible, que el verde avance hacia construcciones más holísticas, integrales-aperspectivas.

En la mayoría de las gráficas relacionados con el Ser, se puede ver un movimiento desde el absolutismo mítico y el formalismo racional (azul y naranja), a través de etapas de pluralismo y relativismo (verde), a etapas de integralismo y holismo (amarillo y turquesa). El meme verde, desafiando los absolutismos del azul y el naranja, confundió a todos los universales y todas las holarquías como si fueran del mismo orden, y esto lo encerró firmemente en el pensamiento de primer nivel.

Y, sin embargo, de las categorías verdes saludables es que emerge el segundo nivel, como señala la Dinámica Espiral, por lo que la mayoría de los comentarios en mis libros recientes se han dirigido hacia el verde, al igual que mis ocasionales desplantes polémicos, en un intento de conseguir que el verde vea sus propios supuestos de manera más expansiva. Estos golpes, en general, no me han granjeado adeptos entre los verdes, pero han sacudido la conversación de formas en las que la cortesía no pudo. (Mis primeros doce libros fueron indefectiblemente amables, sin una sola frase polémica en ninguno de ellos; mi decimotercer libro [CW6] fue polémico y, como dijo Miss Piggy: "Traté de ser amable"). Queda por ver si el tono polémico ayudó o perjudicó (véase Introducción a CW7). Pero el mensaje es bastante simple: para que el verde haga el salto al hiperespacio del segundo nivel, se podrían considerar los siguientes factores: (1) De acuerdo con el pluralismo verde, todos los sistemas están vinculados al contexto, por lo que llevan a cabo ese plan: todas las relatividades y todas las pluralidades están, por lo tanto, también vinculadas al contexto: ellas mismas tienen contextos más amplios y profundos que las unen en sistemas aún más grandes; por lo tanto, hay que reconocer estos sistemas más grandes y luego delinear los contextos integrales universales que los unen a todos. (2) Los sistemas evolucionan en el espacio y el tiempo, por lo tanto, rastrean esta evolución y desarrollo. (3) La única manera de hacerlo es incluir jerarquías con heterarquías (y así llegar a las holarquías). Una vez que eso suceda, las contribuciones importantes del verde pueden ser asumidas, adoptadas e incluidas en el desarrollo continuo de la evolución de la conciencia. El verde no se pierde ni se niega, sino que se incluye y se enriquece.

En cuanto a la Dinámica Espiral, mis pocas reservas se alinean a que ésta no incluye suficientemente los estados de conciencia ni las estructuras transpersonales superiores de conciencia; además de que es un ejemplo de un modelo de fase 2 que no es lo suficientemente de fase 3 (véase la nota 9.15). Es decir, no hay suficiente sensibilidad al hecho empíricamente demostrado de que diferentes líneas de desarrollo pueden ocupar diferentes niveles en el mismo caso: no sólo que una persona puede estar usando un meme rojo en una circunstancia, y un meme naranja en otra, sino que una persona, en la misma circunstancia, puede ser cognitivamente naranja y moralmente roja. Finalmente, la Dinámica Espiral no distingue suficientemente entre lo perdurable y lo transicional (véase Introducción a CW7). Basado en conversaciones personales, creo que Beck está abierto a todas estas consideraciones.

Beck también avanza para incorporar los cuatro cuadrantes en el modelo de Dinámica Espiral, ya que le ayudará a distinguir más adecuadamente entre lo que él llama las versiones saludables y no saludables de los memes (los cuatro cuadrantes se introducen en la Segunda parte de la presente obra). Don escribe que "los cuadrantes ayudan a diferenciar las versiones positivas de las negativas de los ᵛMEMES. También muestran gráficamente por qué tantas iniciativas de cambio están condenadas al fracaso. Los niños que son sacados de vecindarios infestados de pandillas y colocados en un programa de entrenamiento de enriquecimiento para mejorar el desarrollo interior, a menudo empeoran cuando luego son devueltos los mismos cuadrantes de NOS y ELLOS, que son tóxicos para el nuevo nivel de desarrollo. Los cuadrantes proporcionan el elemento que falta en la creación de sistemas saludables".

Como otro ejemplo de ᵛMEMES saludables/no saludables, la teoría de sistemas, que utiliza un meme amarillo/turquesa, a menudo se atrapa en la llanura, donde reconoce sólo los sistemas exteriores descritos en su lenguaje, y no sólo reconoce las etapas interiores descritas en el lenguaje Yo y Nos (véanse los capítulos 5, 6 y 7). Por lo tanto, la teoría de sistemas es en sí misma una expresión parcial, limitada y plana del pensamiento de segundo nivel (y por lo tanto algunos de los ejemplos de pensamiento de segundo nivel dados en *Spiral Dynamics* son realmente memes poco saludables o incompletos). Creo que Beck está considerablemente de acuerdo con este punto de vista y sus nuevos escritos reflejarán estos ajustes menores. (En cuanto a las últimas tres décadas de estudios culturales bajo el pluralismo verde, véase Wilber, *Boomeritis* e Introducción a CW7.)

 El punto en todo esto es que cada meme —cada nivel de conciencia y ola de existencia— es, en su forma saludable, un elemento absolutamente necesario y deseable de la espiral general, del espectro general de conciencia. Incluso si cada sociedad en el planeta se estableciera completamente en el meme turquesa, cada niño nacido en esa sociedad comenzaría en el nivel inicial —beige—, en los instintos y percepciones sensomotrices, y luego debe crecer y evolucionar a través de la magia púrpura, el mito rojo y azul, el racionalismo naranja, la red verde y en la visión-lógica amarilla y turquesa. Todas esas olas tienen tareas y funciones importantes; todas ellas son asumidas e incluidas en las olas subsiguientes; ninguna puede ser eludida ni degradada sin graves consecuencias para el Ser individual y la sociedad en su conjunto. *La salud de toda la espiral es la directiva principal, no el trato preferencial para cualquier nivel.* Sin lugar a dudas: cuanto más alto sea el borde principal y más alto sea el cuerpo gobernante, mejor, pero sólo porque la conciencia de segundo nivel puede pensar en la salud de toda la espiral.

23. Véanse Riso y Hudson, *La sabiduría del Eneagrama*; y H. Palmer, *El eneagrama*. Cuando llegamos a la discusión de las subpersonalidades, en el capítulo 8, esto significa que una subpersonalidad puede ser de cualquier tipo en cualquiera de los niveles básicos: ¡una sociedad verdaderamente pluralista de Yos! No obstante, todo navega por el Ser cercano, que proporciona al flujo continuo de conciencia una unidad de experiencia, empero ocasionalmente alterada.

5. ¿Qué es la modernidad?

1. Véase *Ciencia y religión. El matrimonio entre el alma y los sentidos* para un análisis más completo de este tema.
2. Con respecto a los cuatro cuadrantes, no hay nada mágico en el número cuatro; y ciertamente no lo estoy cosificando. Los cuatro cuadrantes son simplemente el resultado de algunas de las distinciones más simples que la realidad parece hacer: interior/exterior y singular/plural. Pero hay muchas (quizás infinitas) dimensiones que también son importantes. La única razón por la que la gente ha encontrado los cuatro cuadrantes tan útiles es que la llanura ni siquiera respeta estas distinciones simples y, por lo tanto, al compararlos con el mundo del hombre unidimensional, los cuatro cuadrantes son ciertamente complejos.

 Los cuatro cuadrantes (o simplemente los Tres Grandes) son realidades que están integradas incluso en el lenguaje ordinario, que reconoce las perspectivas de primera persona (Yo), segunda persona (Nos) y tercera persona (Ello), por lo que, por ejemplo, los individuos entienden de manera nativa y fácil la diferencia entre el arte, la moral y la ciencia, y la necesidad de incluir a los tres en cualquier enfoque equilibrado del mundo.

6. Integrar lo premoderno y lo moderno

1. Para un estudio más profundo de este tema, véase también la Introducción de CW4.
2. Véase *Sources of the Self*, de Taylor para el concepto del gran orden entrelazado; véase *La Gran Cadena del Ser* de Lovejoy, para una discusión sobre la creencia de la Iluminación en una visión sistémica de la realidad; véase *Sexo, ecología, espiritualidad*, 2da edición (CW6), para un análisis de la teoría de sistemas, el reduccionismo sutil y sus raíces en el paradigma de la Ilustración.
3. Sobre la falta de pluralismo y contextualismo de la premodernidad, véase el capítulo 13; para un análisis adicional de este tema, véanse también la Introducción de CW4 y Wilber, *Boomeritis*.

7. Pioneros modernos fundamentales

1. En la figura 8 sólo he indicado algunas olas generales en el cuadrante superior izquierdo, pero la idea es que todos los niveles, a través de todos los cuadrantes, pueden ser investigados por sus influencias mutuamente restrictivas, llegando así a un modelo más integral y completo. Véase el capítulo 14 de la presente obra. Para ejemplos muy específicos de los niveles del arte, la moral y la ciencia —de cuerpo a mente a alma a espíritu—, véase *Ciencia y religión*, cap. 14.
2. Para las correlaciones de estados/estructuras de conciencia y estados/estructuras de organismo-cerebro, véanse, por ejemplo, Wade, *Changes of Mind*; Austin, *Zen and the Brain*; Alexander y Langer, *Higher Stages of Human Development*; Valerie Hunt, *Infinite Mind*; David Chalmers, *The Conscious Mind*; Laughlin et al., *Brain, Symbol, and Experience*. Véanse también las notas 14.1 y 14.17. Nótese que, de acuerdo con Ramana Maharshi, incluso la realización espiritual completa del Ser tiene un correlato físico vibratorio en el lado derecho del pecho (es decir, cada evento de los cuadrantes del lado izquierdo, sin importar cuán elevado, ascendido o trascendental, tiene un correlato del lado derecho).

En cuanto al problema tradicional mente-cuerpo, se le da un tratamiento más completo en el capítulo 14 de la presente obra. Por el momento, se podrían señalar algunos puntos con referencia a la figura 8. Los dominios del lado izquierdo se refieren ampliamente a "mente", y los dominios del lado derecho a "cuerpo". En última instancia éstos son no-duales, pero esa no-dualidad sólo se puede realizar con el desarrollo causal a no-dual, momento en el cual el problema mente-cuerpo no se resuelve, sino que se disuelve: visto como un producto de la nesciencia, la ignorancia o el no-despertar. Sin eso, el problema mente-cuerpo no puede ser resuelto satisfactoriamente (véanse *El ojo del Espíritu*, cap. 3; y *Breve historia de todas las cosas*). Este punto de vista no-dual no es una variedad de monismo filosófico, ya que la no dualidad se realiza sólo en los reinos supramentales y transfilosóficos, y no se puede transponer hacia abajo en concepciones mentales sin generar antinomias y contradicciones (véase *Los tres ojos del conocimiento*, capítulos 1 y 2). Hay una revelación cautelar, pero no descriptiva, de la no-dualidad (véanse *El ojo del Espíritu*, capítulo 3; y *Sexo, ecología, espiritualidad*, 2ª ed., CW6).

A falta de una comprensión no-dual, lo que se puede decir, de una manera relativa, es que los cuatro cuadrantes "tetrainteractúan", mutuamente generados y mutuamente determinantes. No es sólo que la mente y la conciencia individuales (SI) interactúan con el cuerpo-cerebro-organismo individual (SD), sino que ambos interactúan igual y mutuamente con la mente cultural colectiva (II) y el cuerpo social colectivo (ID).

Por lo tanto, esta visión no es ni un monismo ni un dualismo. No es un monismo, porque no sostiene que la mente y el cuerpo son dos aspectos de una realidad subyacente, porque esa Realidad, en su falta de forma, no tiene aspectos (es evasiva en todas las concepciones). Ésta no es una identidad psicofísica, ya que esos aspectos tienen diferencias relativamente reales e irreductibles. Tampoco es el interaccionismo tradicional, porque los cuadrantes, aunque relativamente reales, siguen siendo del mundo de maya, y por lo tanto el interaccionismo no es la palabra definitiva.

Las formas dominantes de "resolver" el problema mente-cuerpo hoy involucran principalmente tipos de materialismo emergente, funcionalismo, conexionismo y teorías autopoiéticas, todos los cuales son reduccionismos sutiles (reduciendo los eventos del cuadrante del lado izquierdo a sistemas dinámicos del lado derecho). Que muchos de éstos son holísticos, jerárquicos, conexionistas y emergentes simplemente oculta el hecho de que todavía son holismos exteriores, no holismos interiores (ni tampoco su integración). Lo anterior es cierto incluso cuando se refieren a sí mismos como "materialismo no reduccionista", es decir: no reduccionista básico, no reduccionista sutil. Esta tendencia al reduccionismo sutil (una resaca del proyecto de la modernidad de la llanura) puede contrarrestarse mejor con el simple recordatorio del "tetrainteraccionismo". Véase Wilber, "An Integral Theory of Consciousness", *Journal of Consciousness Studies* 4, no. 1 (1997), pp. 71-93 (también en CW7); *Sexo, ecología, espiritualidad,* 2ª ed. (CW6), cap. 14, nota 1; y cap. 14 del presente libro.
3. Para un análisis de este tema véase *Breve historia de todas las cosas*.
4. Véase Wilber y Walsh en Velmans, *Investigating Phenomenal Consciousness*.
5. J. Broughton *et al.* (eds.), *The Cognitive Developmental Psychology of James Mark Baldwin*, p. 31.
6. *Ibidem.*, p. 32.
7. *Ibid.*, p. 36.
8. *Ibid.*, p. 40.
9. *Ibid.*, pp. 280-281.
10. *Ibid.*, p. 277.
11. *Ibid.*, p. 296.
12. La etapa seis de Kohlberg es un límite ideal, y no una etapa real. La evidencia se refiere a sus cinco etapas, que hasta la fecha han encontrado ser (en gran medida)

transculturales, universales y no relativistas. Véase la subsección "Objeciones" del capítulo 4 del presente volumen.
13. Síntesis de Wallwork sobre la visión de Baldwin, *The Cognitive Developmental Psychology of James Mark Baldwin*, p. 335.
14. La "conciencia de unidad" de Baldwin es una unidad del reino básico o misticismo de la naturaleza (nivel psíquico). No reconoce el misticismo arquetípico, la conciencia sutil, el sueño lúcido o el savikalpa samadhi (todas las formas de deidad o el misticismo de nivel sutil); ni reconoce la conciencia sin forma (causal) y por lo tanto no alcanza el absoluto no-dual (que es una unión de forma y vacío). Unión con la naturaleza, cuando no reconoce el estado sin forma del cese, generalmente es a nivel psíquico, conciencia cósmica básica, o misticismo de la naturaleza. Sin embargo, es una experiencia transpersonal genuina y profunda.

Una de las maneras más fáciles de decir si una "experiencia de unidad" es un ámbito básico (misticismo de la naturaleza), un ámbito sutil (misticismo de la deidad), un ámbito causal (misticismo sin forma) o una conciencia genuina no-dual (fusión de la forma con lo puro sin forma en todos los ámbitos) es notar la naturaleza de la conciencia en el sueño y el sueño profundo. Si el escritor habla de una experiencia de unidad mientras se está despierto, eso suele ser mística de la naturaleza del reino básico. Si esa conciencia de unidad continúa en el estado de sueño —de modo que el escritor habla de un sueño lúcido, unión con las luminosidades interiores, así como la naturaleza exterior básica—, entonces suele ser mística de la deidad del ámbito sutil. Si esa conciencia continúa en el estado de sueño profundo —de modo que el escritor se da cuenta de un Ser que está plenamente presente en los tres estados de vigilia, sueño y sueño profundo—, eso suele ser mística sin forma del ámbito causal (turiya). Si se descubre entonces que ese Ser sin forma es uno con la forma en todos los ámbitos —básico a sutil a causal—, ésa es conciencia pura no-dual (turiyatita).

Muchos místicos de la naturaleza, ecopsicólogos y neopaganos consideran el reino básico, la unidad del estado de vigilia con la naturaleza, como la unidad más alta disponible; pero, básicamente, ésa es la primera de cuatro grandes samadhis o uniones místicas. Por lo tanto, el "Ser profundo" de la ecopsicología no debe confundirse con el Ser Verdadero del Zen, el Ati del Dzogchen, el Brahman-Atman del Vedanta, etcétera. Estas distinciones también nos ayudan a situar a filósofos como Heidegger y Foucault, quienes hablaron de uniones del tipo místico con la naturaleza. A menudo, ésas fueron experiencias profundas y auténticas de unidad del ámbito básico (Nirmanakaya) pero, una vez más, ésas no deben confundirse con el Zen o el Vedanta, ya que este último se impulsa hacia lo causal sin forma (Dharmakaya, nirvikalpa samadhi, jnana samadhi, etcétera), y luego hacia la unidad no-dual pura (Svabhavikakaya, turiyatita) con todos y cada uno de los ámbitos, de básico a sutil a causal. Muchos autores confunden Nirmanakaya con Svabhavikakaya, que ignora los principales ámbitos de desarrollo interior que se encuentran entre ambos (por ejemplo, Sambhogakaya y Dharmakaya).

15. Éste es el acertado resumen de Broughton y Freeman-Moir de la idea de Baldwin, *The Cognitive Developmental Psychology of James Mark Baldwin*, p. 331.
16. Véase Habermas, *Teoría de la acción comunicativa*; buenas perspectivas incluyen a Rehg, *Insight and Solidarity* y Outhwaite, *Habermas*. Para las correcciones cruciales de Habermas a los excesos del posmodernismo, véase *El discurso filosófico de la modernidad*.
17. El yoga de Aurobindo se conoce como "yoga integral"; por lo tanto, su sistema psicológico se conoce como "psicología del yoga integral". Véanse, por ejemplo, *Integral Yoga Psychology*, por el doctor Reddy, y *The Concept of Personality in Sri Aurobindo's Integral Yoga Psychology and Maslow's Humanistic/Transpersonal Psychology*, por el doctor Vrinte.

8. La arqueología del Espíritu
1. Como se indica en el texto, los estados son muy importantes, pero para que contribuyan al desarrollo deben convertirse en estructuras/rasgos. Los planos o ámbitos son importantes, pero no pueden concebirse de forma precrítica como realidades ontológicamente independientes, sino en realidad como coproducciones de los Seres que los perciben (véase la nota 8.2). Por lo tanto, la generalización más simple es que el desarrollo individual involucra ondas, corrientes y el Ser, sin negar la importancia de todos esos otros factores: desde estados a planos a numerosos procesos y patrones heterárquicos.
2. En mi opinión, las estructuras básicas en el Gran Nido son simultáneamente niveles de conocimiento y de ser; epistemología y ontología. Por las razones comentadas en el texto (es decir, la modernidad rechazó la mayoría de la ontología y sólo permitió la epistemología), me refiero a las estructuras básicas como "las estructuras básicas de la conciencia" (o "los niveles básicos de conciencia"), pero su estado ontológico no debe ser ignorado. Generalmente, la filosofía perenne se refiere a los primeros como niveles de conciencia (o niveles de la individualidad), y los segundos como reinos o planos de existencia (o niveles de realidad), en el entendido de que están estrechamente entrelazados (véase la nota 1.3). Como Huston Smith señaló (*La verdad olvidada*): el nivel de conciencia del cuerpo corresponde con el ámbito terrestre o plano de existencia, el nivel de conciencia de la mente corresponde con el ámbito intermedio o plano de existencia; el nivel de conciencia del alma corresponde con el plano celestial de existencia; y el nivel de conciencia del espíritu corresponde con el plano infinito de existencia (véase gráfica 2a). Dado que éstas son estructuras correlativas (niveles de conciencia y planos de existencia), las incluyo a ambas en la idea de estructuras básicas o niveles básicos del Gran Nido.

Sin embargo, en ocasiones es útil distinguirlos porque un determinado nivel de Ser puede experimentar un nivel o plano diferente de realidad. A menudo he hecho esta distinción al analizar los modos de conocimiento (véanse *Los tres ojos del conocimiento*, capítulos 2 y 6; *Un dios sociable*, capítulo 8), y haré lo mismo en el texto cuando discutamos los modos de arte. Además, en la ontogenia, las estructuras se desarrollan, pero los planos no (el Ser se desarrolla a través de los planos o niveles de realidad ya establecidos); sin embargo, tanto en la involución kósmica como en la evolución/filogenia, los planos/ámbitos también se desarrollan, o se desarrollan desde la Fuente y se envuelven en la Fuente (por lo que no podemos decir que los planos no muestran ningún desarrollo en absoluto: involucionan y evolucionan desde el Espíritu; véase la nota 1.5 para las formas en que los planos mismos coevolucionan). Pero, generalmente, un determinado nivel del Ser puede interactuar con diferentes niveles de realidad, en diversos grados, por lo que necesitamos mantener a estos dos (estructuras y ámbitos) como variables independientes.

Así, por ejemplo, como señalé en *Los tres ojos del conocimiento*, la conciencia puede dirigir su atención al plano material (usando el ojo epistemológico carnal), el plano intermedio (usando el ojo epistemológico mental), o el plano celestial (usando el ojo epistemológico de la contemplación). Los planos material, intermedio y celestial son los niveles ontológicos; en *Los tres ojos del conocimiento* me refiero a ellos usando los términos sensibilia, intelligibilia y transcendelia (es decir, los objetos en esos planos o ámbitos). Los ojos carnal, mental y de la contemplación son los niveles epistemológicos correlacionados con (y revelando) esos planos ontológicos de sensibilia, intelligibilia y transcendelia. (Por supuesto, esto es sólo usando una versión simple de tres niveles del Gran Nido; si usamos cinco niveles, entonces hay cinco planos de existencia y cinco niveles correlativos de conciencia, y así sucesivamente. En mi esquema, ya que a menudo uso de siete a nueve niveles generales de conciencia, hay igualmente de siete a nueve reinos generales o planos de realidad.)

Repárese, sin embargo, en que se puede demostrar lo mismo usando sólo los niveles de conciencia (ya que el ser y el saber son dos aspectos de los mismos niveles). Puede decir que la mente puede investigar el ámbito intermedio, o simplemente puede decir que la mente puede investigar otras mentes. Puede decir que la mente puede investigar el ámbito celestial, o simplemente puede decir que la mente puede investigar el nivel sutil. Esencialmente están diciendo lo mismo, siempre y cuando se dé cuenta que cualquier nivel determinado de individualidad (o conciencia) puede dirigir su atención a cualquier nivel de existencia (o plano de realidad). Estas dos escalas independientes, en otras palabras, pueden ser citadas como "nivel de conciencia investiga los planos de existencia"; pero también pueden ser planteadas como "nivel de conciencia investiga otros niveles de conciencia", siempre y cuando entendamos las correlaciones involucradas.

Generalmente utilizo esta última formulación, simplemente porque, como he dicho, evita las especulaciones ontológicas que la modernidad encuentra tan cuestionables. La filosofía premoderna fue descaradamente metafísica (es decir, asumió la existencia ontológica no problemática de todos los diversos planos, niveles y ámbitos de la realidad trascendental); mientras que la filosofía moderna fue principalmente crítica (es decir, investigó las estructuras del sujeto del pensamiento y puso en duda el estado ontológico de los objetos del pensamiento), por lo tanto la modernidad trajo una actitud crítica muy necesaria para influir en el tema (incluso si se excedió en su celo crítico y a veces borró todos los objetos de conocimiento, excepto el sensomotriz).

Un problema agobiante con las tradiciones perennes (y los enfoques meramente metafísicos) es que tienden a discutir los niveles ontológicos (planos o ejes) como si fueran predeterminados, independientemente del perceptor de esos dominios, pasando por alto así la cantidad sustancial de investigaciones modernas y posmodernas que muestran que los antecedentes culturales y las estructuras sociales moldean profundamente las percepciones en todos los dominios (es decir, la filosofía perenne no diferenció suficientemente los cuatro cuadrantes). Por todas estas razones, simplemente hablar de "planos" como realidades ontológicas completamente independientes es extremadamente problemático, otra razón por la que he tendido a enfatizar las facetas epistemológicas sobre las meramente ontológicas.

Esto ha llevado a algunos críticos a afirmar que ignoro completamente los planos de existencia, pero eso es incorrecto. Como acabamos de ver, a menudo me refiero explícitamente a los planos como "ámbitos", "esferas", "reinos" o "dominios", y he llamado a los fenómenos en los tres planos principales de lo terrestre, intermedio y celestial como sensibilia, intelligibilia y transcendelia (también me refiero a ellos como la fisio/biosfera, noósfera y teósfera; aunque, de nuevo, esos reinos se pueden subdividir en al menos una docena de niveles). Es cierto que normalmente me concentro en las estructuras/niveles de conciencia, pero conservo estas dos escalas independientes diciendo que un nivel puede interactuar con otros. Así, por ejemplo, en las gráficas en el capítulo 6 de *Los tres ojos del conocimiento* y en el capítulo 8 de *Un dios sociable* (que presentan cinco modos principales de conocer: sensorial, empírico-analítico, histórico-hermenéutico, mandálico y espiritual), las estructuras/niveles de conciencia están a la izquierda, y las estructuras/niveles de existencia (o planos/reinos de realidad) están a la derecha, de modo que estas dos escalas están claramente diferenciadas. Haré lo mismo cuando discutamos los modos de arte.

Combinadas con una comprensión de los estados de conciencia, las nociones de niveles de conciencia y planos de realidad nos dan un modelo tridimensional (es decir, con tres escalas independientes). He estado presentando este modelo de tres variables desde *Un dios sociable* (1983). Allan Combs presentó un modelo similar que, en mi opinión, tiene mucho que recomendar, pero también presenta algunos problemas fundamentales. Véase la nota 12.12.

A menudo, cuando no es necesario distinguir los niveles de conciencia y los planos de existencia, trato de usar términos que pueden cubrir ambos (como cuerpo, mente, alma y espíritu), e implícitamente uso las estructuras básicas o los niveles básicos como refiriéndome a ambos, para evitar discusiones intrincadas

Notas

como ésta. Cuando es importante distinguirlos, generalmente me refiero a los planos como "reinos", "ámbitos" "dominios" o "esferas", aunque en cada caso el contexto lo determinará. Véanse las notas 1.5, 1.9, 1.10, 8.1, 8.39, 12.12.

3. Alexander *et al.*, *Higher Stages of Human Development*, p. 160, énfasis en el original.
4. La pregunta que enfrenta cualquier modelo de desarrollo es: en cualquier línea (moral, cognitiva, afectiva, necesidades), ¿cuánto de un nivel se tiene que satisfacer o cumplir antes de poder pasar al siguiente nivel superior de esa línea? La investigación sugiere que es necesario establecer una competencia general en cada ola fundamental de una corriente para que surja su sucesora. He señalado esto en la figura 14. Las nueve olas básicas se dibujan como una sección transversal de nueve círculos concéntricos. Éstos no son "peldaños en una escalera", la figura 14 es simplemente una sección transversal de los círculos concéntricos del Gran Nido (figura 1), representando las olas holárquicas a través de las cuales las diversas corrientes de desarrollo progresan de manera relativamente independiente (estas olas o niveles holárquicos son el eje vertical en la psicográfica, figura 2). En otras palabras, la figura 14 representa los niveles básicos en las diversas líneas de desarrollo (moral, afectos, cognición, necesidades, etcétera), niveles que abarcan todo el espectro del cuerpo a la mente al alma al espíritu. Dado que las diversas

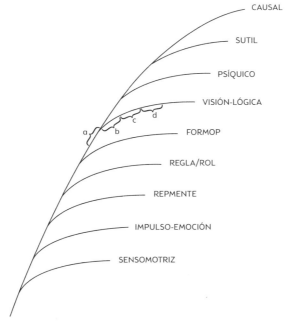

Figura 14. *Las olas básicas y sus subetapas*

líneas pueden desarrollarse de forma relativamente independiente, el desarrollo general no sigue una secuencia lineal. Pero la pregunta aquí es: en cualquier línea de desarrollo, ¿cuánto de una etapa/nivel en esa línea se necesita para que la siguiente etapa/nivel en esa línea surja de manera estable?

Usando la visión-lógica como ejemplo, he dibujado cuatro subfases: a, b, c y d. Estoy usando las subfases a y b para representar una competencia básica en la visión-lógica: una capacidad para tomar múltiples perspectivas y evidenciar algún tipo de conciencia posconvencional, universal y panorámica. Esta competencia básica es necesaria para un desarrollo superior y estable. Las subfases c y d son desarrollos especializados y extremos de la visión-lógica, como la capacidad de pensar sobre sistemas de sistemas; y sistemas de sistemas de sistemas (lo que Commons y Richards llaman pensamiento "paradigmático" e "interparadigmático"; véanse la gráfica 3a y las notas 9.19, 9.27). Éstos no son necesarios para un desarrollo mayor. Es muy probable que Buda y Cristo hubieran pasado las pruebas de a y b (tanto el voto del bodhisattva como la regla de oro exigen múltiples perspectivas), pero podrían haber fallado las pruebas de capacidades de c y d; ciertamente muchas personas han avanzado a etapas superiores de desarrollo sin dominar estas intrincadas capacidades para pensar en sistemas de sistemas de sistemas. En resumen, las fases a y b representan conciencia posconvencional y múltiples perspectivas, que son componentes necesarios (subholones) de un desarrollo superior (transpersonal y espiritual), si lo transpersonal ha de convertirse en una adaptación estable y no simplemente una experiencia cumbre pasajera, sino que c y d son desarrollos especializados e innecesarios.

La misma conclusión se sostendría para cada una de las ondas básicas en cualquiera de las corrientes. Las subfases a y b son los prerrequisitos necesarios y/o ingredientes de desarrollos superiores. Se requiere cierta competencia (a y b) en el desarrollo sensomotriz, pero uno no tiene que convertirse en un atleta olímpico (c y d), y así sucesivamente. (Del mismo modo, los santos y sabios del pasado podrían no haber dominado ninguno de los desarrollos extremos de la visión-lógica, pero las personas que le dieron al mundo la regla de oro y el voto del bodhisattva dominaron claramente la visión lógica en el grado necesario para trascenderla).

Este diagrama también indica que, cuando la figura 14 representa las estructuras básicas mismas (que en su mayoría son estructuras duraderas), cada onda permanece en existencia y puede ejercerse y desarrollarse por sí misma, indefinidamente. Uno puede extender y agudizar las capacidades físicas, la inteligencia emocional, la agudeza intelectual, las capacidades de visión-lógica, etcétera (es decir, uno puede incluso desarrollar las subfases c y d e incluso más altas en cada una de las ondas básicas).

La mayoría de las *líneas de desarrollo*, por otro lado, no son estructuras duraderas sino estructuras transitorias (véase la nota 1.7). Todavía obedecen el "trascender e incluir", en el sentido de que cada etapa proporciona competencias básicas que se incorporan en las etapas sucesivas; pero una vez que una etapa ha cumplido su propósito, no permanece en la existencia como una función separada en sí misma (por ejemplo, una persona en la etapa moral 5 no ejerce simultáneamente la etapa moral 1, pero una persona en la visión-lógica puede y ejerce simultáneamente todas las estructuras básicas inferiores, como sensomotriz y emocional-sexual). Pero se sigue aplicando la misma regla general de desarrollo: se requiere una competencia general en cada etapa para el surgimiento estable de la siguiente.

En muchos casos esta competencia es necesaria pero no suficiente para el surgimiento de la siguiente etapa. Exactamente por qué surgen etapas superiores, o a la inversa, por qué el cese del desarrollo ocurre en cualquier línea, aún no se comprende del todo, aunque las teorías abundan. (El candidato más probable es una combinación de numerosas variables: factores constitucionales individuales, crianza individual, disposiciones interiores individuales, instituciones sociales, circunstancias de la vida, posible historia de vidas pasadas, antecedentes culturales, valores culturales y estímulo/desánimo cultural, por dar muestras de los cuatro cuadrantes). En cuanto a qué aspectos de una ola básica son a, b, c, etcétera, en la mayoría de los casos sólo las pruebas empíricas lo pueden decir.

5. Véase *Transformations of Consciousness*, cap. 1 (Jack Engler).
6. Véase M. Epstein, *Thoughts without a Thinker*.
7. En *El proyecto Atman*, propuse los siguientes nombres y edades para el ego: ego temprano (4-7 años de edad), ego medio (7-12) y ego tardío (12-21). Esos nombres y edades todavía son aceptables, pero el problema es que la palabra "ego" es usada de mil maneras diferentes por muy diversos teóricos, lo que hace muy difícil asignar una definición. La literatura psicológica habla de "núcleos tempranos del ego", "el ego corporal", "el ego impulsivo", "el ego mental", "el ego maduro", "el ego sintetizador", "el ego analítico", y así sucesivamente. Generalmente uso el término "ego" de tres maneras diferentes, reflejando usos comunes en la literatura: (1) el ego es el sentido del Ser o "Yoísmo" en cualquiera de las etapas personales (o frontales), desde el ego material al ego corporal al ego racional; (2) el ego es más estrechamente el Ser personal que se basa en capacidades reflexivas-formales-racionales, que también llamo "el ego maduro"; (3) el ego es el sentido del Ser-separado o la contracción del Ser en general, cuerpo a mente a alma. Lo que *El proyecto Atman* llamó el ego temprano ahora también lo llamo el concepto del Ser (autoconcepto o el Ser conceptual; fulcro 3, F-3); el ego medio (fulcro 4, F-4) a menudo llamo la persona o el Ser-miembro (en *El proyecto Atman* usé "Ser-miembro" para significar el comienzo mismo de la socialización, pero dado que esa socialización realmente no se vuelve primordial hasta la mente de la regla/rol, ahora uso "membresía" y "membresía mítica" para referirme a la regla/rol general de la mente, su visión del mundo y su SerF-4: un rol del Ser conformista o persona); y al ego tardío (fulcro 5, F-5) generalmente lo llamo el ego maduro. Todos esos términos como los utilizo con mayor frecuencia

Psicología integral

se indican en la gráfica 1a. Aun así, cualquiera de esos términos son aceptables siempre y cuando especifiquemos qué significa el periodo de desarrollo, por lo que el contexto debe decidir en cada caso.

8. Uno o dos teóricos han planteado lo que ellos llaman una "crítica devastadora" del centauro y la visión-lógica, a saber: "Dudamos de la capacidad integradora de la etapa racional-egoica [fulcro 5], al menos como Wilber lo ve. O bien no integra completamente lo mental con lo físico, y luego se viola la lógica del desarrollo de trascender e incluir, o integra completamente lo mental con lo físico, en cuyo caso el centauro [F-6] es redundante".

Esta crítica proviene del uso de abstracciones filosóficas en lugar de investigaciones psicológicas concretas. No existe simplemente "el" cuerpo físico y "la" mente, de tal manera que sólo tienes dos opciones: integrarlas o no. Lo que estos críticos llaman "el" cuerpo físico en realidad consiste en unos cuantos niveles (por ejemplo, sensación, percepción, exocepto, impulso, emoción), y lo que ellos llaman "la mente" también son unos cuantos niveles (imagen, símbolo, concepto, regla, formal, visión-lógica). Más allá de ésos están los niveles transracionales, transpersonales (psíquico, sutil, causal).

El problema no se presenta si usamos el Gran Nido más completo, y no el simplista "mente" y "cuerpo". Cada uno de esos niveles logra una gran cantidad de integración en su propio nivel: cada uno sigue el "trascender e incluir". El nivel formal-racional (cuyo poder integrador es cuestionado por estos críticos) trasciende e incluye (integra) múltiples operaciones concretas, numerosas perspectivas, múltiples roles, operaciones reversibles y perspectivas mutuas: ¡es una estructura extraordinariamente integradora! Por más integradora que sea la estructura formal, la investigación muestra que la cognición posformal (es decir, la visión-lógica, cuya existencia estos críticos afirman que es redundante) es aún más integradora. La cognición posformal trasciende pero incluye (integra) numerosas operaciones formales, sistemas de pensamiento y percepciones meta-sistémicas (por ejemplo, el trabajo de Commons y Richards, Arlin, Fischer, Pascual-Leone, Sinnott, etcétera). La evidencia para las etapas formales y posformales es sustancial. Pero si sus etapas de desarrollo incluyen sólo el cuerpo, la mente y su integración, se perdería de todo eso.

Igualmente con el Ser en cada una de esas etapas. El Ser identificado con el papel de la mente es la persona; el Ser identificado con la mente formal es el ego maduro; el Ser identificado con la visión lógica es el centauro. Como se puede ver en las gráficas 3a y 3b y 4a y 4c, hay una cantidad extraordinaria de evidencia para todas esas etapas cognitivas y para todas esas etapas del Ser. De nuevo, si su secuencia de desarrollo no es más que cuerpo, mente y su integración, todo eso se pierde.

Parte de la dificultad que estos críticos parecen estar teniendo es que, precisamente porque, salvo la patología, cada una de esas etapas trasciende e incluye a sus predecesores, cada una de esas etapas muestra una capacidad de integración relativamente mayor. Por lo tanto, la "integración" es, de hecho, una escala móvil cuya capacidad potencial aumenta en todos los niveles. Pero investigadores desde Gebser a Neumann, Gilligan y Loevinger también llaman etapas específicas por el nombre de "integrado"; generalmente, el nivel más alto recibe ese nombre, no porque los niveles más bajos carezcan de toda integración, sino porque este nivel más alto contiene una mayor cantidad de ello (y los niveles superiores tendrían aún más, ya que cada uno es trascender e incluir, salvo las patologías).

Por lo tanto, a menudo he utilizado el resumen de Loevinger de la etapa más alta de Broughton (correlacionada con el centauro): "La mente y el cuerpo son experiencias de un Ser integrado". Los críticos han entendido que eso significa que la etapa anterior (el egoísmo racional) no tiene integración alguna de mente y cuerpo; una extraña noción cuando todo lo que realmente significa es que, según la misma investigación, el ego tiene relativamente menos capacidad integradora que el centauro.

Cada nivel, por supuesto, tiene límites a su poder integrador, que son los límites de ese nivel en sí. En el caso de lo formal-racional, las limitaciones implican la naturaleza inherentemente abstracta de los sistemas formales, que tienden a cerrarse a sí mismos de otros dominios (a pesar de que esos sistemas ya han integrado un enorme número de operaciones en comparación con la etapa anterior). Estas limitaciones, según informan algunos investigadores, trascienden con el desarrollo de la visión-lógica, que, debido a que comienza a adoptar una postura pluralista, contextual y relativista (en el camino hacia integraciones aún más altas), puede comenzar a incluir dominios que la racionalidad formal aún no podría abarcar. En cada etapa, una vez más, vemos el trascender e incluir. (La excepción, por supuesto, es la patología, que lo es precisamente porque no trasciende e incluye, sino que niega y reprime, fija y contiene.)

Por último, algunos críticos han afirmado que, de acuerdo con la Gran Cadena tradicional, no hay nada que corresponda con la visión-lógica y el centauro. Por el contrario, como muestran las gráficas, casi todos los teóricos sofisticados de la Gran Cadena tenían algo que correspondía con la visión-lógica o la razón superior (la razón creativa de Plotino, la mente más alta o integradora de Aurobindo, la aperspectiva-integral de Gebser, etcétera). Puesto que el Ser puede identificarse con cualquier nivel de la Gran Cadena, en ese nivel, yo simplemente lo llamo el centauro. Si usas la Gran Cadena completa y no simplemente un resumen de cinco o siete niveles, una vez más, esta crítica no sale a la conversación.

9. Para una discusión del proceso 1-2-3 de cada fulcro (fusión/inserción, diferenciación/desidentificación/desincorporación/trascendencia e integración/inclusión), véanse Transformations *of Consciousness*, *Breve historia de todas las cosas* y *El ojo del Espíritu*.
10. Véanse Mahler, Kernberg, Blanck y Blanck, Kohut, Gedo, Masterson, Stone, Neumann. Véanse también las notas 8.11 y 8.13.

11. Como tales, estos tres niveles generales de autodesarrollo temprano y autopatología forman sólo una parte de una etiología multifactorial. Es una parte importante, pero sólo una fracción, de una etiología compleja que incluye disposiciones, factores constitucionales, tipos de caracteres, modos predominantes de funcionamiento, mecanismos de defensa independientes, relaciones interpersonales, representaciones ambientales, entre otros factores importantes (ver, por ejemplo, el modelo de cinco factores de Stone en *Abnormalities of Personality*; Masterson y Klein, *Disorders of the Self*; Norcross y Goldfried (eds.), *Handbook of Psychotherapy Integration*). Además, no sólo son importantes los enfoques multifactoriales del cuadrante superior izquierdo, éstos deben integrarse con los factores superiores derechos (neuromecanismos, neurotransmisores, estados de ondas cerebrales, psicofarmacología, etcétera; por ejemplo, Michel y Moore, *Developmental Neurobiology*; Harris, *Developmental Neuropsychiatry*; véase la nota 14.17), así como los cuadrantes inferior derecho e inferior izquierdo de factores sociales y culturales (por ejemplo, Broughton, *Critical Theories of Psychological Development* y la excelente *Cultural Psychology*, de Michael Cole).

Como Lenzenweger y Haugaard lo describieron en *Frontiers of Developmental Psychopathology* (1996, pp. vi-vii):

> Mientras que muchos informes sobre psicopatología del desarrollo se centran en las interacciones padre-hijo, las actitudes de los hijos, la paternidad disfuncional y los resultados putativos disfuncionales (por ejemplo, el maltrato que conduce a un deterioro en las competencias), se han realizado pocos intentos genuinos para integrar factores genéticos, modelos de neurotransmisores y procesos neurocientíficos, que aún siguen siendo relativamente una rareza en la articulación de la psicopatología del desarrollo modal. En aras de no ser malinterpretados, nos gustaría enfatizar que estamos observando un desequilibrio relativo en la psicopatología del desarrollo a favor de modelos psicosociales de desarrollo patológico sobre modelos más influidos por acercamientos biológicos; sin embargo, sugerimos que los mejores modelos serán los que se *integren a través de estos niveles* [las cursivas son propias]. La importancia de los factores genéticos en el desarrollo tanto normativo como patológico es indiscutible (Rowe, 1994; Rutter, 1991) y el papel esencial de los factores neurobiológicos en el temperamento (por ejemplo, Kagan, 1994), la emoción (Ekman y Davidson, 1994), el desarrollo de la personalidad (por ejemplo, Depue y Collins, en la prensa) y el surgimiento de la psicopatología (por ejemplo, Breslin y Weinberger, 1990; Cocarro y Murphy, 1990; Grace, 1991) es axiomático, algunos incluso dirían que está directamente confirmado. La integración significativa del cerebro, las emociones, el comportamiento y las influencias ambientales de las corrientes representa un área de investigación excepcionalmente activa en varias áreas de la ciencia psicológica, especialmente la

cognición y la personalidad. En resumen, la psicopatología del desarrollo no puede permitirse no prestar atención a estos avances y a las estrategias de investigación emergentes.

Lenzenweger y Haugaard destacan admirablemente al menos algunos aspectos en los cuadrantes SI, SD e ID; pero son escasos en II, e ignoran cualquiera de los niveles superiores en cualquiera de los cuadrantes. Sin embargo, éste y otros libros similares muestran el interés cada vez mayor en un enfoque más integral de la psicología y la terapia.

Véase también el excelente *Handbook of Psychotherapy Integration*, editado por J. Norcross y M. Goldfried.

Muy recomendables, ya que trabajan hacia varios tipos de integraciones de psicología/terapia durante las últimas cuatro décadas, son los trabajos de R. Woody, Jerome Frank, A. Ryle, Carl Rogers, S. Appelbaum, Aron Beck, L. Birk, A. Freeman, M. R. Goldfried, A. Lazarus, Deane Shapiro, J. Marmor, Stanley Messer (véase su *Essential Psychotherapies*, coeditado con A. Gurman), James Masterson, A. E. Bergin, J. Norcross, H. Arkowitz, John Gedo, V. Raimy, James Prochaska, J. Safran, H. H. Strupp, P. London, Paul Wachtel, Abraham Maslow y cualquiera de los brillantes trabajos de Michael Mahoney (por ejemplo, *Human Change Process*).

12. En libros como *El mundo interpersonal del infante*, Daniel Stern ha argumentado que "indiferenciado" es un término inapropiado para los primeros estadios, porque incluso las etapas iniciales de la conciencia de un bebé muestran ciertas discriminaciones y diferenciaciones. Sin embargo, el desarrollo posterior exhibe aún más de ellos; por lo tanto, las primeras etapas, en comparación, todavía se conocen adecuadamente como relativamente indiferenciadas.

13. Para una excelente discusión de las defensas en los primeros cuatro fulcros (o puntos de apoyo), véase George Vaillant, *La sabiduría del ego* (1993).

En la gráfica 1a, las defensas anteriores (F-1, F-2 y F-3) se basan en gran medida en la psicología del ego psicoanalítico, las relaciones de objetos y la psicología del Ser (por ejemplo, Anna Freud, Margaret Mahler, Otto Kernberg, D. Winnicott, W. Fairbairn, S. Arieti, Heinz Kohut, Blanck y Blanck, George Vaillant, M. H. Stone, J. Gedo, James Masterson). Las defensas intermedias (F-4, F-5 y F-6), sobre análisis transaccional, terapia cognitiva, teoría de atribución, teoría de constructos, teoría de roles e interaccionismo simbólico (por ejemplo, E. Berne, A. Beck, George Kelly, Selman, Mead). Las defensas superiores (F-7, F-8 y F-9) se seleccionan de las tradiciones existenciales y contemplativas (por ejemplo, Jaspers, Boss, Binswanger, May, Bugental, Yalom; kundalini yoga, Shaivismo de Cachemira, Sufismo, San Juan de la Cruz, los místicos victorinos, los místicos de Renania, Dzogchen, el Tantra del Yoga Supremo, etcétera). Véase *Transformations of Consciousness*. Véase también la nota 8.20.

Psicología integral

14. El "sentido con sentido" de Gendlin —una zona entre los sentimientos corporales y los conceptos mentales— es lo que Arieti (*The Intrapsychic Self*) llama "endocepto", que he enumerado en las gráficas como una de las olas básicas. Los endoceptos, como el vínculo entre el cuerpo-sentido y la mente-pensamiento, son la puerta de entrada a la sombra emocional. El "sentido con sentido" de Gendlin a menudo se ha confundido con la conciencia centaúrica, mientras que es básicamente tifónico (es decir, es una diferenciación precuerpo/mente, no una diferenciación transcuerpo/mente). Esta confusión, en mi opinión, se basa en una subestimación del componente cognitivo de la conciencia panorámica ofrecida por la visión-lógica. La conciencia endoceptual es, por definición, parte de la conciencia centaúrica (que trasciende e incluye todas las estructuras anteriores), pero no la define. Para el lugar de la impresión endoceptual en psicoterapia y meditación, véase *Diario*, anotaciones del 12 de agosto y 10 de septiembre. Véanse también las notas 8.34 y 8.35.
15. Véase *El ojo del Espíritu* (especialmente el capítulo 6) para un análisis completo de este tema y una crítica de la interpretación retro-romántica de Washburn de esta espiral curativa. Véase también *Diario*, anotaciones del 12 de agosto y 10 de septiembre. Véanse también las notas 8.34 y 8.35.
16. Véanse las notas 8.13, 8.17, 8.20.
17. Véanse *Transformations of Consciousness*, *Breve historia de todas las cosas*, y *El ojo del Espíritu*. *Lo transpersonal* de John Rowan es un buen análisis de las patologías y tratamientos en cada uno de los nueve fulcros, viciados sólo por una confusión ocasional de lo mítico y lo sutil. Esta confusión se basa en la falacia pre/trans (que confunde prerracional y transracional porque ambos son no-racionales, o cualquier confusión similar de preformal y posformal, preconvencional y posconvencional, prepersonal y transpersonal, etcétera; véase *Los tres ojos del conocimiento*). Rowan mismo ha visto y corregido estas confusiones en publicaciones posteriores, así como un nuevo epílogo del mencionado libro, que Rowan me envió y que cito:

> Terminar de escribir este libro en 1991 fue un esfuerzo innovador. Trataba de armar una historia coherente a partir de materiales ampliamente diferenciados. Y al hacerlo simplifiqué demasiado un punto.
>
> Me refiero a la definición misma de lo transpersonal. En este libro he identificado consistentemente lo transpersonal con la etapa sutil, la etapa del alma. La razón de ello era que quería dejar muy en claro que ésta era la etapa más allá del Centauro, que era más relevante para la terapia y la más utilizada por los terapeutas...
>
> Bueno, eso está bien y es bastante defendible. Lo que no lo es es sugerir que las etapas causal y no-dual no son, de forma alguna, transpersonales. Por supuesto que lo son. Son tan parte de lo transpersonal como es lo Sutil, y mucho más estudiadas y mencionadas en la literatura de la psicología transpersonal...

Por otro lado, creo haber tenido razón al enfatizar la importancia de lo Sutil. Está muy subestimado y subrepresentado en la literatura transpersonal...

Sin embargo, aquí hay que hacer una importante reserva, pues quienes trabajan en la dimensión de lo sutil suelen ser bastante descuidadas sobre la Falacia Pre/Trans. Debido a que lo prepersonal y lo transpersonal son ricos en imágenes, es muy fácil pasar de uno a otro sin notar el cambio.

Joseph Campbell, uno de los mayores defensores del nivel Sutil y su importancia, es también uno de los grandes desconcertadores en el campo, porque mezcla este nivel [sutil posformal] con el nivel Mítico [preformal] de forma habitual, como si pensara que son la misma cosa...

Lo que podemos aprender de todo esto es que si alguien tan letrado y capaz como Joseph Campbell puede cometer este tipo de error [pre/pos], debe ser aún más fácil para los que tienen menos experiencia. En mi propio trabajo he hecho esto, agrupando a los practicantes que están operando a nivel mítico con los que están operando realmente la mayor parte del tiempo a nivel sutil. Esto es algo que pretendo corregir en el futuro, y sobre lo que estoy haciendo un esfuerzo en advertirlo con estas palabras.

Para un análisis más detallado, véanse las notas 8.25, 8.27 y 9.16.
18. Véanse en particular las obras de George Kelly, Aron Beck y Albert Ellis. El análisis transaccional sigue siendo un buen enfoque para muchos de estos escritos (véanse E. Berne, T. Harris).
19. Véanse especialmente las obras innovadoras de Ludwig Binswanger, Medard Boss, Rollo May, Fritz Perls, Irvin Yalom y Carl Rogers.
20. Una buena entrada a la psicología y la terapia transpersonales incluye a Donald Moss (ed.), *Humanistic and Transpersonal Psychology*; Scotton *et al.*, *Textbook of Transpersonal Psychiatry and Psychology*; Frances Vaughan, *The Inward Arc* y *Shadows of the Sacred* (que son particularmente recomendables); Seymour Boorstein, *Clinical Studies in Transpersonal Psychotherapy and Transpersonal Psychotherapy*; Assagioli, *Psychosynthesis*; Grof, *Adventures in Self Discovery*; Tart, *Transpersonal Psychologies and States of Consciousness*; Washburn, *The Ego and the Dynamic Ground and Transpersonal Psychology in Psychoanalytic Perspective*; Zimmerman, *Eclipse of the Self*; Walsh y Shapiro, *Beyond Health and Normality*; Neumann, *The Origins and History of Consciousness* (véase la gráfica 4b); Chaudhuri, *Integral Yoga*; Epstein, *Thoughts without a Thinker*; Deikman, *The Observing Self*; Kathleen Singh, *The Grace in Dying*; Duane Elgin, *Awakening Earth*; Ferucci, *What We May Be*; antologías/libros de John Welwood; Adi Da, *The Dawn Horse Testament*; Wade, *Changes of Mind*, Grof y Grof, *The Stormy Search for the Self*; Jean Houston, *The Possible Human*; N. Schwartz-Salant y M. Stein, *Archetypal Processes in Psychotherapy*; Aurobindo, *The Life Divine*; Maslow, *La amplitud potencial de la naturaleza humana*; John Rowan, *Lo transpersonal* (como el propio Rowan ha

dejado claro en sus escritos posteriores, este libro tiende a confundir los dominios míticos y sutiles, véase la nota 8.17, pero es una buena descripción general); Tony Schwartz, *What Really Matters*; Walsh y Vaughan, *Paths Beyond Ego*; Wilber *et al.*, *Transformations of Consciousness*; Almaas, *Pearl beyond Price*; J. Firman y A. Gila, *The Primal Wound*; Murphy, *The Future of the Body*; Murphy y Leonard, *The Life We Are Given*; Cornett, *The Soul of Psychotherapy*; Doherty, *Soul Searching*; Browning, *Religious Thought and the Modern Psychologies*; Sovatsky, *Words from the Soul*; Shapiro y Astin, *Control Therapy*; Frager y Fadiman, *Personality and Personal Growth*.

21. Incluso la terapia conductual refuerza las respuestas que ayudan a las personas a experimentar lo que han evitado. Por cierto, como demuestra Arieti (*The Intrapsychic Self*), el conductismo clásico trata predominantemente con el nivel exoceptual de la cognición. El conductismo cognitivo moderno aborda predominantemente el comportamiento verbal F-4 y F-5. En otras palabras, hay un amplio espacio en una teoría integral para las percepciones perdurables del conductismo, aunque no para su reduccionismo. Finalmente, cuando digo que la conciencia es curativa, esto incluye el trabajo; la conciencia debe ser estable y generalizada; debe impregnar el problema.

22. Véase el magnífico libro de John Rowan *Subpersonalities*; véase también *Ego States*, de Watkins y Watkins. En mi opinión, cada subpersonalidad existe como un "Yo" subconsciente o inconsciente, un aspecto del Ser cercano que fue dividido defensivamente, pero con el cual la conciencia permanece fusionada, incrustada o identificada (como un "Yo" oculto), con sus propios anhelos, deseos, impulsos, etcétera. La naturaleza de la subpersonalidad está determinada en gran medida por el nivel en el que se disoció (arcaico, mágico, mítico, etcétera). Estos "pequeños aspectos" son todas esas facetas ocultas del Yo que no han sido convertidas en objetos, soltadas, desidentificadas, desincorporadas y trascendidas, y por lo tanto mantienen a la conciencia girando en su órbita.

Cada vez que el Ser próximo se identifica con una onda básica, el Ser existe integrado como esa onda: es un Ser material, luego un Ser libidinal/emocional, luego un Ser conceptual, luego un Ser de rol, luego un Ser reflexivo, luego un Ser integrado/auténtico, luego un Ser del alma, luego un Ser espiritual, cada uno de los cuales trasciende e incluye holárquicamente. A medida que cada "Yo" se trasciende, se convierte en parte del Ser "Mí" (por ejemplo, el cuerpo sintiente, que era el próximo o Ser de F-2 "Yo", se convierte simplemente en "mi cuerpo" —o parte del Ser distal o "Mí"— cuando el Ser próximo avanza).

Una subpersonalidad disociada resulta cuando las facetas del "Yo" se separan, mientras que la conciencia todavía se identifica con ellas. Así se convierten, no en objetos inconscientes, sino en sujetos inconscientes, con sus propias morales, cosmovisiones, necesidades, etcétera (todo determinado por el nivel en el que la subpersonalidad se separó). En mi opinión, ésta es la clave para distinguir entre la represión y la trascendencia. Es decir, la disociación (o represión) ocurre cuando un Yo próximo se convierte en un Yo distal; mientras que la trascendencia ocurre cuando un Yo próximo se convierte en un Mi distal. En el primero, la identificación/apego subjetivo (o Yoísmo) permanece, pero está inmerso (como un sujeto inconsciente). En el último, la identificación subjetiva se disuelve, convirtiendo al sujeto inconsciente en un objeto consciente, que luego puede integrarse (trascender e incluir, no disociar y reprimir). La terapia implica convertir sujetos ocultos en objetos conscientes.

23. Las subpersonalidades de nivel inferior son en gran medida preverbales (arcaicas, urobóricas, mágicas [SI]; tronco cerebral reptiliano, sistema paleomamífero/límbico [SD]); las subpersonalidades de nivel intermedio son verbales (míticas, roles, formales, posformales [SI]; neocórtex [SD]); las subpersonalidades superiores son transverbales (en su mayoría sutiles [SI], estados theta [SD]). Cada uno de ellos incide en la conciencia de una manera diferente: lo preverbal, a menudo como impulsos e impulsos inarticulados; lo verbal, como narrativas vocales o subvocales; lo transverbal, como luminosidades, cogniciones superiores y afectos trascendentales (de la dicha a la agonía cósmica).

Un componente disociado de cualquier nivel de conciencia procede de una faceta a una subpersonalidad compleja a una subpersonalidad completa, cada una estratificada con mayor complejidad. Esto es similar a la noción de los Sistemas de Experiencia Condensada de Grof (SEC). Cualquier subpersonalidad incluye uno o más complejos, que a su vez pueden ser estratificados, yendo desde el nivel actual (digamos, F-5 o racional) hasta niveles anteriores (mítico, mágico, arcaico), incluso hasta matrices perinatales (F-0); y aún más, algunos afirmarían, hasta experiencias de vida pasadas (cuando se desee concebir eso, desde literalidad hasta residuos filogenéticos; véase *Un dios sociable* para una descripción más detallada de esta estratificación de complejos). Del mismo modo, algunas subpersonalidades contienen cualidades emergentes que intentan "bajar" (de dominios psíquicos, sutiles, causales o no duales).

24. Para conocer el posible papel, altamente controvertido, de F-0 en las patologías posteriores, véase Grof, *The Adventure of Self-Discovery*.

25. "Arquetipo" tiene diferentes (y muy confusos) significados en la literatura. Lo uso para ambas formas: míticas y (ocasionalmente) sutiles. El significado original, siguiendo a Platón y a Plotino, es de las formas del reino sutil (las primeras formas en la involución); pero los junguianos comenzaron a usarlo para significar formas míticas (algunas de las primeras formas en la evolución), una confusión que es imposible desarraigar. Para un análisis completo, véanse *Los tres ojos del conocimiento* y *El ojo del Espíritu*.

En cualquier caso, la mayoría de los arquetipos míticos —como se identifican, por ejemplo en *Las diosas de cada mujer* y *Los dioses de cada hombre*, de Jean Shinoda Bolen— son simplemente personajes operacionales concretos; son preformales, no posformales. No hay nada inherentemente transpersonal en ellos, por lo que, a pesar de las muchas afirmaciones en contra, trabajar con estos roles míticos suele ser una terapia de fulcro-4. Creo que es una forma poderosa de terapia F-4, y a menudo la recomiendo, pero no emite directa o necesariamente en estados transpersonales o estructuras de conciencia, aunque, al eliminar patologías en este nivel, puede (como cualquier buena terapia) facilitar un desarrollo transpersonal superior. Véanse las notas 8.27 y 9.16.

La terapia junguiana de este tipo puede ocasionalmente surgir en la conciencia transpersonal, simplemente porque el proceso de objetivar estos roles míticos a menudo involucra al Testigo, y al Testigo posformal (no a los roles míticos preformales), de hecho, es transpersonal. Personalmente creo que la Psicosíntesis de Assagioli y el Enfoque Diamante de Hameed Ali son más efectivos en este aspecto en particular, al igual que la meditación de conciencia en general (vipassana, Zen, etcétera).

26. Véanse *Los tres ojos del conocimiento*; *Sexo, ecología, espiritualidad*, 2ª edición (CW6); y *El ojo del Espíritu* para discusiones extensas sobre el significado de los arquetipos: de Platón a Jung. Véase especialmente *El ojo del Espíritu*, capítulo 11, sección "Puntos de Luz", número 4.

27. Joseph Campbell (*The Portable Jung*, p. xxii) ha dado un maravilloso resumen del enfoque general de Jung: "En resumen, los hallazgos fundamentales de la carrera de Jung fueron, en primer lugar, que dado que los arquetipos o las normas del mito son comunes a la especie humana, no son inherentemente expresivas de las circunstancias sociales locales ni de la experiencia singular de ningún individuo, sino de las necesidades humanas comunes, los instintos y los potenciales [una vez más, 'común' o 'colectivo' no significa necesariamente transpersonal, ya que el hecho de que los seres humanos tienen diez dedos de los pies no significa que si siento esas falanges tenga una experiencia transpersonal; los arquetipos míticos son simplemente algunas de las características profundas de la mente preoperacional tardía y del conop temprano, y por lo tanto son formas básicas en esos niveles, que están desprovistas de contenido pero que se dan a conocer por culturas e individuos particulares]; en segundo lugar, que en las tradiciones de cualquier pueblo específico, las circunstancias locales habrán proporcionado la imaginería a través de la cual se muestran los temas arquetípicos en los mitos de apoyo de la cultura; en tercer lugar, que si la forma de vida y el pensamiento de un individuo se aleja de las normas de la especie sucede un estado patológico de desequilibrio, de neurosis o psicosis, aparecerán sueños y fantasías análogas a mitos fragmentados; y cuarto, que tales sueños se interpretan mejor, no por referencia a recuerdos infantiles reprimidos (reducción a autobiografía), sino por comparación hacia fuera con las formas míticas análogas (amplificación por mitología), para que la persona pueda verse despersonalizada en el espejo" de la condición humana colectiva. En otras palabras, el objetivo es diferenciar (e integrar) estas formas y roles míticos. Muchos junguianos equiparan directamente estos roles míticos preformales con estructuras sutiles posformales, lo cual (en mi opinión) es una desafortunada confusión pre/pos (para una discusión del significado de

"arquetipo" y sus confusiones pre/trans, véanse *Los tres ojos del conocimiento* y *El ojo del Espíritu*). Pero los efectos de la diferenciación y la integración míticas siguen siendo esencialmente los mismos, sin embargo, se interpreta así: la conciencia se hace amiga y trasciende el control de los arquetipos míticos y, por lo tanto, se le permite continuar su viaje libre de su hechizo inconsciente, una diferenciación e integración, que Jung llamó individuación.

28. Los psicólogos psicoanalíticos, de las relaciones de objeto, y los psicólogos del Ser están reconociendo cada vez más un espectro de modalidades de tratamiento hasta e incluyendo F-5. Como ejemplo, en las gráficas he incluido a J. Gedo (por ejemplo, *Beyond Interpretation, Advances in Clinical Psychoanalysis, Spleen and Nostalgia*), que incluye notablemente los primeros cinco fulcros y sus diferentes patologías y tratamientos.

    Varias tipologías horizontales, como el eneagrama, también se pueden utilizar para dilucidar los tipos de defensas utilizadas por los individuos. Cada tipo avanza a través de los diversos fulcros con sus propios mecanismos de defensa y estrategias para sobrellevarlos. Estas tipologías horizontales pueden combinarse de manera fructífera con los fulcros verticales, como se sugiere en el capítulo 4 de la presente obra.

29. Véanse *El proyecto Atman* y *Transformations of Consciousness*.
30. Grof y Grof, *Spiritual Emergency*.
31. Maslow, *La amplitud potencial de la naturaleza humana*.
32. Véase *Transformations of Consciousness*; también las notas 8.13 y 8.20.
33. Para los enfoques de la "terapia del alma", véase la nota 8.20.
34. Una vez más, hay muchas superposiciones y numerosas excepciones, pero en términos muy generales, la senda de los chamanes/yoguis se ocupa de las corrientes de energía en el reino básico y la mente corporal básica (ejemplificada en el misticismo de la naturaleza), que conduce al sahasrara (las corrientes de energía o shakti del primer al séptimo chakra, en la punta de la cabeza). La obra de los santos hunde las profundidades interiores del ámbito psíquico y sutil, a menudo comenzando en el cuarto o quinto chakra, moviéndose hacia el sahasrara, y luego hacia numerosas esferas más "tanto dentro como fuera" de iluminaciones audibles y halos de luz y sonido (ejemplificados en el misticismo de la deidad), culminando ocasionalmente en la absorción pura sin forma. El camino de los sabios desploma el vacío puro del dominio causal (ejemplificado en el misticismo sin forma), y a menudo empuja a través de él para disolver por completo el dualismo de objeto-subjetivo en cualquier forma (incluido el que hay entre el Ser y Dios), para resucitar lo no-dual. El sendero de los siddhas juega con el misticismo no-dual, que siempre se cumple en todos y cada uno de los gestos de este momento siempre presente. Véanse *Después del Edén*; *Sexo, ecología, espiritualidad*, 2ª edición (CW6); y *Diario*.
35. Dedicamos unas palabras a la terapia corporal. En la década de los sesenta y principios de los años setenta del siglo XX, parecía que las terapias corporales,

Psicología integral

como el método Rolfing, estaban dirigidas al centauro, o una integración personal, posformal, mente corporal; desde entonces se ha hecho evidente que la mayoría de ellos, en sí mismos, se ocupan de los cuerpos físicos y emocionales preformales. Esto no significa que la terapia somática sea inútil; todo lo contrario, aunque sea menos significativa, es más fundamental (véase *Sexo, ecología, espiritualidad*, 2ª edición). Las terapias físicas de varios tipos —desde levantamiento de pesas hasta la terapia nutricional, el Rolfing, la terapia somática y el trabajo corporal, en la medida en que abordan directamente el cuerpo físico y el sintiente (F-1 y F-2)— son de gran importancia como cimiento de una terapia integral. Pero para la integración centaúrica posformal (para, por ejemplo, lograr las etapas autónomas e integradas de Loevinger), la lógica de la visión también tiene que involucrarse y fortalecerse, y pocas terapias corporales realmente hacen eso.

Del mismo modo, la mayoría de las terapias que se llaman a sí mismas terapias de "mente corporal" (como la bioenergética y el enfoque) se ocupan principalmente de los aspectos prediferenciados de la interfaz cuerpo/mente, no de los aspectos transdiferenciados o verdaderamente integrados. Es decir, estas terapias de "mente corporal" tratan con la dimensión pránica de la energía emocional vital, los significados sentidos endoceptuales y la psicología visceral, a medida que se mueven de las dimensiones corporales a las dimensiones mentales (de prana-maya-kosha a mano-maya-kosha), el rango F-2 a F-3. El énfasis permanece en lo que estoy sintiendo y cómo puedo articular estos gestos somáticos vagos. Estas terapias generalmente no abordan los problemas específicos de la conciencia moral centrada en el mundo y/o las revelaciones transpersonales (centaúricas y superiores), aunque, por supuesto, si estos problemas surgen por su cuenta, la mayoría de los terapeutas de la mente corporal los contendrán. Pero el principal punto focal de la terapia somática sigue siendo endoceptual, no de visión-lógica (véase la gráfica 1a). Sin embargo, (y en mi opinión) la terapia corporal de varios tipos, como cimiento, sigue siendo fundamental para todas las fases posteriores de la terapia integral (de la mente al alma al espíritu). Véase la nota 8.14.

36. En la corriente de la evolución, podemos rastrear el desarrollo cosmogenético, filogenético, ontogenético y microgenético. La cosmogénesis se refiere a los desarrollos en la fisiosfera, conduciendo, a través de sistemas alejados del equilibrio, al borde de las formas de vida, donde comienza la evolución filogenética, dentro de la cual se desarrolla la evolución ontogenética. No es que cualquiera de estos recapitule estrictamente a los demás, sino que los holones básicos de los que se construye cada uno sólo pueden (después de que hayan surgido de forma creativa) estar organizados de tantas maneras, y por lo tanto los desarrollos posteriores siguen los surcos de las selecciones anteriores —así, en líneas generales, la ontogenia recapitula la filogenia cosmogénica— y cada holón en cada una de las líneas trasciende e incluye a sus predecesores.

La microgenia es el despliegue momento a momento de una línea de desarrollo. En términos generales, la microgenia recapitula la ontogenia. Así, por ejemplo, una persona en formop, que ve un árbol y me habla de él, tiene esta secuencia microgenética general: existe la sensación del árbol, que conduce a la percepción, y se forma una imagen del árbol; los factores afectivos colorean esta imagen (agradable/desagradable), y la persona busca una serie de palabras (símbolos y conceptos) con las que etiquetar el árbol; estos conceptos surgen dentro del espacio cognitivo de conop y formop, y el escaneo de memoria preconsciente de alta velocidad para palabras adecuadas se produce dentro del trasfondo cultural dado (el idioma es español, digamos, y no italiano), impulsado en parte por un deseo de comunicación intersubjetiva y comprensión mutua. Todo esto resume a la persona que me dice: "Veo un árbol".

Esa secuencia microgenética recapitula la propia secuencia ontogenética de una persona (sensación a percepción a impulso a imagen a símbolo…). Si sólo me he desarrollado para conop, mis procesos microgenéticos se detendrán en conop; si me he desarrollado para lo sutil, mis procesos microgenéticos continuarán en lo sutil: el árbol será visto, percibido directamente, no como un objeto ahí en el espacio de la perspectiva, sino como una manifestación radiante del espíritu. En general, la microgenia recapitula la ontogenia recapitula la filogenia recapitula la cosmogenia: materia a sensación a percepción a impulso a imagen a símbolo a concepto a regla a formop a… cualquier nivel en el Gran Nido al que estoy actualmente adaptado. Cuando la persona se gira hacia mí y dice: "Veo un árbol", toda la historia del Kosmos, hasta ese momento, está envuelta en esa simple expresión.

No todos los procesos en conciencia son "de abajo hacia arriba"; muchos son "de arriba hacia abajo", es decir, muchos comienzan en mi nivel actual (o superior) y recorren la gran holarquía. Cuando tengo una visión creativa (por ejemplo, en nivel psíquico), podría traducir esa visión hacia abajo en visión-lógica, o quizás en expresión artística, o incluso en imágenes y símbolos simples; podría ejecutar mi visión comenzando a convertirla en comportamiento abierto y así materializar la visión: tal vez una nueva invención, una nueva obra de arquitectura, una nueva forma de interactuar con los demás, la escritura de una novela, etcétera (por ejemplo, la voluntad es una imposición involucionaria microgenética de lo superior a lo inferior). En la evolución microgenética, los procesos se mueven hasta lo más alto en donde se ubica. En la involución microgenética, lo superior se mueve hacia procesos inferiores. Ambos son muy importantes y representan una escala móvil: cuanto más se desarrolla, más completo es el rango a través del cual ambos pueden moverse, hasta que, con un despertar no-dual, pueden moverse a través del Kosmos.

37. Desafortunadamente, lo que muchos pensadores del nuevo paradigma de la Nueva Era quieren decir con "profundidad" es en realidad algo más bajo en la línea de evolución, no algo más profundo en esa línea.

Psicología integral

38. Véase la nota 7.2.
39. Por lo tanto, al modelo estándar de tres variables (o "tridimensional") de estructuras subjetivas individuales, estados y ámbitos, necesitamos agregar diferentes estados cerebrales (SD), tipos y niveles de valores culturales (II) y modalidades de instituciones sociales (ID). Esto nos arroja seis variables independientes, cualquiera de las cuales puede ser distorsionada o patológica, con reverberaciones concomitantes en todas las demás. El modelo de tres variables marcó la fase 2 y la fase 3; el modelo de seis variables marcó la fase 4 (los cuatro cuadrantes). Véanse las notas 1.3, 1.5, 1.9, 1.10, 8.1, 8.2, 12.12. Para las fases 2, 3 y 4, véase la nota 9.15.
40. Véase la nota 8.11.
41. Las formas más frecuentes y accesibles de terapia de las relaciones incluyen la terapia familiar y la terapia de grupo; los enfoques clásicos para cada una de ellas incluyen los de Virginia Satir e Irvin Yalom, respectivamente. Véanse también S. Gladding, *Family Therapy* y Mikesell *et al.* (eds.), *Integrating Family Therapy*. "Terapia relacional" en el sentido amplio también incluye relaciones espirituales superiores, para las cuales se podría mencionar el trabajo de Robert Forman y el Instituto Forge. Véase R. Forman en Crittenden *et al.*, *Kindred Visions*.

9. Algunas corrientes importantes del desarrollo

1. Como hemos visto, el Ser próximo es a la vez una función constante y una corriente de desarrollo. Es un sistema de diversas invariantes funcionales (el *locus* de identidad, voluntad, metabolismo, navegación, defensas, regulación de la tensión, integración, etcétera), que también experimenta su propio desarrollo a través de las ondas básicas en el Gran Nido (generalmente resumidas como los nueve fulcros). Como *locus* de integración, el Ser también es responsable de equilibrar e integrar todos los niveles, líneas y estados en el individuo. En este capítulo estamos analizando específicamente algunas de las líneas de desarrollo más importantes.
2. Pero el número de individuos que alcanzan la mayor profundidad es cada vez menor (la evolución produce mayor profundidad, menor amplitud). Las etapas superiores contienen dentro de sí todas las etapas inferiores, y por lo tanto los holones superiores se vuelven cada vez más significativos y envolventes (las células adoptan moléculas que adoptan átomos); pero menos individuos alcanzan las etapas superiores (el intervalo se vuelve menor: hay menos células que moléculas, menos moléculas que átomos). Para los seres humanos y las etapas del desarrollo de la conciencia, esto no significa que sólo unas pocas personas puedan alcanzar las etapas superiores; únicamente significa que primero tienen que pasar por las etapas inferiores (de modo que el número total de etapas inferiores siempre será mayor que la superior, simplemente porque el crecimiento comienza en la inferior; pero éste puede continuar, y así todos pueden, en teoría, alcanzar los máximos cotos). Un átomo no puede convertirse en una célula; pero un individuo precon puede convertirse en un con y luego en un poscon.

Aunque a veces uso "teocéntrico" y "teósfera" para los ámbitos transpersonales generales, prefiero términos como "neumocéntrico" y "neumósfera", para evitar la confusión con el teísmo mítico, que casi siempre es, como vimos, etnocéntrico. Se dice que el/la dios/diosa mítico/mítica es universal, y todos se pueden salvar, pero sólo si se adopta a ese/esa dios/diosa en particular.

3. Técnicamente, distingo entre las necesidades de la estructura básica y las autonecesidades. Las necesidades de estructura básica (o simplemente necesidades básicas) son las que implican el funcionamiento constante de las estructuras básicas (en la medida en que han surgido en el desarrollo de una persona). Las necesidades básicas incluyen el intercambio físico (alimento, agua, calor); intercambio biológico (especialmente la respiración, el sexo, élan vital); intercambio mental (comunicación, intercambio de símbolos y unidades de significado), y así sucesivamente. Como se explica en *Después del Edén* y *Un dios sociable*, cada estructura básica (u ola básica en el Gran Nido) es un sistema de intercambios relacionales con otros holones en el mundo en un nivel similar de desarrollo estructural y su misma vida depende de esos intercambios (toda representación es representación en comunión): por lo tanto, esa dependencia se siente interiormente como una necesidad.

Del mismo modo sucede con las necesidades del Ser, excepto que, donde las necesidades básicas permanecen en existencia (debido a la naturaleza perdurable de las estructuras básicas y sus relaciones funcionales), las necesidades del Ser son en su mayoría transitorias, específicas de la fase, y temporales, que duran sólo mientras el Ser está en un nivel particular de conciencia. La jerarquía de necesidades de Maslow (a excepción del nivel fisiológico) es una jerarquía clásica de necesidades del Ser, al igual que los aspectos motivacionales del desarrollo del ego de Loevinger. Por lo tanto, el Ser se mueve de las necesidades impulsivas a las necesidades de seguridad a las necesidades conformistas a las necesidades autónomas, y cada vez que lo hace las necesidades de la etapa anterior tienden a ser reemplazadas por las de la etapa superior. En la etapa autónoma, por ejemplo, uno no tiene simultáneamente un enorme conjunto de necesidades impulsivas, aquéllas que han sido trascendidas (salvo la fijación, las subpersonalidades disociadas, etcétera); y sin embargo, las estructuras básicas correspondientes de esos niveles inferiores (imágenes, símbolos y conceptos) permanecen perfectamente presentes y funcionando, porque son escalones básicos en la escalera de la existencia, y no un subproducto temporal del ascenso del Ser por esos peldaños. Por lo tanto, esas necesidades básicas todavía están presentes y funcionando (la necesidad de alimento, respiración, intercambio de símbolos, etcétera).

Entonces, las motivaciones de una persona incluyen todas las necesidades de estructura básica que han surgido hasta la fecha (por ejemplo, alimento, sexo, comunicación simbólica, comunión con Dios), además de la principal necesidad del Ser (por ejemplo, seguridad, pertenencia, autoestima, trascendencia del Ser), que se genera por la identificación exclusiva del Ser próximo con una estructura básica o nivel de conciencia particular. He incluido estos dos tipos de necesidades principales en la gráfica de "niveles de alimentos"; ambos son el producto de las demandas del intercambio relacional en todos los niveles.

En la teoría de la motivación estándar, es común representar una "tendencia al comportamiento" (TC) como el producto del impulso, la expectativa y el valor (TC= I × E × V). Por ejemplo, mi tendencia a ir al frigorífico a buscar algo para comer es un producto de cuán hambriento (I) estoy (cuanto más hambre, más probabilidades tengo de ir); la expectativa (E) de que puedo encontrar algo en el frigorífico (tal vez me doy cuenta de que no hay mucha comida en el frigorífico; cuanto más espero que algo esté allí, más probabilidades tengo de ir); y el valor (V) de lo que hay allí (¿qué pasa si sé que sólo hay sardinas, y odio las sardinas? Cuanto más valoro lo que hay, más probabilidades tengo de ir).

Por lo tanto, el comportamiento general, en mi opinión, es una suma de todos los impulsos básicos y del Ser, las expectativas de satisfacerlos y los valores que se les otorgan en un momento dado. El resultado es un cálculo bastante sofisticado de motivaciones que abarcan todo el espectro de la conciencia.

El objetivo de un curso completo de desarrollo es despojar las estructuras básicas de cualquier sentido del Ser exclusivo y así liberar las necesidades básicas de su contaminación por las necesidades del sentido del Ser separado. Cuando las estructuras básicas se liberan de los proyectos de inmortalidad del Ser separado, son libres de regresar a sus relaciones funcionales naturales: uno come sin hacer de la comida una religión, uno se comunica sin deseo de dominar, uno intercambia reconocimiento mutuo sin buscar provecho propio. El Ser separado, subiendo y bajando la escalera de la Gran Cadena, desaparece como una entidad alienada y alienante, termina por completo con sus necesidades, y así se queda con el juego simple y espontáneo de las necesidades básicas y sus relaciones a medida que se desarrollan fácilmente: cuando tenemos hambre, comemos; cuando estamos cansados, dormimos. El Ser ha sido devuelto al Ser, todas las necesidades del Ser han sido satisfechas y por lo tanto descartadas, y las necesidades básicas por sí solas permanecen, no tanto como necesidades, sino como redes de comuniones que son las relaciones del Espíritu con y como este mundo.

4. A veces uso "visión del mundo" y "visión del espacio-mundial" como sinónimos, aunque técnicamente el primero se refiere más al componente cognitivo de un espacio-mundial; el espacio-mundial en sí incluye todo tipo de contextos culturales, antecedentes y prácticas, algunos de los cuales son no discursivos y precognitivos.

5. Véase *Sexo, ecología, espiritualidad*, 2ª edición (CW6), capítulo 14, nota 17, para una extensa discusión del hecho de que la intencionalidad subjetiva surge dentro de un espacio mundial intersubjetivo, y una crítica de las teorías que ignoran esto.

6. Véanse las notas 8.14 y 8.35.

7. Véase la nota 4.15. Para el estado de neutralidad de género de las etapas básicas del desarrollo, véanse, por ejemplo, dos libros de texto ampliamente respetados:

Notas

Shaffer, *Social and Personality Developmenty*; y Sroufe *et al.*, *Child Development*. Véase también *El ojo del Espíritu*.

8. Joyce Nielsen ofrece una excelente visión general de un feminismo utilizando los cuatro cuadrantes ("¿Fusión o Fisión?", en J. Crittenden *et al.*, *Kindred Visions*). Véanse también Kaisa Puhakka, "The Spiritual Liberation of Gender", y Elizabeth Debold, "Beyond Gender", ambos textos incluidos en el mentado *Kindred Visions*.
9. Véanse las notas 1.3, 1.5, 1.9, 1.10, 8.1, 8.2, 8.39, 12.12.
10. No he diferenciado los ejemplos de la gráfica 8 en el nivel del sujeto (producción del arte) y el nivel del objeto (que se representa); ambos simplemente se incluyen en la gráfica, aunque se invita al lector a hacer las distinciones adecuadas. Por ejemplo, el ámbito sensomotriz representado por la magia es el arte paleolítico; ilustrado por la razón de perspectiva es el realismo empírico y el naturalismo; lo sutil representado por lo mítico es el arte iconográfico religioso; por el ego mental es el realismo fantástico, y así sucesivamente.
11. Véanse las notas 1.3, 1.5, 1.9, 1.10, 8.1, 8.2, 8.39, 12.12.
12. Para una discusión completa de este tema, véanse *Ciencia y religión* y *Breve historia de todas las cosas*.
13. "Estética", como uso el término en el sentido más amplio, significa la aprehensión directa de la forma en cualquier dominio. Dicho lo cual lo hace bastante similar al empirismo en su sentido más amplio: empirismo sensorial, empirismo mental, empirismo espiritual. Con las diferenciaciones de la modernidad, la filosofía occidental que siguió a Kant decidió hacer de la espiritualidad una cuestión de moral intersubjetiva (II), en lugar de ver que la espiritualidad auténtica es también una cuestión de experiencia personal directa, empirismo radical, fenomenología inmediata y, en todos esos sentidos, aprehensión estética (IS). Para las grandes tradiciones contemplativas, la experiencia espiritual es una aprehensión directa "interna" de formas inmediatas en la conciencia, que se despliegan desde formas básicas a formas sutiles, que finalmente se liberan en la falta de forma causal; formas que por lo tanto se vuelven más y más sublimes (estéticas). La espiritualidad también implica la participación intersubjetiva de estas formas en la moral, ética, sangha y el discurso, pero no puede (*contra* Kant) reducirse a meros mandatos morales.

    De manera más estrecha (y más tradicional), también uso "estética" para referirme a la aprehensión de formas consideradas como agradables, bellas, sublimes; los juicios subjetivos que están involucrados en valorar formas como bellas; y toda la esfera del arte, la producción artística y la crítica de arte. La belleza es la profundidad de un holón o su transparencia para el Espíritu. El arte es cualquier cosa enmarcada.

    Véase *Sexo, ecología, espiritualidad*, 2ª edición (CW6) y *El ojo del Espíritu* (especialmente los capítulos 4 y 5) para una amplia discusión sobre el arte, la teoría del arte y la estética. Para una visión interesante de la aprehensión estética

Psicología integral

como disciplina espiritual en Aurobindo y Tagore, véase W. Cenkner, "Art as Spiritual Discipline in the Lives and Thought of Rabindranath Tagore and Sri Aurobindo Ghose", en *Ultimate Reality and Spiritual Discipline*, editado por J. Duerlinger.

14. En la nota 14.20 figura un examen más amplio del desarrollo en los Tres Grandes.
15. Es decir, de un modelo de fase 2 a uno de fase 3. Por conveniencia, he dividido mi trabajo en cuatro fases generales. La fase 1 era Romántica (un modelo de "generosidad recapturada"), que postulaba un espectro de conciencia que iba desde subconsciente a autoconsciente a superconsciente (o id a ego a Dios), con las etapas superiores vistas como un retorno a, y recaptura de, potenciales originales, pero perdidos. La fase 2 fue específicamente más evolutiva o de desarrollo (un modelo de "crecimiento hacia la generosidad"), con el espectro de la conciencia desplegándose en etapas o niveles de desarrollo. La fase 3 agregó líneas de desarrollo a esos niveles de desarrollo, es decir, numerosas y diferentes líneas de desarrollo (tales como cognitivo, conativo, afectivo, moral, psicológico, espiritual, etcétera) continuando de una manera relativamente independiente a través de los niveles básicos del espectro general de la conciencia. La fase 4 añadió la idea de los cuatro cuadrantes: las dimensiones subjetiva (intencional), objetiva (conductual), intersubjetiva (cultural) e interobjetiva (social) de cada uno de esos niveles y líneas, con el resultado de ser, o al menos intentar ser, una filosofía integral o integral. El presente libro es, por supuesto, un trabajo de fase 4. Para una discusión de estas fases, véase *El ojo del Espíritu* y *Diario*, anotaciones del 16 de noviembre.
16. De hecho, a medida que se desarrolla, incluso la línea cognitiva básica se vuelve más y más sutil: mientras que la cognición sensomotriz es la percepción del entorno material, y la cognición operacional concreta es el "pensamiento que opera en el entorno", el formop es el "pensamiento que opera en el pensamiento", y por lo tanto el formop ya está involucrado con la percepción sutil en un grado significativo. Sin embargo, esta percepción todavía está organizada de tal manera que sus referentes finales son objetos y operaciones en el ámbito básico, y por lo tanto incluyo formop en la línea cognitiva básica. La visión-lógica puede participar de reinos básicos y sutiles, y puede ser incluida como un componente importante en ambas líneas. En la línea básica, la visión lógica es generalmente la etapa más alta y concluyente; en la sutil, es una etapa intermedia, precedida por la etérica, astral, fantasía e imaginación, y reemplazada por la visión psíquica, el arquetipo sutil y los estados meditativos intermedios a avanzados.

Muchos teóricos psicológicos que están investigando la línea sutil de desarrollo (por ejemplo, los junguianos, Jean Shinoda Bolen y James Hillman), a menudo confunden los niveles prepersonales inferiores en la línea sutil con los niveles transpersonales superiores en esa línea, con desafortunados resultados. James Hillman, por ejemplo, ha explorado cuidadosamente los niveles preformales e imaginarios de la línea sutil, pero los confunde constantemente con los niveles posformales de la línea sutil. El hecho de que los teóricos estén trabajando con sueños/imágenes/visiones no significa que necesariamente aborden los niveles superiores de esa línea (como savikalpa samadhi o iluminación trascendental); a menudo abordan los niveles inferiores, prepersonal a personal en la línea sutil (que a menudo llaman erróneamente el "alma", cuando lo que están trabajando con más frecuencia es el tifón, la capa etérica/astral, prana-maya-kosha, imágenes/símbolos, fantasías míticas preformales, etcétera). Todos los niveles en la línea sutil son importantes, pero no deben confundirse o equipararse en ese sentido. Hacerlo es otro tipo de "falacia colapsante" (véase la nota 9.18) donde las diversas olas de una corriente de conciencia dada colapsan y se fusionan, simplemente porque todas navegan en la misma corriente.

17. La capa causal es vista, tanto por el Vedanta como por el Vajrayana, como la fuente raíz, y por lo tanto la "causa" de todos los otros niveles de conciencia y realidad. Al mismo tiempo, es en sí mismo un nivel entre otros niveles (aunque el superior), y por lo tanto no es el supremo. El estado último o no-dual no es un nivel entre otros, sino el suelo, la plenitud o el vacío de todos los niveles y todos los estados. Lo que ensombrece el cumplimiento del dominio no-dual es precisamente el dualismo sujeto/objeto, y este dualismo surge primero en el dominio causal como una constricción o contracción en la conciencia (es decir, como el dualismo entre sujeto y objeto, en este caso, el mundo no manifiesto de la conciencia vacía y el mundo manifiesto de los objetos). Esta contracción dualista es la capacidad de atención especial, que participa ignorando eso, y se dice que este desconocimiento (u olvido de su base no-dual) es la raíz de todo sufrimiento. La raíz de esta atención es el ámbito causal, que es una constricción alrededor del Corazón, y aparece en la forma del Testigo, o el Sujeto puro separado del mundo de los objetos. Este Testigo puro o Sujeto puro luego se pierde en el mundo de los objetos, que más adelante fragmenta y divide la conciencia, ya que se identifica con un alma, luego un ego, luego un cuerpo, todos los cuales son realmente objetos, no el Sujeto real o Testigo. Para revertir esta "caída", un individuo primero tiene que restablecer la capacidad de Testimonio (fortaleciendo la capacidad de atención, ecuanimidad y desapego, o desidentificación de los objetos de conciencia, incluido el cuerpo, el ego y el alma); y segundo, para luego disolver el Testigo causal (y la raíz de la atención), en la Conciencia Unitaria pura no-dual. En cualquier caso, lo causal, como la raíz de la atención, puede seguirse como una línea separada de desarrollo en cualquiera de sus formas de conciencia enfocada, de cuerpo a mente a alma a fuente.

18. A las líneas básicas, sutiles y causales, también he agregado una "línea no-dual" para rastrear el desarrollo de estados de unión sujeto-objeto, desde prenatal a perinatal (por ejemplo, fusión cósmica) a la infancia (por ejemplo, estados de unión emocional) a la edad adulta (por ejemplo, estados de flujo) a estados/rasgos de samadhi posformal a *Conciencia Unitaria* pura no-dual. Estamos justificados al incluir esta línea cognitiva no-dual porque, al igual que con otras líneas cognitivas

que se basaron en la existencia de los estados naturales de vigilia, sueño y sueño profundo (y por lo tanto disponibles para todos), esta línea no-dual se basa en un algo natural, a saber, la mente natural o la mente primordial, la mente no-dual que está siempre presente en todos los seres sintientes.

Desafortunadamente, la mayoría de los escritores románticos confunden los niveles bajos de la línea no-dual con los niveles altos en esa línea y luego asumen que el contacto con los niveles superiores en esa línea es en realidad volver a ponerse en contacto con (o recapturar) los niveles inferiores en esa línea. Esta confusión se basa no tanto en una falacia pre/trans (que los igualmente románticos niegan; esta crítica actual no se basa en ella), sino en realidad en un tipo de "falacia colapsante". Es decir, simplemente porque los estados de fusión sujeto-objeto pueden dar un sentido de integridad, todos y cada uno de los estados de unidad se equiparan, y por lo tanto, todos los estados de fusión superiores e inferiores se colapsan en un solo "Terreno". Entonces, cada vez que ocurre un estado de unidad se asume que debe ser debido al contacto o recontacto de este único Terreno, mientras que la línea no-dual se despliega a través de numerosas y diferentes olas. Pero si éstos colapsan, entonces en cualquier momento cualesquier sujeto y objeto se fusionan, se asume que es la acción de este Terreno "único", de modo que esta abstracción llamada "Terreno" se cosifica y se convierte en la fuente de todos los estados no duales. (Washburn generalmente ejemplifica esta falacia colapsante, al igual que la mayoría de los teóricos románticos. Creo que también cometen variaciones sobre la falacia pre/trans, pero ése es un tema completamente diferente y no es parte de esta crítica en particular). Véase la nota 9.16.

Al igual que con las otras líneas y estados cognitivos, el no-dual per sé sólo se convierte en un rasgo permanente a través de un desarrollo posformal y posconvencional sostenido. Sin embargo, los cuatro ámbitos (psíquico, sutil, causal y no-dual) se pueden rastrear como líneas cognitivas relativamente independientes hasta las primeras etapas.

19. Otro beneficio de esta forma de concebir la relación entre las líneas cognitivas es que permite, por ejemplo, que la cognición sutil comience junto con la cognición básica, no simplemente después de ella. En la línea cognitiva de reflejo básico, las etapas superiores implican, como sugerí (véase la nota 9.16), varios tipos de visión-lógica. Para usar la versión de Commons y Richards, los niveles superiores de la línea cognitiva básica involucran el pensamiento meta-sistemático, paradigmático y transparadigmático (que funciona con sistemas, sistemas de sistemas y sistemas de sistemas de sistemas). Creo que eso es cierto, pero ello no significa que ser capaz de pensar en sistemas de sistemas de sistemas sea un requisito necesario para desarrollarse en los ámbitos psíquico, sutil y causal (lo que sería imposible si todos éstos fueran etapas secuenciales en una línea monolítica). Ciertamente se requiere una capacidad elemental en visión-lógica para que el desarrollo de la conciencia general se mueva permanentemente a los

Notas

ámbitos superiores (véanse las notas 8.4 y 9.27), pero el pensamiento paradigmático-transversal es simplemente un logro extremo en la línea cognitiva básica, que puede o no ser controlado por varios individuos en su crecimiento general en los reinos transpersonales. Ver las líneas cognitivas básicas, sutiles y causales como paralelas de alguna manera nos permite adaptar aún más ese hecho.

Pero eso no significa que la cognición básica, sutil o causal pueda ser eludida en el desarrollo general, o que el desarrollo secuencial pierda su significado. En primer lugar, no hay evidencia de que los reinos básicos, sutiles o causales puedan ser significativamente eludidos, sólo que las versiones extremas de algunas de sus etapas no son necesarias para un mayor desarrollo (véanse las notas 8.4, 9.27 y 9.28). En segundo lugar, los desequilibrios en, o entre, cualquier línea contribuyen a la patología. La esquizofrenia es, de alguna manera, el ejemplo clásico de lo que sucede cuando las personas se pierden en la cognición sutil sin conocer la cognición básica. Tercero, el impulso más fuerte del Ser es integrar los diversos niveles y líneas de desarrollo en su propia composición. Un crecimiento desequilibrado —demasiado sutil, no lo suficientemente básico— se percibe como una gran disonancia. Cuarto: la visión más elevada del desarrollo es no-dual o una integración de las tres áreas principales en una adopción, que incluye una conciencia básica, sutil y causal competente, un defecto importante en la persona naturalmente impedirá una integración equilibrada.

Por lo tanto, aunque varias corrientes pueden progresar de manera relativamente independiente a través de las olas en el Gran Nido, un desarrollo totalmente integral todavía implica el desarrollo holárquico de todos los niveles importantes de una manera consciente, con el Ser adaptándose totalmente a cada uno de ellos. Véanse las notas 8.4, 9.27 y 9.28.

20. *Diario*, anotaciones del 16 y 17 de noviembre. El Ser y, por lo tanto, todas las líneas relacionadas con el Ser pueden modelarse de esta manera, con corrientes básicas, sutiles, causales y no-duales (de moral, perspectivas, impulsos, etcétera) que se desarrollan de manera relativamente independiente. Sin embargo, se debe enfatizar que el número de estas corrientes (si las hay) que realmente se desarrollan de manera independiente sólo puede determinarse mediante una investigación cuidadosa guiada por modelos de este tipo. Las líneas (cognitivas, relacionadas con el Ser, etcétera) se ven impedidas de la independencia total tanto por el impulso primordial del Ser para la integración, como por las necesidades del desarrollo holístico en general. Muchas de estas líneas son necesarias pero no suficientes para otras, y todas ellas están ligadas en cierto grado por el sistema del Ser (véase *El ojo del Espíritu*). Aunque algunas de estas relaciones pueden deducirse lógicamente, la mayoría de ellas sólo pueden determinarse mediante una investigación cuidadosa. Recientemente, varios teóricos transpersonales han propuesto modelos de este tipo (es decir, modelos de fase 3), pero lo hacen simplemente proclamándolos como verdaderos. Creo que son parcialmente ciertos; pero hasta qué punto, sólo la investigación podrá averiguarlo.

21. Véase en la nota 2.2 algunas de las amplias investigaciones sobre las etapas del desarrollo.
22. En este esquema general de tres líneas principales del Ser (ego, alma y Ser), que estoy llamando "frontal" o "ego" incluye todas las etapas del Ser en el reino básico y de reflejo básico (es decir, el cuerpo, la persona, el ego y el centauro); "alma" incluye psíquico y sutil; y "Ser" incluye causal y no-dual. Dado que estoy postulando que estas líneas independientes particulares se basan en los estados naturales de conciencia de básico, sutil, causal y no-dual, ésas son las cuatro líneas independientes de cognición y autoetapas que propongo. (En el texto estoy tratando causal y no-dual como uno solo.)

    Dentro del dominio básico, las diversas etapas del Ser, aunque se superponen una vez que emergen, lo hacen de una manera generalmente holárquica (cuerpo a persona a ego a centauro), como la investigación continúa confirmando de manera determinante. Junto con esos desarrollos, el alma y el Ser pueden desarrollarse de formas a menudo independientes, de maneras que sugeriré en el texto, y, en la medida en que muestran desarrollo (y no sólo estados), también siguen los perfiles holárquicos de sus propias corrientes en desarrollo, con todos ellos enclavados en la Gran Holarquía del Ser.
23. Éstos son todos aquellos elementos que no son equiparados por la mayoría de los psicólogos del desarrollo, por lo que tienden sólo a ver el desarrollo frontal del Ser.
24. El Ser puro trascendental o Testigo no se desarrolla por sí mismo, ya que carece por completo de forma. Sin embargo, el acceso a este Ser se desarrolla, y eso es lo que quiero decir con *desarrollo* en esta línea. Para las tres líneas del Ser, véase *Diario*, anotaciones del 17 de noviembre.
25. Véanse Vaughan, *The Inward Arc* y *Shadows of the Sacred*. Véase también la nota 8.20.
26. Véanse las notas 8.14 y 8.35.
27. Debido a que la visión-lógica se lista como una ola general en el Gran Nido, ¿en la evolución general de la conciencia se requiere una competencia general (no extrema) en visión-lógica para un crecimiento estable a niveles superiores? Sí, lo creo completamente. ¿Por qué? Porque todo, desde la regla de oro hasta el voto del bodhisattva, es imposible de comprender sin visión-lógica. No puedes prometer liberar a todos los seres si antes que cualquier otra cosa no puedes tomar la perspectiva de cada uno de ellos y, los investigadores están de acuerdo, ésa es una capacidad de visión-lógica. No estamos hablando de un desarrollo extremo en la visión-lógica (como el pensamiento paradigmático-transversal; véanse las notas 8.4 y 9.19), sino simplemente de su capacidad general para la toma de perspectiva múltiple posconvencional mundana. Sin la visión-lógica general como fundamento, los niveles superiores (psíquico, sutil, causal y no-dual) son experimentados sólo como estados cambiantes, sin convertirse en comprensiones permanentes, y por la simple razón de que la naturaleza de esos estados superiores es ser universal y global, y sin un desarrollo frontal capaz de llevar

esa perspectiva global (es decir, visión-lógica), esos estados no pueden "encajar" permanentemente, y sin distorsión, en el Ser. Sólo a medida que la visión-lógica se convierte en una capacidad permanente, aun los niveles superiores pueden llegar a ser permanentes.

Nótese que, según la tradición, aunque todos los seres sintientes contienen Espíritu, sólo los seres humanos pueden despertar completamente ese Espíritu. En el budismo, por ejemplo, ni siquiera los dioses y diosas (devas) —o cualquiera de los seres en el ámbito sutil— pueden llegar a ser plenamente iluminados. Tampoco pueden los que están absortos en el no manifiesto causal (ya que están buscando su propia salvación nirvánica, descuidando a los demás, y por lo tanto no son bodhisattvas). En otras palabras, incluso si logramos un desarrollo extraordinario en la línea sutil (como lo hacen los dioses y las diosas), e incluso si logramos un desarrollo extraordinario en la línea causal (como lo hacen los buddhas Pratyeka o los alumbrados causales solitarios), todavía no podemos lograr una Iluminación completa. ¿Por qué? Debido a que nuestro desarrollo no es integral, no incluye básico y sutil y causal en una adopción completa. Sólo a medida que la conciencia despierta en los tres reinos —básico, sutil y causal— podemos esperar estar al servicio de todos los seres sintientes y así cumplir el voto primordial del bodhisattva ("no importa cuán ilimitados sean los seres, prometo liberarlos a todos"). Y sólo la visión-lógica en el reino básico puede comprender a todos los seres sintientes en el reino básico. Así, sin visión-lógica, no hay verdadera Iluminación. Por supuesto, los individuos pueden lograr un desarrollo extraordinario en las líneas sutiles y causales (al igual que los dioses y los budas Pratyeka), pero sin una adopción integral, que incluya la visión-lógica, un individuo no puede convertirse en "samyak-sambuddha": un Ser plenamente Iluminado.

Ahora, dedicaré algunas palabras sobre la visión-lógica en sí. Como estructura básica, ésta incluye, como subholones en su propio ser, todas las estructuras básicas anteriores, sensomotriz a emotivo a fantasía a formal a su propio ser posformal, e, idealmente, integra todos estos componentes. No es que la visión-lógica carezca de fantasía o emoción o reglas, sino que simplemente las mantiene todas en su propio (y más amplio) espacio, para que cada una pueda florecer en un grado aún mayor. Commons y Richards, Fischer y Sinnott tienden a enfatizar el componente cognitivo de la visión-lógica (y a menudo sus desarrollos extremos), mientras que Basseches, Pascual-Leone, Labouvie-Vief y Deirdre Kramer destacan más de sus capacidades dialécticas, visionarias e integradoras. Arieti enfatiza que la visión-lógica es una integración de procesos primarios y secundarios —fantasía y lógica— y, por lo tanto, la "síntesis mágica" puede ser muy creativa, y Jean Gebser enfatiza la transparencia, la capacidad integradora y las múltiples perspectivas de la estructura "integral-aperspectiva". Todas, en mi opinión, son imágenes importantes de la visión-lógica tomadas desde diferentes ángulos.

La visión-lógica, como cualquier capacidad cognitiva, puede tomar como objeto cualquiera de los niveles en cualquiera de los cuadrantes, dando como resultado percepciones drásticamente diferentes. Para enfocarse primero en los cuadrantes. Cuando la visión-lógica observa el cuadrante inferior derecho, el resultado es la teoría de sistemas dinámicos en cualquiera de sus múltiples formas, desde la cibernética hasta el caos, la autopoiesis social y las teorías de complejidad. En lo que todos se centran son en las redes de procesos interobjetivos y los patrones dinámicos de existencia y desarrollo. Cuando se aplica a los aspectos humanos del cuadrante inferior derecho, el resultado es una ciencia de sistemas sociales (por ejemplo los propuestos por Parsons, Merton) que destaca la importancia y la influencia de los modos materiales de interacción social, las fuerzas de producción y las relaciones de producción (aquí los ejemplos incluyen a pensadores como Comte, Marx, Lenski y Luhmann).

Cuando la visión-lógica observa el cuadrante superior derecho, el resultado es una visión de sistemas del organismo individual, que representa la conciencia como un emergente de redes orgánicas y neuronales jerárquicamente integradas. Este punto de vista emergente/conexionista es quizás el modelo dominante de la ciencia cognitiva en este punto, y está muy bien resumido en *Stairway to the Mind* ("La escalera hacia la mente"), de Alwyn Scott, siendo la "escalera" la jerarquía de los emergentes que se dice que dan como resultado la conciencia. Todos estos emergentes y redes (incluyendo todos los modelos influyentes de autopoiesis) involucran sistemas objetivos descritos en el lenguaje en tercera persona del Ello; una visión objetivista similar de la conciencia se puede encontrar en el enfoque de los sistemas a los estados de conciencia de Tart. No estoy diciendo que estos relatos estén equivocados; estoy diciendo que cubren, en el mejor de los casos, sólo una cuarta parte de la historia. Yo mismo recurro a estos enfoques, así como al estructuralismo, que son todos acercamientos desde los cuadrantes del lado derecho al fenómeno de la conciencia; pero enfatizo que la conciencia misma también debe ser estudiada en primera persona, desde los cuadrantes del lado izquierdo, con enfoques fenoménicos: investigaciones experienciales directas de la conciencia a través de la introspección y la meditación (véase el capítulo 14). Por conveniencia, a veces etiqueto algunos de los niveles en los cuadrantes del lado izquierdo con términos estructurales (por ejemplo, conop, formop), pero ésos son sólo marcadores de eventos fenoménicos vistos y descritos con precisión sólo en términos de primera y segunda persona. Véanse *Sexo, ecología, espiritualidad*, 2ª edición (CW6: especialmente los capítulos 4 y 14) y "An Integral Theory of Consciousness", *op. cit.*

Cuando la visión-lógica observa el cuadrante inferior izquierdo, el resultado es una apreciación del vasto papel de los contextos y antecedentes culturales, una comprensión del papel de la comprensión mutua, un enfoque intenso en el discurso y una comprensión general de la hermenéutica. Ejemplos en este enfoque incluyen a Heidegger, Hans-Georg Gadamer, Charles Taylor, Dilthey y Kuhn, entre otros. Dicho sea de paso, cuando estos significados culturales o intersubjetivos, en sus campos semánticos intersubjetivos (II) son vistos en términos de la estructura exterior de sus significantes materiales —palabra escrita, palabra hablada, gramática y sintaxis (ID)—, y especialmente cuando estos significantes se desligan de cualquier referente, el resultado son varias formas de posestructuralismo posmoderno, desde la arqueología de Foucault (la gramática del discurso/archivos) hasta la genealogía de Foucault (las estructuras interobjetivas del poder/conocimiento) y la gramatología de Derrida (el estudio de las cadenas de significantes escritos), todos los cuales son enfoques ID de los fenómenos II, enfoques que, utilizados exclusivamente, destruyen cualquier ámbito intersubjetivo y, a través de la contradicción performativa, niegan cualquier referente existente. Una vez más, no estoy diciendo que estos enfoques estén equivocados, sino que favorecen sólo a un cuadrante (en este caso, utilizan técnicas de ID en un intento de dilucidar los fenómenos de II, y en la medida en que estos enfoques van demasiado lejos y niegan la existencia de la II en sus propios términos, terminan decantando en un reduccionismo sutil), y cuando aun así afirman tener la última palabra, terminan adoptando posiciones insostenibles. (Véase *El ojo del Espíritu*, capítulo 5, nota 12, para una discusión de una semiótica integral de significante, significado, semántica y sintaxis.)

Cuando la visión-lógica se aplica al cuadrante superior izquierdo, cuando ésta se asoma dentro de su propio dominio, una de varias cosas pueden pasar. En primer lugar, como con cualquier estructura básica, el hecho de que una persona tenga acceso a la visión-lógica no significa que esa persona esté viviendo desde la visión-lógica. Así como cualquiera puede tener acceso cognitivo a formop, y aun así el Ser puede estar en la etapa moral 1, también una persona puede acceder a la visión lógica permaneciendo todavía en cualquiera de los niveles inferiores del Ser y la línea de desarrollo del Ser: la etapa moral 1, un Ser impulsivo, necesidades de seguridad, etcétera (como vimos, las estructuras básicas son necesarias, pero no suficientes, para otros desarrollos). Por lo tanto, una persona puede estar en un nivel muy bajo de desarrollo del Ser, moral y espiritual, y ser perfectamente un gran teórico de sistemas (aplica la visión-lógica al mundo exterior, pero no a sí mismo). Es por eso que decimos que simplemente aprender el "nuevo paradigma" no necesariamente transforma a una persona, y por qué muchos enfoques "holísticos" a menudo dejan intactas las transformaciones interiores. (Véanse *Diario* y *Boomeritis*.)

Es sólo como el Ser de la persona (el centro de gravedad del Ser próximo) se mueve de conop (donde es un Ser conformista o persona) a formop (donde es un Ser posconvencional o ego maduro) a la visión-lógica posformal (donde es un centauro, o un Ser relativamente integrado, posconvencional, global, autónomo, existencial). Sólo con esa transformación vertical interior la visión-lógica se aplica directamente a la persona misma. Su sentido moral es, por lo tanto, posconvencional y mundano; sus necesidades son para la actualización del Ser;

Psicología integral

su visión del mundo es integral universal; y está al borde de una transformación más permanente en los reinos transpersonales.

Del mismo modo, la visión-lógica puede aplicarse (como la mayoría de la cognición) a cualquiera de los niveles principales (o reinos) en cualquiera de los cuadrantes. Como se indica en el texto, generalmente simplifico estos ámbitos al cuerpo, la mente y el espíritu (o prepersonal, personal y transpersonal). En su propio cuadrante (SI), la visión-lógica puede ver hacia abajo a la materia, a través de la mente o hasta el espíritu. Mirar hacia abajo a la materia es lo mismo que ver cualquiera de los cuadrantes del lado derecho, ya que todos son materiales, y el resultado, como vimos, es la teoría de sistemas. Ver a través de otras mentes es lo mismo que ver su propio nivel en el cuadrante inferior izquierdo, y el resultado, como vimos, es la hermenéutica. Ver hacia arriba al espíritu (o, alternativamente, tener una experiencia espiritual cumbre) resulta en que los reinos superiores se interpretan de acuerdo con las estructuras de la visión-lógica en sí, y el resultado es lo que he llamado razón mandálica (véase *Los tres ojos del conocimiento*).

28. ¿Puede el reino sutil en sí mismo ser completamente eludido en el desarrollo general de la conciencia? A mi juicio no. Algunos teóricos han sugerido que varias tradiciones, como el Zen, no exploran el ámbito sutil en sus prácticas de meditación y, sin embargo, logran la Iluminación causal/no dual, por lo que no se necesita lo sutil como etapa (o se puede omitir por completo). En realidad todo lo que significa es que una extensa exploración del reino sutil puede hasta cierto punto ser eludida, pero no el ámbito sutil en sí.

El reino sutil general incluye, por ejemplo, el estado de sueño, e incluso los seres plenamente iluminados continúan soñando, pero lo hacen mientras permanecen conscientes (por ejemplo, sueños lúcidos y pelúcidos; véase *Diario*). En otras palabras, el reino sutil se ha convertido en una adaptación consciente permanente. La exploración intencional y extensa de ese reino como un medio de toma de conciencia puede, hasta cierto punto, omitirse, pero no el reino en sí, ni el hecho de que se convierta en una estructura básica permanente en la conciencia del que está despierto.

Lo que puede suceder, particularmente en las escuelas que enfatizan las técnicas causales y no-duales, es que la exploración extensa del reino sutil se deja de lado en gran medida, y se enfatiza la cognición en las líneas causales y no duales. Por supuesto, el reino sutil todavía está presente, ya que estos individuos continúan soñando. Sin embargo, a medida que el testimonio causal se vuelve más y más fuerte, tiende a persistir a través del estado de vigilia y en el estado de ensueño (sueño pelúcido, véase *Diario*); y por lo tanto, aunque la persona no está investigando intencionalmente el ámbito sutil/de sueño, de hecho lo está objetivando (trascendiéndolo así, y por lo tanto incluyéndolo en la conciencia). Lo sutil (como camino) ha sido, hasta cierto punto, eludido; pero el reino sutil mismo es trascendido e incluido, como siempre, en el desarrollo superior permanente. Esta inclusión de lo sutil también es parte del impulso inherente del Ser hacia la integración. Por lo tanto, en el desarrollo general de la conciencia, el reino sutil es una etapa permanente y una estructura en el pleno desarrollo de cada quien. Véase también *Sexo, ecología, espiritualidad*, 2ª edición (especialmente capítulo 7) para una discusión de este tema. Decir que alguien ha "omitido" lo sutil, incluso si fuera posible (que no lo es), sólo sería admitir que no se ha completado el desarrollo integral. Véase la nota 9.27.

10. ¿Etapas de espiritualidad?

1. Existe una diferencia importante entre los términos "posformal" y "posconvencional", ya que el primero generalmente se refiere a estructuras cognitivas, el segundo a las etapas relacionadas con el Ser (como la moral). Por lo tanto, en la línea cognitiva, el desarrollo pasa de preoperacional a operacional concreto a operacional formal, y las etapas superiores en esa línea se llaman posformales. El término posformal puede aplicarse técnicamente a todos los desarrollos cognitivos superiores a los operacionales formales, y eso incluiría tanto los niveles personales superiores, como la visión-lógica, como las cogniciones más puramente transpersonales (psíquicas, sutiles, etcétera). Sin embargo, en la literatura, posformal generalmente significa sólo de visión-lógica, de modo que a las cogniciones más puramente transpersonales deberíamos llamarlas posformales; sin embargo, el contexto determinará lo que quiero decir.

    Se dice que estos desarrollos cognitivos (preop a conop a formop a posformal) son necesarios, pero no suficientes, para las etapas correspondientes relacionadas con el Ser (como la autoidentidad, la moral, la toma de roles, etcétera), que generalmente se dice que se desarrollan de preconvencional a convencional a posconvencional, que cubre el desarrollo en el más alto de los dominios personales (el centaúrico). Varios investigadores (por ejemplo, Kohlberg, Cook-Greuter, Wade, Alexander) han propuesto que las etapas relacionadas con uno mismo también pueden continuar en etapas genuinamente transpersonales, en cuyo caso, para ser coherentes, debemos referirnos a ellas como pos-posconvencionales (que es lo que hago).

    Sin embargo, se pueden ver las dificultades semánticas involucradas. No existe un acuerdo en la literatura sobre cómo usar los términos "pos". He tratado de ser consistente en el uso que les doy, pero el contexto en cada caso debe ser utilizado para una evaluación precisa.

2. La dificultad con esta definición es: ¿cómo precisar una línea espiritual separada en términos que no usan las otras líneas de desarrollo, como afecto, cognición o moral? En otras palabras, si usted dice que la espiritualidad es la capacidad de uno para el amor, el amor (o afecto) ya es en sí mismo una línea separada, por lo que no puede usarla para definir la espiritualidad si desea que la espiritualidad sea algo diferente, que sea su propia línea separada. Del mismo modo, no se puede decir que la espiritualidad involucre conciencia, cognición, moral, compasión, altruismo, sentido del Ser o el impulso, porque ésos son líneas separadas. En otras

palabras, llegar a una línea de desarrollo que sea distintiva y puramente "espiritual" es bastante difícil.

James Fowler, por ejemplo, propone que la "fe" se desarrolla en cinco o seis etapas, pero los resultados de sus pruebas son prácticamente indistinguibles de los de Kohlberg, lo que lleva a muchos teóricos a sospechar que son simplemente lo mismo y Fowler no ha añadido nada nuevo. Sin embargo, creo que las etapas de fe de Fowler son una línea de desarrollo legítima y distinta (porque en realidad éstas son una amalgama útil, como discutiré a continuación), pero señalan la dificultad involucrada con esta definición. También he sugerido (en *El ojo del Espíritu*) que la preocupación (la definición de Tillich de la espiritualidad como "preocupación fundamental") también podría considerarse una línea espiritual separada de desarrollo, y hay otros que parecen encajar en eso (por ejemplo, Baldwin). En cualquier caso, mostrarían, por definición, un desarrollo de etapas.

Sin embargo, lo que la mayoría de las personas quieren decir cuando hablan de la espiritualidad como una línea separada de desarrollo es en realidad una amalgama de otras líneas de desarrollo, que es en cualquier caso probablemente la forma en que las personas a menudo experimentan la "espiritualidad" y, en consecuencia, éste es un enfoque muy legítimo e importante. Las etapas de fe de Fowler, por ejemplo, son una mezcla de moral, capacidad para tomar roles y visiones del mundo.

Como he dicho, creo que se trata de un enfoque completamente legítimo. Además, es extremadamente común. Casi todos los teóricos presentados en las gráficas 6a, 6b y 6c utilizan este enfoque de amalgama, incluso cuando se centran en elementos más específicos (como experiencias meditativas, contacto con lo numinoso, etcétera). Estas amalgamas son importantes porque en todos los casos presentados en estas gráficas se ha demostrado que las amalgamas se desarrollan en una secuencia de etapa de desarrollo como una agrupación funcional. Los aspectos de la espiritualidad presentados en las gráficas 6a, 6b y 6c, en otras palabras, definitivamente muestran etapas holárquicas.

3. La importante investigación de Engler y Brown se presenta en *Transformations of Consciousness*, capítulos 1, 6, 7, 8; las cursivas son propias.
4. En la serie de libros de Blanck y Blanck (*Ego Psychology*, *Ego Psychology II*, *Beyond Ego Psychology*) se ha resumido un siglo de teoría psicoanalítica e investigación sobre el desarrollo del Ser diciendo que el Ser metaboliza la experiencia para construir estructura. Esto también está en consonancia con el trabajo de Piaget sobre el constructivismo (y el pensamiento como acción internalizada). La idea, como yo la reconstruiría, es que el flujo incipiente de la experiencia, que comienza con las etapas tempranas dominadas por la impulsividad, la gratificación inmediata y el desbordamiento de emociones abrumadoras, es lentamente "metabolizado" o procesado por el Ser en patrones más estables (o estructuras holísticas) de experiencia y conciencia. Estas estructuras holísticas permiten al Ser trascender su inmersión en una ola inferior mediante la construcción de ondas más inclusivas y

holísticas. Por lo tanto, las experiencias temporales se metabolizan para producir adaptaciones holísticas duraderas. Creo que el mismo proceso está trabajando en convertir las experiencias cumbre temporales y los estados alterados en rasgos y estructuras perdurables de la conciencia, que es por lo que siempre he incluido el "metabolismo" como una de las principales características del Ser.

11. ¿Hay espiritualidad en la infancia?

1. Roger Walsh, que está familiarizado con la investigación sobre la felicidad humana, niega incluso la versión de un Edén de la infancia, y señala lo poco que la investigación lo apoya. "Éste es el mito de 'La Infancia es Felicidad'." Como atestiguarán los padres, los bebés pasan gran parte de su tiempo llorando.
2. Para una visión general de las experiencias cumbre de la infancia, véase E. Hoffman, "Peak experiences in childhood", *Journal of Humanistic Psychology* 1, no. 38 (1998), pp. 109-120.

    Señala la dificultad de llamar a las experiencias cumbre de la infancia "espirituales" en un sentido puro. Por ejemplo, como comencé a señalar en el texto, si un niño en la etapa moral preconvencional temprana, que no puede asumir el papel de otro, tiene una experiencia cumbre, será capturado en una órbita egocéntrica y narcisista. Incapaz de asumir el papel de otros significa ser incapaz de cuidar sinceramente al otro o de profesar un amor auténtico hacia el otro (como cualquier otra cosa que no sea una extensión narcisista del Ser). ¿Y cuán auténticamente espiritual puede ser la falta de cuidado y la falta de amor? No importa cuán auténtico sea el reino espiritual que está "en su punto máximo", instantáneamente le es arrebatado y revestido de las estructuras psicológicas que están presentes en ese momento (cognitivas, morales, del ego, etcétera), y la mayor parte de ellas, confirma la investigación, son preconvencionales. Esto no excluye otros tipos de acceso espiritual (véase el siguiente párrafo en el texto), pero sí muestra lo cuidadosos que debemos ser en estas interpretaciones de la espiritualidad infantil.

    También debe tenerse en cuenta que casi toda la evidencia de las experiencias espirituales de bebés y niños (incluidos los recuerdos perinatales) proviene de adultos que "recuerdan" estas primeras experiencias. La mayor dificultad (aunque no creo que sea fatal) con esta evidencia es que, excepto por la regresión a estados preverbales (que ni siquiera se pueden comunicar verbalmente en ese momento), la mayoría de estos "recuerdos" ocurren a través de las estructuras psicológicas que están irreversiblemente en su lugar en el adulto que hace la recolección, y por lo tanto las capacidades y competencias de estas estructuras (como la capacidad de asumir el papel del otro) se *retroyectan* (usando un término de Roger Walsh) de vuelta a los estados de infancia, donde la infancia incorrectamente parece ser un momento de fluidez maravillosa sumadas a las capacidades adultas superiores, cuando no hay tal cosa en absoluto. Como dijeron Becker y Geer: "Los cambios en el entorno social y en el Ser producen inevitablemente transformaciones de perspectiva, y es característico de tales transformaciones que a la persona le resulte difícil o imposible recordar sus acciones, perspectivas o sentimientos anteriores. Reinterpretando las cosas desde su nueva perspectiva no puede dar cuenta precisa del pasado, ya que los conceptos en los que piensa al respecto han cambiado y con ellos sus percepciones y recuerdos".

Además, al igual que en el ejemplo de la grabación en vídeo de niños que pasan por un hito de desarrollo profundo —cuando no tienen experiencia de hacerlo en absoluto— estas "retroyecciones" no dan la menor evidencia de ser operacionales. La persona que "recuerda" una experiencia cumbre de la primera infancia a menudo la describirá en términos de perspectivismo, siendo sensible al papel de los demás, tomando sus puntos de vista, etcétera, cuando una gran cantidad de investigación en niños a esa edad no muestra en absoluto evidencia de ninguna de esas capacidades. Además, en las ocasiones en que se demuestra que un recuerdo infantil temprano o incluso de la niñez es verídico (por ejemplo, cuando tenía 8 meses de edad, la madre enfermó gravemente), a menudo son meras impresiones sensomotrices que pueden resucitar y luego retroadaptarse con perspectivas adultas.

Mi punto sobre el tema es simplemente que, no importa cuán auténticos puedan ser algunos de los reinos que le dan un "vistazo" a una experiencia cumbre de la infancia, la interpretación y expresión de esos reinos sólo puede ocurrir a través de cualquier estructura (lingüística, cognitiva, moral, etcétera) que realmente esté presente, y aunque esto no la niega, sí complica hondamente la existencia de la "espiritualidad infantil".

3. Véase *El ojo del Espíritu*. Para una versión de esta visión, véase T. Armstrong, "Transpersonal experience in childhood", *Journal of Transpersonal Psychology* 16, no. 2 (1984), pp. 207-231. Nótese que la mayoría de sus ejemplos son experiencias monológicas (preconvencionales), apuntando nuevamente hacia la dificultad de llamarlas "espirituales".

4. Obsérvese que estos potenciales de "gloria" no son algo que forme parte de la etapa infantil en sí, sino que son impresiones persistentes de otras esferas superiores. Y por lo tanto, lo que se recaptura en la iluminación no es la estructura infantil en sí, sino las verdaderas esferas superiores. Permanece entonces la noción romántica de que el Ser infantil es en sí mismo un paraíso primordial (idea profundamente errónea). Véase también la "falacia colapsante" sobre la que descansa la agenda romántica; nota 9.18.

5. Véase *El ojo del Espíritu*, capítulo 6, para un análisis completo de este tema y una crítica de la visión romántica de Washburn, que depende de la falacia colapsante (véase también la nota 9.18).

6. Para obtener un resumen de estos datos, consulte *Changes of Mind*, de Jenny Wade. Debe enfatizarse que este Ser psíquico más profundo (o alma sutil), que podría estar presente en la infancia, no es un Ser causal o no-dual; no es ningún tipo de Ser iluminado o terreno primario, sino simplemente un nivel intermedio

del sentido del Ser separado que migra hasta la Iluminación. El elogio romántico de este sentido del Ser separado es infundado.
7. Sin embargo, "observando desde lejos" nada de esto es expresado generalmente por los niños en ese momento, posiblemente por las razones que describí en la nota 11.2 (aún no han desarrollado las estructuras frontales que podrían expresarlo). Por esta razón, nada de este "psíquico más profundo" aparece en ninguna de las pruebas que usan los desarrollistas. Sin embargo, una pequeña cantidad de controvertida evidencia, resumida por Wade, sugiere que esta conciencia psíquica más profunda experimenta un desarrollo en U: esencialmente el mismo desarrollo en U que tiende a marcar algunas de las líneas sutiles (como se indica, por ejemplo, en la gráfica 4b). Sin embargo, como se sugiere en el texto, ésta no es una experiencia sin aleaciones de lo psíquico más profundo, porque las estructuras que lo albergan todavía son preconvencionales y egocéntricas. Sólo con la comprensión directa y permanente de lo psíquico más profundo, que ocurre en la etapa psíquica (o fulcro 7), el alma misma comienza a brillar en su resplandor sin menoscabo.

12. Evolución sociocultural

1. Para mis numerosas críticas de la filosofía perenne, la Gran Cadena clásica y los tradicionalistas, véanse *Diario*, anotación del 5 de junio; las Introducciones a los volúmenes CW2, CW3 y CW4; *El ojo del Espíritu*, capítulos 1 y 2; y numerosas entradas en *Sexo, ecología, espiritualidad*, 2ª edición (CW6).
2. Véase el texto del capítulo 1 ("El Gran Nido no está dado, es un potencial alcanzable") y las notas 1.5, 8.2 y 12.1; véanse también la Introducción a CW2 y *Sexo, ecología, espiritualidad*, 2ª edición (CW6).
3. Véase *Sexo, ecología, espiritualidad*, 2ª edición (CW6).
4. Para un análisis más profundo de este tema, véase *Ciencia y religión*.
5. Para una discusión completa de este tema, véanse *Después del Edén*; *Sexo, ecología, espiritualidad*, 2ª edición (CW6); y *Breve historia de todas las cosas*. Aquí hablo de la evolución colectiva; los individuos pueden avanzar en sus propios esfuerzos heroicos (generalmente en microcomunidades).
6. Alternativamente, el chamán podría simplemente estar en el nivel mágico y tener una experiencia cumbre temporal del reino sutil. Si el chamán progresa más allá de las experiencias cumbre al azar, y comienza a desarrollar una competencia en estos viajes sutiles temporales, a pesar de que su Ser típico permanece en la estructura mágica, esto indica que, según la discusión en el subapartado "Diferentes tipos de líneas cognitivas" (capítulo 9 de la presente obra), el chamán está mostrando desarrollo en la línea sutil, incluso mientras la línea básica permanece preformal y mágica. En ambos casos, el reino sutil se distorsiona en interpretaciones preconvencionales y egocéntricas/de poder (como se discute en el texto). Pero también mantengo abierta la posibilidad (señalada en el texto), de que al menos algunos chamanes demostraron un desarrollo frontal

en los reinos posconvencionales, lo que ciertamente parece posible, al menos comenzando con el Paleolítico tardío y el Mesolítico (si hay evidencia, como Habermas, Dobert, Nunner-Winkler *et al.* creen, de que algunos individuos en las sociedades de forrajeo desarrollaron formop, no veo ninguna razón por la que algunos no podrían haberse desarrollado en modos posformales).
7. Véase R. Walsh, *The Spirit of Shamanism*.
8. La teoría de los sistemas sociales sigue siendo indispensable para comprender el cuadrante inferior derecho. El trabajo de Talcott Parsons (y Robert Merton) es bien conocido, y sigue siendo bastante impresionante. Me gustaría recomendar especialmente las obras de Jeffrey Alexander (*Theoretical Logic in Sociology*, los cuatro volúmenes; y *Twenty Lectures*) y Niklas Luhmann (especialmente *Sistemas sociales*).
9. Véase, por ejemplo, Thomas Sowell, *Marxism*; Leszek Kolakowski, *Main Currents of Marxism*, en tres volúmenes; A. Callari *et al.*, *Marxism in the Postmodern Age*.
10. Durante las últimas décadas ha sido común que los estudiosos liberales asuman que cualquier tipo de teoría evolutiva de la necesidad margina a varios pueblos y, por lo tanto, impide que obtengan la libertad natural que es el derecho de nacimiento de cada ser. Sin embargo, se ha vuelto cada vez más obvio que la libertad quizás se defina mejor como la potencialidad de tener acceso a todos los niveles en el extraordinario espectro de la conciencia. La única manera de que esos niveles estén disponibles es a través del crecimiento, el desarrollo y el despliegue, y por lo tanto esos eruditos liberales que han evitado la evolución han restringido también el acceso a la libertad para todos aquéllos a quienes deseaban proteger. (Véase la brillante exposición de la especialista afrocaribeña Maureen Silos de cómo la postura liberal promedio es, de hecho, un pensamiento altamente reaccionario, y cómo el pensamiento evolutivo es el camino a una postura auténticamente liberal, "The Politics of Consciousness", en J. Crittenden *et al.*, *Kindred Visions*.)
11. G. Feuerstein, "Jean Gebser's Structures of Consciousness and Ken Wilber's Spectrum Model", en Crittenden *et al.*, *Kindred Visions*. Para mi crítica de la estructura arcaica de Gebser, véase *Sexo, ecología, espiritualidad*, 2ª edición (CW6), capítulo 14, nota 17.
12. Combs sostiene que, en *Después del Edén*, permito que se omitan etapas, pasando por alto el hecho de que presenté cada época como un promedio, no como un absoluto; y omitiendo el hecho de que numerosos estados alterados (o experiencias cumbre) están disponibles en todas las etapas (ambos puntos se explican en el cuerpo del texto y en la nota 12.14; véase también la introducción a CW2).

Combs presenta entonces un modelo tridimensional de conciencia que es, en muchos sentidos, indiferenciable de mi modelo de tres variables de estructuras, estados y ámbitos, que Combs llama "estructuras, estados y planos". Afirma que su modelo tiene en cuenta estas tres variables, y que mi modelo no, y por lo tanto ofrece su modelo para "corregir las deudas" en el mío, mientras que en muchos sentidos simplemente ha reafirmado mi modelo. No estoy acusando a Combs de tomar prestado mi modelo; creo que llegó a él de una manera absolutamente independiente. Lo que encuentro lamentable es que Combs afirme sin ambages que yo no trato con estructuras, estados y reinos; esto es una escandalosa tergiversación de mi trabajo.

En cuanto a la versión particular de este modelo de tres variables que presenta Combs, creo que tiene algunos inconvenientes, aunque aprecio el cuidado que obviamente le ha dado; y me parece, en definitiva, que es una adición bienvenida al campo.

Para empezar con las responsabilidades, Combs presenta su versión de los estados y las estructuras, en mi opinión, haciendo que las definiciones de estados y estructuras retrocedan. En lugar de ver que un estado dado (como drogas, despertar, soñar) puede contener varias estructuras diferentes (por ejemplo, el estado de vigilia puede contener estructuras mágicas, míticas y racionales), Combs dice que una estructura dada respalda muchos estados (lo que rara vez es cierto: la estructura racional, por ejemplo, no suele soportar el estado de embriaguez, el estado de sueño, el estado meditativo, etcétera).

Esta confusión de estados y estructuras lo lleva igualmente a tergiversar los sistemas Vedanta y Mahayana, porque lo obliga a confundir las capas/niveles con cuerpos/estados. Por ejemplo, en su Tabla 1 en el capítulo 6, presenta el Vedanta como dando cinco niveles y un correspondiente cinco cuerpos, pero el Vedanta en realidad da cinco niveles y sólo tres cuerpos, porque el cuerpo sutil (correspondiente con el estado de sueño) en realidad soporta tres de los niveles (o estructuras), como expliqué en el texto (véase el capítulo 1 de la presente obra). En otras palabras, debido a que Combs cree que una estructura puede albergar muchos estados (cuando es principalmente al revés), no ve que en el Vedanta un estado soporta varios niveles/estructuras/capas, por lo que es obligado a malinterpretar el Vedanta otorgando cinco cuerpos en lugar de tres. Por ejemplo, dice "lo siguiente es el cuerpo sutil, llamado el *vijnanamaya kosha*...", pero de hecho el cuerpo sutil se denomina *sukshmasharira*, y soporta la vijnana-maya-kosha, la mano-maya-kosha, y la prana-maya-kosha —en otras palabras, tres niveles/estructuras apoyadas por un estado/cuerpo—. El sukshma-sharira es el vehículo, por ejemplo, del estado del sueño y del estado del bardo. Por lo tanto, la visión correcta es que un estado puede soportar varios niveles o estructuras o capas, y no al revés, como lo tiene Combs.

Esta confusión se confirma cuando Combs compara el Vedanta con el sistema budista Mahayana del Trikaya (Dharmakaya, Sambhogakaya y Nirmanakaya). Dice: "Lo más elevado es el Dharmakaya o el 'cuerpo del gran orden'. Este 'cuerpo' es idéntico a la realidad trascendental y parece corresponder al nivel del Ser en el Vedanta. El segundo es el Sambhogakaya o 'cuerpo de deleite', que parece análogo al nivel causal, la capa de felicidad del Vedanta. El tercer cuerpo es el Nirmanakaya o 'cuerpo de transformación', que corresponde al cuerpo físico mismo. La comparación de este sistema de tres partes con el Vedanta revela varios de los niveles o capas faltantes" (p. 125). En realidad, no falta nada. Combs ha vuelto a confundir cuerpo/estados con niveles/estructuras. Como lo deja claro el análisis sobre el Tantra del Yoga Supremo (véase el capítulo 10 de la presente obra), el sistema Mahayana/Vajrayana tiene nueve niveles/estructuras de conciencia (los cinco sentidos, el manovijnana, el manas, el alaya-vijnana y el alaya puro); tratar los cinco sentidos como un nivel nos da cinco niveles, al igual que el Vedanta. Además, los Tres Cuerpos de Buda son similares a los tres cuerpos del Vedanta: básico, sutil y causal, y todos están explícitamente correlacionados con los estados de vigilia, sueño y sueño profundo, respectivamente. Una vez más, al confundir niveles/estructuras y estados/cuerpos, Combs compara los tres cuerpos del Mahayana con los cinco niveles del Vedanta, y encuentra que al Mahayana le "faltan" niveles; en lugar de comparar los cinco niveles con los cinco niveles, y los tres cuerpos con los tres cuerpos, y realmente encontrarlos en acuerdo general entre sí en cuanto a niveles/estructuras y cuerpos/estados.

Por supuesto, uno es libre de definir "estado" y "estructura" de cualquier manera que desee, siempre y cuando sea consistente, y Combs ha tenido un cuidado considerable al hacerlo; y está lidiando con algunas cuestiones muy importantes, algo que encuentro muy reconfortante. Pero creo que esta confusión general persigue su modelo y en mi opinión, el tratamiento, dentro de su modelo, hace sufrir a mi trabajo, el de Gebser y el de Aurobindo. Con mi modelo, termina equiparando las estructuras básicas con las líneas de desarrollo separadas que las atraviesan (incluidas las visiones del mundo). Y por lo tanto, colapsa las estructuras de Gebser (y sus visiones del mundo) con mis estructuras básicas, y no logra diferenciar las líneas de desarrollo separadas involucradas con cada una. Por lo tanto, Combs habla como si por "estructura" yo me refiero sólo a la estrecha estructura gebseriana, mientras que para mí "estructura" es un término para cualquier patrón estable en cualquier nivel o línea. Cuando uso las visiones del mundo de los niveles inferiores (tales como arcaicos, mágicos y míticos, que no se basan meramente en Gebser sino en Piaget, Werner, Kernberg, Neumann, etcétera), y señalo que el desarrollo puede continuar en niveles superiores (tales como psíquicos y sutiles), Combs saca la conclusión errónea de que estoy equiparando las estructuras gebserianas con los planos Vedanta, mientras que simplemente hay un espectro de conciencia (niveles/estructuras de la individualidad y niveles/estructuras de la realidad), y Gebser está abordando sólo algunas líneas de algunos niveles inferiores a medios.

Vincular "estructuras" a la estrecha versión gebseriana de las estructuras (que Combs tiende a hacer en su propio modelo) significa que, para Combs, sus "estructuras" se detienen en el nivel integral de Gebser, de modo que, por lo que puedo decir, no hay estructuras genuinamente transpersonales en el modelo de Combs (sólo tiene estados para los reinos superiores), lo que hace imposible dar cuenta del desarrollo estructural permanente en ninguno de los niveles o capas transpersonales.

Combs dice que necesita hacer esto, en parte, porque mi modelo "lineal" no tiene en cuenta las experiencias cruzadas (como la experiencia a nivel mítico de los estados sutiles), pasando por alto la extensa discusión que di sobre ese fenómeno en *Un dios sociable* (1983), donde delinee un cuadro (que se discute en el texto como: estados psíquicos, sutiles, causales o no-duales interpretados por estructuras arcaicas, mágicas, míticas o mentales) que es bastante similar a lo que Combs presenta en la Tabla 4 del capítulo 9. Esas dos dimensiones o variables (estructuras y estados), cuando se combinan con el hecho de que el sujeto de un nivel puede tomar un objeto de otro nivel (reino o plano), como sucede con diferentes modos de conocimiento, arte, etcétera (véanse las notas 1.3, 1.5, 1.9, 1.10, 8.1, 8.2, 8.39), nos arroja tres variables en gran medida independientes (estructuras, estados y reinos) que han sido parte de mi modelo a partir de la fase 2 en 1983 (esas tres variables han permanecido intrínsecas en la fase 3 y en la fase 4). No me importa en lo absoluto el hecho de que Combs emplee un modelo similar con estas tres variables para dar cuenta de las muchas facetas de la conciencia y su evolución; lamento el hecho de que diga que mi modelo carece de ellas.

En resumen, creo que trabajar con las estructuras básicas, las corrientes, los estados, el Ser y los reinos/planos del Gran Nido del Ser nos confiere un modelo multidimensional que ya explica todos los elementos que impulsaron a Combs a postular su modelo, y lo hace sin su ocasional tergiversación de los sistemas orientales y lo que parece ser una confusión sobre los estados y las estructuras. Además, mi modelo completo establece todas estas variables en el contexto de los cuatro cuadrantes (véase la nota 8.39), que Combs parece ignorar por completo, a pesar de que hace referencia a *Sexo, ecología, espiritualidad*.

Permítanme subrayar, a pesar de lo anterior, que Combs está lidiando con algunas cuestiones muy importantes en su enfoque, y creo que tenemos muchos puntos de coincidencia. Lamento que no aborde mi trabajo de una manera integral, por lo que sus pronunciamientos sobre mi obra deben tomarse con precaución. Véanse las notas 1.3, 1.5, 1.9, 1.10, 8.1, 8.2, 8.39.

13. Para una discusión más completa de estos temas, véanse *El ojo del Espíritu*, capítulo 2; *Sexo, ecología, espiritualidad*, 2ª edición (CW6); y *Breve historia de todas las cosas*. Para varias teorías de la macrohistoria, véase Galtung e Inayatullah, *Macrohistory and Macrohistorians*.

14. Algunos críticos han afirmado que esta distinción (promedio y avanzado) significa que las etapas se están omitiendo (es decir, si las etapas generales globales son arcaicas, mágicas, míticas, racionales, psíquicas, sutiles, causales y no-duales, ¿cómo podría alguien en una cultura mágica tener una experiencia psíquica sin saltarse etapas?). Permítanme repetir las muchas razones por las que esto no es un problema: (1) El modo promedio significa simplemente eso, un *promedio*: cualquier número de individuos puede estar por encima o por debajo de ese promedio. Vimos que Habermas cree que incluso en las sociedades de forrajeo,

algunos individuos tenían acceso a la cognición operacional formal. He sugerido que, por lo tanto, es completamente plausible que algunos individuos fueran aún más lejos y tuvieran acceso a la cognición posformal, especialmente en sus primeras etapas transpersonales como la psíquica, y estos individuos eran, por supuesto, los chamanes (por lo tanto, las etapas no se están saltando). (2) Incluso si ese tipo de desarrollo estructural superior resulta no ser el caso, hay otros dos mecanismos intrínsecos que permitieron que los modos más avanzados llegaran considerablemente más allá de la media, sin violar las etapas en las que se aplican. Uno es la existencia de experiencias cumbre. Hemos visto que virtualmente cualquiera, en prácticamente cualquier etapa de desarrollo, tiene acceso a varios tipos de experiencias cumbre transpersonales (psíquicas, sutiles, causales, no-duales). Los perfiles del viaje chamánico sugieren fuertemente la presencia de experiencias cumbre de nivel psíquico/sutil, y éstas no violan ninguna etapa. (3) Si estas experiencias cumbre comenzaron a ser dominadas a voluntad por un chamán —y hay evidencia de que esto ocasionalmente sucedió— esto es muestra no sólo de experiencias cumbre al azar o espontáneas, sino del desarrollo en la línea sutil, que puede, hemos planteado la hipótesis (véase el capítulo 9 de la presente obra), proceder junto con los desarrollos en el básico (incluso si el básico permanece en la estructura mágica); y por lo tanto, una vez más, no se está saltando ninguna etapa.

Cualquiera o todos esos tres elementos explican por qué no se están omitiendo las etapas; se están siguiendo (como en #1), o las están siguiendo mientras que otros eventos paralelos ocurren simultáneamente (#2 y #3). Incluso un chamán (o un individuo hoy en día) que está, digamos, en la etapa moral 3 en la línea frontal, y que ha repetido experiencias cumbre del tipo chamánico/psíquico (en la línea sutil), todavía, si éste tiene un desarrollo moral ulterior, tendrá que pasar a la etapa moral 4, luego 5, y así sucesivamente. No hay evidencia alguna de que cualquier tipo de experiencias cumbre, no importa cuán profundas, permitan que esas etapas frontales se salten o se pasen por alto (los estados alterados podrían acelerar la velocidad a la que se desarrollan las etapas frontales, pero no hay evidencia de que esas etapas puedan ser alteradas; véase *El ojo del Espíritu* para una investigación sustancial sobre este tema).

Ninguna de las tres explicaciones dadas anteriormente viola ninguno de esos hechos; y en ningún caso son etapas genuinas en ninguna línea omitida. Hay desarrollos más altos en una línea o líneas paralelas y/o estados que suceden.

15. Véase la nota 12.14. Los chamanes fueron los primeros maestros de las energías de éxtasis corporal, como con la definición clásica de Mircea Eliade del chamanismo como "técnica de éxtasis" —los primeros yoguis, en ese sentido—, y condujeron estas energías y estados alterados en los reinos de los mundos superiores e inferiores (básico a psíquico).

En su serie Atlas Histórico de la Mitología Mundial, Joseph Campbell presenta lo que probablemente sea una de las primeras experiencias protokundalini (posiblemente) muy comunes incluso en algunos de los primeros viajes chamánicos. "La ocasión suprema para la activación del ntum es el baile en trance. El esfuerzo de los bailarines en círculo incesantemente calienta su poder medicinal, que... experimentan como una sustancia física en el fondo del estómago. Los hombres dicen que el canto de las mujeres 'despierta sus corazones', y eventualmente su porción de ntum se calienta tanto que hierve. 'Los hombres dicen que sus columnas vertebrales se calientan hasta llegar a sus cabezas, y es tan fuerte cuando esto pasa... que los rebasa y pierden los sentidos'."

Esos primeros trances yóguicos se explorarían más extensamente en el desarrollo y la evolución yóguica posterior. Lo que vemos con estas "experiencias ntum" es, creo, un ejemplo de las primeras etapas de la línea sutil de desarrollo (especialmente psíquico). Esta línea sutil —todo el reino de Sambhogakaya— sería explorada con mayor profundidad y detalle por los caminos yóguicos subsiguientes; pero estos viajes chamánicos están claramente en el linaje de los primeros viajes del reino psíquico kundalini. Eliade, *El Chamanismo*; Walsh, *The Spirit of Shamanism*; Harner, *La senda del chamán*.

16. Véase *Después del Edén*. Los elementos del dominio del trance chamánico se retomaron en disciplinas yóguicas posteriores, se refinaron, trascendieron e incluyeron (véase la nota 12.15). Las técnicas chamánicas en sí mismas siguen siendo poderosas herramientas para acceder a los dominios psíquicos, y algunos exploradores modernos de la conciencia las han encontrado útiles en ese sentido. Consúltense especialmente las obras de Michael Harner.

13. De la modernidad a la posmodernidad

1. Diferenciar el arte, la moral y la ciencia es diferenciar Yo, Nos y Ello. Diferenciando el Yo y el Nos significaba que los individuos tenían derechos y libertades que no podían ser violados por el colectivo, el estado, la monarquía, todo lo cual contribuyó en buena medida al surgimiento de la democracia, la abolición de la esclavitud y el feminismo. Para una discusión completa de este tema, véanse *Ciencia y religión* y *Breve historia de todas las cosas*.
2. Para una presentación más completa, véase el capítulo 9 de *Ciencia y religión*. Véase también *Sexo, ecología, espiritualidad*, 2ª edición (CW6), para discusiones críticas de posmodernistas como Heidegger, Foucault y Derrida (consulte el índice al final de este volumen).
3. Véase *Sexo, ecología, espiritualidad*, 2ª edición (CW6), capítulos 4 y 12-14.
4. Para la aproximación de Kuhn al progreso científico véase *Ciencia y religión*. No es de extrañar que John Searle tuviera que contrarrestar este enfoque constructivista radical en su maravillosa obra *The Construction of Social Reality*, en oposición a "la construcción social de la realidad", con la idea de que las realidades culturales se construyen sobre una base de verdad de correspondencia que fundamenta la construcción en sí, sin la cual ninguna construcción podría ponerse en marcha. Una vez más podemos aceptar las verdades parciales del posmodernismo

—la interpretación y el constructivismo son ingredientes cruciales del Kosmos, hacia abajo— sin exagerar e intentar reducir a ese vistazo parcial a todos los demás cuadrantes y todas las demás verdades.
5. ¿Por qué la filosofía moderna es en gran medida la filosofía del lenguaje? Debido a que la conciencia filogenética está empezando a ser transverbal de muchas maneras, por lo tanto la conciencia puede virar hacia el reino verbal, lo que no podía hacer cuando estaba integrada en él. Aquí también encontramos una ironía: la mayor parte de la filosofía posmoderna surgió, por lo tanto, de los departamentos de literatura e idiomas de las universidades, no de los departamentos de filosofía, lo que explica tanto su frescura como su ingenuidad.
6. La noción estándar de la Ilustración (y de la llanura) era que una palabra gana significado simplemente porque apunta o representa un objeto. Es un asunto puramente monológico y empírico. El sujeto aislado mira un objeto igualmente aislado (como un árbol), y luego simplemente elige una palabra para representar el objeto sensorial. Esto, se pensaba, es la base de todo conocimiento genuino. Incluso con teorías científicas complejas, cada teoría es simplemente un mapa que representa el territorio objetivo. Si la correspondencia es precisa, el mapa es verdadero; si la correspondencia es inexacta, el mapa es falso. La ciencia, y todo conocimiento verdadero, se creía, era un caso sencillo de representación precisa, mapeo preciso. "Creamos imágenes del mundo empírico", como Wittgenstein pronto lo diría, y si las imágenes coinciden, hallamos la verdad.

Éste es el llamado *paradigma de representación*, que también se conoce como el *paradigma fundamental de la Ilustración*, porque era la teoría general del conocimiento compartida por la mayoría de los filósofos influyentes de la Ilustración y, por lo tanto, de la modernidad en general. La filosofía moderna es usualmente "representativa", lo que significa tratar de formar una representación correcta del mundo. Esta visión representativa también se llama "espejo de la naturaleza", porque se creía comúnmente que la realidad última era la naturaleza sensorial y el trabajo de la filosofía era imaginar o reflejar esta realidad correctamente.

El problema no era la existencia o la utilidad de la representación; el conocimiento representativo es una forma perfectamente apropiada del saber para muchos propósitos. En realidad, fue el intento agresivo y violento de reducir todo el conocimiento a la representación empírica lo que constituyó el desastre de la modernidad: la reducción del espíritu translógico y la mente dialógica al conocimiento sensorial monológico: el colapso del Kosmos a nada más que representaciones de eventos de los cuadrantes del lado derecho.

Saussure, con su estructuralismo temprano, ofrece una de las primeras (y todavía una de las más precisas y devastadoras) críticas de las teorías empíricas del saber, que, señala, ni siquiera pueden explicar el simple caso de "la corteza de un árbol". El significado no proviene meramente de la señalización objetiva, sino de estructuras intersubjetivas que no pueden ser señaladas de manera completamente objetiva. Y sin ellos, no habría, ni podría haber, ninguna representación objetiva en absoluto. Todas las teorías posmodernas del conocimiento son, por lo tanto, posrepresentacionales. Dado que también se basan más en la visión-lógica que en el formop, también son en gran medida posformales. Así: posmoderno, posrepresentacional, posformal.

7. En seguida ofrezco, por conveniencia, una versión editada del resumen ofrecido en *Ciencia y religión* (capítulo 9):

Los posestructuralistas posmodernos tomaron muchas de estas nociones profundas e indispensables y, al llevarlas a los extremos, las hicieron prácticamente inútiles. No sólo situaron la intencionalidad individual en contextos culturales de fondo, trataron de borrar por completo al sujeto individual: "La muerte del hombre", "la muerte del autor", "la muerte del sujeto", todos fueron intentos desnudos de reducir al sujeto (si) a nada más que estructuras intersubjetivas (ii). "Lenguaje" reemplazó al "hombre" como el agente de la historia. No soy yo, el sujeto, quien está hablando ahora, no es más que el lenguaje impersonal y las estructuras lingüísticas que hablan a través de mí.

Por lo tanto, como uno de los innumerables ejemplos, Foucault proclamaría que "la importancia de Lacan proviene del hecho de que mostró cómo son las estructuras, el sistema mismo del lenguaje, que hablan a través del discurso del paciente y los síntomas de su neurosis, no el sujeto". En otras palabras, lo superior izquierdo se redujo a lo inferior izquierdo, a lo que Foucault llamó "este sistema anónimo sin sujeto". Y así, yo, Michel Foucault, no escribo estas palabras ni soy de ninguna manera el principal responsable de ellas; el lenguaje en realidad está haciendo todo el trabajo (aunque esto no impidió que yo, Michel Foucault, aceptara los cheques de regalías a un autor supuestamente inexistente).

En pocas palabras, el hecho de que cada "Yo" siempre está situado en un fondo "Nos" fue pervertido en la noción de que no hay un "Yo" en absoluto, sólo un "Nos" omnipresente, sin sujetos individuales, sólo vastas redes de estructuras intersubjetivas y lingüísticas. (Budistas, tomen nota: esto no era de ninguna manera la noción de *anatta* o no-Ser, porque el "Yo" fue reemplazado, no con Vacío, sino con estructuras lingüísticas finitas del "Nos", multiplicando así, no trascendiendo, el problema real.)

Foucault eventualmente rechazó el extremismo de su antigua postura, un hecho ignorado estudiosamente por los posmodernistas radicales. Entre otras nuevas escenificaciones, los biógrafos posmodernistas comenzaron a intentar escribir biografías de temas que supuestamente no existían de inicio, produciendo así libros que eran tan interesantes como cenar sin comida.

Para Saussure, el significante y el significado eran una unidad integrada (un holón); pero los posestructuralistas posmodernos —y éste fue uno de sus movimientos más definitorios— rompieron esta unidad al intentar poner énfasis casi exclusivo en las cadenas deslizantes de significantes. A los significantes —el material real o los signos— se les dio prioridad virtualmente exclusiva. Por lo tanto, fueron separados tanto de sus significados como de sus referentes, y se dijo que estas cadenas deslizantes o "flotantes" de significantes estaban ancladas solamente en el poder, el prejuicio o la ideología. (Vemos de nuevo el constructivismo radical tan característico del posmodernismo: los significantes no están anclados en ninguna verdad o realidad fuera de sí mismos, sino que simplemente crean o construyen todas las realidades, un hecho que, de ser cierto, no podría ser cierto.)

Cadenas deslizantes de significantes: éste es el movimiento posestructuralista posmoderno esencial. Esto es posESTRUCTURAL, porque comienza con las percepciones de Saussure sobre la estructura en red de los signos lingüísticos, que en parte construyen y en parte representan; pero POSestructural, porque los significantes se cortan de cualquier tipo de anclaje en absoluto. No hay verdad objetiva (sólo interpretaciones), y por lo tanto, según los posmodernistas radicales, los significantes no se basan más que en el poder, el prejuicio, la ideología, el género, la raza, el colonialismo, el especismo, etcétera (una contradicción performativa que significaría que esta teoría misma también debe estar anclada en nada más que el poder, el prejuicio, etcétera, en cuyo caso es tan vil como las teorías que desprecia). Una vez más, las verdades importantes, llevadas a los extremos, se autodestruyeron. Deseamos incluir las verdades de los cuadrantes superior izquierdo e inferior izquierdo, sin intentar reducir uno al otro, lo que viola el rico tejido de esos dominios. Deseamos enfatizar la naturaleza infinitamente holónica de la conciencia, y no sólo una versión de ella.

8. Culler, *On Deconstruction*, p. 215; las cursivas son propias.
9. Véanse Taylor, *Sources of the Self* y *Hegel*.
10. Ésta es la razón por la que una de las formas en que podemos fechar el comienzo del estado de ánimo general posmoderno es con los grandes idealistas (tenga en cuenta que Derrida hace exactamente eso; Hegel, dice, es el último de lo viejo o el primero de lo nuevo).
11. Seguir la genealogía del posmodernismo es perseguir un intento de reintroducir los interiores y la interpretación, a través de una serie de reveses que terminaron negando todos sus objetivos originales. Vimos que el posmodernismo comenzó como una manera de reintroducir la interpretación, la profundidad y los interiores al Kosmos: el mundo no es meramente reflejado por la conciencia, es cocreado por la conciencia; el mundo no es meramente una percepción, sino una interpretación. Este énfasis en la interpretación finalmente se llevó a los extremos: no hay nada fuera del texto, y esto eliminó la verdad objetiva de la escritura posmoderna. Una vez que se sospechaba la verdad, no había manera de juzgar finalmente nada, y los dominios interiores se derrumbaron completamente en sólo preferencias subjetivas. La profundidad se depositó completamente en superficies equivalentes y locura especulativa —no dentro, profundamente— mientras que el posmodernismo radical cayó en el intenso campo gravitacional de la llanura. La genealogía del posmodernismo deconstructivo es una genealogía de la desesperación, el nihilismo y el narcisismo. La promesa de un posmodernismo

constructivo se perdió en gran medida por las razones exploradas en *Boomeritis* y la Introducción a CW7. Para ejemplos de posmodernismo constructivo, véase la excelente serie de antologías posmodernas editadas por David Ray Griffin (SUNY Press). La psicología integral que ahora presento se ofrece en el espíritu de un posmodernismo constructivo.
12. Para una discusión completa de este tema, véase *Sexo, ecología, espiritualidad*, 2ª edición (CW6).

14. El 1-2-3 de los estudios de conciencia
1. Véase N. Humphrey, *Consciousness Regained*; K. Jaegwon, *Supervenience and the Mind*; M. Levin, *Metaphysics and the Mind-Body Problem*; G. Madell, *Mind and Materialism*; C. McGinn, *The Problem of Consciousness*; T. Nagel, *Mortal Questions* y *The View from Nowhere*; G. Strawson, *Mental Reality*; R. Swinburne, *The Evolution of the Soul*; A. Whitehead, *Process and Reality*; S. Braude, *First Person Plural*; C. Birch, *Feelings*; K. Campbell, *Cuerpo y mente*; Paul Churchland, *Matter and Consciousness*; D. Dennett, *Consciousness Explained*; R. Penrose, *The Emperor's New Mind*; Popper y Eccles, *The Self and Its Brain*; D. Griffin, *Unsnarling the World-Knot*; W. Robinson, *Brains and People*; W. Seager, *Metaphysics of Consciousness*; R. Sperry, *Science and Moral Priority*; J. Searle, *The Rediscovery of the Mind* y *Mind, Language, and Society*; W. Hart, *The Engines of the Soul*; C. Hartshorne, *Whitehead's Philosophy*; O. Flannagan, *Consciousness Reconsidered*; R. Forman *The Problem of Pure Consciousness*; G. Edelman, *Bright Air, Brilliant Fire* y *The Remembered Present*; J. Eccles, *How the Self Controls Its Brain*; Gazzaniga (ed.), *The Cognitive Neurosciences*; Patricia Churchland, *Neurophilosophy*; S. Pinker, *How the Mind Works*; Baars, *In the Theater of Consciousness*; Hunt, *On the Nature of Consciousness*; Scott, *Stairway to the Mind*; Deacon, *The Symbolic Species*; Finger, *Origins of Neuroscience*; Cytowic, *The Neurological Side of Neuropsychology*; Stillings *et al.*, *Cognitive Science*; Carpenter, *Neurophysiology*; Varela *et al.*, *The Embodied Mind*; D. Chalmers, *The Conscious Mind*; Hameroff *et al.*, *Toward a Science of Consciousness*; Wade, *Changes of Mind*; Block *et al.*, *The Nature of Consciousness*; Laughlin *et al.*, *Brain, Symbol, and Experience*; Wilber, "An Integral Theory of Consciousness", *op. cit.*
2. Campbell, *Cuerpo y mente*, p. 131.
3. Para un excelente resumen del estado presente de este argumento, véase Griffin, *Unsnarling the World-Knot*. Véase *Sexo, ecología, espiritualidad*, 2ª edición (CW6), para un análisis del "dilema principal de la era moderna", a saber, la relación del Ser subjetivo (conciencia) y el mundo objetivo (naturaleza), especialmente los capítulos 4, 12 y 13.
4. Strawson, *Mental Reality*, p. 81.
5. Searle, *The Rediscovery of the Mind*, p. 30.
6. Kim, *Supervenience and Mind*, citado en Griffin, *Unsnarling the World-Knot*, p. 4.
7. Nagel, *Mortal Questions*, p. 176.

Psicología integral

8. McGinn, *The Problem of Consciousness*, pp. 1-7.
9. Madell, *Mind and Materialism*, citado en Griffin, *Unsnarling the World-Knot*, p. 3.
10. Popper, *Of Clouds and Clocks*, citado en Griffin, *Unsnarling the World-Knot*, p. 3.
11. Popper y Eccles, *The Self and Its Brain*, p. 105.
12. Véase la nota 15.
13. Decir que el sujeto y el objeto son dos aspectos de una realidad subyacente plantea la cuestión de cuál es esta realidad subyacente, ya que no se puede afirmar en términos que no sean meras combinaciones de "subjetivo" y "objetivo". O esta tercera entidad —la realidad subyacente— tiene propiedades subjetivas y objetivas, o no las tiene. Si lo hace, no es realmente subyacente; si no lo hace, no es realmente unificadora. Nagarjuna y otros filósofos-sabios no-duales son inflexibles en que el problema mente-cuerpo no puede ser resuelto en un nivel racional. Para un análisis completo de este tema, véase *El ojo del Espíritu*, capítulo 3.
14. Véase *El ojo del Espíritu*, capítulo 3.
15. Para ser más específicos, el problema mente-cuerpo involucra tres dilemas: (1) cómo relacionar la Mente (interiores) y el Cuerpo (exteriores, incluyendo el cerebro); (2) cómo relacionar la mente (conciencia conceptual interior) y el cuerpo (sentimientos interiores); y (3) cómo ver la relación final de la Mente y el Cuerpo (sujeto y objeto). En mi opinión, esos tres elementos pueden abordarse de esta manera, respectivamente: (1) reconocer que cada exterior tiene un interior (como se muestra en la figura 5) que une la Mente y el Cuerpo; (2) reconocer que hay etapas interiores de desarrollo de la conciencia (también se muestra en la figura 5) que une la mente y el cuerpo; y (3) reconocer que hay niveles superiores de desarrollo de la conciencia, que finalmente unen la Mente y el Cuerpo (evitando así cualquier forma de dualismo). Para verlos en orden:

    I. El problema de la relación de los interiores (conciencia) y exteriores (materia) se suele plantear como: las unidades fundamentales del Universo (quarks, átomos, cuerdas, etcétera) consisten en entidades que no poseen interiores; la mente posee un interior; ya que este último evolucionó del primero, ¿cómo se pueden obtener interiores de los exteriores? Dado que esto parece imposible, debemos negar la realidad causal de los interiores por completo (fisicalismo), o debemos postular un milagro de la existencia (dualismo), en el que un tipo completamente nuevo de sustancia (interiores) salta a la existencia en algún momento. En la primera parte de la era moderna, cuando Dios todavía estaba por estos lares, el dualismo era una solución popular, porque Dios podía ser llamado para este milagro. En el mundo de hoy, este milagro —y su imposibilidad aparente— es una de las principales razones por las que la mayoría de los filósofos huyen al fisicalismo.

    En mi opinión, aunque la relación exacta de interiores y exteriores se revela sólo en las etapas de desarrollo posracionales (la onda no-dual), podemos comprender racionalmente que cada interior tiene un exterior, y viceversa, como se indica en la figura 5. Si el interior y el exterior realmente surgen correlativamente, no se requiere ningún milagro; argumentaré esto en un momento. (En cuanto a la etapa no-dual, cuando se revela, de hecho involucra al espíritu, pero de la manera más ordinaria y sencilla. En ningún caso se requiere un milagro sobrenatural.)

Esta parte de la solución (cada exterior tiene un interior) parecería implicar algún tipo de panpsiquismo, excepto que, como se explica en *Sexo, ecología, espiritualidad*, 2ª edición (capítulo 4, notas 13 y 25), cada forma principal de panpsiquismo equipara "interiores" con un tipo particular de interior (como sentimientos, conciencia, alma, etcétera), y luego intenta empujar ese tipo hasta las unidades fundamentales del Universo (quarks, átomos, cuerdas, o algo así), que creo que es inviable. Para mí, la conciencia en el sentido amplio es en última instancia incalificable (Vacío), y por lo tanto, aunque los interiores van todo el camino hacia abajo, ningún tipo de interior lo hace. Soy un paninteriorista, no un panexperiencialista, panmentalista, pansentimentalista o panalmista. Las formas del interior muestran el desarrollo: de un algo difuso u otro (véase más adelante) a la *prehensión* a la sensación a la percepción al impulso a la imagen al concepto a las reglas a la racionalidad y así sucesivamente, pero ninguno de ellos recorre todo el camino hacia abajo de una forma específica. La mayoría de las escuelas de panpsiquismo toman uno de esos interiores —como el sentimiento o el alma— y sostienen que todas las entidades lo poseen (los átomos tienen sentimientos, las células poseen un alma) y esto lo rechazo categóricamente. Las células tienen un interior, cuya forma es la irritabilidad protoplasmática (figura 5), y los electrones, de acuerdo con la mecánica cuántica, poseen una "propensión a la existencia", pero ninguno de ellos son "mentes" o "sentimientos" o "almas", sino que son meramente algunas formas muy tempranas de interiores.

Acepto, en un sentido muy general, la noción de Whitehead (Hartshorne, Griffin) de que podemos imaginar la "prehensión" como quizás la forma más temprana de interiores (cada interior toca —prehende— un exterior en algún momento, ya que interior y exterior surgen mutuamente), pero cuando esa prehensión se explica en términos como sentimiento o emoción, creo que se está exagerando. Ésta es también la razón por la que, cuando presento los cuatro cuadrantes, suelo decir que los lectores son libres de empujar los interiores hacia abajo tan lejos —o tan poco— como deseen. Dado que los interiores son finalmente incalificables (en mi opinión, cada interior es básicamente una abertura o un claro en el que surgen exteriores correlativos; véase *Sexo, ecología, espiritualidad*, 2ª edición [capítulo 14, notas 13 y 25]), y dado que la relación entre interiores y exteriores finalmente se revela sólo en la conciencia posracional (véase ítem 3), no me preocupa resolver el problema mente-cuerpo argumentando que los interiores recorren todo el camino hacia abajo (aunque creo que lo hacen); la solución final se encuentra en otra parte (véase ítem 3). En realidad, en términos generales, estoy más interesado en comunicar al lector por qué creo que, al menos para cuando lleguemos a los seres humanos, existen cuatro cuadrantes, porque es la integración de los Tres Grandes a nivel humano lo que es el requisito más urgente, en mi opinión (y esa integración eventualmente ayudará a resolver el problema mente-cuerpo en todos los niveles).

La mayor reserva que tengo sobre la visión de la prehensión de Whitehead es que es en gran parte monológica. Cada sujeto o Yo prehende a sus antepasados inmediatos como objetos o Ellos; cada Yo entonces pasa a la corriente como un Ello para el nuevo Yo: Yo se convierte en Ello, mientras el nuevo Yo prehende al viejo Yo. Esta corriente de sujetos/objetos es parcialmente cierta, creo, y me parece que el análisis de las fases de la prehensión de Whitehead es un añadido brillante a la filosofía. Pero al argumentar desde la experiencia humana hasta los átomos de la experiencia (que creo que es justificable), Whitehead no ha comenzado con la visión correcta de la experiencia humana, y por lo tanto, inyectó de manera análoga los tipos incorrectos de realidades en los átomos de la existencia. La experiencia humana no es un sujeto monológico que capta objetos monológicos, sino que es, de hecho, un asunto de cuatro cuadrantes: cada sujeto surge sólo en un espacio intersubjetivo (la esencia del posmodernismo). En otras palabras, los átomos de la experiencia son holones de cuatro cuadrantes, no holones monológicos. Como argumenté en *El ojo del Espíritu* (capítulo 10, nota 11), Whitehead, ha tomado la llanura y la ha hecho paradigmática para toda experiencia.

La mayoría de los whiteheadianos se oponen firmemente a mi caracterización de su punto de vista como en gran medida monológico, señalando que su postura real es relacional y ecológica. Pero la ecología es monológica; y la teoría de sistemas es un ejemplo perfecto de una visión del proceso relacional, que también es monológica. Porque no es meramente que un sujeto prehenda sus objetos. En realidad, la intersubjetividad es el espacio en el que el sujeto prejuzga sus objetos. El Nos es intrínsecamente parte del Yo, no como prehensiones objetivas, sino como elementos constitutivos subjetivos. El espacio del Nos en el que surge el Yo no es simplemente un objeto para el Yo, sino en realidad el espacio de fondo en el que surge el Yo para prehender sus objetos, y que por lo tanto entra en parte en el Yo por primera vez como componente sujeto, no como prehensión objeto (esta parte de la intersubjetividad no es, por lo tanto, "un objeto que una vez fue sujeto", que es la reelaboración modélica whiteheadiana de la causalidad como percepción, y que es de hecho relacional, procesual, ecológica y monológica, en mi opinión. Parcialmente cierto, no es lo suficientemente sensible a las realidades no reductibles en los cuatro cuadrantes completamente hacia abajo).

Unsnarling the World-Knot, de David Ray Griffin, es una magnífica exposición del punto de vista de Whitehead, junto con la solución propuesta por Griffin del fisicalismo panexperiencialista (basado en Whitehead/Hartshorne). Estoy muy de acuerdo con su presentación, excepto por los puntos 1 y 3 de esta nota (no identifico los interiores con los sentimientos; y creo que la relación del interior con el exterior sólo se revela finalmente en la conciencia transracional no-dual; no puede ser "pensada" como proponen Griffin y Whitehead). Creo que

Notas

sé lo que Griffin quiere decir con "sentimiento" (*prehensión* en el sentido más rudimentario), pero la palabra "sentimiento" o "experiencia" es simplemente "demasiado" para cruzar todo el camino hacia abajo. Además, como acabo de decir, no creo que las unidades fundamentales de la experiencia humana o el Universo sean monológicas (Griffin me dice que tampoco lo hace; véase Introducción al volumen CW8 para nuestro intercambio sobre este tema).

Otra cosita a este respecto: la línea de individualidad compuesta de Griffin no parece del todo completa, en mi opinión. El punto de vista de Griffin/Whitehead es, por supuesto, "una jerarquía de individuos compuestos emergentes" (una holarquía de holones). Pero Griffin parece trabajar con un linaje evolutivo que se mueve de átomos a macromoléculas a orgánulos a células a neuronas a la mente. Las neuronas son los "individuos duraderos de más alto nivel" junto a la mente, y la mente es la experiencia previa de miles de millones de neuronas individuales. Éste es un salto demasiado grande y, en mi opinión, una visión más precisa se representa en la figura 5. Es decir, el interior correspondiente a las neuronas es la sensación; el organismo con un tronco cerebral reptiliano es un verdadero individuo compuesto (holón) cuyo interior es el impulso; el organismo con un sistema límbico es un individuo compuesto, cuyo interior es la emoción; el organismo con un neocórtex complejo es un verdadero individuo compuesto, cuyo interior es la mente conceptual. En cada uno de esos niveles, no sólo los interiores prehenden sus exteriores correspondientes, sino que prehenden su propio pasado (yo creo que Griffin estaría de acuerdo con eso). Esto parece explicar no sólo la interacción Mente-Cuerpo (interior-exterior), sino también la causalidad interior, la herencia interior y la interacción mente-cuerpo.

Por lo tanto, en mi opinión, Griffin salta de las neuronas a la mente demasiado rápido. Creo que diría que las neuronas son los individuos duraderos de más alto nivel antes de la mente porque el tallo reptiliano y el sistema límbico son simplemente agregados organizacionales, no individuos compuestos, que es el punto que discutiría. Por ejemplo, el sistema límbico de un caballo es un sistema altamente organizado que se convierte de un agregado a un individuo por el límite de la piel del caballo (que es análogo a la membrana celular de un eucariota; si este último es un individuo compuesto, también lo es el primero). El individuo del compuesto del sistema límbico se compone nuevamente en el individuo del compuesto de neocórtex; éstos son niveles distintos tanto de exteriores como de interiores (figura 5). De manera que el salto de las neuronas a la mente no es tan grande como Griffin lo presenta. Muchos filósofos han encontrado muy difícil pasar directamente de las neuronas a la conciencia racional; pero en lugar de un salto enorme (y desconcertante), tenemos una serie de minisaltos: de las neuronas al cordón neuronal al tronco cerebral reptiliano al sistema límbico paleomamífero al neocórtex, que parece más fácil de ver (como es el desarrollo interior correspondiente de la sensación a la percepción al impulso a la emoción a la imagen al concepto para gobernar a la racionalidad), y cada uno de ellos es un holón, un verdadero individuo compuesto.

La cosmovisión de la física se utiliza a menudo para apoyar la noción de que las unidades fundamentales (quarks, cuerdas, átomos) no tienen interiores. No discuto con los panexperiencistas que los átomos deben tener sentimientos, sino que los exteriores carecen de significado sin interiores, y que si los átomos cuentan con exteriores, ciertamente poseen interiores. Dondequiera que haya un límite entre objetos físicos, por ejemplo, entre un átomo y otro átomo, entonces esos átomos tienen exteriores, y dondequiera que haya un exterior hay un interior: no se puede tener uno sin el otro. El interior y el exterior surgen junto con el primer límite de un universo, se levantan y determinan mutuamente, y por ende, tanto los interiores como los exteriores recorren todo el camino hacia abajo (siempre y cuando hacerlo tenga algún significado). Decir que el universo físico es un universo de todos los exteriores y ningún interior es como decir que el mundo tiene todas las cimas y ninguna sima: carece por completo de sentido. Dentro y fuera surgen en unión; y los interiores van tan abajo como "abajo" signifique.

En los niveles más bajos, el interior no tiene mucho significado porque el exterior tampoco: ¿realmente has mirado la realidad descrita por la mecánica cuántica? En los niveles más bajos de la existencia, tanto dentro como fuera se quedan sin sentido; se disuelven en ese miasma primordial en el que puede que no haya mente, pero tampoco materia; y cuando lo exterior cristaliza, también lo hace lo interior: emergen juntos cada vez que surgen. Cada izquierda tiene una derecha, y cada derecha apuntala su izquierda.

Estoy totalmente de acuerdo con Leibniz/Whitehead/Hartshorne/Griffin en que sólo las entidades conocidas como individuos compuestos (es decir, holones) poseen un interior característico. Los holones son diferentes de los simples cúmulos o agregados, en el sentido de que los primeros poseen la totalidad real (patrón identificable, representación, régimen, etcétera). Los holones individuales incluyen quarks, electrones, átomos, células, organismos, etcétera (como se muestra en la figura 5), cuyos interiores incluyen la prehensión, la propensión, la irritabilidad, la sensación, el tropismo, la percepción, el impulso, la imagen, etcétera (figura 5). Los cúmulos, por otro lado, son holones que se juntan accidentalmente (por ejemplo, un montículo de arena). Los holones tienen representación e interior (cada conjunto es una parte, y por lo tanto cada holón tiene un interior y un exterior), mientras que los cúmulos no. Un holón social se interpone entre los dos: es más que un cúmulo, en el sentido de que sus individuos están unidos por patrones de intercambio relacional, pero es menos que un holón individual en términos de la tensión de su régimen: los holones sociales no poseen un *locus* de autoconciencia en ninguna etapa de su desarrollo (mientras que los holones individuales de nivel superior tienen interiores que se vuelven cada vez más conscientes, de modo que a nivel de los individuos compuestos humanos, la autoconciencia es posible en los individuos, pero no en las sociedades. Los dos cuadrantes superiores son holones individuales, los dos cuadrantes inferiores son holones sociales. Para extensas discusiones de la individualidad compuesta, véase *Después del Edén* y *Sexo, ecología, espiritualidad*, 2ª edición).

Esta simple distinción (los holones tienen interiores, los cúmulos no [a excepción de los holones que podrían estar en los montones]), junto con el entendimiento de que "interior" significa sólo lo correlativo a cualquier exterior (no implica sentimientos, alma, autoconciencia, etcétera, que son todo tipo de interiores), ayuda mucho a hacer que el paninteriorismo sea más apetecible. El punto de vista común del panpsiquismo (pero no el de Whitehead/Griffin) es que, por ejemplo, las rocas tienen sentimientos o incluso alma, lo cual es insostenible (y es, de hecho, una creencia del nivel de desarrollo mágico-animístico, no del tipo nodual). Las rocas como cúmulos no tienen interiores (hay interior dentro de una roca, pero lo que ahí existe es sólo más exterior); las rocas, sin embargo, contienen átomos, que son holones, y esos holones cuentan con uno de los tipos más bajos de interiores (propensiones y patrones que perduran a través del tiempo), pero en ningún caso una roca tiene "sentimientos", mucho menos un alma. (Aunque la roca sea una manifestación del espíritu, ésta no contiene un alma.)

Tanto interiores como exteriores se desarrollan o coevolucionan; y en ambas líneas, emerge con la introducción de algún grado de genuina novedad o creatividad en cada etapa (que un físico llama "inexplicable" y un integralista nombra "Eros"). Muchos fisicalistas (de Dennett a Alwyn Scott) están de acuerdo con la evolución emergente, pero tratan de derivar la conciencia interior haciéndola aparecer en el nivel superior del desarrollo exterior (porque creen que sólo los exteriores son reales, y la "conciencia aparece en la parte superior" es una concesión a la intuición acérrima de que la conciencia existe, que luego se explica como "nada más que" la casualidad funcional de los exteriores complejos; o más extrañamente como un dualismo). Como dijo Eccles: "Tal como en biología hay nuevas propiedades emergentes de la materia, así en el nivel extremo de complejidad organizada de la corteza cerebral surge aún más la propiedad de estar asociado con una experiencia consciente". Pero la izquierda no es un nivel superior de la derecha, es el interior de la derecha en todos los niveles, y ambos bajan todo el recorrido (véanse *Sexo, ecología, espiritualidad*, 2ª edición, capítulo 4; "An Integral Theory of Consciousness", *op. cit.*). Nagel habla con razón cuando dice que un sujeto con un punto de vista simplemente no puede surgir de objetos exteriores que carecen de ello. (Griffin llama a esto el "error de categoría de emergencia", lo cual yo evito al hacer evidente que los interiores y exteriores surgen correlativamente.)

Por otro lado, dice Nagel, "si uno viaja demasiado lejos por el árbol filogenético, la gente gradualmente se despoja de la fe de que hay experiencia en ese punto". Muy bien, es por eso que yo no impulso la experiencia (o sentimientos o almas o cualquier tipo específico de interior) hacia abajo; simplemente sostengo que dondequiera que haya exteriores, hay interiores, y cuando se trata de los interiores de los niveles inferiores, no creo que realmente seamos capaces de decir lo que hay "en" ellos con algún tipo de seguridad. No puedo probar lo que hay en ellos por la misma razón que un físico no puede refutarlos.

Dennett, por cierto, ve un tipo de sensibilidad emergiendo entre amibas. Estoy dispuesto a conformarme con eso, no porque esté siendo vago acerca de niveles más bajos que ello, sino porque cuando lleguemos al reino atómico y subatómico, los formalismos matemáticos de la mecánica cuántica se vuelven mucho más raros de lo que se puede imaginar, y la mayoría de los físicos no están de acuerdo en lo que todo esto significa de todos modos. Yo mismo creo que los átomos tienen interiores, pero no voy a discutir ese punto a muerte, simplemente porque el Universo se vuelve demasiado difuso a ese nivel, y porque la relación real de los interiores con los exteriores está determinada en los reinos transracionales, no prerracionales. Los seres humanos pueden conocer los reinos transracionales directa e inmediatamente, mientras que los reinos subatómicos se entienden, en todo caso, sólo a través de formalismos matemáticos abstrusos, que además están todavía en proceso de formulación.

II. Al reconocer que los interiores se desarrollan (al igual que sus exteriores), podemos ver que mente (conciencia mental interior) y cuerpo (sentimientos interiores) están relacionados como trascendentes e incluyen (como se muestra en el cuadrante superior izquierdo de la figura 5, en figuras como la 1 y la 8, y en todas las gráficas que muestran el desarrollo interior). La mente que vaga en el aire, como en la figura 13, está conectada de nuevo a sus raíces en el cuerpo sintiente. Esto se explora con más detalle en *Sexo, ecología, espiritualidad*, 2ª edición (CW6), capítulos 12 y 13.

El desarrollo interior, precisamente porque se compone de holones (al igual que el desarrollo exterior), se constituye de una serie de enteros que se convierten en partes de enteros subsecuentes, indefinidamente (como vimos, por ejemplo: sensomotriz es una cognición completa que se convierte en parte de lo operacional concreto, que es una cognición completa que se convierte en parte de lo operacional formal, que es una cognición completa que se convierte en parte de la visión-lógica, y así sucesivamente).

Nagel insinúa que quizás el principal problema con cualquier tipo de paninteriorismo es que carecemos de una concepción de "una relación mental de un todo" que podría explicar la intuición acérrima de la unidad de la experiencia (es decir, cómo "un solo Ser puede estar compuesto de muchos Seres"). Pero hemos visto innumerables ejemplos del hecho de que la experiencia interior se compone de corrientes de holones, de enteros/partes, de enteros que pasan a partes de sucesivos enteros de una manera cohesiva y sin fisuras. Esto también es cierto para la corriente propia (el sujeto de una etapa se convierte en un objeto de la siguiente: todo el Ser próximo de una etapa se convierte en parte de lo distal en la siguiente, de modo que en cada etapa "un solo Ser se compone de muchos Seres"). En cada caso "los muchos se convierten en uno, y se incrementan en uno", el famoso *dictum* de Whitehead. Whitehead discute la microprehensión, pero su *dictum* también es cierto para las etapas macro, ya que la primera es la base de la segunda, y ambas son simplemente otra versión de trascender e incluir. La principal objeción de Nagel, en otras palabras, parece ser operada por las conclusiones de consenso de la psicología del desarrollo.

III. Al reconocer niveles superiores de desarrollo, incluyendo las etapas no duales, la relación final de la Mente y el Cuerpo (interior y exterior, sujeto y objeto) se revela de una manera clara y satisfactoria: la Mente y la Naturaleza son ambos movimientos del Espíritu, por lo que no hay dualismo ni reduccionismo. Esto se explora con más detalle en *Sexo, ecología, espiritualidad*, 2ª edición (CW6), capítulos 10, 12, 13 y 14.

El "difícil problema" —el salto a la qualia (es decir, ¿cómo pueden las cantidades exteriores dar lugar a cualidades interiores?)— finalmente se resuelve, no al ver que cada exterior tiene un interior (ítem 1), ya que eso simplemente dice que son correlativos (y deja el problema todavía bastante difícil), sino al desarrollarse al reino no-dual, con lo cual el problema se disuelve radicalmente. La solución es lo que se ve en el satori, no cualquier cosa que se pueda declarar en términos racionales (a menos que uno haya tenido un satori, y luego las condiciones racionales funcionarán bien). La razón por la que el difícil problema no se puede resolver —y aún no se ha resuelto— en términos racionales y empíricos es que la solución no existe en esos niveles. Los genios filosóficos que tratan de resolver el problema mente-cuerpo en ese nivel han fallado (según sus propios testimonios) no porque sean incompetentes, sino simplemente porque no puede resolverse en ese nivel. Véase *El ojo del Espíritu*, edición revisada (CW7), capítulo 11.

16. "An Integral Theory of Consciousness", *op. cit.* pp..
17. Véase Gazzaniga (ed.), *The Cognitive Neurosciences*; P. Churchland, *Neurophilosophy*; Edelman, *Bright Air, Brilliant Fire* y *The Remembered Present*; Pinker, *How the Mind Works*; Baars, *In the Theater of Consciousness*; Hunt, *On the Nature of Consciousness*; Scott, *Stairway to the Mind*; Deacon, *The Symbolic Species*; Finger, *Origins of Neuroscience*; Cytowic, *The Neurological Side of Neuropsychology*; Stillings *et al.*, *Cognitive Science*; Carpenter, *Neurophysiology*.

    No es que todos esos enfoques sean reduccionistas; pero para los enfoques de la conciencia (mente y cerebro) que son declaradamente no reduccionistas, véanse, por ejemplo, Chalmers, *The Conscious Mind*; Hameroff *et al.*, *Toward a Science of Consciousness*; Griffin, *Unsnarling the World-Knot*; Wade, *Changes of Mind*; Block *et al.*, *The Nature of Consciousness*; Laughlin *et al.*, *Brain, Symbol, and Experience*; Wilber, "An Integral Theory of Consciousness", *op. cit.* Véase especialmente Varela *et al.*, *The Embodied Mind*, y la crítica constructiva que le dedico en *Sexo, ecología, espiritualidad*, 2ª edición (CW6), capítulo 14, nota 1.
18. Varela y Shear (eds.), *The View from Within*, p. 2.
19. Véase la excelente obra de Robert Forman, "What Does Mysticism Have to Teach Us About Consciousness?", *Journal of Consciousness Studies* 5, no. 2 (1998),

pp. 185-202. Forman es uno de los teóricos mencionados que también se muestra interesado en la importancia de las etapas de desarrollo. Véase también sus libros *The Problem of Pure Consciousness*, *The Innate Capacity*, *Meister Eckhart* y *Mysticism, Mind, Consciousness*.

20. En la ontogenia actual, hay dos sentidos diferentes en los que podemos hablar de desarrollo en tercera persona (o de los cuadrantes del lado derecho). En los individuos, está el desarrollo del cuadrante superior derecho en sí: el crecimiento del organismo biológico, las vías neuronales, las estructuras cerebrales, etcétera. Este crecimiento y desarrollo es investigado por la biología, la neurofisiología y la teoría de sistemas orgánicos, por ejemplo (véase la nota 14.17). Los holones en este cuadrante crecen, se desarrollan y evolucionan (al igual que los holones en todos los cuadrantes), y ese desarrollo se puede investigar usando ciencias empíricas. Estos holones objetivos y su comportamiento pueden abordarse con las ciencias naturales, y por lo tanto son "tercera persona" en ese sentido, son desarrollo en los dominios del lado derecho.

Pero también está el crecimiento, en la conciencia individual (SI), de la capacidad de captar cognitivamente los dominios objetivos del lado derecho, y esta capacidad cognitiva (del lado superior izquierdo para captar los objetos del lado derecho) es la capacidad estudiada por Piaget y por la mayoría de los psicólogos cognitivos. "Cognición", recuerda el texto, es definida por la mayoría de los investigadores occidentales como la capacidad de captar fenómenos objetivos, y esta capacidad (de la parte superior izquierda para captar objetos del lado derecho) crece y evoluciona de sensomotriz a preop a conop a formop. Éste es el desarrollo, en el sujeto individual en primera persona, de la capacidad de captar con precisión objetos en tercera persona, y por lo tanto éste es el segundo sentido en el que podemos hablar del crecimiento de la conciencia en tercera persona.

Cuando digo que en los individuos, la estética, la moral y la ciencia evolucionan (o que hay desarrollo en la conciencia en primera, segunda y tercera personas), "ciencia" o "tercera persona" se entiende en ambos sentidos: el crecimiento del organismo objetivo (como lo revela la ciencia, la neurobiología, etcétera) y el crecimiento interior de la capacidad cognitiva (científica) para captar objetos. (Éste es otro ejemplo de la diferencia entre los niveles del Ser y los niveles de la realidad, o las estructuras y los ámbitos/planos, o de nuevo, el crecimiento en la epistemología del sujeto y el crecimiento en los objetos que se conocen, la ontología. A menos que se indique lo contrario, generalmente me refiero a ambos, aunque el contexto lo determinará).

Por supuesto, tanto la conciencia en primera persona como la conciencia en tercera persona existen interrelacionadas con redes de estructuras intersubjetivas en segunda persona, y éstas, también, crecen y se desarrollan (es decir, los propios cuadrantes se desarrollan, y la capacidad del sujeto para comprender esos cuadrantes se desarrolla). En otras palabras, todos estos cuadrantes están íntimamente interrelacionados (por ejemplo, el crecimiento en los otros cuadrantes, como las vías neuronales biológicas y las estructuras intersubjetivas del discurso, son requisitos para que el sujeto incluso pueda comprender estos otros cuadrantes).

La psicología integral que ahora presento aboga por un enfoque integrado del desarrollo en todos esos cuadrantes, con mayor precisión: un enfoque de "todos los niveles, todos los cuadrantes", que siga a todos los niveles y todas las líneas en todos los cuadrantes. Esto significa seguir tanto el crecimiento en cada cuadrante como el crecimiento en la capacidad del sujeto para captar cada cuadrante (es decir, el crecimiento en la capacidad del sujeto para captar su propio cuadrante subjetivo y los otros cuadrantes también). Esto significa seguir el crecimiento del Ser en relación con tres ambientes o tres mundos (los Tres Grandes), a saber, su relación con su propio mundo subjetivo de impulsos internos, ideales, conceptos del Ser, estética, estados de conciencia, etcétera; su relación con el mundo intersubjetivo de interacción simbólica, discurso dialéctico, comprensión mutua, estructuras normativas, etcétera; y su relación con el mundo objetivo de objetos materiales, estados de cosas, sistemas científicos, objetos cognitivos, etcétera. Cada uno de ellos evoluciona de ondas prepersonales a personales a transpersonales (es decir, cada uno de los cuadrantes evoluciona, o puede evolucionar, a través de todos los niveles en el Gran Nido, de cuerpo a mente a psíquico a sutil a causal a no-dual, y por lo tanto un enfoque de "todos los niveles, todos los cuadrantes" sigue los desarrollos de "todos los niveles y todas las líneas en todos los cuadrantes".

(Estoy simplificando las líneas de desarrollo a las tres principales: estética/subjetiva, moral/intersubjetiva, y ciencia/objetiva, pero el número real de líneas en cada uno de los cuadrantes es bastante numeroso: en el dominio subjetivo o si hemos visto más de dos docenas de líneas de desarrollo, por ejemplo. Todos ellas están implícitas en la fórmula simple, "todos los niveles y todas las líneas en todos los cuadrantes", o aún más simple, "todos los niveles, todos los cuadrantes".)

Dobert, Habermas y Nunner-Winkler ("The Development of the Self", en Broughton, *Critical Theories of Psychological Development*), han presentado un modelo que, aunque no es de todos los niveles, es en muchos sentidos admirable e impresionante de todos los cuadrantes. Es decir, traza el desarrollo del Ser en relación con los Tres Grandes reinos (subjetivo, intersubjetivo y objetivo). Intentan una integración de los tres grandes dominios en la formación de la identidad propia, señalando que al hacerlo también están integrando tres de las escuelas más influyentes de la psicología del desarrollo (freudiana o subjetiva; interaccionista simbólica o intersubjetiva; y psicología cognitiva piagetiana u objetiva). Esta formación de identidad implica el desarrollo del Ser (como lo hace en la psicología integral: en mi opinión, la identificación es una de las funciones del Ser), y por lo tanto sus formulaciones son de alguna manera bastante acordes con los puntos de vista presentados aquí.

"Los problemas de desarrollo vinculados con el concepto de formación de la identidad se han abordado en tres tradiciones teóricas diferentes: (1) la psicología

Psicología integral

cognitivista del desarrollo fundada por Jean Piaget, (2) la psicología social del interaccionismo simbólico que se remonta a G. H. Mead, y (3) la psicología analítica del ego derivada de Sigmund Freud. En todas estas formulaciones teóricas, la tendencia del desarrollo se caracteriza por el aumento de la autonomía frente al menos uno de los tres entornos particulares [los Tres Grandes]. En otras palabras, el desarrollo se caracteriza por la independencia que el Ser adquiere en la medida en que mejora sus capacidades de resolución de problemas al tratar: (1) la realidad de la naturaleza externa tanto de los objetos manipulables [SD] como de las relaciones sociales estratégicamente objetivadas [ID]; (2) la realidad simbólica de las expectativas de comportamiento, los valores culturales y las identidades… [II]; y (3) la naturaleza interna de las experiencias intencionales y el propio cuerpo [SI], en particular, aquellos impulsos que no son susceptibles de comunicación. La teoría del desarrollo cognitivo de Piaget aborda el primer aspecto, la teoría del desarrollo interactivo de Mead el segundo, y la teoría del desarrollo psicosexual de Freud el tercero. Ciertamente, no debemos sobreestimar la convergencia de los tres enfoques. Pero no se puede negar el hecho de que las perspectivas teóricas que enfatizan se complementan entre sí" (pp. 278-279).

De hecho lo hacen. Y estos tres grandes dominios, según los autores, están todos unidos por el Ser (como hemos visto; el Ser es el navegante e integrador de todas las olas y corrientes en el ser individual). Nótese que los autores señalan que para estas tres escuelas principales, el desarrollo implica aumentar la autonomía (que es uno de los veinte principios de la evolución; véase *Sexo, ecología, espiritualidad*, 2ª edición, capítulo 2). El aumento de la autonomía es uno de los veinte principios mostrados por todos los sistemas en evolución, incluido el Ser, y la Autonomía final es simplemente el Ser puro, fuera del cual nada existe, que es por lo tanto un estado de plena autonomía: el Ser puro es todo el Kosmos en su completa maravilla radiante, y es plenamente autónomo porque nada hay fuera de él. La razón por la que el desarrollo muestra una creciente autonomía es que el desarrollo se dirige hacia la Autonomía última del Ser puro y no-dual.

En la nota 10.4, planteé la hipótesis de que el Ser metaboliza la experiencia para construir estructura, y que éste es el mecanismo que convierte los estados temporales en rasgos perdurables. Señalé la gran similitud de este concepto con el propuesto por la psicología del ego psicoanalítico y el constructivismo piagetiano. Dobert *et al.* también señalan estas similitudes. "Para las tres teorías, la transposición de estructuras externas [y acciones no estructuradas] en estructuras internas es un mecanismo de aprendizaje importante. Piaget habla de "interiorización" cuando los esquemas de acción, es decir, las reglas para el dominio manipulador de los objetos, se transponen internamente y se transforman en esquemas de comprensión y pensamiento. El psicoanálisis y el interaccionismo simbólico proponen una transposición similar de los patrones de interacción en patrones intrapsíquicos de relaciones, uno que llaman "internalización". Este mecanismo de internalización está conectado con el principio adicional de lograr la independencia, ya sea de objetos externos, personas de referencia o de los propios impulsos, repitiendo activamente lo que uno ha experimentado primero pasivamente"(p. 279). (En cuenta téngase que el aumento de la "interiorización" es también uno de los veinte principios.)

Además, los autores sostienen que cada uno de esos dominios, según la preponderancia de la evidencia, "refleja una jerarquía de estructuras cada vez más complejas" (p. 280). (Aumentar la complejidad/estructuración es uno de los veinte principios.)

Un elemento central del modelo de Dobert *et al.* es la noción de competencia interactiva, que es el principal factor integrador del Ser y su desarrollo. Además, según los autores, esta competencia interactiva se desarrolla en tres grandes etapas (u olas), que son preconvencionales, convencionales y posconvencionales, y cada crecimiento representa una expansión de la conciencia y un aumento de la interiorización y la autonomía. "Para el niño en edad preescolar, todavía situado cognitivamente a nivel preoperacional, el sector relacionado con la acción del universo simbólico consiste principalmente en expectativas y acciones de comportamiento concretas individuales, así como las consecuencias de acciones que pueden entenderse como gratificaciones o sanciones. Tan pronto como el niño ha aprendido a desempeñar papeles sociales, es decir, a participar en las interacciones como miembro competente [convencional, mítico-miembro], su universo simbólico ya no consiste en acciones que expresan sólo intenciones aisladas, por ejemplo, deseos o cumplimientos de deseos. En realidad, el niño ahora puede entender las acciones como el cumplimiento de las expectativas de comportamiento generalizado o como ofensas contra ellos. Cuando, finalmente, los adolescentes han aprendido a cuestionar la validez de los roles sociales y las normas de acción, su universo simbólico se expande una vez más. Ahora aparecen principios [posconvencionales] según los cuales las normas controvertidas pueden ser juzgadas" (p. 298).

Desafortunadamente, su modelo todo-cuadrante de autodesarrollo no es todo-nivel, y por lo tanto no alcanza a proponer una psicología verdaderamente integral. Se ocupa sólo de la línea básica de desarrollo personal. Con todo, sí es mucho más integral que la mayoría de los modelos de desarrollo disponibles, y sus ideas son contribuciones importantes a cualquier psicología verdaderamente integral.

21. Para una discusión sobre la importancia y las limitaciones de la fenomenología, véase *Sexo, ecología, espiritualidad*, 2ª edición (especialmente las notas para los capítulos 4 y 14).

Dobert *et al.* (véase la nota 14.20) critican la fenomenología, como ya quien escribe lo he hecho, por su incapacidad para comprender las estructuras intersubjetivas no dadas en la inmediatez del significado del cuerpo sintiente, y por lo tanto su incapacidad para tratar eficazmente con el desarrollo de la conciencia y el mundo social. "De hecho, la investigación fenomenológica tiene una intención similar, ya que busca capturar estructuras generales de posibles mundos de vida social. Sin embargo, desde el principio, la ejecución de este programa fue agobiada por la debilidad de un método mimetizado del enfoque introspectivo de la filosofía de la conciencia", es decir, una introspección inmediata que, por útil que pueda ser, no detecta las estructuras intersubjetivas en las que se produce la introspección subjetiva (por ejemplo, alguien en la etapa moral 5 puede introspectar todo lo que quiera, y nunca verá la estructura de la etapa moral 5). "Sólo los puntos de partida tomados por la teoría de la competencia en lingüística y psicología del desarrollo han creado un paradigma que combina el análisis formal de estructuras conocidas con el análisis causal de procesos observables" (p. 298). Véase también *Sexo, ecología, espiritualidad*, 2ª edición, capítulo 14, nota 1. Éste es también el principal problema con la prehensión de Whitehead: él hizo paradigmática esta misma debilidad de la filosofía de la conciencia (véase la nota 14.15 de la presente obra; véase también la Introducción a CW8 para un diálogo con David Ray Griffin sobre la postura "monológica" de Whitehead).

Estados y estructuras
Ahora quisiera dedicar unas últimas líneas sobre el asunto de los estados y las estructuras. Los estados, incluidos los estados normales o naturales (por ejemplo, despertar, soñar, dormir) y los estados no-normales, no-ordinarios o alterados (por ejemplo, meditación, experiencias cumbre, experiencias religiosas), son todos fenómenos temporales y pasajeros: vienen, obran un poco y se van, incluso si se presentan en ciclos. Las estructuras, por otro lado, son más duraderas: son patrones bastante permanentes de conciencia y comportamiento. Tanto los niveles de desarrollo como las líneas de desarrollo (olas y corrientes) se componen en gran medida de estructuras de conciencia, o patrones holísticos y autoorganizados con un código, régimen o representación reconocible. (Esto no debe confundirse con la escuela del estructuralismo, con la que tengo, en el mejor de los casos, relaciones tangenciales. Véase la Introducción a CW2.)

Las estructuras, en otras palabras, son bastante similares a los holones duraderos; y estas estructuras básicas o niveles básicos son esencialmente los niveles básicos en el Gran Nido del Ser. Cuando estos niveles se refieren al sujeto, hablamos de niveles de conciencia, niveles del Ser o niveles de subjetividad; cuando estos niveles se refieren a objetos, hablamos de niveles de realidad, reinos de realidad o esferas de realidad (véanse las notas 1.3, 8.2, 12.12).

Los estados de conciencia, aunque tienen características estructurales, tienden a ser más temporales y fluidos. Sin embargo, es importante reconocer dos categorías generales de estados, que podrían llamarse "amplio" y "estrecho" (no debe confundirse con normal y no-normal). Allan Combs los llama *estados de conciencia* y *estados mentales*; con el primero se refiere a patrones amplios (como dormir y despertarse) y con el segundo se refiere a "breves" estados pasajeros (como alegría, duda, determinación, etcétera). Allan cree que éstos están relacionados de una manera multinivel, con estructuras de conciencia en la base, dentro de la cual ocurren varios estados de conciencia, y dentro de esos estados de conciencia varios estados de la mente se experimentan. Si bien todo lo cual es un esquema posible, creo que Allan ha invertido la relación entre los estados de conciencia y las estructuras de conciencia (véase la nota 12.12). Un estado amplio de conciencia, como el despertar, tiene numerosas estructuras diferentes de conciencia dentro de él (por ejemplo, el estado de vigilia incluye mítico, racional, centaúrico, etcétera), pero no viceversa (por ejemplo, no puedes estar en la estructura racional y luego estar en varios estados diferentes, como embriagado o durmiendo). Así, dentro de los amplios estados de conciencia, existen varias estructuras de conciencia.

Pero dentro de esas estructuras de conciencia, existen varios estados mentales. Esas estructuras de hecho limitan e implícitamente moldean todos los estados de la mente que ocurren dentro de ellas (por ejemplo, una persona en el pensamiento operacional concreto tendrá la mayoría de sus pensamientos y estados de la mente dentro de esa estructura). Por lo tanto, la relación general de estos tres elementos, en mi opinión, es: amplios estados de conciencia, dentro de los cuales existen varias estructuras de conciencia, dentro de los cuales existen varios estados de la mente.

Al mismo tiempo, las relaciones entre estos diversos estados y estructuras son definitivamente holónicas y entrelazadas. No están simplemente amontonados uno encima del otro como ladrillos, sino que se entretejen de maneras que se influyen mutuamente entre sí. La dificultad con muchas teorías y modelos psicológicos es que tienden a centrarse sólo en estados amplios, o en estructuras, o en estados estrechos, y por lo tanto toman como elementos fundamentales que son bastante relativos y parciales. Ni los estados alterados, ni las estructuras psicológicas, ni la fenomenología por sí misma pueden acercarnos a una comprensión integral de la mente y la conciencia.

15. La adopción integral
1. Es el formop, no el preop ni el conop, el que tiene la capacidad de diferenciar las esferas de valor. Como señaló Cook-Greuter, el preop posee en primera persona, el conop en segunda persona y el formop en tercera persona, y por lo tanto sólo el formop puede diferenciar las tres esferas del Yo, Nos y Ello (estética, moral, ciencia). Por lo tanto, decir que la modernidad diferenció colectivamente las esferas también es decir que la modernidad fue una evolución de la membresía mítica (basada en conop) al ego-activo (basado en formop). Los antiguos griegos, que desarrollaron precozmente aspectos del formop y visión-lógica, también diferenciaron el famoso lo bello, lo bueno y lo verdadero, razón por la cual se consideran, a este respecto, precursores de la modernidad. Sin embargo, no presionaron esta racionalidad (con su moral posconvencional) hacia la cultura a una escala verdaderamente generalizada (o habrían terminado con la esclavitud, entre otras cosas). Al mismo tiempo, los filósofos-sabios más evolucionados,

Psicología integral

desde Platón hasta Plotino y Asanga, siempre diferenciaron a los Tres Grandes (porque tenían acceso a la visión-lógica y más allá); pero había poco apoyo para esto en el *nivel promedio* de conciencia cultural: eso esperaba a la modernidad y sus dignidades. Podríamos decir: un Cristo podía ver la Regla de Oro (y más allá), pero se necesitaba modernidad para convertirla en una ley y respaldarla con una sanción cultural completa.

2. Ésta es una de las muchas razones por las que no podemos simplemente decir que los planos ontológicos de la realidad están por ahí esperando a ser percibidos. Esos planos coevolucionan con la punta creciente de la conciencia, porque todos ellos están abiertos a la evolución, que es simplemente el Espíritu en acción en todos los dominios. Esos modelos que recurren a planos ontológicos independientes son metafísicos en el sentido "malo" o precrítico, y no han llegado a un acuerdo con los refinamientos modernos y posmodernos necesarios para acomodar la diferenciación e integración en curso de todos los reinos del ser y el saber. Véase la nota 1.5.

3. Para una descripción de la metodología de "seguimiento simultáneo" de niveles y cuadrantes, véase "An Integral Theory of Consciousness", *op. cit*. La psicología tradicionalmente se enfoca en los niveles y líneas en el cuadrante superior izquierdo. Los estudios integrales en general se centran en los niveles y líneas en todos los cuadrantes. Por ejemplo, las líneas en el cuadrante inferior derecho incluyen fuerzas de producción (de forrajeo a horticultural a agrario a industrial a informativo), estructuras geopolíticas (ciudades, Estados, países), ecosistemas, códigos legales escritos, estilos arquitectónicos, modos de transporte, formas de tecnologías de comunicación, etcétera. Las líneas en el cuadrante superior derecho incluyen estructuras orgánicas, sistemas neuronales, neurotransmisores, patrones de ondas cerebrales, ingesta nutricional, desarrollo esquelético-muscular, etcétera. Las líneas en el cuadrante inferior izquierdo incluyen visiones del mundo, semántica lingüística intersubjetiva, valores y costumbres culturales, contextos culturales de fondo, etcétera. El punto es que, aunque la psicología se centra en el cuadrante superior izquierdo, los cuatro cuadrantes son necesarios para la comprensión psicológica, ya que éstos determinan el estado de conciencia del individuo.